SASAC

国务院国有资产监督管理委员会
规章规范性文件汇编

(2003～2007)

GUOWUYUAN GUOYOU ZICHAN JIANDU GUANLI WEIYUANHUI
GUIZHANG GUIFANXING WENJIAN HUIBIAN

国务院国有资产监督管理委员会政策法规局/编

经济科学出版社

图书在版编目(CIP)数据

国务院国有资产监督管理委员会规章规范性文件汇编：
2003～2007/国务院国有资产监督管理委员会政策法规
局编.—北京:经济科学出版社,2008.1
ISBN 978－7－5058－6790－1

Ⅰ.国…　Ⅱ.国…　Ⅲ.国有资产－资产管理－文件－
汇编－中国－2003～2007　Ⅳ.F123.7

中国版本图书馆 CIP 数据核字(2007)第 198123 号

编 辑 说 明

国务院国资委成立近 5 年来,根据《企业国有资产监督管理暂行条例》,制定颁布了大量规章和规范性文件,初步建立了国有资产监管法规体系。为方便企业、地方国资委和社会各界了解、掌握和贯彻实施国有资产监管规章和规范性文件,我们对国资委 2003 年成立至 2007 年底所制定的规章和规范性文件进行了全面、系统的清理,将其中 18 件规章和 96 件规范性文件汇编成册。在编辑过程中,我们根据国有资产监管法规体系化建设的需要,结合国务院国资委内部职能分工,对所收录的规章和规范性文件进行了分类整理,以方便读者查阅。今后,根据国务院国资委立法工作的进展,我们将适时对本书进行修订,及时为读者提供权威、准确、完整的国有资产监管法规工具书。

国务院国有资产监督管理委员会

政策法规局

2008 年 1 月

目　录

综　合

业绩考核

统 计 评 价

清 产 核 资

资 产 评 估

产 权 管 理

国有资本收益

规 划 发 展

企 业 改 革

收 入 分 配

财务监督

干 部 管 理

企业党建与群众工作

纪检监察

企 业 法 制

综 合

地方国有资产监管工作
指导监督暂行办法

2006 年 4 月 7 日　　国务院国有资产监督管理委员会令第 15 号

第一条　为规范和加强对地方国有资产监管工作的指导和监督，保障国有资产监管工作规范有序进行，根据《企业国有资产监督管理暂行条例》等法律、行政法规，制定本办法。

第二条　国务院国资委根据法律、行政法规和国务院授权，依照本办法，对地方国有资产监管工作进行指导和监督。

第三条　省级政府国资委、地市级政府国资委对下级政府国有资产监管工作进行指导和监督。

第四条　指导和监督地方国有资产监管工作，应当遵循下列原则：

（一）坚持国有资产属于国家所有，维护国家整体利益；

（二）坚持中央政府和地方政府分别代表国家履行出资人职责，尊重地方国资委的出资人代表权益，鼓励地方国资委探索国有资产监管和运营的有效形式；

（三）坚持政府的社会公共管理职能与国有资产出资人职能分开，依法履行指导和监督职能，完善指导和监督方式；

（四）坚持国有资产管理体制改革和国有企业改革的正确方向，维护国有资产安全，防止国有资产流失，实现国有资产保值增值。

第五条　国务院国资委依法对下列地方国有资产监管工作进行指导、监督：

（一）国有资产管理体制改革；

（二）国有经济布局和结构调整；

（三）履行资产收益、参与重大决策和选择管理者等出资人职责；

（四）规范国有企业改革、企业国有产权转让以及上市公司国有股权管理；

（五）企业国有资产产权界定、产权登记、资产评估监督、清产核资、资产统计、综合评价等基础管理；

（六）国有企业财务、审计、职工民主监督等内部制度建设；

（七）企业国有资产监管法制建设；

（八）其他需要指导和监督的事项。

第六条 国务院国资委制定国有资产监管规章、制度，指导和规范地方国有资产监管工作。地方国资委应当根据国有资产监管法律、行政法规和规章、制度，结合本地实际情况，制定相应的实施办法。

第七条 国务院国资委应当加强对地方国有资产监管工作的调查研究，适时组织工作交流和培训，总结推广国有资产监管经验，建立与地方国资委交流联系的信息网络，解释国有资产监管工作中的问题，提出国有资产监管工作指导建议。

第八条 省级政府国资委制定的国有资产监管、国有企业改革、国有经济布局结构调整等方面的规范性文件，应当自公布之日起30日内由省级政府国资委法制工作机构统一抄报国务院国资委法制工作机构。

第九条 国务院国资委对地方贯彻实施国有资产监管政策法规的具体情况进行监督检查，及时督查纠正国有资产监管中的违法违规行为。

第十条 国务院国资委对举报地方国有企业违规进行改制、国有产权转让等致使国有资产流失的案件，应当督促省级政府国资委调查处理。

省级政府国资委对国务院国资委督促查处的违法违纪案件，应当认真调查处理，或者责成下级政府国资委调查处理，并将处理结果及时反馈国务院国资委。

第十一条 省级政府国资委应当以报告或者统计报表等形式将履行出资人职责的企业名单、本地区企业汇总国有资产统计报告、所出资企业汇总月度及年度财务报告以及其他重大事项及时报告国务院国资委。

第十二条 国务院国资委指导和监督地方国有资产监管工作，应当严格依照国有资产监管法律、行政法规及规章、制度规定的有关工作程序进行。

第十三条　国务院国资委对地方国有资产监管工作进行指导和监督,应当充分征求地方国资委的意见和建议,不得干预地方国资委依法履行职责。

地方国资委应当严格遵守国有资产监管法律、行政法规及规章、制度,依法接受并配合国务院国资委的指导和监督。

第十四条　国务院国资委相关责任人员违反本办法规定的,国务院国资委应当责令其改正;情节严重的,依法给予行政处分。

第十五条　地方国资委违反有关法律、行政法规及本办法规定的,国务院国资委应当依法责令其改正;情节严重的,予以通报批评,并向地方政府通报有关情况,依法提出处理建议。

第十六条　地方国资委可以参照本办法,制定本地区国有资产监管工作指导监督实施办法。

第十七条　本办法由国务院国资委负责解释。

第十八条　本办法自 2006 年 5 月 7 日起施行。

关于印发《国务院国有资产监督管理委员会立法工作规则》的通知

2003 年 7 月 22 日　　国资法规〔2003〕30 号

各厅局:

《国务院国有资产监督管理委员会立法工作规则》已经 2003 年 7 月 4 日委主任办公会议审议通过,现予印发,请认真贯彻执行。

附件:国务院国有资产监督管理委员会立法工作规则

国务院国有资产监督管理委员会
二〇〇三年七月四日

附件：

国务院国有资产监督管理委员会
立法工作规则

第一章 总 则

第一条 为规范国务院国有资产监督管理委员会（以下简称国资委）的立法程序，提高立法质量，根据立法法、行政法规制定程序条例、规章制定程序条例和国资委的职责，制定本规则。

第二条 编制国资委年度立法计划，起草法律、行政法规，制定规章，应遵守本规则。

第三条 本规则所称法律，是指按照立法权限由全国人大及其常委会制定和审议通过的、由国家主席签署主席令公布的规范性文件。

本规则所称行政法规，是指按照立法权限由国务院制定和审议通过或者由国务院批准的、由总理签署国务院令公布的规范性文件。

本规则所称规章，是指根据法律和行政法规授权、国务院授权和国有资产出资人的权利，在国资委职责范围内制定的、经国资委主任办公会议审议通过的、由委主任签署国资委令公布的规范性文件。

第四条 立法工作应当根据国家授权和国有资产出资人职责，遵循国有资产管理体制改革确定的原则，科学合理地规范各级国有资产监督管理机构和所出资企业的权利、义务和责任，切实维护国有资产出资人的合法权益，保障企业的经营自主权，促进国有企业改革与发展，发展和壮大国有经济，实现国有资产保值增值。

第五条 起草法律、行政法规、规章，应当做到结构严谨，逻辑严密，条理清楚，条文明确，用语准确，行文简洁，具有可操作性。

第六条 国资委的法制工作机构为政策法规局（以下简称法制工

作机构),负责对委内立法工作进行统一规划、指导、协调。

第二章　立法计划的编制

第七条　国资委年度立法计划,由法制工作机构负责统一拟订。

第八条　委内各厅、局、室、中心(以下简称委内各单位)应于每年12月底前向法制工作机构书面提出拟起草法律、行政法规及规章的立法项目建议。

委内各单位提出立法项目建议前,应当对所规定事项的可规范性、立法权限和立法时机等进行充分论证。立法项目建议应当对制定法律、行政法规或规章的必要性、要解决的突出问题、拟确立的主要制度等作出说明。

第九条　法制工作机构对委内各单位提出的法律、行政法规立法项目进行汇总研究,提出拟上报的立法建议,经委领导批准后,报请国务院立项。

第十条　法制工作机构根据全国人大常委会立法规划、国务院年度立法计划和国资委的总体工作部署,拟订国资委年度立法计划,经征求委内有关单位的意见后,报委主任办公会议审议或委领导批准后执行。

第十一条　国资委年度立法计划的内容包括法律、行政法规、规章的名称、起草单位、起草进度和起草要求。

第十二条　委内承担起草工作的单位应认真执行年度立法计划。

年度立法计划所列的立法项目在执行中可以视情况予以调整。对拟增加的立法项目应当进行补充论证。

第三章　法律、行政法规的起草

第十三条　列入国资委年度立法计划的法律、行政法规项目,由法制工作机构起草或者组织委内有关单位起草。

第十四条　起草法律、行政法规,应当深入调查研究,总结实践经验,广泛听取委内有关单位、地方国有资产监督管理机构、有关企业、协会、部门、机构和专家学者等各方面的意见。听取意见可以采取召开座谈会、论证会、听证会或者在网上或其他新闻媒体公布、征求社会各界意见等多种形式。

第十五条　法律、行政法规的有关规定涉及其他部门职责或者与其他部门关系紧密的,应当与有关部门协商一致;经过充分协商不能取得一致意见的,应当在提交送审稿草案时说明情况和理由。

第十六条　法律、行政法规起草工作完成后,法制工作机构应当将送审稿草案及其说明报委主任办公会议审议。

送审稿草案说明应当对立法的必要性,确立的主要制度,各方面对送审稿草案主要问题的不同意见等作出说明。

第十七条　委主任办公会议审议法律、行政法规送审稿草案时,由法制工作机构作起草说明。

第十八条　法制工作机构根据委主任办公会议对法律、行政法规送审稿草案的审议意见,对法律、行政法规送审稿草案进行修改,形成送审稿及其说明。

第十九条　法律、行政法规送审稿由委主任签署后,报送国务院审查;全国人大专门委员会直接委托我委起草的法律送审稿,报送全国人大专门委员会审查。

第二十条　国资委与其他部委联合起草法律、行政法规的程序,建议修改或者废止法律、行政法规的程序,参照本章规定。

第四章　规章的制定

第二十一条　国资委根据法律和行政法规授权、国务院授权和出资人的职责,制定规章。

第二十二条　国资委拟采取规章形式规定的事项,一般应当属于对国有资产监督管理、国有经济布局和结构调整、国有企业改革与发展等具有普遍指导意义并反复适用的事项。

第二十三条　规章的名称一般称为规定、办法,不得称条例或通知、通告、公告。

第二十四条　规章的内容一般包括立法目的、适用范围、具体规定、实施日期等。规章的内容应当符合法律、行政法规的规定。法律、行政法规已经明确规定的内容,规章原则上不作重复规定。

第二十五条　列入国资委年度立法计划的规章,原则上由委内有关单位具体负责起草,涉及委内多个单位职能的,由法制工作机构起草或者组织起草。

第二十六条　起草规章,起草单位应当深入调查研究,总结实践经验,广泛听取委内单位、地方国有资产监督管理机构、有关企业、协会和专家学者等各方面的意见。听取意见可以采取书面征求意见、座谈会、论证会或者在网上或其他新闻媒体公布、征求社会各界意见等多种形式。

法制工作机构参与委内起草单位的起草调研和论证工作。

第二十七条　起草规章,涉及国务院其他部门职责或者与国务院其他部门职责关系紧密的,应当充分征求国务院其他部门的意见。

第二十八条　规章起草工作完成后,起草单位应当将规章送审稿及其说明、对规章送审稿主要问题的不同意见和其他有关材料送法制工作机构审查。

送法制工作机构审查的送审稿,应当由起草单位主要负责人签署;委内有关单位共同起草的规章送审稿,应当由有关单位主要负责人共同签署。

规章送审稿的说明应当对制定规章的必要性、规定的主要措施、有关方面的意见等情况作出说明。

有关材料主要包括汇总的意见、调研报告、国内外有关立法资料等。

第二十九条　法制工作机构负责对规章送审稿进行统一审查。

法制工作机构主要从以下方面对规章送审稿进行审查:

(一)规定的事项是否属于国资委的职责范围;

(二)规定的事项能否采用规章的形式;

(三)是否与有关规章协调、衔接;

（四）规定的主要制度及具体条款是否符合有关法律、行政法规和政策规定；

（五）是否充分考虑和正确处理有关方面对主要问题的意见；

（六）是否符合立法技术要求；

（七）其他需要审查的内容。

第三十条　规章送审稿有下列情形之一的,起草单位应当进一步调研论证、修改、协调,或者采用其他公文形式拟订发布：

（一）制定规章的基本条件尚不成熟的；

（二）不符合本规则第二十八条规定的；

（三）不符合本规则第二十九条规定的。

第三十一条　法制工作机构会同规章起草单位对规章送审稿进行修改,形成规章草案和审查报告,提请委主任办公会议审议。

第三十二条　委主任办公会议审议规章草案时,由起草单位作起草说明,由法制工作机构作审查说明。

第三十三条　法制工作机构会同起草单位根据委主任办公会议审议意见,对规章草案进行修改,形成草案修改稿,报委主任签署命令予以公布。

第三十四条　公布的规章应当载明规章的制定机关、序号、规章名称、通过日期、施行日期、委主任署名以及公布日期。

第三十五条　规章公布后,应当及时在国资委公告上刊登。

第三十六条　规章应当自公布之日起 30 日后施行；特殊情况下,可以自公布之日起施行。

第三十七条　规章自公布之日起 10 日内,办公厅将规章文本一式 20 份、起草说明和备案报告一式 10 份送法制工作机构,由法制工作机构按立法法和规章备案条例的规定报国务院备案,并存档。

第三十八条　规章内容涉及国务院其他部门职权范围的,应当与国务院有关部门联合制定规章。制定联合规章的程序,参照本章规定。

第三十九条　规章修改、废止的程序,参照本章规定。

第四十条　规章的解释权属于国资委。

规章解释由规章起草单位提出解释意见,由法制工作机构提出审核意见,报委主任办公会议批准后公布。

规章解释与规章具有同等效力。

第五章　附　　则

第四十一条　起草法律、行政法规、规章,根据内容需要,可以分为章、节、条、款、项。除涉及内容多、调整对象复杂的外,规章一般不设节。

章、节、条的序号用中文数字依次表述,款不编序号,项的序号用中文数字加括号依次表述。

第四十二条　国资委有关制度的制定程序,参照本规则执行。

第四十三条　国资委党委有关规章制度制定、发布的程序,由国资委党委另行规定。

第四十四条　全国人大各专门委员会、国务院及其各部门送国资委征求意见的法律、法规和规章草案,由法制工作机构会同委内有关单位研究并提出修改意见。

第四十五条　有关国有资产监督管理的法律、行政法规和规章的清理工作,由法制工作机构组织委内有关单位进行,提出清理结果和处理建议,报委主任办公会议审议。

第四十六条　有关法律、行政法规、规章的汇编工作,由法制工作机构负责。

第四十七条　本规则自公布之日起实施。

关于印发《中央企业信息工作
暂行办法》的通知

2006 年 4 月 6 日　国资厅发〔2006〕15 号

各中央企业:

　　为进一步规范中央企业信息工作,提高中央企业信息工作的质量和水平,我们制定了《中央企业信息工作暂行办法》。现印发给你们,请认真遵照执行。

　　附件:中央企业信息工作暂行办法

附件:

中央企业信息工作暂行办法

第一章　总　　则

　　第一条　为实现中央企业信息工作的规范化、制度化、科学化,参照中共中央办公厅、国务院办公厅信息工作管理有关办法,制定本办法。

　　第二条　中央企业信息工作的主要任务是:围绕党和国家及国资委的中心工作,反映企业的重要工作情况,为领导同志和上级部门了解情况、科学决策、指导工作提供信息服务,促进中央企业之间的沟通、交流、学习。

　　第三条　中央企业要加强对信息工作的领导,建立工作体系,完善工作机制,不断提高信息服务质量和水平。

第二章　工作机构和工作队伍

第四条　中央企业信息工作的归口部门是国资委办公厅(党委办公室,下同),具体办事机构为办公厅信息调研处。

第五条　中央企业要明确信息工作的主管部门及负责同志;确定一名信息联络员,负责组织开展信息工作及与国资委办公厅的日常联系。中央企业要将信息工作负责同志和信息联络员的有关情况报国资委办公厅备案。如有调整,须及时报告。

第六条　中央企业要根据工作实际,充实完善信息工作机构,配备必要的信息工作人员,确保信息工作正常开展。要在总部内设机构和企业所属各级单位设立信息联系点,确定信息员,建立健全信息工作网络。

第七条　中央企业要在参加会议、阅读文件、调查研究、业务培训、干部交流等方面为信息工作人员积极创造条件。

第三章　工　作　制　度

第八条　重要信息报送制度。中央企业要紧紧围绕中心工作,及时向国资委办公厅报送下列信息:

(一)党和国家有关重大方针、政策出台后的反应及贯彻、落实情况。

(二)国资委重要工作部署的落实情况。

(三)生产经营中的重要统计数据,重点项目、重大工程及有关重要工作进展情况。

(四)工作中出现的新情况、新问题及相关措施、建议。

(五)工作中的经验及做法。

(六)其他重要信息。

(略)

第九条　信息审核制度。中央企业向国资委办公厅报送信息,必须经本单位信息工作负责同志审核、签发。

第十条　重要信息约稿制度。根据工作需要，针对领导同志关心的重点、难点、热点问题，国资委办公厅向中央企业进行重要信息约稿。各企业要认真组织编写，确保质量，按时完成。

第十一条　信息通报表彰制度。国资委办公厅定期向中央企业通报信息报送及采用情况。年终根据各企业被采用信息的得分情况（具体标准见第十六条），评选中央企业报送信息先进单位和先进个人，予以表彰。

第十二条　交流培训制度。国资委办公厅每年不定期组织召开中央企业信息工作座谈会，沟通情况，交流经验，培训业务。

第十三条　信息调研制度。国资委办公厅围绕重要信息选题，组织相关企业开展信息调研。

第四章　信息质量及评价标准

第十四条　中央企业向国资委报送的信息分为动态类信息和综合类信息。动态类信息是反映重要工作进展情况的简要信息；综合类信息是对某一方面重点工作进行全面汇总、发现问题、分析原因、提出对策建议的信息。

第十五条　信息要保证质量，符合全面、及时、准确、规范的要求。

（一）反映事物的全貌和发展的全过程，喜忧兼报，防止以偏概全。

（二）情况、问题、数据真实、客观，不夸大、不缩小，有时效性和可比性；举措、经验有新意和参考性，对策、建议有针对性和可操作性。

（三）信息内容重点突出，文法规范，逻辑严谨，言简意赅，要素齐全，可读性强。

第十六条　（略）

第五章　附　　则

第十七条　本办法由国资委办公厅组织实施，并负责解释、修订。

第十八条　本办法自公布之日起施行。

业绩考核

中央企业负责人经营
业绩考核暂行办法

2006 年 12 月 30 日　国务院国有资产监督管理委员会令第 17 号

（2003 年 10 月 21 日国务院国有资产监督管理委员会第 8 次主任办公会议审议通过　2006 年 12 月 30 日国务院国有资产监督管理委员会第 46 次主任办公会议修订）

第一章　总　　则

第一条　为了切实履行企业国有资产出资人职责,维护所有者权益,落实国有资产保值增值责任,建立有效的激励和约束机制,根据《企业国有资产监督管理暂行条例》等有关法律法规,制定本办法。

第二条　本办法考核的中央企业负责人是指国务院确定的由国务院国有资产监督管理委员会（以下简称国资委）履行出资人职责的国有及国有控股企业（以下简称企业）的下列人员：

（一）国有独资企业和未设董事会的国有独资公司的总经理（总裁）、副总经理（副总裁）、总会计师；

（二）设董事会的国有独资公司（国资委确定的董事会试点企业除外）的董事长、副董事长、董事,总经理（总裁）、副总经理（副总裁）、总会计师；

（三）国有控股公司国有股权代表出任的董事长、副董事长、董事,总经理（总裁）,列入国资委党委管理的副总经理（副总裁）、总会计师。

第三条　企业负责人的经营业绩,实行年度考核与任期考核相结合、结果考核与过程评价相统一、考核结果与奖惩相挂钩的考核制度。

第四条　年度经营业绩考核和任期经营业绩考核采取由国资委主

任或者其授权代表与企业负责人签订经营业绩责任书的方式进行。

第五条 企业负责人经营业绩考核工作应当遵循以下原则:

(一)按照国有资产保值增值以及资本收益最大化和可持续发展的要求,依法考核企业负责人经营业绩。

(二)按照企业所处的不同行业、资产经营的不同水平和主营业务等不同特点,实事求是,公开公正,实行科学的分类考核。

(三)按照权责利相统一的要求,建立企业负责人经营业绩同激励约束机制相结合的考核制度,即业绩上、薪酬上,业绩下、薪酬下,并作为职务任免的重要依据。建立健全科学合理、可追溯的资产经营责任制。

(四)按照科学发展观的要求,推动企业提高战略管理、自主创新、资源节约和环境保护水平,不断增强企业核心竞争能力和可持续发展能力。

第二章　年度经营业绩考核

第六条 年度经营业绩考核以公历年为考核期。

第七条 年度经营业绩责任书包括下列内容:

(一)双方的单位名称、职务和姓名;

(二)考核内容及指标;

(三)考核与奖惩;

(四)责任书的变更、解除和终止;

(五)其他需要规定的事项。

第八条 年度经营业绩考核指标包括基本指标与分类指标。

(一)基本指标包括年度利润总额和净资产收益率指标。

1.年度利润总额是指经核定后的企业合并报表利润总额。企业年度利润计算可加上经核准的当期企业消化以前年度潜亏,并扣除通过变卖企业主业优质资产等取得的非经常性收益。

2.净资产收益率是指企业考核当期净利润同平均净资产的比率,

计算公式为：

$$净资产收益率 = 净利润 \div 平均净资产 \times 100\%$$

其中：净资产中不含少数股东权益，净利润中不含少数股东损益。

（二）分类指标由国资委根据企业所处行业特点，综合考虑反映企业经营管理水平、技术创新投入及风险控制能力等因素确定，具体指标在责任书中确定。

（三）鼓励企业使用经济增加值指标进行年度经营业绩考核。凡企业使用经济增加值指标且经济增加值比上一年有改善和提高的，给予奖励。具体办法由国资委另行制订。

第九条 确定军工企业和主要承担国家政策性业务等特殊企业的基本指标与分类指标，可优先考虑政策性业务完成情况，具体指标及其权重在责任书中确定。

第十条 确定科研类企业的基本指标与分类指标，突出考虑技术创新投入和产出等情况，具体指标及其权重在责任书中确定。

第十一条 年度经营业绩责任书按下列程序签订：

（一）预报年度经营业绩考核目标建议值。每年第四季度，企业负责人按照国资委年度经营业绩考核要求和三年滚动规划及经营状况，对照同行业国际国内先进水平，提出下一年度拟完成的经营业绩考核目标建议值，并将考核目标建议值和必要的说明材料报国资委。考核目标建议值原则上不低于前三年考核指标实际完成值的平均值。

（二）核定年度经营业绩考核目标值。国资委根据"同一行业，同一尺度"原则，结合宏观经济形势、企业所处行业运行态势、企业实际发展状况等，对企业负责人的年度经营业绩考核目标建议值进行审核，并就考核目标值及有关内容同企业沟通后加以确定。凡企业年度利润总额目标值低于上年目标值与实际完成值的平均值的，最终考核结果原则上不得进入 A 级（处于行业周期性下降阶段但与同行业其他企业相比仍处于领先水平的企业除外）。

（三）由国资委主任或者其授权代表同企业负责人签订年度经营业绩责任书。

第十二条 国资委对年度经营业绩责任书执行情况实施动态监控。

(一)年度经营业绩责任书签订后,企业负责人每半年必须将责任书执行情况报送国资委,同时抄送派驻本企业的国有重点大型企业监事会。国资委对责任书的执行情况进行动态跟踪。

(二)建立重大安全生产事故、环境污染事故和质量事故,重大经济损失,重大法律纠纷案件,重大投融资和资产重组等重要情况的报告制度。企业发生上述情况时,企业负责人应当立即向国资委报告。

第十三条 年度经营业绩责任书完成情况按照下列程序进行考核:

(一)每年 4 月底之前,企业负责人依据经审计的企业财务决算数据,对上年度经营业绩考核目标的完成情况进行总结分析,并将年度总结分析报告报送国资委,同时抄送派驻本企业的国有重点大型企业监事会。

(二)国资委依据经审计并经审核的企业财务决算报告和经审查的统计数据,结合企业负责人年度总结分析报告并听取监事会对企业负责人的年度评价意见,对企业负责人年度经营业绩考核目标的完成情况进行考核(具体办法见附件1),形成企业负责人年度经营业绩考核与奖惩意见。

(三)国资委将最终确认的企业负责人年度经营业绩考核与奖惩意见反馈各企业负责人及其所在企业。企业负责人对考核与奖惩意见有异议的,可及时向国资委反映。

第三章　　任期经营业绩考核

第十四条 任期经营业绩考核以三年为考核期。由于特殊原因需要调整的,由国资委决定。

第十五条 任期经营业绩责任书包括下列内容:

(一)双方的单位名称、职务和姓名;

(二)考核内容及指标;

（三）考核与奖惩；

（四）责任书的变更、解除和终止；

（五）其他需要规定的事项。

第十六条 任期经营业绩考核指标包括基本指标和分类指标。

（一）基本指标包括国有资产保值增值率和三年主营业务收入平均增长率。

1. 国有资产保值增值率是指企业考核期末扣除客观因素（由国资委核定）后的所有者权益（对实施新会计准则的企业，所有者权益中不含少数股东权益，下同）同考核期初所有者权益的比率。计算方法为：任期内各年度国有资产保值增值率的乘积。企业年度国有资产保值增值结果以国资委确认的结果为准。

2. 三年主营业务收入平均增长率是指企业主营业务连续三年的平均增长情况。计算公式为：

$$\begin{matrix}\text{三年主营业务}\\\text{收入平均增长率}\end{matrix} = \left(\sqrt[3]{\frac{\text{考核期末当年主营业务收入}}{\text{考核期前一年主营业务收入}}} - 1 \right) \times 100\%$$

（二）分类指标由国资委根据企业所处行业特点，针对企业管理"短板"，综合考虑反映企业技术创新能力、资源节约和环境保护水平、可持续发展能力及核心竞争力等因素确定，具体指标在责任书中确定。

第十七条 确定军工企业和主要承担国家政策性业务等特殊企业的基本指标与分类指标，可优先考虑政策性业务完成情况，具体指标及其权重在责任书中确定。

第十八条 任期经营业绩责任书按下列程序签订：

（一）预报任期经营业绩考核目标建议值。考核期初，企业负责人按照国资委任期经营业绩考核要求和三年滚动规划及经营状况，对照同行业国际国内先进水平，提出任期经营业绩考核目标建议值，并将考核目标建议值和必要的说明材料报国资委。考核目标建议值原则上不低于前一任期考核指标目标值和实际完成值的平均值。

（二）核定任期经营业绩考核目标值。国资委根据"同一行业，同一尺度"原则，结合宏观经济形势、企业所处行业运行态势及企业实际发展状况等,对企业负责人的任期经营业绩考核目标建议值进行审核,并就考核目标值及有关内容同企业沟通后加以确定。

(三)由国资委主任或其授权代表同企业负责人签订任期经营业绩责任书。

第十九条 国资委对任期经营业绩责任书执行情况实施年度跟踪和动态监控。

第二十条 任期经营业绩责任书完成情况按照下列程序进行考核:

(一)考核期末,企业负责人对任期经营业绩考核目标的完成情况进行总结分析,并将总结分析报告报送国资委,同时抄送派驻本企业的国有重点大型企业监事会。

(二)国资委依据任期内经审计并经审核的企业财务决算报告和经审查的统计数据,结合企业负责人任期经营业绩总结分析报告并听取监事会对企业负责人的任期评价意见,对企业负责人任期经营业绩考核目标的完成情况进行综合考核(具体办法见附件2),形成企业负责人任期经营业绩考核与奖惩意见。

(三)国资委将最终确认的企业负责人任期经营业绩考核与奖惩意见反馈各企业负责人及其所在企业。企业负责人对考核与奖惩意见有异议的,可及时向国资委反映。

第四章 奖 惩

第二十一条 根据企业负责人经营业绩考核得分,年度经营业绩考核和任期经营业绩考核最终结果分为 A、B、C、D、E 五个级别,完成全部考核目标值为 C 级进级点。

第二十二条 国资委依据年度经营业绩考核结果和任期经营业绩考核结果对企业负责人实施奖惩与任免。

第二十三条 对企业负责人的奖励分为年度绩效薪金奖励和任期中长期激励。

第二十四条 企业负责人年度薪酬分为基薪和绩效薪金两个部

分。绩效薪金与年度考核结果挂钩。绩效薪金＝基薪绩效×薪金倍数。具体计算公式为：

当考核结果为 E 级时,绩效薪金为 0;

当考核结果为 D 级时,绩效薪金按"基薪×(考核分数－D 级起点分数)/(C 级起点分数－D 级起点分数)"确定,绩效薪金在 0 到 1 倍基薪之间;

当考核结果为 C 级时,绩效薪金按"基薪×[1＋0.5(考核分数－C 级起点分数)/(B 级起点分数－C 级起点分数)]"确定,绩效薪金在 1 倍基薪到 1.5 倍基薪之间;

当考核结果为 B 级时,绩效薪金按"基薪×[1.5＋0.5(考核分数－B 级起点分数)/(A 级起点分数－B 级起点分数)]"确定,绩效薪金在 1.5 倍基薪到 2 倍基薪之间;

当考核结果为 A 级时,绩效薪金按"基薪×[2＋(考核分数－A 级起点分数)/(A 级封顶分数－A 级起点分数)]"确定,绩效薪金在 2 倍基薪到 3 倍基薪之间。

但对于利润总额低于上一年的企业,无论其考核结果处于哪个级别,其绩效薪金倍数应当低于上一年。

第二十五条 被考核人担任企业法定代表人的,其分配系数为 1,其余被考核人的系数在严格考核的基础上,根据企业各负责人的责任和贡献,由企业确定。

第二十六条 绩效薪金的 60% 在年度考核结束后当期兑现;其余 40% 根据任期考核结果等因素延期到连任或离任的下一年兑现。

第二十七条 依据任期经营业绩考核结果,对企业负责人实行奖惩与任免。

(一)对于任期经营业绩考核结果为 A 级、B 级和 C 级的企业负责人,按期兑现全部延期绩效薪金。根据考核结果和中长期激励条件给予相应的中长期激励。具体办法由国资委另行制订。

(二)对于任期经营业绩考核结果为 D 级和 E 级的企业负责人,除根据考核分数扣减延期绩效薪金外,将根据具体情况,对有关责任人进行谈话诫勉、岗位调整、降职使用或免职(解聘)等。

具体扣减绩效薪金的公式为：

扣减延期绩效薪金＝任期内积累的延期绩效薪金(C级起点分数－实得分数)/C级起点分数。

第二十八条　对在自主创新(包括自主知识产权)、资源节约、扭亏增效、管理创新等方面取得突出成绩,做出重大贡献的企业负责人,国资委设立单项特别奖。单项特别奖的具体办法由国资委另行制订。

第二十九条　实行企业负责人经营业绩考核谈话制度。对于年度考核结果为D级与E级、重大安全生产责任事故降级、严重违规经营和存在重大经营风险等情形的企业,经国资委主任办公会议批准,由国资委业绩考核领导小组与企业主要负责人进行谈话,帮助企业分析问题、改进工作。

第三十条　企业违反《中华人民共和国会计法》、《企业会计准则》等有关法律法规规章,虚报、瞒报财务状况的,由国资委根据具体情节决定扣发企业法定代表人及相关负责人的绩效薪金、延期绩效薪金、中长期激励;情节严重的,给予纪律处分;涉嫌犯罪的,依法移送司法机关处理。

第三十一条　企业法定代表人及相关负责人违反国家法律法规和规定,导致重大决策失误、重大安全与质量责任事故、严重环境污染事故、重大违纪和法律纠纷损失事件,给企业造成重大不良影响或造成国有资产流失的,由国资委根据具体情节决定扣发其绩效薪金、延期绩效薪金、中长期激励;情节严重的,给予纪律处分;涉嫌犯罪的,依法移送司法机关处理。

第五章　附　　则

第三十二条　对于在考核期内企业发生清产核资、改制重组、主要负责人变动等情况的,国资委可以根据具体情况变更经营业绩责任书的相关内容。

第三十三条　国有独资企业、国有独资公司和国有控股公司党委

（党组）书记、副书记、常委（党组成员）、纪委书记（纪检组长）的考核及其奖惩依照本办法执行。

第三十四条　国有参股企业以及实施被兼并破产企业、基本建设项目法人单位等企业中,由国资委党委管理的企业负责人的经营业绩考核,参照本办法执行。具体经营业绩考核事项在经营业绩责任书中确定。

第三十五条　企业应当按照建立现代企业制度的要求和《中华人民共和国公司法》的规定,抓紧建立规范的公司法人治理结构。规范的公司法人治理结构建立健全后,本办法规定的企业经营业绩考核对象将按有关法律法规规章进行调整。

第三十六条　凡列入国资委国有独资公司董事会试点且外部董事到位人数超过全体董事二分之一的企业,国资委授权企业董事会对企业经理人员的经营业绩进行考核。国资委对董事会考核企业经理人员的工作进行指导和监督。具体指导和监督办法由国资委另行制订。

凡列入国资委国有独资公司董事会试点且外部董事到位人数未超过全体董事二分之一的企业,对企业经理人员的经营业绩考核由国资委依照本办法执行。

第三十七条　国资委对国有独资公司董事会试点企业的董事会、董事进行评价。具体评价办法由国资委另行制订。

第三十八条　各省、自治区、直辖市人民政府,设区的市、自治州级人民政府对所出资企业负责人的经营业绩考核,可参照本办法执行。

第三十九条　本办法由国资委负责解释。

第四十条　本办法自 2007 年 1 月 1 日起施行。

附件:1. 年度经营业绩考核计分试行办法

2. 任期经营业绩考核计分试行办法

附件1:

年度经营业绩考核计分试行办法

1. 年度经营业绩考核的综合计分

年度经营业绩考核的综合得分＝年度利润总额指标得分经营难度系数＋净资产收益率指标得分经营难度系数＋分类指标得分经营难度系数

上述年度经营业绩考核指标中,若某项指标未达到基本分,则该项指标不乘以经营难度系数。

2. 年度经营业绩考核各指标计分

年度利润总额指标的基本分为30分。企业负责人完成目标值时,得基本分30分。超过目标值时,每超过3%,加1分,最多加6分。低于目标值时,每低于3%,扣1分,最多扣6分。

净资产收益率指标的基本分为40分。企业负责人完成目标值时,得基本分40分。高于目标值时,每高于0.4个百分点(如果企业确定的目标值高于历史最好水平或者目标值为行业内最高的,则每高于0.3个百分点),加1分,最多加8分。低于目标值时,每低于0.4个百分点(如果企业确定的目标值高于历史最好水平或者目标值为行业内最高的,则每低于0.5个百分点),扣1分,最多扣8分。

分类指标只设一项指标的,该指标的基本分为30分;若设两项指标的,则每个指标的基本分为15分。分类指标加分与扣分的上限与下限为该项指标基本分的20%。

3. 经营难度系数

经营难度系数根据企业资产总额、营业(销售)收入、利润总额、净资产收益率、职工平均人数、离退休人员占职工人数的比重等因素加权计算,分类确定。

4. 考核结果分级

根据企业负责人年度经营业绩考核的综合得分,考核结果分为 A、B、C、D、E 五个级别。

附件 2:

任期经营业绩考核计分试行办法

1. 任期经营业绩考核的综合计分

任期经营业绩考核的综合得分＝国有资本保值增值率指标得分经营难度系数＋三年主营业务收入平均增长率指标得分经营难度系数＋任期内三年的年度经营业绩考核结果指标得分＋分类指标得分经营难度系数

上述任期经营业绩考核指标中,若某项指标未达到基本分,则该项指标不乘以经营难度系数。

2. 任期经营业绩考核各指标计分

国有资本保值增值率指标的基本分为 40 分。企业负责人完成目标值时,得基本分 40 分。每高于目标值 0.4 个百分点(如果企业确定的目标值高于历史最好水平或者目标值为行业内最高的,则每高于 0.3 个百分点),加 1 分,最多加 8 分。低于目标值但大于 100% 时,每低于目标值 0.4 个百分点(如果企业确定的目标值高于历史最好水平或者目标值为行业内最高的,则每低于 0.5 个百分点),扣 0.5 分,最多扣 4 分;低于 100% 时,每低于目标值 0.4 个百分点,扣 1 分,最多扣 8 分。

三年主营业务收入平均增长率指标基本分为 20 分。企业负责人完成目标值时,得基本分 20 分。高于目标值时,每超过 1 个百分点,加 1 分,最多加 4 分。低于目标值时,每低于 1 个百分点,扣 1 分,最多扣

4 分。

任期内三年的年度经营业绩考核结果指标的基本分为 20 分。企业负责人三年内的年度经营业绩综合考核结果每得一次 A 级的得 8 分;每得一次 B 级的得 7.335 分;每得一次 C 级的得 6.667 分;每得一次 D 级及以下的得 6 分。

分类指标 20 分。分类指标加分与扣分的上限与下限为该项指标基本分的 20%。

3. 经营难度系数

经营难度系数根据企业资产总额、营业(销售)收入、利润总额、净资产收益率、职工平均人数、离退休人员占职工人数的比重等因素加权计算,分类确定。

4. 考核结果分级

根据企业负责人任期经营业绩考核的综合得分,考核结果分为 A、B、C、D、E 五个级别。

关于印发《中央企业负责人任期经营业绩考核补充规定》的通知

2007 年 12 月 24 日   国资发考核〔2007〕224 号

各中央企业:

为推动中央企业第二任期考核工作上水平、更规范、更精准,引导中央企业以同行业先进企业为标杆,通过持续改进,逐步达到标杆企业的先进水平,完善目标确定机制,我委在认真总结第一任期考核工作经验的基础上,制订了《中央企业负责人任期经营业绩考核补充规定》。现印发给你们,请按照有关要求,合理确定第二任期考核目标值,提高考核工作水平。

附件:中央企业负责人任期经营业绩考核补充规定

附件：

中央企业负责人任期
经营业绩考核补充规定

为进一步规范和完善中央企业负责人任期经营业绩考核工作，引导中央企业准确、合理地确定任期考核目标值，根据《中央企业负责人经营业绩考核暂行办法》(以下简称《考核办法》)的有关规定和执行情况，特制定本补充规定。

一、任期考核目标值确定原则

(一)稳步发展原则。在继续改善经济发展质量的基础上，鼓励企业认真分析所处运行环境和发展阶段的目标要求，抓住机遇，稳步发展，不断增强国有经济活力、控制力和影响力。

(二)行业对标原则。按照"同一行业，同一尺度"的要求，引导中央企业以同行业先进企业为标杆，通过持续改进，逐步达到标杆企业的先进水平。

(三)鼓励先进原则。对于目标值处于行业领先水平的企业，降低加分难度；对于目标值处于行业落后水平的企业，提高加分难度。

(四)精准考核原则。按照提高预算管理和战略管理水平的要求，引导企业把实际完成值与考核目标值的差距控制在合理范围内。

二、基本指标的计分规则

(一)国有资产保值增值率。

1. 根据《考核办法》第十八条第一项规定，国有资产保值增值率目标值原则上不低于前一任期考核目标值和完成值的平均值，凡满足这一条件，该项指标按《考核办法》附件2计分。

2. 企业国有资产保值增值率目标值低于前一任期考核目标值和完成值的平均值,该指标按以下规则计分:

(1)目标值比前一任期考核目标值和完成值的平均值低30%(含)以内的,企业完成目标值时,得基本分40分;超过目标值时,每超过0.5个百分点加1分,最多加7分。完成值低于目标值但高于100%时,每低于0.4个百分点扣0.5分,最多扣4分;完成值低于100%时,每低于目标值0.4个百分点扣1分,最多扣8分。

(2)目标值比前一任期考核目标值和完成值的平均值低30%～50%的,企业完成目标值时,得基本分40分;超过目标值时,每超过0.6个百分点加1分,最多加6分。完成值低于目标值但高于100%时,每低于0.3个百分点扣0.5分,最多扣4分;完成值低于100%时,每低于目标值0.3个百分点扣1分,最多扣8分。

(3)目标值比前一任期考核目标值和完成值的平均值低50%(含)以上的,企业完成目标值时,得基本分40分;超过目标值时,每超过0.7个百分点加1分,最多加5分。完成值低于目标值但高于100%时,每低于0.2个百分点扣0.5分,最多扣4分;完成值低于100%时,每低于目标值0.2个百分点扣1分,最多扣8分。

(4)目标值低于100%的,企业完成目标值时,得基本分40分;超过目标值不予加分;低于目标值时,每低于0.1个百分点扣1分,最多扣8分。

3. 企业国有资产保值增值率目标值低于前一任期考核目标值和完成值的平均值,但属于以下情形之一的,该项指标仍按《考核办法》附件2计分。

(1)企业目标值在行业中处于领先水平;

(2)企业受行业发展周期影响,任期内行业整体收入出现负增长,目标值高于同行业企业平均值;

(3)企业前一任期企业该指标增幅较大(高于中央企业平均增长水平),任期目标值高于中央企业目标值平均水平;

(4)企业国有资产总量基数较高(高于中央企业户均水平),任期目

标值高于同行业平均水平;

(5)企业主要投资项目建设周期超过 2 个考核任期。

(二)三年营业收入(主营业务收入,下同)平均增长率。

1. 根据《考核办法》第十八条第一项规定,三年营业收入平均增长率目标值原则上不低于前一任期考核目标值和完成值的平均值,凡满足这一条件,该指标按《考核办法》附件 2 计分。

2. 企业三年营业收入平均增长率目标值低于前一任期考核目标值和完成值的平均值,该指标按以下规则计分:

(1)目标值比前一任期考核目标值和完成值的平均值低 30%(含)以内的,企业完成目标值时,得基本分 20 分;超过目标值时,每超过 1.1 个百分点加 1 分,最多加 3 分;低于目标值时,每低于 0.9 个百分点扣 1 分,最多扣 4 分;

(2)目标值比前一任期考核目标值和完成值的平均值低 30%～50%的,企业完成目标值时,得基本分 20 分;超过目标值时,每超过 1.2 个百分点加 1 分,最多加 2 分;低于目标值时,每低于 0.8 个百分点扣 1 分,最多扣 4 分;

(3)目标值比前一任期考核目标值和完成值的平均值低 50%(含)以上的,企业完成目标值时,得基本分 20 分;超过目标值时,每超过 1.3 个百分点加 1 分,最多加 1 分;低于目标值时,每低于 0.7 个百分点扣 1 分,最多扣 4 分;

(4)目标值为负增长的,企业完成目标值时,得基本分 20 分;超过目标值不予加分;低于目标值时,每低于 0.5 个百分点扣 1 分,最多扣 4 分。

3. 企业三年营业收入平均增长率目标值低于前一任期考核目标值和完成值的平均值,但属于以下情形之一的,该指标仍按《考核办法》附件 2 计分。

(1)企业目标值在行业中处于领先水平;

(2)企业受行业发展周期影响,任期内行业整体收入出现负增长,目标值高于同行业企业平均值;

(3)企业前一任期增长水平较高(中央企业平均增长水平以上),任期目标值高于中央企业目标值平均水平;

(4)企业规模或增长基数较大(中央企业户均水平以上)但实际完成值高于对标企业平均值水平。对标分以下三种情况:

①国内同类企业较多企业,根据国资委公布的《企业绩效评价标准值》,与同期营业收入平均增长率对标,达到平均值以上的,仍按《考核办法》附件2计分;达到优秀值的,该指标直接加满分。

②国内同类企业较少、样本数量不足企业,由企业推荐、国资委审核选定12户国内外同行业企业对标,同期营业收入增长率达到平均水平以上的,仍按《考核办法》附件2计分;达到优秀水平的,该指标直接加满分。

③企业情况较为特殊、国内外可比性较低,在中央企业同类企业内进行比较分析,同期营业收入增长水平达到同类平均水平以上的,仍按《考核办法》附件2计分。

(5)企业主要投资项目建设周期超过2个考核任期。

三、分类指标的基本要求

分类考核指标应设置为2个。指标的选择应体现行业特色和突出企业管理"短板",目标值的确定应努力体现行业先进性和管理水平的提升。

(一)对于目前只选择了1个分类指标的企业,可根据行业特点,从以下分类指标中选取。

1. 工业类企业的分类指标包括:应收账款占销售收入比重、流动比率、全员劳动生产率、市场占有率、技术投入比率和单位产值能耗等。

2. 航空类企业的分类指标:座公里收入水平、流动比率、人均利润等。

3. 水运类企业的分类指标:总资产报酬率、流动比率、人均利润等。

4. 电力类企业的分类指标:总资产报酬率、资产负债率、人均利润等。

5. 商贸企业的分类指标:应收账款占销售收入比重、总资产报酬率、人均利润、总资产周转率等。

6. 科研设计企业的分类指标:高级技术人才占职工比率、应收账款占销售收入比重、人均利润等。

(二)分类指标达到行业先进水平的,完成考核目标值则可直接加满分。达不到行业先进水平或管理水平没有提高的,视指标实现的难易程度,适当调整加减分标准。

四、增加约束性指标

为落实中央企业节能减排和科技进步责任,规范企业有序开展竞争,在任期考核中,适当增加约束性指标。约束性指标为必须完成的指标,对于达不到要求的企业,将予以扣分处理(具体办法另行制定)。

五、修改未完成考核目标的计分办法

凡有 1 项指标未能完成考核目标,则该指标按《考核办法》计分;其他指标虽然完成目标,但只得基本分;企业综合得分不再乘以难度系数。计分公式为:任期经营业绩考核的综合得分＝国有资产保值增值率指标得分十三年营业收入平均增长率指标得分＋任期内三年的年度经营业绩考核结果指标得分十分类指标得分。

六、其他事项

(一)2008 年将执行新会计准则,从 2008 年起,主营业务收入统一改为营业收入。

(二)由于执行新会计准则而导致企业合并报表口径不一致,在计算收入增幅时将期初数按同一口径进行还原。

(三)在考核期内,企业发生经国资委批准的重大资产重组、整体上市等事项,在确定考核结果时将酌情考虑对相关指标的影响。

(四)为促进考核工作更加精准,对申报目标值与实际完成值差异过大的企业,扣减考核得分。扣除合并、重组、结构调整和会计准则调整等因素的影响后,企业目标值与实际完成值差异过大的,扣减该指标0.1～2分,其中:目标值超过中央企业任期实际完成平均值的,扣减该项指标得分0.1～0.5分;目标值低于中央企业任期实际完成平均值但高于任期年度平均水平的,扣减该项指标得分0.5～1分;目标值低于中央企业任期年度平均水平的,扣减该项指标得分1～2分。本款不受其他条款限制。

统计评价

企业国有资产统计报告办法

2004 年 2 月 12 日　　国务院国有资产监督管理委员会令第 4 号

第一章　总　　则

第一条　为加强企业国有资产监督管理,了解掌握企业国有资产营运等情况,建立全国国有资本金统计报告工作规范,依据《企业国有资产监督管理暂行条例》及国家有关财务会计制度,制定本办法。

第二条　国有及国有控股企业、国有参股企业的国有资产统计报告工作,适用本办法。

第三条　本办法所称国有资产统计报告,是指企业按照国家财务会计制度规定,根据统一的报告格式和填报要求,编制上报的反映企业年度会计期间资产质量、财务状况、经营成果等企业国有资产营运基本情况的文件。

第四条　各省、自治区、直辖市国有资产监督管理机构(以下简称省级国有资产监督管理机构)和各有关部门应当按照本办法的统一要求,认真组织实施本地区、本部门监管企业国有资产统计报告工作,并依据规定向国务院国有资产监督管理委员会(以下简称国务院国资委)报备。

第五条　凡占用国有资产的企业应当按照《企业国有资产监督管理暂行条例》和国家财务会计制度有关规定,在做好财务会计核算工作的基础上,根据国家统一的要求,认真编制国有资产统计报告,如实反映本企业占用的国有资产及其营运情况。

第二章　报　告　内　容

第六条　国有资产年度统计报告由企业会计报表和国有资产营运分析报告两部分构成。

第七条　企业会计报表按照国家财务会计统一规定由资产负债表、利润及利润分配表、现金流量表、所有者权益变动表、资产减值准备计提情况表及相关附表构成。企业会计报表应当经过中介机构审计。

第八条　国有资产营运分析报告是对本地区、本部门或者本企业占用的国有资产及营运情况进行分析说明的文件,具体包括:

(一)国有资产总量与分布结构;

(二)企业资产质量、财务状况及经营成果分析;

(三)国有资产增减变动情况及其原因分析;

(四)国有资产保值增值结果及其影响因素分析;

(五)其他需说明的事项。

第三章　编　制　范　围

第九条　应当编制国有资产统计报告的企业包括:由国务院,省、自治区、直辖市人民政府,设区的市、自治州级人民政府履行出资人职责的具有法人资格、独立核算、能够编制完整会计报表的境内外国有及国有控股企业。

第十条　国有参股企业的国有资产及投资收益依据合并会计报表的规定,纳入国有投资单位的国有资产统计范围,原则上不单独编制国有资产统计报告。但对于重要参股企业,应当根据国有资产监管需要单独编制国有资产统计报告。

重要参股企业的标准或者名单由相关国有资产监督管理机构确定。

第十一条　企业国有资产统计报告基本填报单位的级次为:大型

企业(含大型企业集团)为第三级以上(含第三级)各级子企业,第三级以下子企业并入第三级进行填报;中小型企业为第二级以上(含第二级)各级子企业,第二级以下子企业并入第二级进行填报。

第十二条 企业应当组织做好总部及各级境内外子企业的国有资产统计报告编制工作,并编制集团或者总公司合并(汇总)的国有资产统计报告,以全面反映企业国有资产营运情况,并与所属境内外子企业的分户国有资产统计数据一同报送同级国有资产监督管理机构或者主管部门。

第四章 组 织 管 理

第十三条 企业国有资产统计报告工作应当遵循统一规范、分级管理的原则,按照企业的财务关系或者产权关系分别组织实施。

第十四条 省级国有资产监督管理机构、各有关部门应当编制本地区、本部门所监管企业的汇总国有资产统计报告,并与所监管企业的分户国有资产统计数据一同报送国务院国资委。

第十五条 国务院国资委在国有资产统计报告工作中履行下列职责:

(一)制定全国企业国有资产统计报告规章、制度和工作规范;

(二)统一制定企业国有资产统计报告格式、编报要求和数据处理软件;

(三)负责所出资企业国有资产统计报告工作具体组织实施;

(四)负责收集、审核和汇总各地区、各有关部门国有资产统计报告,并向国务院报告全国企业国有资产营运情况;

(五)组织开展对企业国有资产统计报告质量监控工作,并组织开展企业国有资产统计报告编报质量的抽样核查。

第十六条 省级国有资产监督管理机构在企业国有资产统计报告工作中履行下列职责:

(一)依据统一的企业国有资产统计报告规章制度和工作规范,负责本地区监管企业国有资产统计报告工作的组织实施和监督检查；

（二）指导下一级国有资产监督管理机构开展企业国有资产统计报告工作；

（三）负责收集、审核、汇总本地区管理企业国有资产统计报告，并向同级人民政府报告本地区监管企业国有资产营运情况；

（四）负责向国务院国资委报送本地区监管企业国有资产统计报告；

（五）组织开展对本地区监管企业国有资产统计报告质量的核查工作。

第十七条　各有关部门在企业国有资产统计报告工作中履行下列职责：

（一）依据统一的企业国有资产统计报告规章制度和工作规范，负责本部门监管企业国有资产统计报告工作的组织实施和监督检查；

（二）负责收集、审核、汇总本部门监管企业国有资产统计报告；

（三）负责向国务院国资委报送本部门监管企业国有资产统计报告；

（四）组织开展对本部门监管企业国有资产报告质量的核查工作。

第十八条　省级国有资产监督管理机构和各有关部门应当指定专门机构或者人员具体负责国有资产统计报告工作，并与国务院国资委建立相应工作联系。

第十九条　省级国有资产监督管理机构和各有关部门应当加强对企业国有资产统计报告相关数据资料的管理，做好归档整理、建档建库和保密管理等工作。

第五章　编报规范

第二十条　企业应当在全面清理核实资产、负债、收入、支出并做好财务核算的基础上，按照统一的报告格式、内容、指标口径和操作软件，认真编制并按时上报企业国有资产统计报告，做到账实相符、账证相符、账账相符、账表相符。

第二十一条 企业应当严格按照国家财务会计制度和统一的编制要求,编制企业国有资产统计报告,做到内容完整、数字真实,不得虚报、漏报、瞒报和拒报,并按照财务关系或产权关系采取自下而上方式层层审核和汇总。

第二十二条 企业应当在认真做好总部及各级子企业分户报表编制范围与编制质量的审核工作基础上,编制集团或总公司合并报表,并按照国家财务会计制度的统一规定,做好合并范围和抵消事项的审核工作,对于未纳入范围和未抵消或者未充分抵消的事项应当单独说明。

第二十三条 企业主要负责人对本企业编制的国有资产统计报告的真实性和完整性负责。

企业财务会计等人员应当按照统一规定认真编制国有资产统计报告,如实反映本企业有关财务会计和国有资产营运信息。

第二十四条 省级国有资产监督管理机构和各有关部门应当加强对本地区、本部门监管企业国有资产统计报告工作的组织领导,加强督促指导,对企业报送的国有资产统计报告各项内容进行规范性审核。审核内容主要包括:

(一)编制范围是否全面完整;

(二)编制方法是否符合国家统一的财务会计制度,是否符合企业国有资产统计报告的编制要求;

(三)填报内容是否全面、真实;

(四)报表中相关指标之间、表间相关数据之间、分户数据与汇总数据之间、报表数据与计算机录入数据之间是否衔接一致。

第二十五条 省级国有资产监督管理机构和各有关部门应当认真做好本地区、本部门监管企业国有资产统计报告的审核工作,确保国有资产统计报告各项数据资料的完整和真实。凡发现报表编制不符合规定,存在漏报、错报、虚报、瞒报以及相关数据不衔接等情况,应当要求有关企业立即纠正,并限期重报。

第二十六条 企业国有资产统计报告采取自下而上、逐户审核、层层汇总方式收集上报。企业应当将国有资产统计报告经企业负责人、总会计师或主管财务工作负责人和报告编制人员签字并盖章后,于规定时间内上报。

第二十七条　中央企业国有资产统计报告工作应当遵守财务决算报告工作的相关规定。

第六章　奖　　惩

第二十八条　授意、指使、强令企业财务会计等人员编制和提供虚假国有资产统计报告的,除依照《中华人民共和国会计法》、《企业国有资产监督管理暂行条例》和《企业财务会计报告条例》等有关法律法规处理外,还应对企业负责人给予纪律处分;有犯罪嫌疑的,依法移送司法机关处理。

第二十九条　对于玩忽职守、编制虚假财务会计信息,严重影响国有资产统计报告质量的,除依照《中华人民共和国会计法》、《企业国有资产监督管理暂行条例》和《企业财务会计报告条例》等有关法律法规处理外,还应对有关责任人员给予纪律处分;有犯罪嫌疑的,依法移送司法机关处理。

第三十条　省级国有资产监督管理机构和各有关部门工作组织不力或者不当,给企业国有资产统计报告工作造成不良影响的,应当给予通报。

第三十一条　省级国有资产监督管理机构和各有关部门应当认真做好本地区、本部门监管企业国有资产统计报告的总结工作,对在企业国有资产统计报告工作中取得优秀成绩的单位和个人给予表彰。

第七章　附　　则

第三十二条　省级国有资产监督管理机构和各有关部门可依据本办法,结合各自实际,制定相应的实施细则。

第三十三条　本办法自公布之日起施行。

企业国有资本保值增值
结果确认暂行办法

2004 年 8 月 25 日　国务院国有资产监督管理委员会令第 9 号

第一章　总　　则

第一条　为加强对企业国有资产的监督管理,真实反映企业国有资本运营状况,规范国有资本保值增值结果确认工作,维护国家所有者权益,根据《企业国有资产监督管理暂行条例》和国家有关财务会计规定,制定本办法。

第二条　国务院,各省、自治区、直辖市人民政府,设区的市、自治州级人民政府履行出资人职责的企业(以下简称企业)国有资本保值增值结果确认工作,适用本办法。

第三条　本办法所称企业国有资本,是指国家对企业各种形式的投资和投资所形成的权益,以及依法认定为国家所有的其他权益。对于国有独资企业,其国有资本是指该企业的所有者权益,以及依法认定为国家所有的其他权益;对于国有控股及参股企业,其国有资本是指该企业所有者权益中国家应当享有的份额。

第四条　本办法所称企业国有资本保值增值结果确认是指国有资产监督管理机构依据经审计的企业年度财务决算报告,在全面分析评判影响经营期内国有资本增减变动因素的基础上,对企业国有资本保值增值结果进行核实确认的工作。

第五条　国务院国有资产监督管理机构负责中央企业国有资本保值增值结果核实确认工作。各地国有资产监督管理机构负责监管职责范围内的企业国有资本保值增值结果核实确认工作。

第六条　企业应当在如实编制年度财务决算报告的基础上,认真分析和核实经营期内国有资本增减变化的各项主客观因素,真实、客观地反映国有资本运营结果,促进实现国有资本保值增值经营目标,并为企业财务监管与绩效评价、企业负责人业绩考核、企业工效挂钩核定等出资人监管工作提供基础依据。

第二章　国有资本保值增值率的计算

第七条　企业国有资本保值增值结果主要通过国有资本保值增值率指标反映,并设置相应修正指标和参考指标,充分考虑各种客观增减因素,以全面、公正、客观地评判经营期内企业国有资本运营效益与安全状况。

本办法所称国有资本保值增值率是指企业经营期内扣除客观增减因素后的期末国有资本与期初国有资本的比率。其计算公式如下:

国有资本保值增值率＝(扣除客观因素影响后的期末国有资本÷期初国有资本)×100％

国有资本保值增值率分为年度国有资本保值增值率和任期国有资本保值增值率。

第九条　企业国有资本保值增值修正指标为不良资产比率。其计算公式为:

不良资产比率＝(期末不良资产÷期末资产总额)×100％

本办法所称不良资产是指企业尚未处理的资产净损失和潜亏(资金)挂账,以及按财务会计制度规定应提未提资产减值准备的各类有问题资产预计损失金额。

第十条　因经营期内不良资产额增加造成企业不良资产比率上升,应当在核算其国有资本保值增值率时进行扣减修正。

(一)暂未执行《企业会计制度》的企业,经营期内企业不良资产比率上升,其增加额在核算国有资本保值增值率时进行直接扣减。计算公式为:

修正后国有资本保值增值率＝（扣除客观影响因素的期末国有资本－不良资产增加额）÷期初国有资本×100％

不良资产增加额＝期末不良资产－期初不良资产

（二）已执行《企业会计制度》的企业，经营期内对有问题资产未按财务会计制度计提资产减值准备，应当在核算国有资本保值增值率时进行扣除修正。其计算公式为：

修正后国有资本保值增值率＝（扣除客观影响因素的期末国有资本－有问题资产预计损失额）÷期初国有资本×100％

有问题资产预计损失额＝各类有问题资产×相关资产减值准备计提比例

（三）国有控股企业修正国有资本保值增值率，应当按股权份额进行核算。

第十一条 企业国有资本保值增值参考指标为净资产收益率、利润增长率、盈余现金保障倍数、资产负债率。

（一）净资产收益率：指企业经营期内净利润与平均净资产的比率。计算公式如下：

净资产收益率＝（净利润÷平均净资产）×100％

其中：平均净资产＝（期初所有者权益＋期末所有者权益）÷2

（二）利润增长率：指企业经营期内利润增长额与上期利润总额的比率。计算公式如下：

利润增长率＝（利润增长额÷上期利润总额）×100％

其中：利润增长额＝本期利润总额－上期利润总额

（三）盈余现金保障倍数：指企业经营期内经营现金净流量与净利润的比率。计算公式如下：

盈余现金保障倍数＝经营现金净流量/净利润

（四）资产负债率：指本经营期负债总额与资产总额的比率。计算公式如下：

资产负债率＝（负债总额÷资产总额）×100％

第十二条 本办法所称客观增加因素主要包括下列内容：

（一）国家、国有单位直接或追加投资：是指代表国家投资的部门（机构）或企业、事业单位投资设立子企业、对子企业追加投入而增加国有资本；

（二）无偿划入：是指按国家有关规定将其他企业的国有资产全部或部分划入而增加国有资本；

（三）资产评估：是指因改制、上市等原因按国家规定进行资产评估而增加国有资本；

（四）清产核资：是指按规定进行清产核资后，经国有资产监督管理机构核准而增加国有资本；

（五）产权界定：是指按规定进行产权界定而增加国有资本；

（六）资本（股票）溢价：是指企业整体或以主要资产溢价发行股票或配股而增加国有资本；

（七）税收返还：是指按国家税收政策返还规定而增加国有资本；

（八）会计调整和减值准备转回：是指经营期间会计政策和会计估计发生重大变更、企业减值准备转回、企业会计差错调整等导致企业经营成果发生重大变动而增加国有资本；

（九）其他客观增加因素：是指除上述情形外，经国有资产监督管理机构按规定认定而增加企业国有资本的因素，如接受捐赠、债权转股权等。

第十三条　本办法所称客观减少因素主要包括下列内容：

（一）专项批准核销：是指按国家清产核资等有关政策，经国有资产监督管理机构批准核销而减少国有资本；

（二）无偿划出：是指按有关规定将本企业的国有资产全部或部分划入其他企业而减少国有资本；

（三）资产评估：是指因改制、上市等原因按规定进行资产评估而减少国有资本；

（四）产权界定：是指因产权界定而减少国有资本；

（五）消化以前年度潜亏和挂账：是指经核准经营期消化以前年度潜亏挂账而减少国有资本；

(六)自然灾害等不可抗拒因素:是指因自然灾害等不可抗拒因素而减少国有资本;

(七)企业按规定上缴红利:是指企业按照有关政策、制度规定分配给投资者红利而减少企业国有资本;

(八)资本(股票)折价:是指企业整体或以主要资产折价发行股票或配股而减少国有资本;

(九)其他客观减少因素:是指除上述情形外,经国有资产监督管理机构按规定认定而减少企业国有资本的因素。

第十四条 国有资本保值增值率计算以企业合并会计报表为依据。企业所有境内外全资子企业、控股子企业,以及各类独立核算分支机构、事业单位和基建项目等应当按规定全部纳入合并会计报表编制范围。

第十五条 企业应当按国家有关财务会计制度和企业财务决算管理规定,委托会计师事务所审计经营期内影响企业国有资本变化的客观增减因素,并由会计师事务所在审计报告中披露或出具必要鉴证证明。

第十六条 企业本期期初国有资本口径应当与上期期末口径衔接一致。企业对期初国有资本进行口径调整应当符合国家财务会计制度有关规定,并对调整情况作出必要说明。

本期期初国有资本口径调整范围具体包括:

(一)对企业年度财务决算进行追溯调整;

(二)经营期内子企业划转口径调整;

(三)企业财务决算合并范围变化口径调整;

(四)其他影响企业期初国有资本的有关调整。

第十七条 根据企业国有资产监督管理工作需要,企业保值增值结果按照会计年度、企业负责人任期分别确认。企业负责人任期国有资本保值增值结果以任职期间年度企业财务决算数据为依据。

第三章　国有资本保值增值结果的确认

第十八条　企业应当在规定的时间内,将经营期国有资本保值增值情况和相关材料随年度财务决算报告一并报送国有资产监督管理机构。报送材料应当包括:

(一)《国有资本保值增值结果确认表》及其电子文档;

(二)企业国有资本保值增值情况分析说明,具体内容包括国有资本保值增值完成情况、客观增减因素、期初数据口径、与上期确认结果的对比分析、相关参考指标大幅波动或异常变动的分析说明以及其他需要报告的情况;

(三)客观增减因素证明材料。

第十九条　企业国有资本保值增值客观增减因素的证明材料除年度财务决算审计报告外,还应当包括:

(一)国家有关部门的文件;

(二)有关专项鉴证证明;

(三)企业的有关入账凭证;

(四)其他证明材料。

第二十条　企业上报国有资本保值增值材料应当符合下列要求:

(一)各项指标真实、客观,填报口径符合规定;

(二)电子文档符合统一要求;

(三)各项客观增减因素的材料真实、完整,并分类说明有关情况。

第二十一条　企业负责人、总会计师或主管会计工作的负责人应当对企业上报的国有资本保值增值材料的真实性、完整性负责。承办企业年度财务决算审计业务的会计师事务所及注册会计师应当对其审计的企业国有资本保值增值材料及出具的相关鉴证证明的真实性、合法性负责。

第二十二条　根据出资人财务监督工作需要,国有资产监督管理机构依照《中央企业财务决算报告管理办法》(国资委令第5号)及其他有关规定,对企业财务会计资料及保值增值材料进行核查,并对企业国有资本保值增值结果进行核实确认。

第二十三条 国有资本保值增值结果核实确认工作,应当根据核批后的企业年度财务决算报表数据,剔除影响国有资本变动的客观增减因素,并在对企业不良资产变动因素分析核实的基础上,认定企业国有资本保值增值的实际状况,即国有资本保值增值率。

第二十四条 企业国有资本保值增值结果分为以下三种情况:

(一)企业国有资本保值增值率大于100%,国有资本实现增值;

(二)企业国有资本保值增值率等于100%,国有资本为保值;

(三)企业国有资本保值增值率小于100%,国有资本为减值。

第二十五条 企业国有资本存在下列特殊情形的,不核算国有资本保值增值率,但应当根据经营期国有资本变动状况分别作出增值或减值的判定。

(一)经调整后企业国有资本期初为正值、期末为负值,国有资本保值增值完成情况判定为减值;

(二)经调整后企业国有资本期初为负值、期末为正值,国有资本保值增值完成情况判定为增值。

第二十六条 国有资产监督管理机构应当以经核实确认的企业国有资本保值增值实际完成指标与全国国有企业国有资本保值增值行业标准进行对比分析,按照"优秀、良好、中等、较低、较差"五个档次,评判企业在行业中所处的相应水平。

中央企业国有资产保值增值率未达到全国国有企业保值增值率平均水平的,无论其在行业中所处水平,不予评判"优秀"档次。

第二十七条 下列情形之一的企业国有资本保值增值水平确认为"较差"档次:

(一)存在重大财务问题、年度财务决算严重失实的;

(二)年度财务决算报告被会计师事务所出具否定意见、无法表示意见审计报告的;

(三)持续资不抵债的。

持续资不抵债企业,在经营期间弥补国有资本亏损的,可确认其国有资本减亏率。

第二十八条 经营期内没有实现国有资本保值增值目标的企业,其负责人延期绩效年薪按《中央企业负责人经营业绩考核暂行办法》(国资委令第2号)及其他有关规定扣减。

实行工效挂钩的企业,经营期内没有实现国有资本保值增值的,不得提取新增效益工资。

第二十九条 企业在对外提供国有资本保值增值结果时,应当以经国有资产监督管理机构核实确认的结果为依据。

第三十条 国有资本保值增值指标行业标准由国务院国有资产监督管理机构根据每年全国国有资本总体运营态势,以全国国有企业年度财务决算信息为基础,按行业分类统一测算并公布。

第四章 罚 则

第三十一条 企业报送的年度财务决算报告及国有资本保值增值相关材料内容不完整、各项客观因素证据不充分或数据差错较大,造成企业国有资本保值增值确认结果不真实的,由国有资产监督管理机构责令其重新编报,并进行通报批评。

第三十二条 企业在国有资本保值增值结果确认工作中存在弄虚作假或者提供虚假材料,以及故意漏报、瞒报等情况的,由国有资产监督管理机构责令其改正;情节严重的,按照《企业国有资产监督管理暂行条例》等有关法律法规予以处罚,并追究有关人员责任。

第三十三条 会计师事务所及注册会计师在企业国有资本保值增值有关材料的审计工作中参与作假,提供虚假证明,造成国有资本保值增值结果严重不实的,国有资产监督管理机构应当禁止所出资企业聘请其承担相关审计业务,并通报或会同有关部门依法进行查处。

第三十四条 国有资产监督管理机构相关工作人员在国有资本保值增值结果核实确认过程中徇私舞弊,造成重大工作过失或者泄露企业商业秘密的,依法给予纪律处分;涉嫌犯罪的依法移交司法机关处理。

第五章　附　　则

第三十五条　各省、自治区、直辖市国有资产监督管理机构可依照本办法,结合本地区,制定相应工作规范。

第三十六条　本办法实施前的有关企业国有资本保值增值结果确认工作的规章制度与本办法不一致的,依照本办法的规定执行。

第三十七条　本办法自 2004 年 8 月 30 日起施行。

中央企业综合绩效评价管理暂行办法

2006 年 4 月 7 日　国务院国有资产监督管理委员会令第 14 号

第一章　总　　则

第一条　为加强对国务院国有资产监督管理委员会(以下简称国资委)履行出资人职责企业(以下简称企业)的财务监督,规范企业综合绩效评价工作,综合反映企业资产运营质量,促进提高资本回报水平,正确引导企业经营行为,根据《企业国有资产监督管理暂行条例》和国家有关规定,制定本办法。

第二条　本办法所称综合绩效评价,是指以投入产出分析为基本方法,通过建立综合评价指标体系,对照相应行业评价标准,对企业特定经营期间的盈利能力、资产质量、债务风险、经营增长以及管理状况等进行的综合评判。

第三条　企业综合绩效评价根据经济责任审计及财务监督工作需

要,分为任期绩效评价和年度绩效评价。

(一)任期绩效评价是指对企业负责人任职期间的经营成果及管理状况进行综合评判。

(二)年度绩效评价是指对企业一个会计年度的经营成果进行综合评判。

第四条 为确保综合绩效评价工作的客观、公正与公平,有效发挥对企业的全面评判、管理诊断和行为引导作用,开展综合绩效评价工作应当以经社会中介机构审计后的财务会计报告为基础。

按规定不进行社会中介机构审计的企业,其综合绩效评价工作以经企业内部审计机构审计后的财务会计报告为基础。

第五条 开展企业综合绩效评价工作应当遵循以下原则:

(一)全面性原则。企业综合绩效评价应当通过建立综合的指标体系,对影响企业绩效水平的各种因素进行多层次、多角度的分析和综合评判。

(二)客观性原则。企业综合绩效评价应当充分体现市场竞争环境特征,依据统一测算的、同一期间的国内行业标准或者国际行业标准,客观公正地评判企业经营成果及管理状况。

(三)效益性原则。企业综合绩效评价应当以考察投资回报水平为重点,运用投入产出分析基本方法,真实反映企业资产运营效率和资本保值增值水平。

(四)发展性原则。企业综合绩效评价应当在综合反映企业年度财务状况和经营成果的基础上,客观分析企业年度之间的增长状况及发展水平,科学预测企业的未来发展能力。

第六条 国资委依据本办法组织实施企业综合绩效评价工作,并对企业内部绩效评价工作进行指导和监督。

第二章 评价内容与评价指标

第七条 企业综合绩效评价由财务绩效定量评价和管理绩效定性

评价两部分组成。

第八条 财务绩效定量评价是指对企业一定期间的盈利能力、资产质量、债务风险和经营增长四个方面进行定量对比分析和评判。

（一）企业盈利能力分析与评判主要通过资本及资产报酬水平、成本费用控制水平和经营现金流量状况等方面的财务指标，综合反映企业的投入产出水平以及盈利质量和现金保障状况。

（二）企业资产质量分析与评判主要通过资产周转速度、资产运行状态、资产结构以及资产有效性等方面的财务指标，综合反映企业所占用经济资源的利用效率、资产管理水平与资产的安全性。

（三）企业债务风险分析与评判主要通过债务负担水平、资产负债结构、或有负债情况、现金偿债能力等方面的财务指标，综合反映企业的债务水平、偿债能力及其面临的债务风险。

（四）企业经营增长分析与评判主要通过销售增长、资本积累、效益变化以及技术投入等方面的财务指标，综合反映企业的经营增长水平及发展后劲。

第九条 财务绩效定量评价指标依据各项指标的功能作用划分为基本指标和修正指标。

（一）基本指标反映企业一定期间财务绩效的主要方面，并得出企业财务绩效定量评价的基本结果。

（二）修正指标是根据财务指标的差异性和互补性，对基本指标的评价结果作进一步的补充和矫正。

第十条 管理绩效定性评价是指在企业财务绩效定量评价的基础上，通过采取专家评议的方式，对企业一定期间的经营管理水平进行定性分析与综合评判。

第十一条 管理绩效定性评价指标包括企业发展战略的确立与执行、经营决策、发展创新、风险控制、基础管理、人力资源、行业影响、社会贡献等方面。

第十二条 企业财务绩效定量评价指标和管理绩效定性评价指标构成企业综合绩效评价指标体系。各指标的权重，依据评价指标的重要性和各指标的引导功能,通过参照咨询专家意见和组织必要测试进行确定。

第三章　评价标准与评价方法

第十三条　企业综合绩效评价标准分为财务绩效定量评价标准和管理绩效定性评价标准。

第十四条　财务绩效定量评价标准包括国内行业标准和国际行业标准。

（一）国内行业标准根据国内企业年度财务和经营管理统计数据,运用数理统计方法,分年度、分行业、分规模统一测算并发布。

（二）国际行业标准根据居于行业国际领先地位的大型企业相关财务指标实际值,或者根据同类型企业组相关财务指标的先进值,在剔除会计核算差异后统一测算并发布。

第十五条　财务绩效定量评价标准的行业分类,按照国家统一颁布的国民经济行业分类标准结合企业实际情况进行划分。

第十六条　财务绩效定量评价标准按照不同行业、不同规模及指标类别,分别测算出优秀值、良好值、平均值、较低值和较差值五个档次。

第十七条　大型企业集团在采取国内标准进行评价的同时,应当积极采用国际标准进行评价,开展国际先进水平的对标活动。

第十八条　管理绩效定性评价标准根据评价内容,结合企业经营管理的实际水平和出资人监管要求,统一制定和发布,并划分为优、良、中、低、差五个档次。管理绩效定性评价标准不进行行业划分,仅提供给评议专家参考。

第十九条　企业财务绩效定量评价有关财务指标实际值应当以经审计的企业财务会计报告为依据,并按照规定对会计政策差异、企业并购重组等客观因素进行合理剔除,以保证评价结果的可比性。

第二十条　财务绩效定量评价计分以企业评价指标实际值对照企业所处行业、规模标准,运用规定的计分模型进行定量测算。

管理绩效定性评价计分由专家组根据评价期间企业管理绩效相关因素的实际情况,参考管理绩效定性评价标准,确定分值。

第二十一条 对企业任期财务绩效定量评价计分应当依据经济责任财务审计结果,运用各年度评价标准对任期各年度的财务绩效进行分别评价,并运用算术平均法计算出企业任期财务绩效定量评价分数。

第四章 评价工作组织

第二十二条 企业综合绩效评价工作按照"统一方法、统一标准、分类实施"的原则组织实施。

(一)任期绩效评价工作,是企业经济责任审计工作的重要组成部分,依据国资委经济责任审计工作程序和要求组织实施。

(二)年度绩效评价工作,是国资委开展企业年度财务监督工作的重要内容,依据国资委年度财务决算工作程序和财务监督工作要求组织实施。

第二十三条 国资委在企业综合绩效评价工作中承担以下职责:

(一)制定企业综合绩效评价制度与政策;

(二)建立和完善企业综合绩效评价指标体系与评价方法;

(三)制定和公布企业综合绩效评价标准;

(四)组织实施企业任期和年度综合绩效评价工作,通报评价结果;

(五)对企业内部绩效评价工作进行指导和监督。

第二十四条 任期绩效评价工作可以根据企业经济责任审计工作需要,聘请社会中介机构协助配合开展。受托配合的社会中介机构在企业综合绩效评价工作中承担以下职责:

(一)受托开展任期各年度财务基础审计工作;

(二)协助审核调整任期各年度评价基础数据;

(三)协助测算任期财务绩效定量评价结果;

(四)协助收集整理管理绩效定性评价资料;

(五)协助实施管理绩效定性评价工作。

第二十五条　管理绩效定性评价工作应当在财务绩效定量评价工作的基础上,聘请监管部门、行业协会、研究机构、社会中介等方面的资深专家组织实施。管理绩效评价专家承担以下工作职责:

(一)对企业财务绩效定量评价结果发表专家意见;

(二)对企业管理绩效实际状况进行分析和判断;

(三)对企业管理绩效状况进行评议,并发表咨询意见;

(四)确定企业管理绩效定性评价指标分值。

第二十六条　企业在综合绩效评价工作中承担以下职责:

(一)提供有关年度财务决算报表和审计报告;

(二)提供管理绩效定性评价所需的有关资料;

(三)组织开展子企业的综合绩效评价工作。

第五章　评价结果与评价报告

第二十七条　评价结果是指根据综合绩效评价分数及分析得出的评价结论。

第二十八条　综合绩效评价分数用百分制表示,并分为优、良、中、低、差五个等级。

第二十九条　企业综合绩效评价应当进行年度之间绩效变化的比较分析,客观评价企业经营成果与管理水平的提高程度。

(一)任期绩效评价运用任期最后年度评价结果与上一任期最后年度评价结果进行对比。

(二)年度绩效评价运用当年评价结果与上年评价结果进行对比。

第三十条　任期绩效评价结果是经济责任审计工作中评估企业负责人任期履行职责情况和认定任期经济责任的重要依据,并为企业负责人任期考核工作提供参考。

第三十一条　年度绩效评价结果是开展财务监督工作的重要依据,并为企业负责人年度考核工作提供参考。

第三十二条　企业综合绩效评价报告是根据评价结果编制、反映被评价企业绩效状况的文件,由报告正文和附件构成。

(一)企业综合绩效评价报告正文应当说明评价依据、评价过程、评价结果,以及需要说明的重大事项。

(二)企业综合绩效评价报告附件包括经营绩效分析报告、评价计分表、问卷调查结果分析、专家咨询意见等,其中:经营绩效分析报告应当对企业经营绩效状况、影响因素、存在的问题等进行分析和诊断,并提出相关管理建议。

第三十三条 对企业综合绩效评价揭示和反映的问题,应当及时反馈企业,并要求企业予以关注。

(一)对于任期绩效评价反映的问题,应当在下达企业的经济责任审计处理意见书中明确指出,并要求企业予以关注和整改。

(二)对于年度绩效评价结果反映的问题,应当在年度财务决算批复中明确指出,并要求企业予以关注和整改。

第六章 工 作 责 任

第三十四条 企业应当提供真实、全面的绩效评价基础数据资料,企业主要负责人、总会计师或主管财务会计工作的负责人应当对提供的年度财务会计报表和相关评价基础资料的真实性负责。

第三十五条 受托开展企业综合绩效评价业务的机构及其相关工作人员应严格执行企业综合绩效评价工作的规定,规范技术操作,确保评价过程独立、客观、公正,评价结论适当,并严守企业的商业秘密。对参与造假、违反程序和工作规定,导致评价结论失实以及泄露企业商业秘密的,国资委将不再委托其承担企业综合绩效评价业务,并将有关情况通报其行业主管机关,建议给予相应处罚。

第三十六条 国资委的相关工作人员组织开展企业综合绩效评价工作应当恪尽职守、规范程序、加强指导。对于在综合绩效评价过程中不尽职或者徇私舞弊,造成重大工作过失的,给予纪律处分。

第三十七条 所聘请的评议专家应当认真了解和分析企业的管理

绩效状况,客观公正地进行评议打分,并提出合理的咨询意见。对于在管理绩效评价过程中不认真、不公正,出现评议结果或者咨询意见不符合企业实际情况,对评价工作造成不利影响的,国资委将不再继续聘请其为评议专家。

第七章　附　　则

第三十八条　根据本办法制定的《中央企业综合绩效评价实施细则》和评价标准另行公布。

第三十九条　企业开展内部综合绩效评价工作,可依据本办法制定具体的工作规范。

第四十条　各地区国有资产监督管理机构开展综合绩效评价工作,可参照本办法执行。

第四十一条　本办法自 2006 年 5 月 7 日起施行。

关于在财务统计工作中执行
新的企业规模划分标准的通知

2003 年 11 月 4 日　　国资厅评价〔2003〕327 号

各中央企业:

为加强企业财务会计信息统计标准管理,规范企业规模分类标准,现将《统计上大中小型企业划分办法(暂行)》(国统字〔2003〕17 号)和《部分非工企业大中小型划分补充标准(草案)》印发给你们,请在财务会计统计和财务报告工作中遵照执行。现将有关事项通知如下:

一、国家统计局根据《关于印发中小企业标准暂行规定的通知》(国经贸中小企〔2003〕143 号),对原《大中小型工业企业划分标准》(国统字〔1992〕337 号)进行了修订,制定了《统计上大中小型企业划分办法

（暂行）》（国统字〔2003〕17号）。为确保财务会计信息口径可比，财务统计和财务报告工作统一采用国家统计局新公布的规模划分标准。

二、为满足国有资产监管工作需要，我们依据《统计上大中小型企业划分办法（暂行）》的划型原则，参照国民经济行业分类标准（GB/T4754～2002）及《大中小型非工业企业划分标准（草案）》（财清办〔1995〕53号）的划型标准，对《统计上大中小型企业划分办法（暂行）》中未列示的非工企业划分标准进行了补充，研究制定了《部分非工企业大中小型划分补充标准（草案）》。

请各中央企业在财务统计和财务报告工作中认真执行，如发现问题，及时与我委统计评价局联系。

附件：1. 统计上大中小型企业划分办法（暂行）
　　　 2. 部分非工企业大中小型划分补充标准（草案）

附件1：

统计上大中小型企业划分办法（暂行）

国统字〔2003〕17号

一、根据国家经贸委、国家计委、财政部、国家统计局《关于印发中小企业标准暂行规定的通知》（国经贸中小企〔2003〕143号），结合统计工作的实际情况，特制定本办法。

二、本办法适用于统计上对工业（采矿业，制造业，电力、燃气及水的生产和供应业）、建筑业、交通运输、仓储和邮政业、批发和零售业、住宿和餐饮业的企业划分规模。

三、本办法以法人企业或单位作为对企业规模的划分对象，以从业人员数、销售额和资产总额三项指标为划分依据。企业规模的具体划分标准见附表。

四、企业规模由政府综合统计部门根据上年统计年报每年划分一次。企业规模一经确认,月度统计原则上不进行调整。

附表:统计上大中小型企业划分标准

统计上大中小型企业划分标准

行业名称	指标名称	计算单位	大 型	中 型	小 型
工业企业	从业人员数 销售额 资产总额	人 万元 万元	2000 及以上 30000 及以上 40000 及以上	300～2000 以下 3000～30000 以下 4000～40000 以下	300 以下 3000 以下 4000 以下
建筑业 企业	从业人员数 销售额 资产总额	人 万元 万元	3000 及以上 30000 及以上 40000 及以上	600～3000 以下 3000～30000 以下 4000～40000 以下	600 以下 3000 以下 4000 以下
批发业 企业	从业人员数 销售额	人 万元	200 及以上 30000 及以上	100～200 以下 3000～30000 以下	100 以下 3000 以下
零售业 企业	从业人员数 销售额	人 万元	500 及以上 15000 及以上	100～500 以下 1000～15000 以下	100 以下 1000 以下
交通运 输业企业	从业人员数 销售额	人 万元	3000 及以上 30000 及以上	500～3000 以下 3000～30000 以下	500 以下 3000 以下
邮政业 企业	从业人员数 销售额	人 万元	1000 及以上 30000 及以上	400～1000 以下 3000～30000 以下	400 以下 3000 以下
住宿和餐 馆业企业	从业人员数 销售额	人 万元	800 及以上 15000 及以上	400～800 以下 3000～15000 以下	400 以下 3000 以下

说明:1. 表中的"工业企业"包括采矿业、制造业、电力、燃气及水的生产和供应业三个行业的企业。

2. 工业企业的销售额以现行统计制度中的年产品销售收入代替;建筑业企业的销售额以现行统计制度中的年工程结算收入代替;批发和零售业的销售额以现行报表制度中的年销售额代替;交通运输和邮政业、住宿和餐饮业企业的销售额以现行统计制度中的年营业收入代替;资产总额以现行统计制度中的资产合计代替。

3. 大型和中型企业须同时满足所列各项条件的下限指标,否则下划一档。

附件2:

部分非工企业大中小型划分补充标准(草案)

行业名称	指标名称	计算单位	大 型	中 型	小 型
农林牧 渔企业	从业人员数 销售额	人 万元	3000 及以上 15000 及以上	500～3000 以下 1000～15000 以下	500 以下 1000 以下

续表

行业名称	指标名称	计算单位	大 型	中 型	小 型
仓储企业	从业人员数 销售额	人 万元	500 及以上 15000 及以上	100～500 以下 1000～15000 以下	100 以下 1000 以下
房地产企业	从业人员数 销售额	人 万元	200 及以上 15000 及以上	100～200 以下 1000～15000 以下	100 以下 1000 以下
金融企业	从业人员数 净资产总额	人 万元	500 及以上 50000 及以上	100～500 以下	100 以下 5000 以下
地质勘查和水利环境管理企业	从业人员数 资产总额	人 万元	2000 及以上 20000 及以上	600～2000 以下 2000～20000 以下	600 以下 2000 以下
文体、娱乐企业	从业人员数 销售额	人 万元	600 及以上 15000 及以上	200～600 以下 3000～15000 以下	200 以下 3000 以下
信息传输企业	从业人员数 销售额	人 万元	400 及以上 30000 及以上	100～400 以下 3000～30000 以下	100 以下 3000 以下
计算机服务及软件企业	从业人员数 销售额	人 万元	300 及以上 30000 及以上	100～300 以下 3000～30000 以下	100 以下 3000 以下
租赁企业	从业人员数 销售额	人 万元	300 及以上 15000 及以上	100～300 以下 1000～15000 以下	100 以下 1000 以下
商务及科技服务企业	从业人员数 销售额	人 万元	400 及以上 15000 及以上	100～400 以下 1000～15000 以下	100 以下 1000 以下
居民服务企业	从业人员数 销售额	人 万元	800 及以上 15000 及以上	200～800 以下 1000～15000 以下	200 以下 1000 以下
其他企业	从业人员数 销售额	人 万元	500 及以上 15000 及以上	100～500 以下 1000～15000 以下	100 以下 1000 以下

说明:1. 销售额按相关行业的"产品销售收入"、"商品销售收入"、"主营业务收入"、"营业收入"、"经营收入"、"工程结算收入"等科目发生额计算。

2. 其他企业是指在《统计上大中小型企业划分办法(暂行)》(国统字〔2003〕7 号)和本表中未列示的行业企业,具体包括:从事卫生、社会保障和社会福利业,公共管理和社会组织等行业的企业。

3. 大型和中型企业须同时满足所列各项条件的下限指标,否则下划一档。

关于印发《中央企业综合绩效评价实施细则》的通知

2006 年 9 月 12 日　　国资发评价〔2006〕157 号

各中央企业:

为做好中央企业综合绩效评价工作,根据《中央企业综合绩效评价管理暂行办法》(国资委令第 14 号),我们制定了《中央企业综合绩效评价实施细则》,现印发给你们,请结合本企业实际认真执行。

附件:中央企业综合绩效评价实施细则

附件:

中央企业综合绩效评价实施细则

第一章　总　　则

第一条　为规范开展中央企业综合绩效评价工作,有效发挥综合绩效评价工作的评判、引导和诊断作用,推动企业提高经营管理水平,根据《中央企业综合绩效评价管理暂行办法》(国资委令第 14 号),制定本实施细则。

第二条　开展企业综合绩效评价应当充分体现市场经济原则和资本运营特征,以投入产出分析为核心,运用定量分析与定性分析相结合、横向对比与纵向对比互为补充的方法,综合评价企业经营绩效和努力程度,促进企业提高市场竞争能力。

第三条 开展企业综合绩效评价应当制定既符合行业实际又具有引导性质的评价标准,并运用科学的评价计分方法,计量企业经营绩效水平,以充分体现行业之间的差异性,客观反映企业所在行业的盈利水平和经营环境,准确评判企业的经营成果。

第四条 企业综合绩效评价工作按照产权管理关系进行组织,国资委负责其履行出资人职责企业的综合绩效评价工作,企业集团(总)公司总部负责其所属子企业的综合绩效评价工作。

第五条 企业年度综合绩效评价工作,一般结合企业年度财务决算审核工作组织进行;企业任期综合绩效评价工作,一般结合企业负责人任期经济责任审计组织实施。

第二章 评价指标与权重

第六条 企业综合绩效评价指标由 22 个财务绩效定量评价指标和 8 个管理绩效定性评价指标组成。

第七条 财务绩效定量评价指标由反映企业盈利能力状况、资产质量状况、债务风险状况和经营增长状况等 4 个方面的 8 个基本指标和 14 个修正指标构成,用于综合评价企业财务会计报表所反映的经营绩效状况。

第八条 企业盈利能力状况以净资产收益率、总资产报酬率两个基本指标和销售(营业)利润率、盈余现金保障倍数、成本费用利润率、资本收益率 4 个修正指标进行评价,主要反映企业一定经营期间的投入产出水平和盈利质量。

第九条 企业资产质量状况以总资产周转率、应收账款周转率两个基本指标和不良资产比率、流动资产周转率、资产现金回收率 3 个修正指标进行评价,主要反映企业所占用经济资源的利用效率、资产管理水平与资产的安全性。

第十条 企业债务风险状况以资产负债率、已获利息倍数两个基本指标和速动比率、现金流动负债比率、带息负债比率、或有负债比率

4个修正指标进行评价,主要反映企业的债务负担水平、偿债能力及其面临的债务风险。

第十一条　企业经营增长状况以销售(营业)增长率、资本保值增值率两个基本指标和销售(营业)利润增长率、总资产增长率、技术投入比率3个修正指标进行评价,主要反映企业的经营增长水平、资本增值状况及发展后劲。

第十二条　企业管理绩效定性评价指标包括战略管理、发展创新、经营决策、风险控制、基础管理、人力资源、行业影响、社会贡献等8个方面的指标,主要反映企业在一定经营期间所采取的各项管理措施及其管理成效。

(一)战略管理评价主要反映企业所制定战略规划的科学性,战略规划是否符合企业实际,员工对战略规划的认知程度,战略规划的保障措施及其执行力,以及战略规划的实施效果等方面的情况。

(二)发展创新评价主要反映企业在经营管理创新、工艺革新、技术改造、新产品开发、品牌培育、市场拓展、专利申请及核心技术研发等方面的措施及成效。

(三)经营决策评价主要反映企业在决策管理、决策程序、决策方法、决策执行、决策监督、责任追究等方面采取的措施及实施效果,重点反映企业是否存在重大经营决策失误。

(四)风险控制评价主要反映企业在财务风险、市场风险、技术风险、管理风险、信用风险和道德风险等方面的管理与控制措施及效果,包括风险控制标准、风险评估程序、风险防范与化解措施等。

(五)基础管理评价主要反映企业在制度建设、内部控制、重大事项管理、信息化建设、标准化管理等方面的情况,包括财务管理、对外投资、采购与销售、存货管理、质量管理、安全管理、法律事务等。

(六)人力资源评价主要反映企业人才结构、人才培养、人才引进、人才储备、人事调配、员工绩效管理、分配与激励、企业文化建设、员工工作热情等方面的情况。

(七)行业影响评价主要反映企业主营业务的市场占有率、对国民经济及区域经济的影响力与带动力、主要产品的市场认可程度、是否具有核心竞争能力以及产业引导能力等方面的情况。

（八）社会贡献评价主要反映企业在资源节约、环境保护、吸纳就业、工资福利、安全生产、上缴税收、商业诚信、和谐社会建设等方面的贡献程度和社会责任的履行情况。

第十三条 企业管理绩效定性评价指标应当根据评价工作需要作进一步细化，能够量化的应当采用量化指标进行反映。

第十四条 企业综合绩效评价指标权重实行百分制，指标权重依据评价指标的重要性和各指标的引导功能，通过征求咨询专家意见和组织必要的测试进行确定。

第十五条 财务绩效定量评价指标权重确定为 70%，管理绩效定性评价指标权重确定为 30%。在实际评价过程中，财务绩效定量评价指标和管理绩效定性评价指标的权数均按百分制设定，分别计算分项指标的分值，然后按 70∶30 折算。

第三章　评价标准选择

第十六条 财务绩效定量评价标准划分为优秀（A）、良好（B）、平均（C）、较低（D）、较差（E）五个档次，管理绩效定性评价标准分为优（A）、良（B）、中（C）、低（D）、差（E）五个档次。

第十七条 对应上述五档评价标准的标准系数分别为 1.0、0.8、0.6、0.4、0.2，较差（E）或差（E）以下为 0。标准系数是评价标准的水平参数，反映了评价指标对应评价标准所达到的水平档次。

第十八条 评价组织机构应当认真分析判断评价对象所属的行业和规模，正确选用财务绩效定量评价标准值。

第十九条 企业财务绩效定量评价标准值的选用，一般根据企业的主营业务领域对照企业综合绩效评价行业基本分类，自下而上逐层遴选被评价企业适用的行业标准值。

第二十条 多业兼营的集团型企业财务绩效指标评价标准值的选用应当区分主业突出和不突出两种情况：

（一）存在多个主业板块但某个主业特别突出的集团型企业,应当采用该主业所在行业的标准值。

（二）存在多个主业板块但没有突出主业的集团型企业,可对照企业综合绩效评价行业基本分类,采用基本可以覆盖其多种经营业务的上一层次的评价标准值;或者根据其下属企业所属行业,分别选取相关行业标准值进行评价,然后按照各下属企业资产总额占被评价企业集团汇总资产总额的比重,加权形成集团评价得分;也可以根据集团的经营领域,选择有关行业标准值,以各领域的资产总额比例为权重进行加权平均,计算出用于集团评价的标准值。

第二十一条　如果被评价企业所在行业因样本原因没有统一的评价标准,或按第二十条规定方法仍无法确定被评价企业财务绩效定量评价标准值的,在征得评价组织机构同意后,可直接选用国民经济十大门类标准或全国标准。

第二十二条　根据评价工作需要可以分别选择全行业和大、中、小型规模标准值实施评价。企业规模划分按照国家统计局《关于统计上大中小型企业划分办法（暂行）》（国统字〔2003〕17 号）和国资委《关于在财务统计工作中执行新的企业规模划分标准的通知》（国资厅评价函〔2003〕327 号）的规定执行。

第二十三条　管理绩效定性评价标准具有行业普遍性和一般性,在进行评价时,应当根据不同行业的经营特点,灵活把握个别指标的标准尺度。对于在定性评价标准中没有列示,但对被评价企业经营绩效产生重要影响的因素,在评价时也应予以考虑。

第四章　评　价　计　分

第二十四条　企业综合绩效评价计分方法采取功效系数法和综合分析判断法,其中:功效系数法用于财务绩效定量评价指标的计分,综合分析判断法用于管理绩效定性评价指标的计分。

第二十五条　财务绩效定量评价基本指标计分是按照功效系数法计分原理,将评价指标实际值对照行业评价标准值,按照规定的计分公式计算各项基本指标得分。计算公式为：

基本指标总得分 = $\sum$ 单项基本指标得分

单项基本指标得分 = 本档基础分 + 调整分

本档基础分 = 指标权数 × 本档标准系数

调整分 = 功效系数 ×（上档基础分 - 本档基础分）

上档基础分 = 指标权数 × 上档标准系数

功效系数 =（实际值 - 本档标准值）/（上档标准值 - 本档标准值）

本档标准值是指上下两档标准值居于较低等级一档。

　　第二十六条　财务绩效定量评价修正指标的计分是在基本指标计分结果的基础上，运用功效系数法原理，分别计算盈利能力、资产质量、债务风险和经营增长四个部分的综合修正系数，再据此计算出修正后的分数。计算公式为：

修正后总得分 = $\sum$ 各部分修正后得分

各部分修正后得分 = 各部分基本指标分数 × 该部分综合修正系数

某部分综合修正系数 = $\sum$ 该部分各修正指标加权修正系数

某指标加权修正系数 =（修正指标权数/该部分权数）× 该指标单项修正系数

某指标单项修正系数 = 1.0 +（本档标准系数 + 功效系数 × 0.2 - 该部分基本指标分析系数），单项修正系数控制修正幅度为 0.7～1.3

某部分基本指标分析系数 = 该部分基本指标得分/该部分权数

　　第二十七条　在计算修正指标单项修正系数过程中，对于一些特殊情况作如下处理：

　　（一）如果修正指标实际值达到优秀值以上，其单项修正系数的计算公式如下：

单项修正系数 = 1.2 + 本档标准系数 - 该部分基本指标分析系数

　　（二）如果修正指标实际值处于较差值以下，其单项修正系数的计算公式如下：

单项修正系数 = 1.0 - 该部分基本指标分析系数

（三）如果资产负债率≥100%，指标得 0 分；其他情况按照规定的公式计分。

（四）如果盈余现金保障倍数分子为正数，分母为负数，单项修正系数确定为 1.1；如果分子为负数，分母为正数，单项修正系数确定为 0.9；如果分子分母同为负数，单项修正系数确定为 0.8。

（五）如果不良资产比率≥100%或分母为负数，单项修正系数确定为 0.8。

（六）对于销售（营业）利润增长率指标，如果上年主营业务利润为负数，本年为正数，单项修正系数为 1.1；如果上年主营业务利润为零本年为正数，或者上年为负数本年为零，单项修正系数确定为 1.0。

（七）如果个别指标难以确定行业标准，该指标单项修正系数确定为 1.0。

第二十八条　管理绩效定性评价指标的计分一般通过专家评议打分形式完成，聘请的专家应不少于 7 名；评议专家应当在充分了解企业管理绩效状况的基础上，对照评价参考标准，采取综合分析判断法，对企业管理绩效指标做出分析评议，评判各项指标所处的水平档次，并直接给出评价分数。计分公式为：

管理绩效定性评价指标分数 = $\sum$ 单项指标分数

单项指标分数 = （$\sum$ 每位专家给定的单项指标分数）/专家人数

第二十九条　任期财务绩效定量评价指标计分，应当运用任期各年度评价标准分别对各年度财务绩效定量指标进行计分，再计算任期平均分数，作为任期财务绩效定量评价分数。计算公式为：

任期财务绩效定量评价分数 = （$\sum$ 任期各年度财务绩效定量评价分数）/任期年数

第三十条　在得出财务绩效定量评价分数和管理绩效定性评价分数后，应当按照规定的权重，加权形成综合绩效评价分数。计算公式为：

企业综合绩效评价分数 = 财务绩效定量评价分数×70% + 管理绩效定性评价分数×30%

第三十一条 在得出评价分数以后,应当计算年度之间的绩效改进度,以反映企业年度之间经营绩效的变化状况。计算公式为:

绩效改进度 = 本期绩效评价分数/基期绩效评价分数

绩效改进度大于1,说明经营绩效上升;绩效改进度小于1,说明经营绩效下滑。

第三十二条 对企业经济效益上升幅度显著、经营规模较大,有重大科技创新的企业,应当给予适当加分。具体的加分办法如下:

(一)效益提升加分。企业年度净资产收益率增长率和利润增长率超过行业平均增长水平10%～40%加1～2分,超过40%～100%加3～4分,超过100%加5分。

(二)管理难度加分。企业年度平均资产总额超过国资委监管全部企业年度平均资产总额的给予加分,其中:工业企业超过平均资产总额每100亿元加0.5分,非工业企业超过平均资产总额每60亿元加0.5分,最多加5分。

(三)重大科技创新加分。重大科技创新加分包括以下两个方面:企业承担国家重大科技攻关项目,并取得突破的,加3～5分;承担国家科技发展规划纲要目录内的重大科技专项主体研究,虽然尚未取得突破,但投入较大,加1～2分。

(四)国资委认定的其他事项。

以上加分因素合计不得超过15分,超过15分按15分计算。对加分前评价结果已经达到优秀水平的企业,以上加分因素按以下公式计算实际加分值:

实际加分值 = (1 − X%)6.6Y

其中:X表示评价得分,Y表示以上因素合计加分。

第三十三条 被评价企业在评价期间(年度)出现以下情况的,应当予以扣分:

(一)发生属于当期责任的重大资产损失事项,损失金额超过平均资产总额1%的,或者资产损失金额未超过平均资产总额1%,但性质严重并造成重大社会影响的,扣5分。正常的资产减值准备计提不在此列。

（二）发生重大安全生产与质量事故，根据事故等级，扣3～5分。

（三）存在巨额表外资产，且占合并范围资产总额20%以上的，扣3～5分。

（四）存在巨额逾期债务，逾期负债超过带息负债的10%，甚至发生严重债务危机的，扣2～5分。

（五）国资委认定的其他事项。

第三十四条　对存在加分和扣分事项的，应当与企业和有关部门进行核实，获得必要的相关证据，并在企业综合绩效评价报告中加以单独说明。

第五章　评价基础数据调整

第三十五条　企业综合绩效评价的基础数据资料主要包括企业提供的评价年度财务会计决算报表及审计报告、关于经营管理情况的说明等资料。

第三十六条　为确保评价基础数据的真实、完整、合理，在实施评价前应当对评价期间的基础数据进行核实，按照重要性和可比性原则进行适当调整。

第三十七条　在任期经济责任审计工作中开展任期财务绩效定量评价，其评价基础数据以财务审计调整后的数据为依据。

第三十八条　企业评价期间会计政策与会计估计发生重大变更的，需要判断变更事项对经营成果的影响，产生重大影响的，应当调整评价基础数据，以保持数据口径基本一致。

第三十九条　企业评价期间发生资产无偿划入划出的，应当按照重要性原则调整评价基础数据。原则上划入企业应纳入评价范围，无偿划出、关闭、破产（含进入破产程序）企业，不纳入评价范围。

第四十条　企业被出具非标准无保留意见审计报告的，应当根据审计报告披露的影响企业经营成果的重大事项，调整评价基础数据。

第四十一条　国资委在财务决算批复中要求企业纠正、整改，因而影响企业财务会计报表，并能够确认具体影响金额的，应当根据批复调整评价基础数据。

第四十二条 企业在评价期间损益中消化处理以前年度或上一任期资产损失的,承担国家某项特殊任务或落实国家专项政策对财务状况和经营成果产生重大影响的,经国资委认定后,可作为客观因素调整评价基础数据。

第六章 评价工作程序

第四十三条 企业综合绩效评价包括财务绩效定量评价和管理绩效定性评价两方面内容。由于任期绩效评价和年度绩效评价的工作目标不同,评价工作内容应有所区别。

(一)任期绩效评价作为任期经济责任审计工作的重要组成部分,需要对企业负责人任职期间企业的绩效状况进行综合评价,工作程序包括财务绩效定量评价和管理绩效定性评价两方面内容。

(二)年度绩效评价除根据监管工作需要组织财务绩效与管理绩效的综合评价外,一般作为年度财务决算管理工作的组成部分,每个年度只进行财务绩效定量评价。

第四十四条 财务绩效定量评价工作具体包括提取评价基础数据、基础数据调整、评价计分、形成评价结果等内容。

(一)提取评价基础数据。以经社会中介机构或内部审计机构审计并经评价组织机构核实确认的企业年度财务会计报表为基础提取评价基础数据。

(二)基础数据调整。为客观、公正的评价企业经营绩效,根据本细则第五章的有关规定,对评价基础数据进行调整,其中:年度绩效评价基础数据以国资委审核确认的财务决算合并报表数据为准。

(三)评价计分。根据调整后的评价基础数据,对照相关年度的行业评价标准值,利用绩效评价软件或手工评价计分。

(四)形成评价结果。对任期财务绩效评价需要计算任期内平均财务绩效评价分数,并计算绩效改进度;对年度财务绩效评价除计算年度绩效改进度外,需要对定量评价得分深入分析,诊断企业经营管理存在的薄弱环节,并在财务决算批复中提示有关问题,同时进行所监管企业的分类排序分析,在一定范围内发布评价结果。

第四十五条 管理绩效定性评价工作具体包括下列内容:

(一)收集整理管理绩效评价资料。为深入了解被评价企业的管理绩效状况,应当通过问卷调查、访谈等方式,充分收集并认真整理管理绩效评价的有关资料。

(二)聘请咨询专家。根据所评价企业的行业情况,聘请不少于7名的管理绩效评价咨询专家,组成专家咨询组,并将被评价企业的有关资料提前送达咨询专家。

(三)召开专家评议会。组织咨询专家对企业的管理绩效指标进行评议打分。

(四)形成定性评价结论。汇总管理绩效定性评价指标得分,形成定性评价结论。

第四十六条 聘请的管理绩效定性评价咨询专家应当具备以下条件:

(一)具有较高的政治素质和理论素养,具有较强的综合判断能力。

(二)具备经济、法律、企业管理等方面的专业知识,具有高级以上专业技术职称或相关领域10年以上工作经验。

(三)了解国有资产监督管理有关方针、政策,熟悉被评价企业所处行业状况。

第四十七条 管理绩效专家评议会一般按照下列程序进行:

(一)阅读相关资料,了解企业管理绩效评价指标实际情况。

(二)听取关于财务绩效定量评价情况的介绍。

(三)参照管理绩效定性评价标准,分析企业管理绩效状况。

(四)对企业管理绩效定性评价指标实施独立评判打分。

(五)对企业管理绩效进行集体评议,并提出咨询意见,形成评议咨询报告。

(六)汇总评判打分结果。

第四十八条 根据财务绩效定量评价结果和管理绩效定性评价结

果,按照规定的权重和计分方法,计算企业综合绩效评价总分,并根据规定的加分和扣分因素,得出企业综合绩效评价最后得分。

第七章 评价结果与评价报告

第四十九条 企业综合绩效评价结果以评价得分、评价类型和评价级别表示。

评价类型是根据评价分数对企业综合绩效所划分的水平档次,分为优(A)、良(B)、中(C)、低(D)、差(E)五种类型。

评价级别是对每种类型再划分级次,以体现同一评价类型的差异,采用字母和在字母右上端标注"+"、"++"、"-"的方式表示。

第五十条 企业综合绩效评价结果以85、70、50、40分作为类型判定的分数线。

(一)评价得分达到85分以上(含85分)的评价类型为优(A),在此基础上划分为三个级别,分别为:$A^{++} \geq 95$分;95分$> A^+ \geq 90$分;90分$> A \geq 85$分。

(二)评价得分达到70分以上(含70分)不足85分的评价类型为良(B),在此基础上划分为三个级别,分别为:85分$> B^+ \geq 80$分;80分$> B \geq 75$分;75分$> B^- \geq 70$分。

(三)评价得分达到50分以上(含50分)不足70分的评价类型为中(C),在此基础上划分为两个级别,分别为:70分$> C \geq 60$分;60分$> C^- \geq 50$分。

(四)评价得分在40分以上(含40分)不足50分的评价类型为低(D)。

(五)评价得分在40分以下的评价类型为差(E)。

第五十一条 企业综合绩效评价报告是根据评价结果编制、反映被评价企业综合绩效状况的文本文件,由报告正文和附件构成。

第五十二条 企业综合绩效评价报告正文应当包括评价目的、评价依据与评价方法、评价过程、评价结果及评价结论、重要事项说明等内容。企业综合绩效评价报告的正文应当文字简洁、重点突出、层次清晰、易于理解。

第五十三条　企业综合绩效评价报告附件应当包括企业经营绩效分析报告、评价结果计分表、问卷调查结果分析、专家咨询报告、评价基础数据及调整情况等内容。其中,企业经营绩效分析报告是根据综合绩效评价结果对企业经营绩效状况进行深入分析的文件,应当包括评价对象概述、评价结果与主要绩效、存在的问题与不足、有关管理建议等。

第八章　附　　则

第五十四条　企业集团(总)公司内部开展所属子企业的综合绩效评价工作,可参照本细则制定符合集团(总)公司内部管理需要的实施细则。

第五十五条　各地区国有资产监督管理机构开展所监管企业的综合绩效评价工作,可参照本细则执行。

第五十六条　有关企业财务绩效定量评价指标计算公式、企业综合绩效评价指标及权重表见附录。

第五十七条　本细则自 2006 年 10 月 12 日起施行。

附件:1. 企业财务绩效定量评价指标计算公式

　　　2. 企业综合绩效评价指标及权重表

附录 1

企业财务绩效定量评价指标计算公式

一、盈利能力状况

(一)基本指标。

1. 净资产收益率 = 净利润/平均净资产×100%

平均净资产 = (年初所有者权益 + 年末所有者权益)/2

2. 总资产报酬率 = (利润总额 + 利息支出)/平均资产总额×100%

平均资产总额 = (年初资产总额 + 年末资产总额)/2

（二）修正指标。

1. 销售（营业）利润率＝主营业务利润/主营业务收入净额×100%

2. 盈余现金保障倍数＝经营现金净流量/（净利润＋少数股东损益）

3. 成本费用利润率＝利润总额/成本费用总额×100%

成本费用总额＝主营业务成本＋主营业务税金及附加＋经营费用（营业费用）＋管理费用＋财务费用

4. 资本收益率＝净利润/平均资本×100%

平均资本＝［（年初实收资本＋年初资本公积）＋（年末实收资本＋年末资本公积）］/2

二、资产质量状况

（一）基本指标。

1. 总资产周转率（次）＝主营业务收入净额/平均资产总额

2. 应收账款周转率（次）＝主营业务收入净额/应收账款平均余额

应收账款平均余额＝（年初应收账款余额＋年末应收账款余额）/2

应收账款余额＝应收账款净额＋应收账款坏账准备

（二）修正指标。

1. 不良资产比率＝（资产减值准备余额＋应提未提和应摊未摊的潜亏挂账＋未处理资产损失）/（资产总额＋资产减值准备余额）×100%

2. 流动资产周转率（次）＝主营业务收入净额/平均流动资产总额

平均流动资产总额＝（年初流动资产总额＋年末流动资产总额）/2

3. 资产现金回收率＝经营现金净流量/平均资产总额×100%

三、债务风险状况

（一）基本指标。

1. 资产负债率＝负债总额/资产总额×100%

2. 已获利息倍数＝（利润总额＋利息支出）/利息支出

（二）修正指标。

1. 速动比率＝速动资产/流动负债×100%

速动资产＝流动资产－存货

2. 现金流动负债比率＝经营现金净流量/流动负债×100%

3. 带息负债比率＝(短期借款＋一年内到期的长期负债＋长期借款＋应付债券＋应付利息)/负债总额×100%

4. 或有负债比率＝或有负债余额/(所有者权益＋少数股东权益)×100%

或有负债余额＝已贴现承兑汇票＋担保余额＋贴现与担保外的被诉事项金额＋其他或有负债

四、经营增长状况

(一)基本指标。

1. 销售(营业)增长率＝(本年主营业务收入总额－上年主营业务收入总额)/上年主营业务收入总额×100%

2. 资本保值增值率＝扣除客观增减因素的年末国有资本及权益/年初国有资本及权益×100%

(二)修正指标。

1. 销售(营业)利润增长率＝(本年主营业务利润总额－上年主营业务利润总额)/上年主营业务利润总额×100%

2. 总资产增长率＝(年末资产总额－年初资产总额)/年初资产总额×100%

3. 技术投入比率＝本年科技支出合计/主营业务收入净额×100%

附录2

企业综合绩效评价指标及权重表

评价内容与权数		财务绩效(70%)				管理绩效(30%)	
		基本指标	权数	修正指标	权数	评议指标	权数
盈利能力状况	34	净资产收益率 总资产报酬率	20 14	销售(营业)利润率 盈余现金保障倍数 成本费用利润率 资本收益率	10 9 8 7		

评价内容与权数		财务绩效（70%）				管理绩效（30%）	
		基本指标	权数	修正指标	权数	评议指标	权数
资产质量状况	22	总资产周转率 应收账款周转率	10 12	不良资产比率 流动资产周转率 资产现金回收率	9 7 6	战略管理 发展创新 经营决策 风险控制	18 15 16 13
债务风险状况	22	资产负债率 已获利息倍数	12 10	速动比率 现金流动负债比率 带息负债比率 或有负债比率	6 6 5 5	基础管理 人力资源 行业影响 社会贡献	14 8 8 8
经营增长状况	22	销售（营业）增长率 资本保值增值率	12 10	销售（营业）利润增长率 总资产增长率 技术投入比率	10 7 5		

清产核资

国有企业清产核资办法

2003 年 9 月 9 日　国务院国有资产监督管理委员会令第 1 号

第一章　总　　则

第一条　为加强对企业国有资产的监督管理,规范企业清产核资工作,真实反映企业的资产及财务状况,完善企业基础管理,为科学评价和规范考核企业经营绩效及国有资产保值增值提供依据,根据《企业国有资产监督管理暂行条例》等法律、法规,制定本办法。

第二条　本办法所称清产核资,是指国有资产监督管理机构根据国家专项工作要求或者企业特定经济行为需要,按照规定的工作程序、方法和政策,组织企业进行账务清理、财产清查,并依法认定企业的各项资产损溢,从而真实反映企业的资产价值和重新核定企业国有资本金的活动。

第三条　国务院,省、自治区、直辖市人民政府,设区的市、自治州级人民政府履行出资人职责的企业及其子企业或分支机构的清产核资,适用本办法。

第四条　企业清产核资包括账务清理、资产清查、价值重估、损溢认定、资金核实和完善制度等内容。

第五条　企业清产核资清出的各项资产损失和资金挂账,依据国家清产核资有关法律、法规、规章和财务会计制度的规定处理。

第六条　各级国有资产监督管理机构是企业清产核资工作的监督管理部门。

第二章 清产核资的范围

第七条 各级国有资产监督管理机构对符合下列情形之一的,可以要求企业进行清产核资:

(一)企业资产损失和资金挂账超过所有者权益,或者企业会计信息严重失真、账实严重不符的;

(二)企业受重大自然灾害或者其他重大、紧急情况等不可抗力因素影响,造成严重资产损失的;

(三)企业账务出现严重异常情况,或者国有资产出现重大流失的;

(四)其他应当进行清产核资的情形。

第八条 符合下列情形之一,需要进行清产核资的,由企业提出申请,报同级国有资产监督管理机构批准:

(一)企业分立、合并、重组、改制、撤销等经济行为涉及资产或产权结构重大变动情况的;

(二)企业会计政策发生重大更改,涉及资产核算方法发生重要变化情况的;

(三)国家有关法律法规规定企业特定经济行为必须开展清产核资工作的。

第三章 清产核资的内容

第九条 账务清理是指对企业的各种银行账户、会计核算科目、各类库存现金和有价证券等基本财务情况进行全面核对和清理,以及对企业的各项内部资金往来进行全面核对和清理,以保证企业账账相符,账证相符,促进企业账务的全面、准确和真实。

第十条 资产清查是指对企业的各项资产进行全面的清理、核对和查实。在资产清查中把实物盘点同核实账务结合起来,把清理资产同核查负债和所有者权益结合起来,重点做好各类应收及预付账款、各项对外投资、账外资产的清理,以及做好企业有关抵押、担保等事项的清理。

企业对清查出的各种资产盘盈和盘亏、报废及坏账等损失按照清产核资要求进行分类排队,提出相关处理意见。

第十一条 价值重估是对企业账面价值和实际价值背离较大的主要固定资产和流动资产按照国家规定方法、标准进行重新估价。

企业在以前清产核资中已经进行资产价值重估或者因特定经济行为需要已经进行资产评估的,可以不再进行价值重估。

第十二条 损溢认定是指国有资产监督管理机构依据国家清产核资政策和有关财务会计制度规定,对企业申报的各项资产损溢和资金挂账进行认证。

企业资产损失认定的具体办法另行制定。

第十三条 资金核实是指国有资产监督管理机构根据企业上报的资产盘盈和资产损失、资金挂账等清产核资工作结果,依据国家清产核资政策和有关财务会计制度规定,组织进行审核并批复准予账务处理,重新核定企业实际占用的国有资本金数额。

第十四条 企业占用的国有资本金数额经重新核定后,应当作为国有资产监督管理机构评价企业经营绩效及考核国有资产保值增值的基数。

第四章 清产核资的程序

第十五条 企业清产核资除国家另有规定外,应当按照下列程序进行:

(一)企业提出申请;

(二)国有资产监督管理机构批复同意立项;

(三)企业制定工作实施方案,并组织账务清理、资产清查等工作;

(四)聘请社会中介机构对清产核资结果进行专项财务审计和对有关损溢提出鉴证证明;

（五）企业上报清产核资工作结果报告及社会中介机构专项审计报告；

（六）国有资产监督管理机构对资产损溢进行认定，对资金核实结果进行批复；

（七）企业根据清产核资资金核实结果批复调账；

（八）企业办理相关产权变更登记和工商变更登记；

（九）企业完善各项规章制度。

第十六条 所出资企业由于国有产权转让、出售等发生控股权转移等产权重大变动需要开展清产核资的，由同级国有资产监督管理机构组织实施并负责委托社会中介机构。

第十七条 子企业由于国有产权转让、出售等发生控股权转移等重大产权变动的，可以由所出资企业自行组织开展清产核资工作。对有关资产损溢和资金挂账的处理，按规定程序申报批准。

第十八条 企业清产核资申请报告应当说明清产核资的原因、范围、组织和步骤及工作基准日。

对企业提出的清产核资申请，同级国有资产监督管理机构根据本办法和国家有关规定进行审核，经同意后批复企业开展清产核资工作。

第十九条 企业实施清产核资按下列步骤进行：

（一）指定内设的财务管理机构、资产管理机构或者多个部门组成的清产核资临时办事机构，统称为清产核资机构，负责具体组织清产核资工作；

（二）制定本企业的清产核资实施方案；

（三）聘请符合资质条件的社会中介机构；

（四）按照清产核资工作的内容和要求具体组织实施各项工作；

（五）向同级国有资产监督管理机构报送由企业法人代表签字、加盖公章的清产核资工作结果申报材料。

第二十条 企业清产核资实施方案以及所聘社会中介机构的名单和资质情况应当报同级国有资产监督管理机构备案。

第二十一条 企业清产核资工作结果申报材料主要包括下列内容：

（一）清产核资工作报告。主要反映本企业的清产核资工作基本情况，包括：企业清产核资的工作基准日、范围、内容、结果，以及基准日资产及财务状况；

（二）按规定表式和软件填报的清产核资报表及相关材料；

（三）需申报处理的资产损溢和资金挂账等情况，相关材料应当单独汇编成册，并附有关原始凭证资料和具有法律效力的证明材料；

（四）子企业是股份制企业的，还应当附送经该企业董事会或者股东会同意对清产核资损溢进行处理的书面证明材料；

（五）社会中介机构根据企业清产核资的结果，出具经注册会计师签字的清产核资专项财务审计报告并编制清产核资后的企业会计报表；

（六）其他需提供的备查材料。

第二十二条　国有资产监督管理机构收到企业报送的清产核资工作结果申报材料后，应当进行认真核实，在规定时限内出具清产核资资金核实的批复文件。

第二十三条　企业应当按照国有资产监督管理机构的清产核资批复文件，对企业进行账务处理，并将账务处理结果报国有资产监督管理机构备案。

第二十四条　企业在接到清产核资的批复30个工作日内，应当到同级国有资产监督管理机构办理相应的产权变更登记手续，涉及企业注册资本变动的，应当在规定的时间内到工商行政管理部门办理工商变更登记手续。

第五章　清产核资的组织

第二十五条　企业清产核资工作按照统一规范、分级管理的原则，由同级国有资产监督管理机构组织指导和监督检查。

第二十六条　各级国有资产监督管理机构负责本级人民政府批准或者交办的企业清产核资组织工作。

第二十七条 国务院国有资产监督管理委员会在企业清产核资中履行下列职责：

(一)制定全国企业清产核资规章、制度和办法；

(二)负责所出资企业清产核资工作的组织指导和监督检查；

(三)负责对所出资企业的各项资产损溢进行认定,并对企业占用的国有资本进行核实；

(四)指导地方国有资产监督管理机构开展企业清产核资工作。

第二十八条 地方国有资产监督管理机构在企业清产核资中履行下列监管职责：

(一)依据国家有关清产核资规章、制度、办法和规定的工作程序,负责本级人民政府所出资企业清产核资工作的组织指导和监督检查；

(二)负责对本级人民政府所出资企业的各项资产损溢进行认定,并对企业占用的国有资本进行核实；

(三)指导下一级国有资产监督管理机构开展企业清产核资工作；

(四)向上一级国有资产监督管理机构及时报告工作情况。

第二十九条 企业清产核资机构负责组织企业的清产核资工作,向同级国有资产监督管理机构报送相关资料,根据同级国有资产监督管理机构清产核资批复组织企业本部及子企业进行调账。

第三十条 企业投资设立的各类多元投资企业的清产核资工作,由实际控股或协议主管的上级企业负责组织,并将有关清产核资结果及时通知其他有关各方。

第六章 清产核资的要求

第三十一条 各级国有资产监督管理机构应当加强企业清产核资的组织领导,加强监督检查,对企业清产核资工作结果的审核和资产损失的认定,应当严格执行国家清产核资有关的法律、法规、规章和有关财务会计制度规定,严格把关,依法办事,严肃工作纪律。

第三十二条 各级国有资产监督管理机构应当对企业清产核资情

况及相关社会中介机构清产核资审计情况进行监督,对社会中介机构所出具专项财务审计报告的程序和内容进行检查。

第三十三条 企业进行清产核资应当做到全面彻底、不重不漏、账实相符,通过核实"家底",找出企业经营管理中存在的矛盾和问题,以便完善制度、加强管理、堵塞漏洞。

第三十四条 企业在清产核资工作中应当坚持实事求是的原则,如实反映存在问题,清查出来的问题应当及时申报,不得瞒报虚报。

企业清产核资申报处理的各项资产损失应当提供具有法律效力的证明材料。

第三十五条 企业在清产核资中应当认真清理各项长期积压的存货,以及各种未使用、剩余、闲置或因技术落后淘汰的固定资产、工程物资,并组织力量进行处置,积极变现或者收回残值。

第三十六条 企业在完成清产核资后,应当全面总结,认真分析在资产及财务日常管理中存在的问题,提出相应整改措施和实施计划,强化内部财务控制,建立相关的资产损失责任追究制度,以及进一步完善企业经济责任审计和企业负责人离任审计制度。

第三十七条 企业清产核资中产权归属不清或者有争议的资产,可以在清产核资工作结束后,依据国家有关法规,向同级国有资产监督管理机构另行申报产权界定。

第三十八条 企业对经批复同意核销的各项不良债权、不良投资及实物资产损失,应当加强管理,建立账销案存管理制度,组织力量或成立专门机构积极清理和追索,避免国有资产流失。

第三十九条 企业应当在清产核资中认真清理各项账外资产、负债,对经批准同意入账的各项盘盈资产及同意账务处理的有关负债,应当及时纳入企业日常资产及财务管理的范围。

第四十条 企业对清产核资中反映出的各项管理问题应当认真总结经验,分清工作责任,建立各项管理制度,并严格落实。应当建立健全不良资产管理机制,巩固清产核资成果。

第四十一条 除涉及国家安全的特殊企业以外,企业清产核资工作结果须委托符合资质条件的社会中介机构进行专项财务审计。

第四十二条 社会中介机构应当按照独立、客观、公正的原则,履行必要的审计程序,认真核实企业的各项清产核资材料,并按规定进行实物盘点和账务核对。对企业资产损溢按照国家清产核资政策和有关财务会计制度规定的损溢确定标准,在充分调查研究、论证的基础上进行职业推断和合规评判,提出经济鉴证意见,并出具鉴证证明。

第四十三条 进行清产核资的企业应当积极配合社会中介机构的工作,提供审计工作和经济鉴证所必要的资料和线索。企业和个人不得干预社会中介机构的正常执业行为。社会中介机构的审计工作和经济鉴证工作享有法律规定的权力,承担法律规定的义务。

第四十四条 企业及社会中介机构应当根据会计档案管理的要求,妥善保管有关清产核资各项工作的底稿,以备检查。

第七章 法律责任

第四十五条 企业在清产核资中违反本办法所规定程序的,由同级国有资产监督管理机构责令其限期改正;企业清产核资工作质量不符合规定要求的,由同级国有资产监督管理机构责令其重新开展清产核资。

第四十六条 企业在清产核资中有意瞒报情况,或者弄虚作假、提供虚假会计资料的,由同级国有资产监督管理机构责令改正,根据《中华人民共和国会计法》和《企业国有资产监督管理暂行条例》等有关法律、法规规定予以处罚;对企业负责人和直接责任人员依法给予行政和纪律处分。

第四十七条 企业负责人和有关工作人员在清产核资中,采取隐瞒不报、低价变卖、虚报损失等手段侵吞、转移国有资产的,由同级国有资产监督管理机构责令改正,并依法给予行政和纪律处分;构成犯罪的,依法追究刑事责任。

第四十八条 企业负责人对申报的清产核资工作结果真实性、完整性承担责任;社会中介机构对企业清产核资审计报告的准确性、可靠性承担责任。

第四十九条 社会中介机构及有关当事人在清产核资中与企业相互串通,弄虚作假、提供虚假鉴证材料的,由同级国有资产监督管理机构会同有关部门依法查处;构成犯罪的,依法追究刑事责任。

第五十条 国有资产监督管理机构工作人员在对企业清产核资工作结果进行审核过程中徇私舞弊,造成重大工作过失的,应当依法给予行政和纪律处分;构成犯罪的,依法追究刑事责任。

第八章 附 则

第五十一条 各省、自治区、直辖市和计划单列市的国有资产监督管理机构可依据本办法制定本地区的具体实施办法。

第五十二条 各中央部门管理的企业的清产核资工作参照本办法执行。

第五十三条 本办法实施前的有关企业清产核资工作的规章制度与本办法不一致的,依照本办法的规定执行。

第五十四条 本办法由国务院国有资产监督管理委员会负责解释。

第五十五条 本办法自发布之日起施行。

关于印发清产核资工作
问题解答(一)的通知

2003 年 11 月 11 日 国资厅评价〔2003〕53 号

党中央有关部门,国务院各部委、各直属机构,各省、自治区、直辖市及计划单列市国有资产监督管理机构,新疆生产建设兵团,各中央企业:

为贯彻落实《国有企业清产核资办法》(国资委令第 1 号)及相关清产核资工作文件的精神,帮助企业了解国家统一的清产核资工作制度,现将《清产核资工作问题解答(一)》印发你们,请遵照执行。在执行过程中有何问题,请及时反映。

附件:清产核资工作问题解答(一)

附件:

清产核资工作问题解答(一)

《国有企业清产核资办法》(国资委令第 1 号)及相关清产核资工作文件公布后,我们陆续接到一些企业、会计师事务所询问清产核资工作的有关问题,现解答如下:

一、关于中央企业所属境外子企业开展清产核资和进行审计的问题

按照《关于印发中央企业清产核资工作方案的通知》(国资评价〔2003〕58 号)有关规定,中央企业所属境外子企业应纳入中央企业清产核资范围,由中央企业依据《国有企业清产核资办法》及相关配套文件的要求统一组织。中央企业所属境外子企业清产核资的专项财务审计工作可由中央企业委托国内会计师事务所进行,也可由中央企业的内部审计机构进行并出具相应的审计报告。

二、关于按有关规定进行"主辅分离辅业改制"的企业开展清产核资工作的问题

按照《关于国有大中型企业主辅分离辅业改制分流安置富余人员的实施办法》(国经贸企改〔2002〕859 号)及相关文件的规定,进行"主辅分离辅业改制"的企业,若已开展了清产核资(财产清查)工作,则应由中央企业将清查出的有关资产损失,按照《国有企业清产核资办法》及相关配套文件规定的要求与程序报国资委批准核销。

若尚未开展清产核资(财产清查)的,应由中央企业按照《国有企业清产核资办法》及相关配套文件规定的要求与程序,将进行"主辅分离辅业改制"的企业统一纳入中央企业清产核资范围。

为了适应"主辅分离辅业改制"工作的需要,进行"主辅分离辅业改制"企业的清产核资结果及资产损失,可由中央企业提前单独报国资委批准核销。

三、(略)

四、关于股份制企业开展清产核资的问题

股份制企业应当在经企业董事会或股东会决议同意的前提下组织开展清产核资;若企业董事会或股东会不同意本企业开展清产核资,应由企业出具董事会或股东会不同意本企业开展清产核资的相关决议报国资委,其中控股企业需经国资委核准后可以不开展清产核资工作。

五、关于股份制企业清产核资清查出的资产损失处理问题

对于股份制企业清产核资清查出的资产损失,若申请以核减权益方式处理的,原则上应由企业的所有股东按股权比例共同承担;但若企业董事会或股东会不同意按股权比例核减各自的权益,则清查出的资产损失由企业在当期损益中自行消化。

六、关于企业在清产核资中清查出的资产损失,未经批准前在年度财务决算中反映的问题

企业在清产核资中清查出的资产损失,在国资委没有批准之前不能自行进行账务处理,在年度财务决算报表的"资产负债表"(企财01表)中,不能将清查出的流动资产损失和固定资产损失在"待处理流动资产净损失"和"待处理固定资产净损失"科目中反映,而应在各类资产

的原科目中反映;在年度财务决算报表的"基本情况表(二)"(企财附04－2表)中,可将企业在清产核资中清查出的各类资产损失作为"本年不良资产及挂账"反映。

七、关于债转股企业在清产核资中清查出的转股前资产损失的处理问题

债转股企业开展清产核资,对清查出的债转股前资产损失,经审核同意后可以核减该企业的所有者权益。

八、关于企业申报的"按原会计制度清查出的资产损失"中未予批准核销的部分,转为"按《企业会计制度》预计的资产损失"的问题

对于企业申报的"按原会计制度清查出的资产损失"中未予批准核销的部分,企业可以继续收集相关证据,在1年内重新申报1次;若企业继续收集相关证据有一定的困难,经批准也可以将这部分资产损失转为"按《企业会计制度》预计的资产损失"。

九、关于企业被有关权力机构罚没的资产作为清产核资资产损失申报的问题

按照国家有关规定,企业因违法、违纪(如偷漏税、走私)等行为而被有关国家权力机构对相关财产进行罚没处理的资产一律不得作为资产损失申报,而应按照国家的相关规定计入当期损益。

十、关于资不抵债企业清产核资的资产损失在清产核资报表中反映的问题

对于资不抵债的企业,按照《关于印发中央企业清产核资工作方案的通知》(国资评价〔2003〕58号)有关规定,也应纳入此次中央企业的清产核资范围。对于这部分企业清查出的资产损失,在清产核资报表中暂作为冲减未分配利润处理。

关于印发《国有企业清产核资工作规程》的通知

2003 年 9 月 13 日　国资评价〔2003〕73 号

党中央有关部门,国务院各部委、各直属机构,各省、自治区、直辖市及计划单列市国有资产监督管理机构,新疆生产建设兵团,各中央企业:

　　为了加强对企业国有资产监督管理,规范企业清产核资工作,根据《国有企业清产核资办法》(国资委令第 1 号)及清产核资政策的有关规定,我们制定了《国有企业清产核资工作规程》,现印发给你们。请结合企业自身实际,认真遵照执行,并及时反映工作中有关情况和问题。

　　附件:国有企业清产核资工作规程

附件:

国有企业清产核资工作规程

第一章　总　　则

　　第一条　为规范国有及国有控股企业(以下简称企业)清产核资工作,保证工作质量,提高工作效率,根据《国有企业清产核资办法》和国家有关财务会计制度,制定本工作规程。

　　第二条　企业开展清产核资工作,应当依据《国有企业清产核资办法》规定及本工作规程明确的工作程序、工作方法、工作要求和工作步骤等组织进行。

第三条 企业开展清产核资工作,有关立项申请、账务清理、资产清查、价值重估、损溢认定、报表编制、中介审计、结果申报、资金核实、账务处理、完善制度等工作任务,应当遵循本工作规程相关要求。

第四条 制定企业清产核资工作规程的目的,是为了促进建立依法管理、公开透明、监督制衡的企业清产核资工作基本程序和工作规范。

第二章 立 项 申 请

第五条 企业开展清产核资工作,除国有资产监督管理机构特殊规定外,均应当根据实际情况和国家清产核资有关要求提出申请,经批准同意后组织实施。

属于由国有资产监督管理机构要求开展清产核资工作的,企业依据国有资产监督管理机构的工作通知或者工作方案,组织实施。

第六条 企业发生《国有企业清产核资办法》第八条所规定的有关经济行为的,依据国家清产核资有关政策和企业经济行为需要,由母公司统一向同级国有资产监督管理机构提出开展清产核资工作申请报告。

第七条 企业清产核资工作申请报告主要包括以下内容:

(一)企业情况简介;

(二)开展清产核资工作的原因;

(三)开展清产核资工作基准日(清查时点);

(四)清产核资工作范围;

(五)清产核资工作组织方式;

(六)需要说明的其他事项。

第八条 企业清产核资工作申请报告,应当附报能够说明开展清产核资理由的相关文件或材料。

国有控股企业开展或者参加清产核资工作,应当附报企业董事会或者股东会的相关决议。

第九条 企业开展清产核资工作的范围应当包括:企业总部及所

属全部的子企业(含下属事业单位、分支机构、境外子企业等,下同)。对于因特殊原因不能参加清产核资工作的子企业,企业应当附报有关名单并说明原因,经批准后可以账面数作为清产核资工作结果。

第十条 企业所属下列子企业可以不列入参加清产核资工作范围,直接以企业账面数作为企业清产核资工作结果:

(一)子企业新成立不到 1 年的;

(二)子企业因某种特定经济行为在上一年度已组织进行过资产评估的;

(三)子企业资产、财务状况良好,经财务审计确实不存在较大资产损失或者潜亏挂账的。

第十一条 国有资产监督管理机构在收到企业报送的清产核资工作申请报告后,应当依据清产核资制度及时予以审核和答复。

(一)对于符合开展清产核资工作条件的,国有资产监督管理机构应在规定时间内出具同意企业开展清产核资工作的文件;

(二)对于不符合开展清产核资工作条件的,国有资产监督管理机构应当及时通知企业并告之原因。

第十二条 企业经核准同意开展清产核资工作后,应当指定内设的财务管理或资产管理等机构或者成立多部门组成的临时机构作为具体工作办事机构,负责本企业清产核资有关工作的组织和协调,并与国有资产监督管理机构建立工作联系。

第十三条 企业经核准同意开展清产核资工作后,应当于接到同意文件 15 个工作日内,根据国家有关清产核资工作政策、工作制度和工作要求,制定本企业清产核资工作的具体实施方案,并报同级国有资产监督管理机构备案(其中应当抄报本企业监事会 1 份)。

第十四条 企业清产核资工作的具体实施方案,主要包括以下内容:

(一)企业开展清产核资工作目标;

(二)企业清产核资办事机构基本情况;

(三)企业清产核资工作组织方式;

(四)企业清产核资工作内容;

(五)企业清产核资工作步骤和时间安排;

(六)企业清产核资工作要求及工作纪律;

(七)需要说明的其他事项。

第十五条 企业在清产核资中,应当认真做好本企业内部户数清理工作,确定基本清查单位或项目,明确工作范围,落实工作责任制。基本清查单位和清产核资工作组织,原则上按照企业财务隶属关系划分和确定。

第三章 账 务 清 理

第十六条 为保证企业的账账相符、账证相符,企业在清产核资工作中必须认真做好账务清理工作,即:对企业总公司及子企业所有账户进行清理,以及总公司同各子企业之间的各项内部资金往来、存借款余额、库存现金和有价证券等基本账务情况进行全面核对和清理,以保证企业各项账务的全面和准确。

第十七条 企业账务清理应当以清产核资工作基准日为时点,采取倒轧账的方式对各项账务进行全面清理,认真做好内部账户结算和资金核对工作。

通过账务清理要做到总公司内部各部门、总公司同各子企业之间、子企业相互之间往来关系清楚、资金关系明晰。

第十八条 企业对在金融机构开立的人民币支付结算的银行基本存款账户、一般存款账户、临时存款账户、专用存款账户,以及经常项目外汇账户、资本项目外汇账户等要进行全面清理。

第十九条 企业在清产核资中,应当认真清理企业及所属子企业各种违规账户或者账外账,按照国家现行有关金融、财会管理制度规定,检查本企业在各种金融机构中开立的银行账户是否合规,对违规开立的银行账户应当坚决清理;对于账外账的情况,一经发现,应当坚决纠正。

第二十条 企业在清产核资工作中,应当认真清查公司总部及所有子企业的各项账外现金,对违反国家财经法规及其他有关规定侵占、截留的收入,或者私存私放的各项现金(即"小金库")进行全面清理,应当认真予以纠正,及时纳入企业账内。

第二十一条　企业在清产核资中,应当认真对企业总部及所属子企业对内或者对外的担保情况、财产抵押和司法诉讼等情况进行全面清理,并根据实际情况分类排队,并采取有效措施防范风险。

第二十二条　企业在账务清理中,对清理出来的各种由于会计技术性差错因素造成的错账,应当根据会计准则关于会计差错调整的规定自行进行账务调整。

第四章　资产清查

第二十三条　企业应当在清产核资过程中认真组织力量做好资产清查工作,对企业的各项资产进行全面的清理、核对和查实。社会中介机构应按照独立审计准则的相关规定对资产盘点进行监盘。

第二十四条　企业在组织资产清查时,应当把实物盘点同核实账务结合起来,在盘点过程中要以账对物、以物核账,做好细致的核对工作,保证企业做到账实相符。

(一)企业资产清查工作应当把清理资产同核查负债和所有者权益结合起来,对企业的负债、权益认真清理,对于因会计技术差错造成的不实债权、债务进行甄别并及时改正;对清查出来的账外权益、负债要及时入账,以确保企业的资产、负债及权益的真实、准确。

(二)企业资产清查工作应当重点做好各类应收及预付账款、各项对外投资、账外资产的清理,查实应收账款的债权是否存在,核实对外投资初始成本的现有实际价值。

第二十五条　企业对流动资产清查核实的范围和内容包括现金、各种存款、各种应收及预付款项、短期投资和存货等。

第二十六条　现金清查主要是确定货币资金是否存在;货币资金的收支记录是否完整;库存现金、银行存款以及其他货币资金账户的余额是否正确。

第二十七条　对库存现金的清查,应当查看库存现金是否超过核定的限额,现金收支是否符合现金管理规定;核对库存现金实际金额与现金日记账户余额是否相符;编制库存现金盘点表。对库存外币依币种清查,并以清查时点当日之银行外币买入牌价换算。

备用金余额加上各项支出凭证的金额应等于当初设置备用金数额。截止清查时点时,应当核对企业现金日记账的余额与库存现金的盘点金额是否相符;如有差异,应说明原因。

第二十八条 对其他货币资金,主要是清查外埠存款、银行汇票存款、银行本票存款、在途货币资金、信用卡存款、信用证存款等,按其他货币资金账户及其明细分类账逐一核对。

第二十九条 对银行存款,主要清查企业在开户银行及其他金融机构各种存款账面余额与银行及其他金融机构中该企业的账面余额是否相符;对银行存款的清查,应根据银行存款对账单、存款种类及货币种类逐一查对、核实。检查银行存款余额调节表中未达账项的真实性;检查非记账本位币折合记账本位币所采用的折算汇率是否正确,折算差额是否已按规定进行账务处理。

(一)存款明细要依不同银行账户分列明细,应当区分人民币及各种外币;

(二)定期存款应当出具银行定期存款单;

(三)各项存款应当由银行出具证明文件;

(四)外币存款应当按外币币种及银行分列;

(五)银行存款账列有利息收入时应当详加注明。

第三十条 应收及预付款项的清查内容包括应收票据、应收账款、其他应收款、预付账款和待摊费用。

(一)清查应收票据时,企业应当按其种类逐笔与购货单位或者银行核对查实;

(二)清查应收账款、其他应收款和预付账款时,企业应当逐一与对方单位核对,以双方一致金额记账。对有争议的债权要认真清理、查证、核实,重新明确债权关系。对长期拖欠,要查明原因,积极催收;对经确认难以收回的款项,应当明确责任,做好有关取证工作;

（三）应当认真清理企业职工个人借款并限期收回。

第三十一条 短期投资的清查主要对国库券、各种特种债券、股票及其他短期投资进行清理，取得股票、债券及基金账户对账单，与明细账余额核对，盘点库存有价证券，与相关账户余额进行核对。

第三十二条 存货的清查内容主要包括：原材料、辅助材料、燃料、修理用备件、包装物、低值易耗品、在产品、半成品、产成品、外购商品、协作件以及代保管、在途、外存、外借、委托加工的物资（商品）等。

（一）各企业都应当认真组织清仓查库，对所有存货全面清查盘点；对清查出的积压、已毁损或需报废的存货，应当查明原因，组织相应的技术鉴定，并提出处理意见；

（二）对长期外借未收回的存货，应当查明原因，积极收回或按规定作价转让；

（三）代保管物资由代保管单位协助清查，并将清查结果告知产权单位。

第三十三条 固定资产清查的范围主要包括房屋及建筑物、机器设备、运输设备、工具器具和土地等。

（一）对固定资产要查清固定资产原值、净值、已提折旧额，清理出已提足折旧的固定资产、待报废和提前报废固定资产的数额及固定资产损失、待核销数额等；

（二）租出的固定资产由租出方负责清查，没有登记入账的要将清查结果与租入方进行核对后，登记入账；

（三）对借出和未按规定手续批准转让出去的资产，应当认真清理收回或者补办手续；

（四）对清查出的各项账面盘盈（含账外）、盘亏固定资产，要认真查明原因，分清工作责任，提出处理意见；

（五）经过清查后的各项固定资产，依据用途（指生产性或非生产性）和使用情况（指在用、未使用或不需用等）进行重新登记，建立健全实物账卡；

（六）对清查出的各项未使用、不需用的固定资产，应当查明购建日

期、使用时间、技术状况和主要参数等,按调拨(其价值转入受拨单位)、转生产用、出售、待报废等提出处理意见;

(七)土地清查的范围包括企业依法占用和出租、出借给其他企业使用的土地,企业举办国内联营、合资企业以使用权作价投资或入股的土地,企业与外方举办的中外合资、合作经营企业以使用权作价入股的土地。

第三十四条 长期投资的清查主要包括总公司和子企业以流动资产、固定资产、无形资产等各种资产的各种形式投资。

(一)在清查对外长期投资时,凡按股份或者资本份额拥有实际控制权的,一般应采用权益法进行清查;没有实际控制权的,按企业目前对外投资的核算方式进行清查。核查内容包括:有关长期投资的合同、协议、章程,有权力部门的批准文件,确认目前拥有的实际股权、原始投入、股权比例、分红等项内容;

(二)企业在境外的长期投资清查主要包括以资金、实物资产、无形资产在境外投资举办的各类独资、合资、联营、参股公司等企业中的各项资产,由中方投资企业认真查明管理情况和投资效益。

第三十五条 在建工程(包括基建项目)清查的范围和内容主要是在建或停缓建的国家基建项目、技术改造项目,包括完工未交付使用(含试车)、交付使用未验收入账等工程项目、长期挂账但实际已经停工报废的项目。在建工程要由建设单位负责按项目逐一进行清查,主要登记在建工程的项目性质、投资来源、投资总额、实际支出、实际完工进度和管理状况。

对在建工程的毁损报废要详细说明原因,提供合规证明材料。对清理出来的在建工程中已完工未交付使用和交付使用未验收入账的工程,企业应当及时入账。

第三十六条 无形资产清查的范围和内容包括各项专利权、商标权、特许权、版权、商誉、土地使用权及房屋使用权等。对无形资产的清查进行全面盘点,确定其真实价值及完整内容,核实权属证明材料,检查实际摊销情况。

第三十七条 递延资产及其他资产清查的范围和内容包括开办费、租入固定资产改良支出及特准储备物资等,应当逐一清理,认真核查摊销余额。

第三十八条 负债清查的范围和内容包括各项流动负债和长期负债。流动负债要清查各种短期借款、应付及预收款项、预提费用及应付福利费等;长期负债要清查各种长期借款、应付债券、长期应付款、住房周转金等。对负债清查时企业、单位要与债权单位逐一核对账目,达到双方账面余额一致。

第三十九条 企业在对以上资产进行全面清查的基础上,根据国家有关清产核资损失认定的有关规定,在社会中介机构的配合下,收集相关证据,为资产损失、资金挂账的认定工作做好准备。

第五章 价 值 重 估

第四十条 企业凡在以前开展清产核资工作(包括第五次全国清产核资工作,配合军队、武警部队和政法机关移交企业,中央党政机关脱钩企业,科研机构整体转制及日常开展的清产核资工作)时已进行过资产价值重估的,或者因特定经济行为需要已经组织过资产评估工作的,原则上不再进行资产价值重估。

第四十一条 中央企业在清产核资中,属第四十条规定以外,且企业账面价值和实际价值背离较大的主要固定资产和流动资产确需进行重新估价的,须在企业清产核资立项申请报告中就有关情况及原因进行专项说明,由国务院国有资产监督管理委员会审批。

第四十二条 地方所出资企业需在清产核资中进行资产价值重估的,须由省级国有资产监督管理机构核准同意。

第四十三条 企业在清产核资中经核准同意进行资产价值重估工作的,原则上应当采取物价指数法。对于特殊情况经批准后,也可采用重置成本法等其他方法进行。

第四十四条 物价指数法是以资产购建年度价格为基准价格,按国家有关部门制定的《清产核资价值重估统一标准目录》(1995 年)中列出的价格指数,对资产价值进行统一调整估价的方法。

第六章　损　溢　认　定

第四十五条　企业在进行账务清理、资产清查的基础上,对各项清理出来的资产盘盈、资产损失和资金挂账,依据国家清产核资政策和有关财务会计制度规定,认真、细致地做好资产损溢的认定工作。

第四十六条　企业在清产核资中对清理出来的各项资产盘盈、资产损失和资金挂账的核实和认定,具体按照《国有企业资产损失认定工作规则》的有关规定进行。

第四十七条　企业在清产核资中对各项资产盘盈、资产损失和资金挂账的核实和认定都必须取得合法证据。合法证据包括:

(一)具有法律效力的外部证据;

(二)社会中介机构的经济鉴证证明;

(三)特定经济行为的企业内部证据。

第四十八条　企业在清产核资中,要认真组织做好资产盘盈、资产损失和资金挂账有关证明的取证与证据甄别。在取得各项相关证据和资料后,企业应当认真甄别各项证明材料的可靠性和合理性;承担清产核资专项财务审计业务的社会中介机构要对企业提供的各项证据真实性、可靠性进行核实和确认。

第四十九条　企业在清产核资中对清理出的各种账外资产以及账外的债权、债务等情况在进行认真分析的基础上,作出详细说明,报国有资产监督机构审核批准后及时调整入账。

第五十条　企业在清产核资工作中,对证据充分、事实确凿的各项资产损失、资金挂账,经社会中介机构专项财务审计后,可以按照国家清产核资政策规定向国有资产监督管理机构申报认定和核销。

第五十一条　企业在清产核资中应当严格区分内部往来、内部关联交易的损失情况,在上报子企业的资产损失时,作为投资方采用权益法核算的,母公司不重复确认为损失。

第七章　报表编制

第五十二条　《企业清产核资报表》是在清产核资各项工作的基础上,依据各工作阶段所获得的数据和资料,进行整理、归类、汇总和分析,编制反映企业清产核资基准日资产状况、清查结果和资金核实的报告文件。

国务院国有资产监督管理委员会负责统一制定和下发《企业清产核资报表》格式。

第五十三条　企业在清产核资工作中,在进行账务清理、资产清查等工作并填制《清产核资工作基础表》的基础上,应当认真、如实的分别填制《企业清产核资报表》。

第五十四条　《清产核资工作基础表》是企业开展资产清查工作的基本底表。企业在清产核资过程中可根据企业自身情况对《清产核资工作基础表》进行必要的修改或调整。

第五十五条　《企业清产核资报表》分为清产核资工作情况表和清产核资损失挂账分项明细表两个部分:

(一)清产核资工作情况表主要包括:资产清查表、基本情况表、资金核实申报表、资金核实分户表、损失挂账情况表;

(二)清产核资损失挂账分项明细表反映企业申报的资产盘盈、资产损失和资金挂账分项明细情况,具体按照不同单位、损失类别等列示。

第五十六条　《企业清产核资报表》编制工作,要明确分工,精心组织,积极做好内部相关业务机构的协调和配合,确保报表数据的真实、合法和完整,并依次装订成册,由企业法人签字并加盖公章。

第五十七条　企业在清产核资工作中编制的《企业清产核资报表》和《清产核资工作基础表》应当作为工作档案的一部分,按照有关档案管理的要求妥善保管。

第八章　中介审计

第五十八条　企业清产核资工作结果应当按照规定委托符合资质

条件的社会中介机构进行专项财务审计。涉及国家安全的特殊企业经同意后,由企业自行组织开展清产核资工作。

第五十九条 社会中介机构要按照独立、客观、公正的原则,履行必要的审计程序,依据独立审计准则等相关规定,认真核实企业的各项清产核资材料,并按照规定参与清点实物实施监盘。

第六十条 企业在清产核资工作中要分清与社会中介机构的职责分工,明确工作关系,细化工作程序,分清工作责任。如选择多家社会中介机构的,应当指定其中一家社会中介机构为主审机构牵头负责,并明确主审所与协作所的分工、责任等关系。

第六十一条 社会中介机构在清产核资专项财务审计工作和经济鉴证中享有法律规定的权力,承担法律规定的义务。任何企业和个人不得干涉社会中介机构正常职业行为。社会中介机构要在清产核资工作中保守企业的各项商业秘密。

第六十二条 社会中介机构对企业资产损溢,应当在充分调查研究、论证的基础上,进行职业推断和客观评判,出具经济鉴证证明,并对其真实性、可靠性负责。

社会中介机构对企业清产核资结果,应当在认真核实和详细分析的基础上,根据独立、客观、公正原则,出具专项财务审计报告,并对其准确性、可靠性负责。

第六十三条 社会中介机构在清产核资专项财务审计工作结束后,应当对企业的内控机制等情况进行审核的基础上,出具管理意见书,提出企业的改进相关管理的具体措施和建议。

第九章 结 果 申 报

第六十四条 企业对清查出的各项资产盘盈(包括账外资产)、资产损失和资金挂账等,应当区别情况,按照国家有关清产核资政策规定,分别提出具体处理意见,及时向同级国有资产监督管理机构报送清产核资结果申报材料。

第六十五条 从企业收到清产核资立项批复文件起,应于6个月内完成清产核资各项主体工作,并向国有资产监督管理机构报送清产核资工作报告;在规定时间内不能完成工作的,需报经国有资产监督管理机构同意。

第六十六条　清产核资结果申报材料具体包括:清产核资工作报告、清产核资报表、专项财务审计报告及有关备查材料。

第六十七条　企业清产核资工作报告主要包含以下内容:

(一)企业清产核资基本情况简介;

(二)清产核资工作结果;

(三)对清产核资暴露出来的企业资产、财务管理中存在的问题、原因进行分析并提出改进措施等。

第六十八条　企业清产核资报表应包括企业总部及所属全部子企业的资产状况,以反映企业总体经营实力,并采取合并方式编制。企业所属子企业的清产核资报表以送电子文档格式附报。

第六十九条　专项财务审计报告由社会中介机构出具,主要内容包括:清产核资范围及内容;清产核资行为依据及法律依据;清产核资组织实施情况;清产核资审核意见;社会中介机构认为需要专项说明的重大事项;报告使用范围说明等。另外,还应当附申报资产损失分项细表;资产损失申报核销项目说明及相关工作材料等。

第七十条　企业各项资产损失、资金挂账的原始凭证资料及具有法律效力证明材料的复印件,如材料较多应单独汇编成册,编注页码,列出目录。

清产核资企业及相关社会中介机构要对所提供证明材料的复印件与原件的一致性负责。

第十章　资　金　核　实

第七十一条　国有资产监督管理机构对企业经过账务清理、资产清查等基础工作后上报的各项资产盘盈、资产损失、资金挂账等进行认定,重新核实企业实际占用的全部法人财产和国家资本金。

第七十二条　国有资产监督管理机构在收到企业报送的清产核资

报告后,按照国家有关清产核资政策、国家现行的财务会计制度及相关规定,对上报材料的内容进行审核。

属于国有控股企业的应向国有资产监督管理机构附报董事会或者股东会相关决议。

第七十三条 对企业上报的各项资产损失、资金挂账有充分证据的,国有资产监督管理机构在清产核资企业申报的处理意见及社会中介机构的专项财务审计意见基础上,依据企业的承受能力等实际情况,提出相应的损失挂账处理意见。企业有消化能力的应以企业自行消化为主;如企业确无消化能力的可按相关规定冲减所有者权益。

第七十四条 对确实因客观原因在企业申报清产核资资金核实结果时,相关资产损失、资金挂账的证据不够充分,国有资产监督管理机构无法审定核准的,经同意企业可继续收集证据,在不超过一年的时间内另行补报(1次)。

第十一章 账 务 处 理

第七十五条 企业在接到清产核资资金核实批复文件后,依据批复文件的要求,按照国家现行的财务、会计制度的规定,对企业总公司及子企业进行账务处理。

第七十六条 企业对因采用权益法核算引起的由于子企业损失被核销造成的长期投资损失,在经批准核销后,按照会计制度的规定同时调整相关会计科目。

第七十七条 企业在接到清产核资的批复60个工作日内要将账务处理结果报同级国有资产监督管理机构并抄送企业监事会(1份)。主要内容有:

(一)总公司按照国有资产监督管理机构批复的清产核资资金核实结果,对列入清产核资范围的各子企业下达的账务调整批复;

(二)企业应当对未能按照国有资产监督管理机构批复的清产核资资金核实结果调账部分的原因进行详细说明并附相关证明材料;

(三)企业所属控股、参股子企业按照批复的损失额等比例进行摊销。

第七十八条　企业对经同意核销的各项不良债权、不良投资,要建立账销案存管理制度,组织力量和建立相关机构积极清理和追索;对同意核销的各项实物资产损失,应当组织力量积极处置、回收残值,避免国有资产流失。

第七十九条　企业在接到清产核资的批复30个工作日内,按规定程序到同级国有资产监督管理机构办理相应的产权变更登记手续。企业注册资本发生变动的,在接到清产核资的批复后,在规定的时间内,按规定程序到工商行政管理部门办理工商变更登记手续。

第十二章　完善制度

第八十条　企业在清产核资的基础上,应当针对清产核资工作中暴露出来的资产及财务管理等方面问题,对资产盘盈、资产损失和资金挂账等形成原因进行认真分析,分清管理责任,提出相关整改措施,巩固清产核资工作成果,防止前清后乱。

第八十一条　企业在清产核资的基础上,按照国家现行的财务、会计及资产管理制度规定并结合企业实际情况,建立健全各项资产包括固定资产、流动资产、无形资产、递延资产、在建工程等管理制度,完善内部资产与财务管理办法。

第八十二条　企业在清产核资的基础上,应当进一步加强会计核算,完善各项内控机制,加强对企业内部各级次的财务监督,建立资产损失责任制度,完善经济责任审计和子企业负责人离任审计制度。

第八十三条　企业在清产核资的基础上,应当认真研究各项风险控制管理制度,尤其是对企业担保、委托贷款资金等事项,提出控制风险的可行的办法,加强担保及委托资金的管理与控制。

第八十四条　企业在清产核资的基础上,应当建立和完善财务信息披露制度,将本企业投资、经营、财务以及企业经营过程中的重大事项,按照国家法律、法规的要求及时向出资人、董事会和股东披露,规范会计信息的披露。

第八十五条　企业应当根据清产核资工作结果,对所属各子企业的资产及财务状况进行认真分析,对确已资不抵债或不能持续经营的,应当根据实际情况提出合并、分立、解散、清算和关闭破产等工作措施,促进企业内部结构的调整,提高企业资产营运效益。

第八十六条　企业内部的纪检监察部门应当积极介入本企业的清产核资工作,对发现的严重违纪违规问题,应当移交有关部门调查处理;涉嫌违法的问题,应当及时移送司法机关处理。

第十三章　附　　则

第八十七条　企业应当按照《会计档案管理办法》的规定,妥善保管清产核资工作档案。清产核资各种工作底稿、各项证明材料原件等会计基础材料应装订成册,按规定存档。

第八十八条　本工作规程自公布之日起施行。

国务院国有资产监督管理委员会
关于印发《国有企业清产核资资金
核实工作规定》的通知

2003 年 9 月 13 日　　国资评价〔2003〕74 号

党中央有关部门,国务院各部委、各直属机构,各省、自治区、直辖市及计划单列市国有资产监督管理机构,新疆生产建设兵团,各中央企业:

为规范国有控股企业清产核资工作,真实反映企业的资产质量和财务状况,依据《国有企业清产核资办法》(国资委令第 1 号)及国家有关清产核资政策,我们制定了《国有企业清产核资资金核实工作规定》,现印发给你们。请结合企业实际,认真遵照执行,并及时反映工作中有关情况和问题。

附件:国有企业清产核资资金核实工作规定

附件：

国有企业清产核资资金核实工作规定

第一条 为规范国有及国有控股企业（以下简称企业）清产核资工作，促使解决企业历史遗留问题，真实反映企业的资产质量和财务状况，依据《国有企业清产核资办法》和国家有关清产核资政策，制定本规定。

第二条 资金核实是指国有资产监督管理机构根据清产核资企业上报的各项资产盘盈、资产损失和资金挂账等清产核资工作结果，依据国家清产核资政策和有关财务会计制度规定，组织进行审核并批复予以账务处理，重新核定企业实际占用国有资本金数额的工作。

第三条 企业开展清产核资工作，应当按照《国有企业清产核资办法》的有关规定，认真组织做好账务清理、资产清查等各项基础工作，如实反映企业资产质量和财务状况，做到全面彻底、账账相符、账实相符，保证企业清产核资结果的真实性、可靠性和完整性，严禁弄虚作假，避免国有资产流失。

第四条 企业清产核资工作结果应当按照规定经社会中介机构进行专项财务审计，查出的资产盘盈、资产损失和资金挂账应当提供相关合法证据或者社会中介机构经济鉴证证明等具有法律效力的证明材料。

承担企业清产核资专项财务审计工作和出具经济鉴证证明的社会中介机构，应当依据《独立审计准则》等有关规定，对企业清理出的各项资产盘盈、资产损失和资金挂账等清产核资工作结果进行客观、公正的审计和经济鉴证，并对审计结果和经济鉴证证明的真实性、可靠性承担责任。

第五条 企业清理出的各项资产盘盈、资产损失和资金挂账等的认定与处理，按照事实确凿、证据充分、程序合规的原则，依据《企业清产核资办法》规定的工作程序和工作要求，由清产核资企业向国有资产监督管理机构申报批准,并按照资金核实批复结果调整账务。

第六条 企业应当按照规定要求在清产核资资金核实工作中向国有资产监督管理机构提交以下申报材料:

(一)企业清产核资工作报告,主要包括:清产核资工作基准日、工作范围、工作内容、工作结果和基准日的资产财务状况,以及相关处理意见;

(二)企业清产核资报表,包括:基准日企业基本情况表、各类资产损失明细情况表等;

(三)社会中介机构专项财务审计报告;

(四)企业申报处理的资产盘盈、资产损失和资金挂账的有关意见专项说明,企业申报处理的资产盘盈、资产损失和资金挂账的专项说明和各类资产损失明细情况表,应当逐笔写明发生日期、损失原因、政策依据、处理方式以及有关原始凭证资料和具有法律效力的证明材料齐全情况,并分类汇编成册;

(五)有关资产盘盈、资产损失和资金挂账备查材料,主要包括:企业清产核资原始凭证材料和具有法律效力的证明材料(可以用复印件),作为企业清产核资工作备查和存档资料,应当分类汇编成册,并列出目录,以便于工作备查;

(六)需要提供的其他材料。

第七条 企业清产核资资金核实工作按照以下程序进行:

(一)企业在账务清理、资产清查等工作基础上,经社会中介机构对清产核资专项财务审计和有关资产损失提出合规证据或者经济鉴证证明后,对清理出的各项资产盘盈、资产损失和资金挂账,按照国家清产核资政策和有关财务会计制度,分项提出处理意见,编制清产核资报表,撰写企业清产核资工作报告;

(二)企业向国有资产监督管理机构上报企业清产核资工作报告、清产核资报表、社会中介机构专项财务审计报告,并附相关合法证据及经济鉴证证明等材料;

(三)国有资产监督管理机构在规定工作时限内,对上报的企业清

产核资工作报告、清产核资报表、社会中介机构专项财务审计报告及相关材料进行审核,并对资金核实结果进行批复;

(四)企业按照国有资产监督管理机构有关资金核实批复文件,依据国家财务会计制度有关规定,调整企业会计账务,并按照有关规定办理相关产权变更登记及工商变更登记。

第八条 对于企业在清产核资中查出的资产盘盈与资产损失相抵后,盘盈资产大于资产损失部分,根据财政部等六部门联合下发的《关于进一步贯彻落实国务院办公厅有关清产核资政策的通知》(财清〔1994〕15号,以下简称财清15号文件)的规定,经国有资产监督管理机构审核批准后,相应增加企业所有者权益。

第九条 依据《国务院办公厅关于扩大清产核资试点工作有关政策的通知》(国办发〔1993〕29号)和财清15号文件规定,企业清产核资中查出的各项资产损失和资金挂账数额较小,企业能够自行消化的,可以按照国家有关财务会计制度规定,经国有资产监督管理机构征求财政部门意见批准后分年计入损益处理;对查出的企业各项资产损失和资金挂账数额较大、企业无能力自行消化弥补的,经国有资产监督管理机构审核批准后,可冲减企业所有者权益。

第十条 企业查出的各项资产损失和资金挂账,经国有资产监督管理机构审核批准冲减所有者权益的,可依次冲减盈余公积金、资本公积金和实收资本。

对企业执行《企业会计制度》查出的各项资产损失和资金挂账,依据国家有关清产核资政策规定,以及财政部《关于国有企业执行〈企业会计制度〉有关财务政策问题的通知》(财企〔2002〕310号,以下简称财企310号文件)有关规定,经国有资产监督管理机构审核批准的,可以依次冲减以前年度未分配利润、公益金、盈余公积金、资本公积金和实收资本。

第十一条 企业应当依据国有资产监督管理机构资金核实批复文件,及时调整会计账务,并将调账结果在规定时限内报国有资产监督管理机构备案(其中抄送国有重点大型企业监事会1份)。

第十二条　企业有关资产损失和资金挂账经国有资产监督管理机构审核批准后,冲减所有者权益应当保留的资本金数额不得低于法定注册资本金限额,不足冲减部分依据财企 310 号文件规定,暂作待处理专项资产损失,并在 3 年内分期摊销,尚未摊销的余额,在资产负债表"其他长期资产"项目中列示,并在年度财务决算报告中的会计报表附注中加以说明。

第十三条　企业经批准冲销的有关不良债权、不良投资和有关实物资产损失等,应当建立"账销案存"管理制度,并组织力量或者成立专门机构进一步清理和追索,避免国有资产流失;对以后追索收回的残值或者资金应当按国家有关财务会计制度规定,及时入账并作有关收入处理。

第十四条　企业对清产核资各项基础工作资料应当认真整理,建立档案,妥善保管,并按照会计档案保管期限予以保存。

第十五条　企业对清产核资中反映出的各项经营管理中的矛盾和问题,应当认真总结经验,分清责任,建立和健全各项管理制度,完善相关内部控制机制,并做好组织落实工作。企业应当在清产核资工作的基础上,建立资产损失责任追究制度和健全企业不良资产管理制度,巩固清产核资成果。

第十六条　本规定自公布之日起施行。

国务院国有资产监督管理委员会
关于印发《国有企业清产核资经济
鉴证工作规则》的通知

2003 年 9 月 18 日　　国资评价〔2003〕78 号

党中央有关部门,国务院各部委、各直属机构,各省、自治区、直辖市及计划单列市国有资产监督管理机构,新疆生产建设兵团,各中央企业:

为加强对企业国有资产的监督管理,规范企业清产核资经济鉴证工作,保证企业清产核资结果的真实、可靠和完整,根据《国有企业清产核资办法》(国资委令第1号)及清产核资的有关规定,我们制定了《国有企业清产核资经济鉴证工作规则》,现印发给你们。请结合企业实际,认真执行,并及时反映工作中有关情况和问题。

附件:国有企业清产核资经济鉴证工作规则

附件:

国有企业清产核资经济鉴证工作规则

第一章 总 则

第一条 为规范国有及国有控股企业(以下简称企业)清产核资经济鉴证行为,保证企业清产核资结果的真实、可靠和完整,根据《国有企业清产核资办法》(以下简称《办法》)和国家有关财务会计制度规定,制定本规则。

第二条 本规则适用于组织开展清产核资工作的企业以及承办企业清产核资经济鉴证及专项财务审计业务的有关社会中介机构(以下简称中介机构)。

第三条 本规则所称清产核资经济鉴证工作,是指中介机构按照国家清产核资政策和有关财务会计制度规定,对企业清理出的有关资产盘盈、资产损失及资金挂账(以下简称损失及挂账)进行经济鉴证,对企业清产核资结果进行专项财务审计,以及协助企业资产清查和提供企业建章健制咨询意见等工作。

第四条 本规则所称中介机构主要是指具有经济鉴证业务执业资质的会计师事务所、资产评估事务所和律师事务所等。

第五条　中介机构在企业清产核资经济鉴证工作中,应根据《办法》和国家有关财务会计制度规定的工作要求、工作程序和工作方法,按照独立、客观、公正的原则,在充分调查研究、论证和分析基础上,对企业提供的清产核资资料和清查出的损失及挂账进行职业推断和客观评判,提出鉴证意见,出具清产核资专项财务审计报告和经济鉴证证明。

第二章　中介委托

第六条　按照《办法》规定,除涉及国家安全的特殊企业外,企业开展清产核资工作均须委托中介机构承办其经济鉴证业务,并应当依法签订业务委托约定书,明确委托目的、业务范围及双方责任、权利和义务。

第七条　企业按照国家有关法律法规规定或者特定经济行为要求申请进行清产核资的,以及企业所属子企业由于国有产权转让、出售等经济行为使产权发生重大变动(涉及控股权转移)需开展清产核资的,由企业母公司统一委托中介机构,并将委托结果报同级国有资产监督管理机构备案。

第八条　企业根据各级国有资产监督管理机构的要求必须开展清产核资工作的,以及企业母公司由于国有产权转让、出售等经济行为使产权发生重大变动(涉及控股权转移)需开展清产核资的,由同级国有资产监督管理机构统一委托中介机构。

第九条　承办企业清产核资经济鉴证业务的中介机构,必须具备以下条件:

(一)依法成立,具有经济鉴证或者财务审计业务执业资格;

(二)3 年内未因违法、违规执业受到有关监管机构处罚,机构内部执业质量控制管理制度健全;

(三)中介机构的资质条件与委托企业规模相适应。

第十条　承办企业清产核资经济鉴证业务的中介机构专业工作人员应当具备以下条件:

（一）项目负责人应当为具有有效执业资格的注册会计师、注册评估师、律师等；

（二）相关工作人员应当具有相应的专业技能，并且熟悉国家清产核资操作程序和资金核实政策规定。

第十一条　承办企业清产核资经济鉴证业务的中介机构或者相关工作人员，与委托企业存在可能损害独立性利害关系的，应当按照规定回避。

第十二条　承办企业清产核资经济鉴证业务的中介机构在接受企业委托后，应当根据清产核资经济鉴证业务量需要，选定相对固定的专业人员参加清产核资经济鉴证工作，以保证工作按期完成。

第三章　损失及挂账鉴证

第十三条　企业在清产核资工作过程中，对于清查出的下列损失及挂账，应当委托中介机构进行经济鉴证：

（一）企业虽然取得了外部具有法律效力的证据，但其损失金额无法根据证据确定的；

（二）企业难以取得外部具有法律效力证据的有关不良应收款项和不良长期投资损失；

（三）企业损失金额较大或重要的单项存货、固定资产、在建工程和工程物资的报废、毁损；

（四）企业各项盘盈和盘亏资产；

（五）企业各项潜亏及挂账。

第十四条　在企业损失及挂账经济鉴证工作中，中介机构和相关工作人员应当实施必要的、合理的鉴证程序：

（一）督促和协助企业及时取得相关损失及挂账的具有法律效力的外部证据；

（二）在企业难以取得相关损失及挂账具有法律效力的外部证据时，中介机构及相关工作人员应当要求企业提供相关损失及挂账的内部证据；

（三）中介机构赴工作现场进行深入调查研究,取得相关调查资料;

（四）根据收集的上述材料,中介机构进行职业推断和客观评判,对企业相关损失及挂账的发生事实和可能结果进行鉴证;

（五）通过认真核对与分析计算,对企业相关损失及挂账的金额进行估算及确认;

（六）对收集的上述材料进行整理,形成经济鉴证材料;

（七）出具鉴证意见书。

第十五条 企业损失及挂账的鉴证意见书应符合以下要求:

（一）对于企业的相关损失及挂账应按照类别逐项出具鉴证意见;

（二）鉴证意见应当内容真实、表述客观、依据充分、结论明确。

第十六条 在企业损失及挂账经济鉴证工作中,中介机构及相关工作人员必须认真查阅企业有关财务会计资料和文件,勘察业务现场和设施,向有关单位和个人进行调查与核实;对企业故意不提供或者提供虚假会计资料和相关损失及挂账证据的,中介机构及相关工作人员有权对相关损失及挂账不予鉴证或者不发表鉴证意见。

第四章 专项财务审计

第十七条 企业清产核资专项财务审计业务,原则上应当由一家中介机构承担,但若开展清产核资的企业所属子企业分布地域较广,清产核资专项财务审计业务量较大时,多家中介机构（一般不超过 5 家）可以同时承办同一户企业的清产核资专项财务审计业务,并由承担母公司专项财务审计业务的中介机构担任主审,负责总审计工作。

第十八条 主审中介机构一般应承担企业清产核资专项财务审计业务量的 50% 以上（含 50%）,负责全部专项审计工作的组织、协调和质量控制,并对出具的企业清产核资专项财务审计报告的真实性、合法性负责。

第十九条 在企业清产核资专项财务审计工作中,中介机构及相关审计人员应当实施必要的审计流程,取得充分的审计证据。具体包括:

（一）制定清产核资专项财务审计工作计划,明确审计目的、审计范围和审计内容,拟定审计工作基础表和审计工作底稿格式,并对参加专项审计工作的相关审计人员进行培训;

（二）对企业清产核资基准日的会计报表进行审计,以保证企业清产核资基准日账面数的准确;

（三）负责企业资产清查的监盘工作;

（四）核对、询证、查实企业债权、债务;

（五）对企业损失及挂账进行审核,协助和督促企业取得损失及挂账所必须的外部具有法律效力的证据,其他中介机构出具的经济鉴证证明,以及提供特定事项的内部证明,并对其真实性和合规性进行审计;

（六）出具企业清产核资专项财务审计报告。

第二十条　在企业清产核资专项财务审计工作中,中介机构及相关审计人员应当审计的重点事项有:

（一）货币资金:重点审计企业的现金是否存在短缺,各类银行存款是否与银行对账单存在差异,其他货币资金是否存在损失等;

（二）应收款项:重点审计应收款项的账龄分析及其回函确认的情况,坏账损失的确认情况;

（三）存货:重点审计存放时间长、闲置、毁损和待报废的存货;

（四）长期投资:重点审核企业的长期投资产权清晰状况、核算方法、被投资单位的财务状况等;

（五）固定资产:重点审计固定资产的主要类型、折旧年限、折旧方法和使用状况;

（六）在建工程:重点审计在建工程的主要项目和工程结算情况,停建和待报废工程的主要原因;

（七）待摊费用、递延资产及无形资产:重点审计是否存在潜亏挂账的项目;

（八）各类盘盈资产:重点审计盘盈的原因和作价依据;

（九）各类盘亏资产:重点审计盘亏的原因、责任及金额;

（十）各项待处理资产损失：重点审核其申报审批程序是否符合企业内部控制制度和相关管理办法及相关政府部门的有关规定；

（十一）企业的内部控制制度：重点审计企业内部控制制度是否健全、有效。

第五章 审 计 报 告

第二十一条 在实施了必要的审计流程和收集了充分、适当的审计证据后，承办企业清产核资专项财务审计业务的中介机构应当及时出具企业清产核资专项财务审计报告。

第二十二条 对于单独承办同一企业全部清产核资专项财务审计业务的中介机构，不仅应当出具该企业清产核资专项财务审计报告，还应当对该企业有较大损失的子企业出具分户清产核资专项财务审计报告。

第二十三条 对于同时承办同一企业清产核资专项财务审计业务的多家中介机构，应当分别对其审计的子企业出具分户清产核资专项财务审计报告，并报送主审中介机构，主审中介机构在此基础上出具企业清产核资专项财务审计报告。

第二十四条 企业清产核资专项财务审计报告的基本格式为：

（一）封面：标明清产核资专项审计项目的名称、中介机构名称、项目工作日期等；

（二）目录：应对专项审计报告全文编注页码，并以此列出报告正文及附表或者附件的目录；

（三）报告正文：应做到内容真实、证据确凿、依据充分、结论清楚、数据准确、文字严谨；

（四）相关工作附表及附件：

1. 损失挂账分项明细表；

2. 损失挂账申报核销项目审核说明；

3. 损失挂账的证明材料（应当分类装订成册，若证明材料过多，则作为备查材料）；

4. 主审会计师的资质证明和中介机构营业执照复印件；

5. 其他有关材料。

第二十五条 清产核资专项审计报告正文的格式为：清产核资工作范围、清产核资行为依据及法律依据、清产核资组织实施情况、清产核资审核结果、清产核资处理意见、中介机构认为需要专项说明的重大事项及报告使用范围说明等。

第二十六条 在损失挂账分项明细表中，应当将企业申报处理的损失挂账按单位和会计科目逐笔列示。具体格式为：损失项目名称、损失原因、发生时间、项目原值、申报损失金额、企业处理意见、关键证据及索引号和中介机构处理意见等。

第二十七条 在损失挂账申报核销项目审核说明中，中介机构应当对损失挂账分项明细表中列示的各类损失项目，按单位和会计科目逐项编写损失挂账项目说明。具体格式为：序号、申报损失项目名称、申报核销金额（以人民币元为单位）、关键证据、中介机构的审核意见等。

第二十八条 中介机构及相关审计人员在清产核资专项财务审计报告中应当重点披露的内容有：

（一）企业的会计责任和中介机构的审计责任；

（二）审计依据、审计方法、审计范围和已实施的审计流程；

（三）对企业损失及挂账的核实情况；

（四）处理损失及挂账，对企业的经营和财务状况将产生的影响；

（五）在清产核资专项财务审计工作中发现的有可能对企业损失及挂账的认定产生重大影响的事项；

（六）在清产核资专项财务审计工作中发现的企业重大资产和财务问题以及向企业提出的有关改进建议；

（七）对企业内部控制制度的完整性、适用性、有效性以及执行情况发表意见。

第六章 工作责任与监督

第二十九条 企业负责人对企业提供的会计资料以及申报的清产核资工作结果的真实性、完整性承担责任;中介机构对所出具的清产核资专项财务审计报告和损失及挂账经济鉴证意见的准确性、可靠性承担责任。

第三十条 承办企业清产核资经济鉴证业务的中介机构及相关工作人员应认真遵循相关执业道德规范:

(一)严格按照《办法》和国家有关财务会计制度规定,认真做好企业清产核资损失及挂账经济鉴证和专项财务审计工作;

(二)恪守独立、客观、公正的原则,做到诚信为本,不虚报、瞒报和弄虚作假;

(三)认真按照业务约定书的约定履行责任;

(四)严守企业的商业秘密,未经许可不得擅自对外公布受托企业的清产核资结果及相关材料。

第三十一条 国有资产监督管理机构负责中介机构及相关工作人员的企业清产核资经济鉴证监督工作,建立企业清产核资经济鉴证质量抽查工作制度,对中介机构出具的清产核资专项财务审计报告和企业损失及挂账经济鉴证意见的质量进行必要检查和监督。

第三十二条 承办企业清产核资经济鉴证业务的中介机构及相关工作人员在实际工作中违反国家有关法律法规规定的,国有资产监督管理机构可及时终止其清产核资经济鉴证业务,并视情节轻重,移交有关部门依法进行处理;触犯刑律的,依法移送司法机关处理。

第三十三条 在国有资产监督管理机构对资金核实结果批复后,承办企业清产核资经济鉴证业务的中介机构应当及时协助企业按批复文件的要求进行调账。

第七章 附   则

第三十四条 企业和承办企业清产核资经济鉴证业务的中介机

构,应当按照《会计档案管理办法》的规定,妥善保管好清产核资各类工作底稿及相关材料,并做好归档管理工作。

第三十五条 本规则自公布之日起施行。

关于印发清产核资工作问题
解答(二)的通知

2004 年 2 月 12 日 国资厅发评价〔2004〕8 号

党中央有关部门,国务院各部门,各直属机构,各省、自治区、直辖市国有资产监管机构,新疆生产建设兵团,各中央企业:

为贯彻落实《国有企业清产核资办法》(国资委令第 1 号)及相关清产核资工作文件的精神,帮助企业了解国家统一的清产核资工作制度,现将《清产核资工作问题解答(二)》印发你们,请遵照执行。在执行过程中有何问题,请及时反映。

附件:清产核资工作问题解答(二)

附件:

清产核资工作问题解答(二)

在中央企业清产核资工作中,不少企业和会计师事务所又陆续反映了一些新的清产核资政策、报表等方面的问题,现解答如下:

一、关于正在进行改制的企业清产核资问题

根据《国务院办公厅转发国务院国有资产监督管理委员会关于规范国有企业改制工作意见的通知》(国办发〔2003〕96 号,以下简称 96 号文件)有关规定,国有企业在改制前,首先应进行清产核资,在清产核资的基础上,再进行资产评估。在清产核资基准日之前,若企业经国资委批复将要或正在进行改制,但尚未进行资产评估或仅对部分资产进行评估的,应按 96 号文件要求开展清产核资工作;若企业在 96 号文件下发之前已进行整体资产评估,考虑到企业实际工作量及时间问题,经申报国资委核准后可不再另行开展清产核资工作。

二、关于企业所属控股或相对控股但无实际控制权的被投资企业,及企业参股但有实际控制权的被投资企业清产核资问题

根据《国有企业清产核资工作规程》(国资评价〔2003〕73 号)有关规定,除第十条中列示的符合相关条件企业所属子企业可以不纳入清产核资范围外,企业及所属子企业原则上应全部纳入清产核资范围,因此,企业所属控股或相对控股但无实际控制权的被投资企业,应由企业作为其所属子企业统一纳入清产核资范围;企业参股但有实际控制权的被投资企业,也应由企业作为其所属子企业统一纳入清产核资范围;对于企业参股且无实际控制权的被投资企业,企业不应将该被投资企业纳入清产核资范围,而应由企业在清产核资中进行该笔长期投资的清理。

三、关于关闭、停业等难以持续经营的企业清产核资问题

根据《国有企业清产核资工作规程》(国资评价〔2003〕73 号)的有关规定,对于关闭、停业等难以持续经营的企业,原则上也应全部纳入清产核资范围;但对于由于客观原因难以开展清产核资工作的,企业总公司应向国资委提出申请,经国资委批复同意后可以不作为单户纳入清产核资范围,而上述企业的投资企业应进行长期股权投资清理,并在限期内将清理后资产及财务状况报国资委备案。

四、关于企业按成本法核算的长期股权投资账面余额,与改为权益法核算后的应享有被投资单位账面所有者权益份额之间的差额申报处理的问题

在清产核资中,企业按照《企业会计制度》将长期股权投资从成本法调整为权益法核算而产生的企业长期股权投资账面余额,与按持股比例计算的应享有被投资单位账面所有者权益份额之间的差额,不应作为清产核资清查出的长期股权投资损失或收益申报处理,而应由企业按照财政部《关于印发工业企业〈执行企业会计制度〉有关问题衔接规定的通知》(财会〔2003〕31号)的有关规定进行账务调整。

五、关于企业内部单方挂账或金额不相等的往来款项作为坏账损失申报的问题

根据《关于印发国有企业资产损失认定工作规则的通知》(国资评价〔2003〕72号)有关规定,企业内部往来款项原则上不能作为清产核资坏账损失申报处理。但在清产核资实际工作中,通过账务清理和资产清查,企业的内部单方挂账和往来款金额不相等现象较为普遍,为了全面摸清中央企业"家底",如实反映企业存在的矛盾和问题,真实、完整地反映企业资产状况,企业内部的单方挂账在同时取得下列证据时可以在清产核资中比照坏账损失申报:

(一)企业对于单方挂账产生的内部证据,包括:会计核算有关资料和原始凭证;相关经济行为的业务合同;形成单方挂账的详细原因;

(二)债务方提供的不承认此笔挂账的理由;

(三)中介机构对该笔挂账的经济鉴证证明。

对于企业的内部金额不相等的往来款项,先由企业进行账务调整,差额部分再比照单方挂账的申报方法进行申报。

六、关于企业将主要固定资产和流动资产账面价值与实际价值背离较大的差额部分作为损失申报处理的问题

在清产核资工作中,若企业清查出主要固定资产(企业在1995年清产核资时估价入账的土地除外)和流动资产账面价值与实际价值存在较大背离的情况,且该主要固定资产和流动资产未发生产权转让或进行处置,则企业可以将主要固定资产和流动资产账面价值与实际价值的差额按照《企业会计制度》有关资产减值准备计提的原则,作为清产核资预计损失申报处理,但不得作为清产核资按"原制度"清查出的损失申报处理。

七、关于纳入清产核资范围但已于清产核资基准日上一年度进行过资产评估的企业资产损失申报问题

根据《国有企业清产核资工作规程》(国资评价〔2003〕73号)有关规定,企业所属子企业因某种特定经济行为在上一年度已组织进行过资产评估的,可以不纳入此次清产核资范围。但若企业因某种特定经济行为在上一年度组织进行过资产评估后,仍有资产损失尚需处理的,企业也可以参加此次清产核资。在申报清产核资资产损失时,企业可以按照《国有企业资产损失认定工作规则的通知》(国资评价〔2003〕72号)和《国有企业清产核资经济鉴证工作规程的通知》(国资评价〔2003〕78号)有关规定,将资产评估结果作为评估事务所出具的经济鉴证证明,提供给负责清产核资财务专项审计的会计师事务所进行审计。

八、关于期初未分配利润为负值的企业在清产核资中按《企业会计制度》预计的损失处理问题

根据《关于印发国有企业清产核资资金核实工作规定的通知》(国资评价〔2003〕74号)的有关规定,在清产核资中,对于按《企业会计制度》预计的损失,企业应核减期初未分配利润。若期初未分配利润为负值的,企业仍应将预计损失记入期初未分配利润,即加大未分配利润的负值。对于未分配利润的负值,企业应在清产核资基准日后的五年内按照会计制度用当年实现的利润进行弥补,五年后若还未弥补完,企业可用盈余公积和资本公积进行弥补。

九、关于涉及国家安全等特殊企业的清产核资结果内部审计问题

根据《国有企业清产核资经济鉴证工作规程的通知》(国资评价〔2003〕78 号)有关规定,企业清产核资工作结果应当委托符合资质条件的社会中介机构进行专项财务审计。对于涉及国家安全、不适宜会计师事务所审计的特殊子企业、依据所在国家及地区法律规定进行审计的境外子企业,以及国家法律、法规尚未规定须委托会计师事务所审计的有关单位,可由企业自行组织开展清产核资工作。为了确保清产核资结果的真实可靠,对于自行组织开展清产核资工作的企业,须对其清产核资结果进行内部审计:一是企业应有正式内部审计机构,制定切实可行的内审方案,制定统一的审计程序、审计标准和审计报告格式;二是企业可探索多种内审方式,如可采取"下审一级"、"同级互审"等方式,无论采取何种方式,都必须确保审计工作质量;三是根据《国有企业清产核资经济鉴证工作规则》(国资评价〔2003〕78 号)的有关规定,企业要在充分调查取证和分析论证的基础上,对各项损失挂账进行客观评判,并出具鉴证意见;四是应出具清产核资专项内审报告,专项内审报告要加盖企业公章,并有内审机构负责人和内审工作小组组长的签字。

十、关于 2005 年执行《企业会计制度》的企业,2004 年度发生的按《企业会计制度》预计的损失处理问题

对于以 2003 年 12 月 31 日为基准日进行清产核资,但计划于 2005 年才开始执行《企业会计制度》的企业,由于企业进行清产核资和执行《企业会计制度》的时间相差一年,企业应按照清产核资和《企业会计制度》要求,进行 2004 年度资产损失的预计工作,并将预计损失结果另行报国资委核准。

十一、关于"企业预计损失情况表"按《企业会计制度》(企业工作05 表)中的"企业预计损失"和"企业申报数"的填列问题

对于未执行《企业会计制度》的企业,企业预计损失情况表(按《企业会计制度》)中的"企业预计损失"填列的是该企业在清产核资中,按《企业会计制度》对8项资产预计的损失;"企业申报数"与"企业预计损失"数额相同。

对于已执行《企业会计制度》的企业,"企业预计损失"填列的是至清产核资基准日企业按《企业会计制度》已计提的8项资产减值准备;"企业申报数"填列的是企业需在此次清产核资工作中补提的8项资产减值准备。若企业在此次清产核资工作中不需要补提资产减值准备,则"企业申报数"不填数。

十二、关于企业"待处理流动资产净损失"、"待处理固定资产净损失"和"固定资产清理"科目中核算的损失挂账在"损失挂账分项明细表"中的填列问题

对于企业在清产核资工作中清查出的在"待处理流动资产净损失"、"待处理固定资产净损失"和"固定资产清理"科目中的核算的损失挂账,在填列相关"损失挂账分项明细表"时,应将在上述科目中核算的各损失挂账还原到原科目中,按照各损失挂账的实际资产类别选择填列相关"损失挂账分项明细表"。

关于印发清产核资工作问题
解答(三)的通知

2004 年 4 月 29 日　国资发评价〔2004〕220 号

党中央有关部门,国务院各部委、各直属机构,各省、自治区、直辖市国有资产监督管理机构,新疆生产建设兵团,各中央企业:

为贯彻落实《国有企业清产核资办法》(国资委令第1号)及相关清产核资工作文件的精神,帮助企业正确掌握清产核资工作政策、制度和要求,现将《清产核资工作问题解答(三)》印发给你们,请遵照执行。在执行过程中有何问题,请及时反映。

　　附件:清产核资工作问题解答(三)

附件:

清产核资工作问题解答(三)

　　在中央企业清产核资工作中,不少企业和会计师事务所又陆续反映了一些清产核资政策、资产损失申报等方面的问题,为帮助企业正确掌握清产核资工作政策、制度和要求,现解答如下:

　　一、关于清产核资原制度资产损失取证问题

　　在清产核资过程中,一些企业反映在资产损失取证过程中,对某些按原制度应收款项、长期投资等资产损失取得具有法律效力的外部证据难度较大。根据《国有企业资产损失认定工作规则》(国资评价〔2003〕72号)有关规定,若企业在确实经过努力工作仍未取得足以证明资产已发生损失的具有法律效力的外部证据时,应对资产损失逐笔逐项收集完备的企业内部证据。企业内部证据应详细说明资产损失发生的原因和对责任人的责任追究与经济赔偿情况,经企业法定代表人签字盖章。负责企业清产核资专项财务审计的中介机构,可在企业内部证据充分的前提下,按照国家有关规定和遵循实事求是原则,通过职业判断和客观评判出具资产损失经济鉴证证明。

　　二、关于清产核资预计损失计提标准问题

　　推进企业执行《企业会计制度》是清产核资工作目标之一。根据《关于做好执行〈企业会计制度〉工作的通知》(国资评价〔2003〕45号)及相关清产核资文件规定,企业在清产核资过程中,应当按照《企业会计制度》及企业内部控制制度的规定,对可能发生损失的有问题资产,进行损失预计,作为企业首次执行《企业会计制度》时的期初资产减值准备。企业在对资产进行损失预计时,应结合企业的行业特点和资产质量状况,按照《企业会计制度》和国资委财务监管有关要求,制定统一的预计损失计提政策和操作办法,确定预计损失计提的范围、方法和标准。企业在清产核资中制定的预计损失计提政策应当与执行《企业会计制度》后计提资产减值准备的政策保持一贯性,如果不一致应该严格按照财会制度的要求作为会计政策变更事项,事先报国资委备案并陈述相关理由。

三、关于清产核资清出有问题负债申报处理问题

为了保证企业清产核资工作的全面、彻底,充分反映和解决企业存在的历史问题,在清产核资工作中,企业对各项负债应进行认真清查。对于清查出的有问题负债,应分别以下情况处理:

(一)对于清查出债权人灭失或三年以上经认定不需要支付的应付款项(如应付账款、预收账款、代销商品款及其他应付款等)可视同资产盘盈,企业可以按照清产核资有关文件的规定,在取得相关证据或中介机构的经济鉴证证明后,进行申报处理。

(二)在清产核资过程中,企业清查出由于各种原因从成本费用中预先提取留待以后年度支付的、在负债中核算的相关费用,如租金、财务费用、固定资产大修理费用、用于支付给职工的工资(包括施工企业按规定提取的百元工资含量包干)等,与企业的实际情况不符,或者超出企业实际支付规模所结余部分,可以在清产核资中申报转增权益处理。

(三)对于以前年度企业的工资超支挂账,其中属于企业根据国家有关政策,实行减员增效、下岗分流、主辅分离等改革措施,一次性支付给职工的各种补贴超出企业从成本中提取的应付工资额度而形成的挂账,在取得相关证据和中介机构出具经济鉴证意见后,可视同潜亏挂账进行申报处理。

(四)对于以前年度企业的福利费用超支挂账,其中属于企业参加职工基本医疗保险改革前发生的医药费用超支挂账,在取得相关证据

和中介机构出具经济鉴证意见后,可视同潜亏挂账进行申报处理。

四、关于已执行《企业会计制度》企业补提或核销资产减值准备问题

在清产核资工作中,对已执行《企业会计制度》的企业,通过认真的资产清查,按照《企业会计制度》及企业内部控制制度的规定,发现确实存在少提资产减值准备的(包括未提足资产减值准备的资产成为事实损失的情况),应当进行补提资产减值准备,并作为预计损失在"企业预计损失情况表"(企清工作05表)中申报。已执行《企业会计制度》的企业,在清产核资工作中清查出已提足减值准备的资产成为事实损失后,企业根据清产核资有关资产损失认定文件的规定,可以申请对这部分计提的资产减值准备和相应的账面资产数额进行销账。对于申请销账的已提足的资产减值准备,企业应逐笔逐项提供相关经济鉴证证明,并填列相应的"损失挂账明细表"单独反映,其中:

(一)"坏账准备"填列"坏账损失挂账分项明细表(一)"(企清明细02-1表)、"短期投资跌价准备"填列"其他流动资产损失挂账分项明细表"(企清明细05表)、"委托贷款减值准备"根据会计制度的规定分析填列"其他流动资产损失挂账分项明细表"(企清明细05表)或"长期投资损失挂账分项明细表"(企清明细06表);"其他各项资产减值"按要求填列相应的损失挂账分项明细表。

(二)"项目原值":填列企业需核销资产减值准备所对应的资产账面原值。

(三)"清查出有问题的资产数":填列企业需核销的资产减值准备数额。

(四)"企业申报损失数"和"中介审核数":将企业需核销的资产减值准备数额和中介机构审核确认的资产减值准备数额填列在"列损益"栏中。

(五)"备注":必须注明"资产减值准备销账"。

五、关于执行《企业会计制度》变更固定资产折旧政策造成折旧计提不足在清产核资中作为资产损失申报处理问题

按照《财政部关于印发〈关于执行〈企业会计制度〉和相关会计准则有关问题解答(二)〉的通知》(财会〔2003〕10号)的规定:"企业首次执行《企业会计制度》而对固定资产的折旧年限、预计净残值等所做的变更,应在首次执行的当期作为会计政策变更,采用追溯调整法进行会计处理"。根据上述规定和此次清产核资的有关政策,对于企业在执行《企业会计制度》时变更固定资产折旧政策,如对计算机设备缩短折旧年限等,使依据原制度已经提取的固定资产折旧额小于按《企业会计制度》制定的固定资产折旧政策下应提取的折旧额,这部分差额经中介机构出具经济鉴证意见后,视同应提未提费用作为原制度损失在清产核资中进行申报处理。企业在上述损失申报中采用的固定资产折旧政策应当与执行《企业会计制度》后执行的固定资产折旧政策保持一贯性,如果不一致应该严格按照财会制度的要求作为会计政策变更事项,事先报国资委备案并陈述相关理由。

六、关于企业尚未摊销的开办费在清产核资中作为资产损失申报处理问题

依据《工业企业财务制度》的有关规定,开办费是指企业在筹建期发生的费用,包括筹建期间人员工资、办公费、培训费、差旅费、印刷费、注册登记费,以及不计入固定资产和无形资产购建成本的汇兑损益、利息等支出。开办费自生产、经营月份的次月起,按不短于5年的期限分期摊入管理费用。对于清产核资后即开始执行《企业会计制度》的企业,若在清产核资基准日仍有尚未摊销的开办费作为资产损失申报处理问题,应区别以下情况对待:

(一)若企业尚未摊销的开办费余额较小,直接将其余额转入当期损益对当期利润不产生重大影响的,企业应依据《财政部关于印发〈实施〈企业会计制度〉及其相关准则问题解答〉的通知》(财会〔2001〕43号)的有关规定处理,在清产核资中不作为原制度资产损失申报。

（二）若企业尚未摊销的开办费余额较大,直接将其余额转入当期损益对当期利润产生重大影响的,在清产核资中,企业可按照清产核资有关损失认定政策的规定,在提供充分的相关证据及中介机构的经济鉴证前提下,作为清产核资原制度损失进行申报处理。

七、关于企业至清产核资基准日仍在在建工程科目挂账或在递延资产中核算未摊销完毕的在建工程超出概算部分,作为损失申报处理问题

在清产核资资产清查过程中发现,由于各种原因,企业的在建工程超出概算的现象较为普遍。对于超出概算的部分支出,企业将在建工程转固定资产时,未能如实反映在建工程的实际情况,将这部分超概算支出仍挂账在建工程科目或转为递延资产核算。在清产核资过程中,对于这部分超出概算的支出挂账,企业应进行认真分析,区别以下不同情况分类处理:

（一）按照现行企业会计制度和财务制度的规定,超概算支出部分不符合资本化条件的,对于尚未摊销的部分,应作为应摊未摊的费用,由企业作出难以自行消化的专项说明,经中介机构进行职业推断和客观评判后出具经济鉴证证明,作为原制度应摊未摊费用损失申报处理。

（二）按照现行企业会计制度和财务制度的规定,超概算支出部分符合资本化条件的,应作为会计差错,调整相应固定资产的账面原值并补提固定资产折旧。若应补提的固定资产折旧大于该项资产的已摊销额,可作为应提未提费用,由企业作出专项说明,经中介机构进行职业推断和客观评判后出具经济鉴证证明,认定为原制度应提未提费用申报处理。

八、关于企业进行主辅分离等改制与职工解除劳动合同支付的经济补偿作为损失申报问题

企业在进行主辅分离等改制过程中,与职工解除劳动合同支付的经济补偿金,根据《关于中央企业主辅分离辅业改制分流安置富余人员资产有关问题的通知》(国资发产权〔2004〕9号)的有关规定,改制企业可用国有净资产进行支付和预留。企业在进行主辅分离等改制前,应根据国家有关清产核资文件规定,开展清产核资工作。在清产核资资产损失申报时,企业同时提供以下相关材料后,可以将已经支付给职工的经济补偿金作为原制度损失进行申报,将经批准同意预留部分作为预计损失进行申报:

(一)批准或决定同意企业进行主辅分离等改制的文件;

(二)改制企业支付给职工解除劳动合同经济补偿金的凭证或批准同意预留的批文;

(三)改制企业支付或预留职工解除劳动合同经济补偿金的详细情况说明;

(四)中介机构的经济鉴证证明。

九、关于企业在1995年清产核资时估价作为固定资产入账的生产经营用地,后改为职工宿舍用地的处理问题

根据《国务院办公厅关于在全国进一步开展清产核资工作的通知》(国办发〔1995〕17号)和财政部、原国家土地管理局、原国家国有资产管理局《清产核资土地估价实施细则》(财清〔1994〕14号)的有关规定,1995年全国国有企业清产核资工作的主要任务之一是对全部国有企业占用的土地进行清查和估价,逐步建立国有土地基准价制度。由于1995年我国已经开始对国有企业职工住房制度进行改革,因此1995年清产核资土地清查估价工作规定,对于国有企业已进行或拟进行职工住房改革的房屋占用的土地不纳入土地清查估价范围。企业在1995年清产核资土地清查估价工作中已作为固定资产入账的生产经营用地,后改为非生产经营用地,用于建造职工宿舍的,在本次清产核资中,对于职工宿舍产权已归职工个人所有的房屋占用的土地,企业同时提供以下相关材料后,可以申报对列入固定资产中的土地进行账务核销。

(一)当地国有土地管理部门同意企业将生产经营用地改为非生产经营用地的批复文件;

（二）完备的职工房改相关证明材料；

（三）中介机构的经济鉴证证明。

十、关于清产核资结果的时效性问题

企业清产核资结果经审核确认后，自清产核资基准日起3年内有效。在清产核资结果有效期内，企业经批准或决定进行资产移交、改制或国有产权转让等事项时，直接以该次清产核资结果作为基础开展工作，不再另行组织清产核资。

十一、关于超出清产核资结果有效期后中央企业改制、资产划转和股权转让清产核资问题

中央企业资产移交、改制或国有产权转让等事项经批准或决定后，企业尚未开展清产核资或上次清产核资结果已过有效期，根据国家有关文件规定，企业必须开展清产核资工作。

（一）对于符合下列情形之一的，企业应向国务院国有资产监督管理委员会（以下简称国资委）提出开展清产核资工作的申请，并在清产核资工作结束后及时对清产核资结果进行申报，国资委对清产核资结果进行审核确认：

1. 有关部门、单位或地方政府所属企业移交给国资委直接监管或移交给中央企业作为子企业的；

2. 有关部门、单位或地方政府所属事业等单位转制成企业并移交给国资委直接监管或移交给中央企业作为子企业的；

3. 中央企业整体进行改制或国资委将所持有的中央企业国有产权进行转让；

4. 其他按规定应由国资委直接组织清产核资的。

（二）对于符合下列情形之一的，由中央企业总公司组织所属子企业开展清产核资工作，按照国家有关清产核资损失认定的文件，对所属子企业的清产核资结果进行审核认定，并在年度财务决算中将所属子企业清产核资审核认定结果进行披露，国资委在年度财务决算审核中一并确认：

    1. 中央企业所属子企业进行改制的；

    2. 中央企业转让所属子企业国有产权的；

    3. 其他按规定应由中央企业总公司组织所属子企业开展清产核资工作的。

国资委办公厅转发财政部、国家税务总局《关于中央企业清产核资有关税收处理问题的通知》的通知

2006 年 3 月 6 日　国资厅发评价〔2006〕10 号

各中央企业：

    近日,财政部和国家税务总局下发了《关于中央企业清产核资有关税收处理问题的通知》(财税〔2006〕18 号),明确了中央企业清产核资中资产盘盈(含负债潜盈)和资产损失(含负债损失)涉及的企业所得税处理政策。现将此文转发给你们,请按照文件要求认真组织所属企业尽快办理有关税收事宜。

    附件:财政部　国家税务总局关于中央企业清产核资有关税收处理问题的通知

附件：

财政部　国家税务总局关于中央企业清产核资有关税收处理问题的通知

2006 年 2 月 21 日　财税〔2006〕18 号

各省、自治区、直辖市、计划单列市财政厅（局）、国家税务局、地方税务局，新疆生产建设兵团财务局：

为了进一步做好中央企业清产核资工作，经研究，现将 2003 年至 2005 年中央企业清产核资有关税收处理问题通知如下：

一、中央企业清产核资涉及的资产盘盈（含负债潜盈）和资产损失（含负债损失），其企业所得税按以下原则处理：企业清产核资中以独立纳税人为单位，全部资产盘盈与全部资产损失直接相冲抵，净盘盈可转增国家资本金，不计入应纳税所得额，同时允许相关资产按重新核定的入账价值计提折旧；资产净损失，可按规定先逐次冲减未分配利润、盈余公积、资本公积，冲减不足的，经批准可冲减实收资本（股本）；对减资影响企业资信要求的企业，具体按照《中央企业纳税基本单位清产核资自列损益资产损失情况表》（详见附件）所列企业单位和金额，可分三年期限在企业所得税前均匀申报扣除。

二、主管税务机关按照本通知要求对企业资产盘盈和资产损失的真实性、合理性和合法性进行核实和检查，及时办理企业清产核资资产盘盈和在损益中消化处理资产损失有关税收事宜，不符合规定的应做纳税调整并补缴税款。

三、本通知自 2005 年 1 月 1 日起执行。对通知下发前本次清产核资盘盈资产已缴纳的税款，可从其下一年度应纳税款中予以抵补。

请遵照执行。

附件：中央企业纳税基本单位清产核资自列损益资产损失情况表（略）

资产评估

企业国有资产评估管理暂行办法

2005 年 8 月 25 日　国务院国有资产监督管理委员会令第 12 号

第一章　总　　则

第一条　为规范企业国有资产评估行为,维护国有资产出资人合法权益,促进企业国有产权有序流转,防止国有资产流失,根据《中华人民共和国公司法》《企业国有资产监督管理暂行条例》(国务院令第378 号)和《国有资产评估管理办法》(国务院令第 91 号)等有关法律法规,制定本办法。

第二条　各级国有资产监督管理机构履行出资人职责的企业(以下统称所出资企业)及其各级子企业(以下统称企业)涉及的资产评估,适用本办法。

第三条　各级国有资产监督管理机构负责其所出资企业的国有资产评估监管工作。

国务院国有资产监督管理机构负责对全国企业国有资产评估监管工作进行指导和监督。

第四条　企业国有资产评估项目实行核准制和备案制。

经各级人民政府批准经济行为的事项涉及的资产评估项目,分别由其国有资产监督管理机构负责核准。

经国务院国有资产监督管理机构批准经济行为的事项涉及的资产评估项目,由国务院国有资产监督管理机构负责备案;经国务院国有资产监督管理机构所出资企业(以下简称中央企业)及其各级子企业批准经济行为的事项涉及的资产评估项目,由中央企业负责备案。

地方国有资产监督管理机构及其所出资企业的资产评估项目备案

管理工作的职责分工,由地方国有资产监督管理机构根据各地实际情况自行规定。

第五条 各级国有资产监督管理机构及其所出资企业,应当建立企业国有资产评估管理工作制度,完善资产评估项目的档案管理,做好项目统计分析报告工作。

省级国有资产监督管理机构和中央企业应当于每年度终了 30 个工作日内将其资产评估项目情况的统计分析资料上报国务院国有资产监督管理机构。

第二章 资 产 评 估

第六条 企业有下列行为之一的,应当对相关资产进行评估:

(一)整体或者部分改建为有限责任公司或者股份有限公司;

(二)以非货币资产对外投资;

(三)合并、分立、破产、解散;

(四)非上市公司国有股东股权比例变动;

(五)产权转让;

(六)资产转让、置换;

(七)整体资产或者部分资产租赁给非国有单位;

(八)以非货币资产偿还债务;

(九)资产涉讼;

(十)收购非国有单位的资产;

(十一)接受非国有单位以非货币资产出资;

(十二)接受非国有单位以非货币资产抵债;

(十三)法律、行政法规规定的其他需要进行资产评估的事项。

第七条 企业有下列行为之一的,可以不对相关国有资产进行评估:

(一)经各级人民政府或其国有资产监督管理机构批准,对企业整体或者部分资产实施无偿划转;

（二）国有独资企业与其下属独资企业（事业单位）之间或其下属独资企业（事业单位）之间的合并、资产（产权）置换和无偿划转。

第八条　企业发生第六条所列行为的，应当由其产权持有单位委托具有相应资质的资产评估机构进行评估。

第九条　企业产权持有单位委托的资产评估机构应当具备下列基本条件：

（一）遵守国家有关法律、法规、规章以及企业国有资产评估的政策规定，严格履行法定职责，近3年内没有违法、违规记录；

（二）具有与评估对象相适应的资质条件；

（三）具有与评估对象相适应的专业人员和专业特长；

（四）与企业负责人无经济利益关系；

（五）未向同一经济行为提供审计业务服务。

第十条　企业应当向资产评估机构如实提供有关情况和资料，并对所提供情况和资料的真实性、合法性和完整性负责，不得隐匿或虚报资产。

第十一条　企业应当积极配合资产评估机构开展工作，不得以任何形式干预其正常执业行为。

第三章　核准与备案

第十二条　凡需经核准的资产评估项目，企业在资产评估前应当向国有资产监督管理机构报告下列有关事项：

（一）相关经济行为批准情况；

（二）评估基准日的选择情况；

（三）资产评估范围的确定情况；

（四）选择资产评估机构的条件、范围、程序及拟选定机构的资质、专业特长情况；

（五）资产评估的时间进度安排情况。

第十三条　企业应当及时向国有资产监督管理机构报告资产评估

项目的工作进展情况。国有资产监督管理机构认为必要时,可以对该项目进行跟踪指导和现场检查。

第十四条 资产评估项目的核准按照下列程序进行:

(一)企业收到资产评估机构出具的评估报告后应当逐级上报初审,经初审同意后,自评估基准日起8个月内向国有资产监督管理机构提出核准申请;

(二)国有资产监督管理机构收到核准申请后,对符合核准要求的,及时组织有关专家审核,在20个工作日内完成对评估报告的核准;对不符合核准要求的,予以退回。

第十五条 企业提出资产评估项目核准申请时,应当向国有资产监督管理机构报送下列文件材料:

(一)资产评估项目核准申请文件;

(二)资产评估项目核准申请表(附件1);

(三)与评估目的相对应的经济行为批准文件或有效材料;

(四)所涉及的资产重组方案或者改制方案、发起人协议等材料;

(五)资产评估机构提交的资产评估报告(包括评估报告书、评估说明、评估明细表及其电子文档);

(六)与经济行为相对应的审计报告;

(七)资产评估各当事方的相关承诺函;

(八)其他有关材料。

第十六条 国有资产监督管理机构应当对下列事项进行审核:

(一)资产评估项目所涉及的经济行为是否获得批准;

(二)资产评估机构是否具备相应评估资质;

(三)评估人员是否具备相应执业资格;

(四)评估基准日的选择是否适当,评估结果的使用有效期是否明示;

(五)资产评估范围与经济行为批准文件确定的资产范围是否一致;

(六)评估依据是否适当;

（七）企业是否就所提供的资产权属证明文件、财务会计资料及生产经营管理资料的真实性、合法性和完整性做出承诺；

（八）评估过程是否符合相关评估准则的规定；

（九）参与审核的专家是否达成一致意见。

第十七条 资产评估项目的备案按照下列程序进行：

（一）企业收到资产评估机构出具的评估报告后，将备案材料逐级报送给国有资产监督管理机构或其所出资企业，自评估基准日起 9 个月内提出备案申请；

（二）国有资产监督管理机构或者所出资企业收到备案材料后，对材料齐全的，在 20 个工作日内办理备案手续，必要时可组织有关专家参与备案评审。

第十八条 资产评估项目备案需报送下列文件材料：

（一）国有资产评估项目备案表一式三份（附件 2）；

（二）资产评估报告（评估报告书、评估说明和评估明细表及其电子文档）；

（三）与资产评估项目相对应的经济行为批准文件；

（四）其他有关材料。

第十九条 国有资产监督管理机构及所出资企业根据下列情况确定是否对资产评估项目予以备案：

（一）资产评估所涉及的经济行为是否获得批准；

（二）资产评估机构是否具备相应评估资质，评估人员是否具备相应执业资格；

（三）评估基准日的选择是否适当，评估结果的使用有效期是否明示；

（四）资产评估范围与经济行为批准文件确定的资产范围是否一致；

（五）企业是否就所提供的资产权属证明文件、财务会计资料及生产经营管理资料的真实性、合法性和完整性作出承诺；

（六）评估程序是否符合相关评估准则的规定。

第二十条 国有资产监督管理机构下达的资产评估项目核准文件

和经国有资产监督管理机构或所出资企业备案的资产评估项目备案表是企业办理产权登记、股权设置和产权转让等相关手续的必备文件。

第二十一条 经核准或备案的资产评估结果使用有效期为自评估基准日起1年。

第二十二条 企业进行与资产评估相应的经济行为时,应当以经核准或备案的资产评估结果为作价参考依据;当交易价格低于评估结果的90%时,应当暂停交易,在获得原经济行为批准机构同意后方可继续交易。

第四章 监 督 检 查

第二十三条 各级国有资产监督管理机构应当加强对企业国有资产评估工作的监督检查,重点检查企业内部国有资产评估管理制度的建立、执行情况和评估管理人员配备情况,定期或者不定期地对资产评估项目进行抽查。

第二十四条 各级国有资产监督管理机构对企业资产评估项目进行抽查的内容包括:

(一)企业经济行为的合规性;

(二)评估的资产范围与有关经济行为所涉及的资产范围是否一致;

(三)企业提供的资产权属证明文件、财务会计资料及生产经营管理资料的真实性、合法性和完整性;

(四)资产评估机构的执业资质和评估人员的执业资格;

(五)资产账面价值与评估结果的差异;

(六)经济行为的实际成交价与评估结果的差异;

(七)评估工作底稿;

(八)评估依据的合理性;

(九)评估报告对重大事项及其对评估结果影响的披露程度,以及该披露与实际情况的差异;

(十)其他有关情况。

第二十五条　省级国有资产监督管理机构应当于每年度终了30个工作日内将检查、抽查及处理情况上报国务院国有资产监督管理机构。

第二十六条　国有资产监督管理机构应当将资产评估项目的抽查结果通报相关部门。

第五章　罚　　则

第二十七条　企业违反本办法,有下列情形之一的,由国有资产监督管理机构通报批评并责令改正,必要时可依法向人民法院提起诉讼,确认其相应的经济行为无效:

(一)应当进行资产评估而未进行评估;

(二)聘请不符合相应资质条件的资产评估机构从事国有资产评估活动;

(三)向资产评估机构提供虚假情况和资料,或者与资产评估机构串通作弊导致评估结果失实的;

(四)应当办理核准、备案而未办理。

第二十八条　企业在国有资产评估中发生违法违规行为或者不正当使用评估报告的,对负有直接责任的主管人员和其他直接责任人员,依法给予处分;涉嫌犯罪的,依法移送司法机关处理。

第二十九条　受托资产评估机构在资产评估过程中违规执业的,由国有资产监督管理机构将有关情况通报其行业主管部门,建议给予相应处罚;情节严重的,可要求企业不得再委托该中介机构及其当事人进行国有资产评估业务;涉嫌犯罪的,依法移送司法机关处理。

第三十条　有关资产评估机构对资产评估项目抽查工作不予配合的,国有资产监督管理机构可以要求企业不得再委托该资产评估机构及其当事人进行国有资产评估业务。

第三十一条　各级国有资产监督管理机构工作人员违反本规定,造成国有资产流失的,依法给予处分;涉嫌犯罪的,依法移送司法机关处理。

第六章　附　则

第三十二条　境外国有资产评估,遵照相关法规执行。

第三十三条　政企尚未分开单位所属企事业单位的国有资产评估工作,参照本办法执行。

第三十四条　省级国有资产监督管理机构可以根据本办法,制定本地区相关工作规范,并报国务院国有资产监督管理机构备案。

第三十五条　本办法自 2005 年 9 月 1 日起施行。

关于委托中央企业对部分主辅分离辅业改制项目进行资产评估备案管理的通知

2005 年 2 月 21 日　国资产权〔2005〕193 号

各中央企业:

为更好地贯彻落实原国家经贸委、财政部、劳动保障部等八部门《印发〈关于国有大中型企业主辅分离辅业改制分流安置富余人员的实施办法〉的通知》(国经贸企改〔2002〕859 号)精神,提高工作效率,保证中央企业主辅分离辅业改制工作的顺利进行,根据主辅分离辅业改制以及国有资产管理的有关规定,经研究,决定将中央企业及其子企业部分主辅分离辅业改制项目的评估备案工作专项委托中央企业办理。现将有关事项通知如下:

一、对中央企业经我委批准进行主辅分离辅业改制项目中,按有关规定应报我委备案的中央企业及其子企业的资产评估项目,分限额专项委托中央企业办理相关备案工作。其中,属于国家授权投资机构的中央企业负责办理资产总额账面值在 5000 万元(不含)以下项目的备案,5000 万元以上的项目继续由我委办理;其他中央企业负责办理资产总额账面值在 2000 万元(不含)以下项目的备案,2000 万元以上的项目继续由我委办理。子公司以下的评估备案工作继续由中央企业办理。

二、各中央企业要重视评估备案管理工作,建立健全企业内部评估管理制度,明确内部工作职能和职责,严格内部审核、备案程序,确保主辅分离辅业改制中的资产评估工作按照国家相关规定规范进行,防止国有资产流失。

三、各中央企业负责评估备案管理的人员要认真学习国家有关国有资产评估管理的法律法规和相关业务知识,不断提高管理能力和水平,保证备案质量。我委将于近期统一组织对企业评估管理人员的培训,具体时间另行通知。

四、为及时掌握企业主辅分离辅业改制项目专项评估备案情况,请各中央企业每半年向我委报送办理主辅分离辅业改制项目评估备案情况的统计和分析(统计表见附件),包括企业在办理专项评估备案工作中发现的有关问题及有关意见和建议。

五、为保证中央企业评估管理工作的规范进行,我委将按照有关规定,定期对中央企业办理主辅分离辅业改制项目评估备案情况进行重点抽查,对抽查中发现的问题将及时给予通报和处理。

六、部分主辅分离辅业改制项目的评估备案工作专项委托中央企业办理后,评估备案管理的相关责任由中央企业承担。对评估备案管理工作达不到本通知要求,备案工作中存在较大问题的中央企业,将中止对其的专项委托并依据国家相关规定追究企业及相关人员责任。

本通知自印发之日起执行,企业在执行中遇到的有关问题,请及时与我委产权局联系。

关于加强企业国有资产评估管理
工作有关问题的通知

2006 年 12 月 12 日　国资发产权〔2006〕274 号

各省、自治区、直辖市国资委，各中央企业：

《企业国有资产评估管理暂行办法》（国资委令第 12 号，以下简称《暂行办法》）的施行，进一步规范了企业国有资产评估管理工作，有效提高了资产评估工作水平。结合《暂行办法》施行以来的实际情况，企业国有资产评估管理过程中的一些具体问题需进一步明确。经研究，现就有关问题通知如下：

一、中央企业国有资产评估项目备案管理有关问题

经国务院国有资产监督管理机构批准经济行为的事项涉及的资产评估项目，其中包括采用协议方式转让企业国有产权事项涉及的资产评估项目和股份有限公司国有股权设置事项涉及的资产评估项目，由国务院国有资产监督管理机构负责备案。

经国务院国有资产监督管理机构批准进行主辅分离辅业改制项目中，按限额专项委托中央企业办理相关资产评估项目备案。其中，属于国家授权投资机构的中央企业负责办理资产总额账面值 5000 万元（不含）以下资产评估项目的备案，5000 万元以上的资产评估项目由国务院国有资产监督管理机构办理备案；其他中央企业负责办理资产总额账面值 2000 万元（不含）以下资产评估项目的备案，2000 万元以上的资产评估项目由国务院国有资产监督管理机构办理备案。

二、资产评估项目的委托

根据《暂行办法》第八条规定，企业发生应当进行资产评估的经济行为时，应当由其产权持有单位委托具有相应资质的资产评估机构进

行评估。针对不同经济行为,资产评估工作的委托按以下情况处理:经济行为事项涉及的评估对象属于企业法人财产权范围的,由企业委托;经济行为事项涉及的评估对象属于企业产权等出资人权利的,按照产权关系,由企业的出资人委托。企业接受非国有资产等涉及非国有资产评估的,一般由接受非国有资产的企业委托。

三、涉及多个国有产权主体的资产评估项目的管理方式

有多个国有股东的企业发生资产评估事项,经协商一致可由国有股最大股东依照其产权关系办理核准或备案手续;国有股股东持股比例相等的,经协商一致可由其中一方依照其产权关系办理核准或备案手续。

国务院批准的重大经济事项同时涉及中央和地方的资产评估项目,可由国有股最大股东依照其产权关系,逐级报送国务院国有资产监督管理机构进行核准。

四、涉及非国有资产评估项目的核准或备案

企业发生《暂行办法》第六条所列经济行为,需要对接受的非国有资产进行评估的,接受企业应依照其产权关系将评估项目报国有资产监督管理机构或其所出资企业备案;如果该经济行为属于各级人民政府批准实施的,接受企业应依照其产权关系按规定程序将评估项目报同级国有资产监督管理机构核准。

五、资产评估备案表及其分类

为适应《暂行办法》第六条所列各类经济行为资产评估项目备案的需要,将资产评估项目备案表分为国有资产评估项目备案表和接受非国有资产评估项目备案表两类。各级企业进行资产评估项目备案时,应按附件的格式和内容填报办理。

六、企业价值评估

涉及企业价值的资产评估项目,以持续经营为前提进行评估时,原则上要求采用两种以上方法进行评估,并在评估报告中列示,依据实际状况充分、全面分析后,确定其中一个评估结果作为评估报告使用结果。同时,对企业进行价值评估,企业应当提供与经济行为相对应的评估基准日审计报告。

附件:1. 国有资产评估项目备案表(略)

    2. 接受非国有资产评估项目备案表(略)

    3.《国有资产评估项目备案表》、《接受非国有资产评估项目备案表》填报说明(略)

产权管理

企业国有产权转让管理暂行办法

2003 年 12 月 31 日　国资委　财政部令第 3 号

第一章　总　　则

第一条　为规范企业国有产权转让行为,加强企业国有产权交易的监督管理,促进企业国有资产的合理流动、国有经济布局和结构的战略性调整,防止企业国有资产流失,根据《企业国有资产监督管理暂行条例》和国家有关法律、行政法规的规定,制定本办法。

第二条　国有资产监督管理机构、持有国有资本的企业(以下统称转让方)将所持有的企业国有产权有偿转让给境内外法人、自然人或者其他组织(以下统称受让方)的活动适用本办法。

金融类企业国有产权转让和上市公司的国有股权转让,按照国家有关规定执行。

本办法所称企业国有产权,是指国家对企业以各种形式投入形成的权益、国有及国有控股企业各种投资所形成的应享有的权益,以及依法认定为国家所有的其他权益。

第三条　企业国有产权转让应当遵守国家法律、行政法规和政策规定,有利于国有经济布局和结构的战略性调整,促进国有资本优化配置,坚持公开、公平、公正的原则,保护国家和其他各方合法权益。

第四条　企业国有产权转让应当在依法设立的产权交易机构中公开进行,不受地区、行业、出资或者隶属关系的限制。国家法律、行政法规另有规定的,从其规定。

第五条　企业国有产权转让可以采取拍卖、招投标、协议转让以及国家法律、行政法规规定的其他方式进行。

第六条　转让的企业国有产权权属应当清晰。权属关系不明确或者存在权属纠纷的企业国有产权不得转让。被设置为担保物权的企业国有产权转让,应当符合《中华人民共和国担保法》的有关规定。

第七条　国有资产监督管理机构负责企业国有产权转让的监督管理工作。

第二章　企业国有产权转让的监督管理

第八条　国有资产监督管理机构对企业国有产权转让履行下列监管职责:

(一)按照国家有关法律、行政法规的规定,制定企业国有产权交易监管制度和办法;

(二)决定或者批准所出资企业国有产权转让事项,研究、审议重大产权转让事项并报本级人民政府批准;

(三)选择确定从事企业国有产权交易活动的产权交易机构;

(四)负责企业国有产权交易情况的监督检查工作;

(五)负责企业国有产权转让信息的收集、汇总、分析和上报工作;

(六)履行本级政府赋予的其他监管职责。

本办法所称所出资企业是指国务院,省、自治区、直辖市人民政府,设区的市、自治州级人民政府授权国有资产监督管理机构履行出资人职责的企业。

第九条　所出资企业对企业国有产权转让履行下列职责:

(一)按照国家有关规定,制定所属企业的国有产权转让管理办法,并报国有资产监督管理机构备案;

(二)研究企业国有产权转让行为是否有利于提高企业的核心竞争力,促进企业的持续发展,维护社会的稳定;

(三)研究、审议重要子企业的重大国有产权转让事项,决定其他子企业的国有产权转让事项;

(四)向国有资产监督管理机构报告有关国有产权转让情况。

第十条 企业国有产权转让可按下列基本条件选择产权交易机构：

（一）遵守国家有关法律、行政法规、规章以及企业国有产权交易的政策规定；

（二）履行产权交易机构的职责，严格审查企业国有产权交易主体的资格和条件；

（三）按照国家有关规定公开披露产权交易信息，并能够定期向国有资产监督管理机构报告企业国有产权交易情况；

（四）具备相应的交易场所、信息发布渠道和专业人员，能够满足企业国有产权交易活动的需要；

（五）产权交易操作规范，连续 3 年没有将企业国有产权拆细后连续交易行为以及其他违法、违规记录。

第三章 企业国有产权转让的程序

第十一条 企业国有产权转让应当做好可行性研究，按照内部决策程序进行审议，并形成书面决议。

国有独资企业的产权转让，应当由总经理办公会议审议。国有独资公司的产权转让，应当由董事会审议；没有设立董事会的，由总经理办公会议审议。涉及职工合法权益的，应当听取转让标的企业职工代表大会的意见，对职工安置等事项应当经职工代表大会讨论通过。

第十二条 按照本办法规定的批准程序，企业国有产权转让事项经批准或者决定后，转让方应当组织转让标的企业按照有关规定开展清产核资，根据清产核资结果编制资产负债表和资产移交清册，并委托会计师事务所实施全面审计（包括按照国家有关规定对转让标的企业法定代表人的离任审计）。资产损失的认定与核销，应当按照国家有关规定办理。

转让所出资企业国有产权导致转让方不再拥有控股地位的，由同级国有资产监督管理机构组织进行清产核资，并委托社会中介机构开展相关业务。

社会中介机构应当依法独立、公正地执行业务。企业和个人不得干预社会中介机构的正常执业行为。

第十三条　在清产核资和审计的基础上,转让方应当委托具有相关资质的资产评估机构依照国家有关规定进行资产评估。评估报告经核准或者备案后,作为确定企业国有产权转让价格的参考依据。

在产权交易过程中,当交易价格低于评估结果的90%时,应当暂停交易,在获得相关产权转让批准机构同意后方可继续进行。

第十四条　转让方应当将产权转让公告委托产权交易机构刊登在省级以上公开发行的经济或者金融类报刊和产权交易机构的网站上,公开披露有关企业国有产权转让信息,广泛征集受让方。产权转让公告期为20个工作日。

转让方披露的企业国有产权转让信息应当包括下列内容:

(一)转让标的的基本情况;

(二)转让标的企业的产权构成情况;

(三)产权转让行为的内部决策及批准情况;

(四)转让标的企业近期经审计的主要财务指标数据;

(五)转让标的企业资产评估核准或者备案情况;

(六)受让方应当具备的基本条件;

(七)其他需披露的事项。

第十五条　在征集受让方时,转让方可以对受让方的资质、商业信誉、经营情况、财务状况、管理能力、资产规模等提出必要的受让条件。

受让方一般应当具备下列条件:

(一)具有良好的财务状况和支付能力;

(二)具有良好的商业信用;

(三)受让方为自然人的,应当具有完全民事行为能力;

(四)国家法律、行政法规规定的其他条件。

第十六条　受让方为外国及我国香港特别行政区、澳门特别行政区、台湾地区的法人、自然人或者其他组织的,受让企业国有产权应当符合国务院公布的《指导外商投资方向规定》及其他有关规定。

第十七条 经公开征集产生两个以上受让方时,转让方应当与产权交易机构协商,根据转让标的的具体情况采取拍卖或者招投标方式组织实施产权交易。

采取拍卖方式转让企业国有产权的,应当按照《中华人民共和国拍卖法》及有关规定组织实施。

采取招投标方式转让企业国有产权的,应当按照国家有关规定组织实施。

企业国有产权转让成交后,转让方与受让方应当签订产权转让合同,并应当取得产权交易机构出具的产权交易凭证。

第十八条 经公开征集只产生一个受让方或者按照有关规定经国有资产监督管理机构批准的,可以采取协议转让的方式。

采取协议转让方式的,转让方应当与受让方进行充分协商,依法妥善处理转让中所涉及的相关事项后,草签产权转让合同,并按照本办法第十一条规定的程序进行审议。

第十九条 企业国有产权转让合同应当包括下列主要内容:

(一)转让与受让双方的名称与住所;

(二)转让标的企业国有产权的基本情况;

(三)转让标的企业涉及的职工安置方案;

(四)转让标的企业涉及的债权、债务处理方案;

(五)转让方式、转让价格、价款支付时间和方式及付款条件;

(六)产权交割事项;

(七)转让涉及的有关税费负担;

(八)合同争议的解决方式;

(九)合同各方的违约责任;

(十)合同变更和解除的条件;

(十一)转让和受让双方认为必要的其他条款。

转让企业国有产权导致转让方不再拥有控股地位的,在签订产权转让合同时,转让方应当与受让方协商提出企业重组方案,包括在同等条件下对转让标的企业职工的优先安置方案。

第二十条 企业国有产权转让的全部价款,受让方应当按照产权转让合同的约定支付。

转让价款原则上应当一次付清。如金额较大、一次付清确有困难的,可以采取分期付款的方式。采取分期付款方式的,受让方首期付款不得低于总价款的 30%,并在合同生效之日起 5 个工作日内支付;其余款项应当提供合法的担保,并应当按同期银行贷款利率向转让方支付延期付款期间利息,付款期限不得超过 1 年。

第二十一条 转让企业国有产权涉及国有划拨土地使用权转让和由国家出资形成的探矿权、采矿权转让的,应当按照国家有关规定另行办理相关手续。

第二十二条 转让企业国有产权导致转让方不再拥有控股地位的,应当按照有关政策规定处理好与职工的劳动关系,解决转让标的企业拖欠职工的工资、欠缴的各项社会保险费以及其他有关费用,并做好企业职工各项社会保险关系的接续工作。

第二十三条 转让企业国有产权取得的净收益,按照国家有关规定处理。

第二十四条 企业国有产权转让成交后,转让和受让双方应当凭产权交易机构出具的产权交易凭证,按照国家有关规定及时办理相关产权登记手续。

第四章　企业国有产权转让的批准程序

第二十五条 国有资产监督管理机构决定所出资企业的国有产权转让。其中,转让企业国有产权致使国家不再拥有控股地位的,应当报本级人民政府批准。

第二十六条 所出资企业决定其子企业的国有产权转让。其中,重要子企业的重大国有产权转让事项,应当报同级国有资产监督管理机构会签财政部门后批准。其中,涉及政府社会公共管理审批事项的,需预先报经政府有关部门审批。

第二十七条　转让企业国有产权涉及上市公司国有股性质变化或者实际控制权转移的,应当同时遵守国家法律、行政法规和相关监管部门的规定。

对非上市股份有限公司国有股权转让管理,国家另有规定的,从其规定。

第二十八条　决定或者批准企业国有产权转让行为,应当审查下列书面文件:

(一)转让企业国有产权的有关决议文件;

(二)企业国有产权转让方案;

(三)转让方和转让标的企业国有资产产权登记证;

(四)律师事务所出具的法律意见书;

(五)受让方应当具备的基本条件;

(六)批准机构要求的其他文件。

第二十九条　企业国有产权转让方案一般应当载明下列内容:

(一)转让标的企业国有产权的基本情况;

(二)企业国有产权转让行为的有关论证情况;

(三)转让标的企业涉及的、经企业所在地劳动保障行政部门审核的职工安置方案;

(四)转让标的企业涉及的债权、债务包括拖欠职工债务的处理方案;

(五)企业国有产权转让收益处置方案;

(六)企业国有产权转让公告的主要内容。

转让企业国有产权导致转让方不再拥有控股地位的,应当附送经债权金融机构书面同意的相关债权债务协议、职工代表大会审议职工安置方案的决议等。

第三十条　对于国民经济关键行业、领域中对受让方有特殊要求的,企业实施资产重组中将企业国有产权转让给所属控股企业的国有产权转让,经省级以上国有资产监督管理机构批准后,可以采取协议转让方式转让国有产权。

第三十一条　企业国有产权转让事项经批准或者决定后,如转让和受让双方调整产权转让比例或者企业国有产权转让方案有重大变化的,应当按照规定程序重新报批。

第五章 法 律 责 任

第三十二条 在企业国有产权转让过程中,转让方、转让标的企业和受让方有下列行为之一的,国有资产监督管理机构或者企业国有产权转让相关批准机构应当要求转让方终止产权转让活动,必要时应当依法向人民法院提起诉讼,确认转让行为无效。

(一)未按本办法有关规定在产权交易机构中进行交易的。

(二)转让方、转让标的企业不履行相应的内部决策程序、批准程序或者超越权限、擅自转让企业国有产权的。

(三)转让方、转让标的企业故意隐匿应当纳入评估范围的资产,或者向中介机构提供虚假会计资料,导致审计、评估结果失真,以及未经审计、评估,造成国有资产流失的。

(四)转让方与受让方串通,低价转让国有产权,造成国有资产流失的。

(五)转让方、转让标的企业未按规定妥善安置职工、接续社会保险关系、处理拖欠职工各项债务以及未补缴欠缴的各项社会保险费,侵害职工合法权益的。

(六)转让方未按规定落实转让标的企业的债权债务,非法转移债权或者逃避债务清偿责任的;以企业国有产权作为担保的,转让该国有产权时,未经担保权人同意的。

(七)受让方采取欺诈、隐瞒等手段影响转让方的选择以及产权转让合同签订的。

(八)受让方在产权转让竞价、拍卖中,恶意串通压低价格,造成国有资产流失的。

对以上行为中转让方、转让标的企业负有直接责任的主管人员和其他直接责任人员,由国有资产监督管理机构或者相关企业按照人事管理权限给予警告,情节严重的,给予纪律处分,造成国有资产损失的,应当负赔偿责任;由于受让方的责任造成国有资产流失的,受让方应当依法赔偿转让方的经济损失;构成犯罪的,依法移送司法机关追究刑事责任。

第三十三条 社会中介机构在企业国有产权转让的审计、评估和法律服务中违规执业的,由国有资产监督管理机构将有关情况通报其行业主管机关,建议给予相应处罚;情节严重的,可要求企业不得再委托其进行企业国有产权转让的相关业务。

第三十四条 产权交易机构在企业国有产权交易中弄虚作假或者玩忽职守,损害国家利益或者交易双方合法权益的,依法追究直接责任人员的责任,国有资产监督管理机构将不再选择其从事企业国有产权交易的相关业务。

第三十五条 企业国有产权转让批准机构及其有关人员违反本办法,擅自批准或者在批准中以权谋私,造成国有资产流失的,由有关部门按照干部管理权限,给予纪律处分;构成犯罪的,依法移送司法机关追究刑事责任。

第六章 附 则

第三十六条 境外企业国有产权转让管理办法另行制定。

第三十七条 政企尚未分开的单位以及其他单位所持有的企业国有产权转让,由主管财政部门批准,具体比照本办法执行。

第三十八条 本办法由国务院国有资产监督管理委员会负责解释;涉及有关部门的,由国资委向有关部门解释。

第三十九条 本办法自 2004 年 2 月 1 日起施行。

国有股东转让所持上市公司
股份管理暂行办法

2007 年 6 月 30 日　国务院国有资产监督管理委员会令第 19 号

第一章　总　　则

第一条　为规范国有股东转让所持上市公司股份行为,推动国有资源优化配置,防止国有资产损失,维护证券市场稳定,根据《中华人民共和国公司法》、《中华人民共和国证券法》和《企业国有资产监督管理暂行条例》(国务院令第 378 号)等法律、行政法规的规定,制定本办法。

第二条　本办法所称国有股东,是指持有上市公司股份的国有及国有控股企业、有关机构、部门、事业单位等。

第三条　国有股东将其持有的上市公司股份通过证券交易系统转让、以协议方式转让、无偿划转或间接转让的,适用本办法。

国有独资或控股的专门从事证券业务的证券公司及基金管理公司转让所持上市公司股份按照相关规定办理。

第四条　国有股东转让所持有的上市公司股份应当权属清晰。权属关系不明确和存在质押、抵押、司法冻结等法律限制转让情况的股份不得转让。

第五条　国有股东转让所持上市公司股份应坚持公开、公平、公正的原则,符合国家的有关法律、行政法规和规章制度的规定,符合国家或地区的产业政策及国有经济布局和结构战略性调整方向,有利于促进国有资产保值增值,有利于提高企业核心竞争力。

第六条　国有股东转让上市公司股份的价格应根据证券市场上市公司股票的交易价格确定。

第七条 国务院国有资产监督管理机构负责国有股东转让上市公司股份的审核工作。

中央国有及国有控股企业、有关机构、部门、事业单位转让上市公司股份对国民经济关键行业、领域和国有经济布局与结构有重大影响的,由国务院国有资产监督管理机构报国务院批准。

地方国有及国有控股企业、有关机构、部门、事业单位转让上市公司股份不再拥有上市公司控股权的,由省级国有资产监督管理机构报省级人民政府批准后报国务院国有资产监督管理机构审核。

在条件成熟时,国务院国有资产监督管理机构应按照《企业国有资产监督管理暂行条例》的要求,将地方国有及国有控股企业、有关机构、部门、事业单位转让上市公司股份逐步交由省级国有资产监督管理机构审核。

第二章 国有股东所持上市公司股份 通过证券交易系统的转让

第八条 国有控股股东通过证券交易系统转让上市公司股份,同时符合以下两个条件的,由国有控股股东按照内部决策程序决定,并在股份转让完成后7个工作日内报省级或省级以上国有资产监督管理机构备案:

(一)总股本不超过10亿股的上市公司,国有控股股东在连续三个会计年度内累计净转让股份(累计转让股份扣除累计增持股份后的余额,下同)的比例未达到上市公司总股本的5%;总股本超过10亿股的上市公司,国有控股股东在连续三个会计年度内累计净转让股份的数量未达到5000万股或累计净转让股份的比例未达到上市公司总股本的3%。

(二)国有控股股东转让股份不涉及上市公司控制权的转移。

多个国有股东属于同一控制人的,其累计净转让股份的数量或比例应合并计算。

第九条 国有控股股东转让股份不符合前条规定的两个条件之一的,应将转让方案逐级报国务院国有资产监督管理机构审核批准后实施。

第十条 国有参股股东通过证券交易系统在一个完整会计年度内累计净转让股份比例未达到上市公司总股本5%的,由国有参股股东按照内部决策程序决定,并在每年1月31日前将其上年度转让上市公司股份的情况报省级或省级以上国有资产监督管理机构备案;达到或超过上市公司总股本5%的,应将转让方案逐级报国务院国有资产监督管理机构审核批准后实施。

第十一条 国有股东采取大宗交易方式转让上市公司股份的,转让价格不得低于该上市公司股票当天交易的加权平均价格。

第十二条 国有股东通过证券交易系统转让上市公司股份需要报国有资产监督管理机构审核批准的,其报送的材料主要包括:

(一)国有股东转让上市公司股份的请示;

(二)国有股东转让上市公司股份的内部决策文件及可行性研究报告;

(三)国有股东基本情况及上一年度经审计的财务会计报告;

(四)上市公司基本情况及最近一期的年度报告和中期报告;

(五)国有资产监督管理机构认为必要的其他文件。

第十三条 国有股东转让上市公司股份的可行性研究报告应当包括但不限于以下内容:

(一)转让原因;

(二)转让价格及确定依据;

(三)转让的数量及时限;

(四)转让收入的使用计划;

(五)转让是否符合国家或本地区产业政策及国有经济布局和结构战略性调整方向。

第三章 国有股东所持上市公司股份的协议转让

第十四条 国有股东拟协议转让上市公司股份的,在内部决策后,应当及时按照规定程序逐级书面报告省级或省级以上国有资产监督管理机构,并应当同时将拟协议转让股份的信息书面告知上市公司,由上市公司依法公开披露该信息,向社会公众进行提示性公告。公开披露文件中应当注明,本次股份拟协议转让事项须经相关国有资产监督管理机构同意后才能组织实施。

第十五条 国有股东报告省级或省级以上国有资产监督管理机构拟协议转让上市公司股份事项的材料主要包括:

(一)国有股东拟协议转让上市公司股份的内部决策文件及可行性研究报告;

(二)拟公开发布的股份协议转让信息内容;

(三)国有资产监督管理机构认为必要的其他文件。

第十六条 省级或省级以上国有资产监督管理机构收到国有股东拟协议转让上市公司股份的书面报告后,应在 10 个工作日内出具意见。

第十七条 国有股东获得国有资产监督管理机构对拟协议转让上市公司股份事项的意见后,应当书面告知上市公司,由上市公司依法公开披露国有股东所持上市公司股份拟协议转让信息。

第十八条 国有股东所持上市公司股份拟协议转让信息包括但不限于以下内容:

(一)拟转让股份数量及所涉及的上市公司名称及基本情况;

(二)拟受让方应当具备的资格条件;

(三)拟受让方递交受让申请的截止日期。

第十九条 存在下列特殊情形的,经省级或省级以上国有资产监督管理机构批准后,国有股东可不披露拟协议转让股份的信息直接签订转让协议:

（一）上市公司连续两年亏损并存在退市风险或严重财务危机,受让方提出重大资产重组计划及具体时间表的;

（二）国民经济关键行业、领域中对受让方有特殊要求的;

（三）国有及国有控股企业为实施国有资源整合或资产重组,在其内部进行协议转让的;

（四）上市公司回购股份涉及国有股东所持股份的;

（五）国有股东因接受要约收购方式转让其所持上市公司股份的;

（六）国有股东因解散、破产、被依法责令关闭等原因转让其所持上市公司股份的。

第二十条　国有股东收到拟受让方提交的受让申请及受让方案后,应当对受让方案进行充分的研究论证,并在综合考虑各种因素的基础上择优选取受让方。

第二十一条　受让国有股东所持上市公司股份后拥有上市公司实际控制权的,受让方应为法人,且应当具备以下条件:

（一）受让方或其实际控制人设立三年以上,最近两年连续盈利且无重大违法违规行为;

（二）具有明晰的经营发展战略;

（三）具有促进上市公司持续发展和改善上市公司法人治理结构的能力。

第二十二条　国有控股股东拟采取协议转让方式转让股份并不再拥有上市公司控股权的,应当聘请在境内注册的专业机构担任财务顾问,财务顾问应当具有良好的信誉及近三年内无重大违法违规记录。

第二十三条　财务顾问应当勤勉尽责,遵守行业规范和职业道德,对上市公司股份的转让方式、转让价格、股份转让对国有股东和上市公司的影响等方面出具专业意见;并对拟受让方进行尽职调查,出具尽职调查报告。尽职调查应当包括但不限于以下内容:

（一）拟受让方受让股份的目的;

（二）拟受让方的经营情况、财务状况、资金实力及是否有重大违法违规记录和不良诚信记录;

（三）拟受让方是否具有及时足额支付转让价款的能力及受让资金的来源及其合法性；

（四）拟受让方是否具有促进上市公司持续发展和改善上市公司法人治理结构的能力。

第二十四条　国有股东协议转让上市公司股份的价格应当以上市公司股份转让信息公告日(经批准不须公开股份转让信息的,以股份转让协议签署日为准,下同)前30个交易日的每日加权平均价格算术平均值为基础确定;确需折价的,其最低价格不得低于该算术平均值的90%。

第二十五条　存在下列特殊情形的,国有股东协议转让上市公司股份的价格按以下原则分别确定:

（一）国有股东为实施资源整合或重组上市公司,并在其所持上市公司股份转让完成后全部回购上市公司主业资产的,股份转让价格由国有股东根据中介机构出具的该上市公司股票价格的合理估值结果确定。

（二）国有及国有控股企业为实施国有资源整合或资产重组,在其内部进行协议转让且其拥有的上市公司权益和上市公司中的国有权益并不因此减少的,股份转让价格应当根据上市公司股票的每股净资产值、净资产收益率、合理的市盈率等因素合理确定。

第二十六条　国有股东选择受让方后,应当及时与受让方签订转让协议。转让协议应当包括但不限于以下内容:

（一）转让方、上市公司、拟受让方企业名称、法定代表人及住所；

（二）转让方持股数量、拟转让股份数量及价格；

（三）转让方、受让方的权利和义务；

（四）股份转让价款支付方式及期限；

（五）股份登记过户的条件；

（六）协议变更和解除条件；

（七）协议争议的解决方式；

（八）协议各方的违约责任；

(九)协议生效条件。

第二十七条 国有股东与拟受让方签订股份转让协议后,应及时履行信息披露等相关义务,同时应按规定程序报国务院国有资产监督管理机构审核批准。

决定或批准国有股东协议转让上市公司股份,应当审查下列书面材料:

(一)国有股东协议转让上市公司股份的请示及可行性研究报告;

(二)国有股东公开征集的受让方案及关于选择拟受让方的有关论证情况;

(三)国有股东上一年度经审计的财务会计报告;

(四)拟受让方基本情况、公司章程及最近一期经审计的财务会计报告;

(五)上市公司基本情况、最近一期的年度报告及中期报告;

(六)股份转让协议及股份转让价格的定价说明;

(七)拟受让方与国有股东、上市公司之间在最近 12 个月内股权转让、资产置换、投资等重大情况及债权债务情况;

(八)律师事务所出具的法律意见书;

(九)国有资产监督管理机构认为必要的其他文件。

第二十八条 国有股东应及时收取上市公司股份转让价款。

拟受让方以现金支付股份转让价款的,国有股东应在股份转让协议签订后 5 个工作日内收取不低于转让收入 30% 的保证金,其余价款应在股份过户前全部结清。在全部转让价款支付完毕或交由转让双方共同认可的第三方妥善保管前,不得办理转让股份的过户登记手续。

拟受让方以股票等有价证券支付股份转让价款的按照有关规定办理。

第二十九条 国务院国有资产监督管理机构关于国有股东转让其所持上市公司股份的批复文件和全部转让款支付凭证是证券交易所、中国证券登记结算有限责任公司办理上市公司股份过户手续和工商管理部门办理上市公司章程变更的必备文件。

第四章　国有股东所持上市公司
股份的无偿划转

第三十条　国有股东所持上市公司股份可以依法无偿划转给政府机构、事业单位、国有独资企业以及国有独资公司持有。

国有独资公司作为划入或划出一方的,应当符合《中华人民共和国公司法》的有关规定。

第三十一条　上市公司股份划转双方应当在可行性研究的基础上,按照内部决策程序进行审议,并形成无偿划转股份的书面决议文件。

第三十二条　国有股东无偿划转所持上市公司股份可能影响其偿债能力时,上市公司股份划出方应当就无偿划转事项制定相应的债务处置方案。

第三十三条　上市公司股份无偿划转由划转双方按规定程序逐级报国务院国有资产监督管理机构审核批准。

第三十四条　国有股东无偿划转其所持上市公司股份,应当向国有资产监督管理机构报送以下主要材料:

(一)国有股东无偿划转上市公司股份的请示及内部决议文件;

(二)国有股东无偿划转所持上市公司股份的可行性研究报告;

(三)上市公司股份无偿划转协议;

(四)划转双方基本情况、上一年经审计的财务会计报告;

(五)上市公司基本情况、最近一期的年度报告及中期报告;

(六)划出方债务处置方案及或有负债的解决方案;

(七)划入方未来12个月内对上市公司的重组计划或发展规划(适用于上市公司控股权转移的);

(八)律师事务所出具的法律意见书。

第五章　国有股东所持上市公司
股份的间接转让

第三十五条　本办法所称国有股东所持上市公司股份的间接转让是指国有股东因产权转让或增资扩股等原因导致其经济性质或实际控制人发生变化的行为。

第三十六条　国有股东所持上市公司股份间接转让应当充分考虑对上市公司的影响,并按照本办法有关国有股东协议转让上市公司股份价格的确定原则合理确定其所持上市公司股份价格,上市公司股份价格确定的基准日应与国有股东资产评估的基准日一致。国有股东资产评估的基准日与国有股东产权持有单位对该国有股东产权变动决议的日期相差不得超过一个月。

第三十七条　上市公司国有控股股东所持上市公司股份发生间接转让的,应当聘请在境内注册的专业机构担任财务顾问,并对国有产权拟受让方或国有股东引进的战略投资者进行尽职调查,并出具尽职调查报告。

第三十八条　国有股东所持上市公司股份间接转让的,国有股东应在产权转让或增资扩股方案实施前(其中,国有股东国有产权转让的,应在办理产权转让鉴证前;国有股东增资扩股的,应在公司工商登记前),由国有股东逐级报国务院国有资产监督管理机构审核批准。

第三十九条　决定或批准国有股东所持上市公司股份间接转让,应当审查下列书面材料:

(一)国有股东间接转让所持上市公司股份的请示;

(二)国有股东的产权转让或增资扩股批准文件、资产评估结果核准文件及可行性研究报告;

(三)经批准的国有股东产权转让或增资扩股方案;

(四)国有股东国有产权进场交易的有关文件或通过产权交易市场、媒体或网络公开国有股东增资扩股的信息情况及战略投资者的选择依据；

（五）国有股东的国有产权转让协议或增资扩股协议；

（六）国有股东资产作价金额，包括国有股东所持上市公司股份的作价说明；

（七）上市公司基本情况、最近一期的年度报告及中期报告；

（八）国有产权拟受让方或战略投资者最近一期经审计的财务会计报告；

（九）财务顾问出具的财务顾问报告（适用于国有控股股东国有产权变动的）；

（十）律师事务所出具的法律意见书；

（十一）国有资产监督管理机构认为必要的其他文件。

第六章 法律责任

第四十条 在国有股东转让上市公司股份中，转让方、上市公司和拟受让方有下列行为之一的，国有资产监督管理机构应要求转让方终止上市公司股份转让活动，必要时应向人民法院提起诉讼：

（一）未按本办法有关规定在证券交易所公开股份转让信息的；

（二）转让方、上市公司不履行相应的内部决策程序、批准程序或者超越权限、擅自转让上市公司股份的；

（三）转让方、上市公司向中介机构提供虚假会计资料，导致审计、评估结果失真，造成国有资产损失的；

（四）转让方与拟受让方串通，低价转让上市公司股份，造成国有资产损失的；

（五）拟受让方在上市公司股份公开转让信息中，与有关方恶意串通低评低估上市公司股份价格，造成国有资产损失的；拟受让方未在其承诺的期限内对上市公司进行重大资产重组的；

（六）拟受让方采取欺诈、隐瞒等手段影响转让方的选择以及上市公司股份协议签订的。

对以上行为的转让方、上市公司负有直接责任的主管人员和其他直接责任人员,由国有资产监督管理机构或者相关企业按照权限给予纪律处分,造成国有资产损失的,应负赔偿责任;由于拟受让方的责任造成国有资产损失的,拟受让方应依法赔偿转让方的经济损失;涉嫌犯罪的,依法移送司法机关处理。

第四十一条 社会中介机构在上市公司股份转让的审计、评估、咨询和法律服务中违规执业的,由国有资产监督管理机构将有关情况通报其行业主管部门,建议给予相应处罚;情节严重的,上市公司国有股东不得再委托其进行上市公司股份转让的相关业务。

第四十二条 上市公司股份转让批准机构及其有关人员违反本办法,擅自批准或者在批准中以权谋私,造成国有资产损失的,由有关部门按照权限给予纪律处分;涉嫌犯罪的,依法移送司法机关处理。

国有资产监督管理机构违反有关法律、法规或本办法的规定审核上市公司股份转让并造成国有资产损失的,对直接负责的主管人员和其他责任人员依法给予纪律处分;涉嫌犯罪的,依法移送司法机关处理。

第四十三条 上市公司、国有股东违反有关法律、法规或本办法的规定进行股份转让并造成国有资产损失的,国有资产监督管理机构可以责令国有股东采取措施限期纠正;上市公司、国有股东有关负责人及其他责任人员应负赔偿责任,并对其依法给予纪律处分;涉嫌犯罪的,依法移送司法机关处理。

第七章 附 则

第四十四条 国有或国有控股企业持有的上市公司股份被司法机关强制执行的,根据有关法律及司法机关出具的具有法律效力的文件办理相关手续。

第四十五条 本办法自 2007 年 7 月 1 日起施行。

关于中央企业主辅分离辅业改制
分流安置富余人员资产处置
有关问题的通知

2004 年 1 月 19 日　　国资发产权〔2004〕9 号

各中央企业：

　　为贯彻落实《中共中央国务院关于进一步做好下岗失业人员再就业工作的通知》(中发〔2002〕12 号)，切实做好中央企业主辅分离辅业改制分流安置富余人员(以下简称改制分流)过程中的资产处置工作，根据《关于国有大中型企业主辅分离辅业改制分流安置富余人员的实施办法》(国经贸企改〔2002〕859 号)等有关规定，现将企业改制分流过程中涉及的非主业资产、闲置资产和关闭破产企业的有效资产(以下简称三类资产)处置的有关问题通知如下：

　　一、中央企业应根据国资委、财政部、劳动保障部的联合批复文件精神，逐个对所属企业改制分流所利用的三类资产情况进行审核认定，出具认定证明文件，并按照《国有企业清产核资办法》(国资委令第 1号)、《财政部关于印发〈企业公司制改建有关国有资本管理与财务处理的暂行规定〉的通知》(财企〔2002〕313 号)和国有资产评估管理的有关规定，对三类资产进行清查、审计和评估。其中，对同一批实施改制的企业，原则上选取相同的评估基准日。

　　二、改制企业可用国有净资产进行下列支付和预留：

　　(一)支付解除职工劳动合同的经济补偿金。职工解除劳动合同支付的经济补偿金，按照《关于印发国有大中型企业主辅分离辅业改制分流安置富余人员的劳动关系处理办法的通知》(劳社部发〔2003〕21 号，以下简称 21 号文件)执行。

　　(二)支付为移交社会保障机构管理的职工一次性缴付的社会保险

费。企业支付的社会保险费，按照省级人民政府确定的缴费比例执行。

（三）预留因改制分流实行内部退养的人员的生活费和社会保险费。预留生活费标准由企业根据有关规定确定，最高不超过按所在省（区、市）计算正常退休人员养老金的办法核定的数额。社会保险费按内退前的基数一次核定，不再调整。原主体企业对预留费用应制定切实可行的管理办法，进行专项管理，确保内部退养人员费用按时、足额支付。

中央企业应根据21号文件的规定，将原主体企业解除劳动合同的情况（人数、支付经济补偿金的标准、总额及资金来源）、为移交社会保障机构管理的职工一次性缴纳的社会保险费以及预留内部退养人员费用等，报企业所在地省级劳动保障部门审核备案，并按有关批复文件规定进行支付和预留。

三、国有净资产不足以进行支付和预留的，不足部分由原主体企业予以补足。补足后，原主体企业原则上不再向改制企业作新的投入。

四、用国有净资产进行支付和预留后有剩余的，剩余部分可按规定向员工或外部投资者出售，或采取租赁、入股、转为债权等方式留在改制企业，但不得无偿量化到个人。

五、中央企业应委托会计师事务所对用国有净资产进行支付和预留的情况进行专项审计，并由会计师事务所出具专项审计报告。

六、用国有净资产按规定进行各项支付和预留（含原主体企业予以补足的部分）造成账面国有资产减少的，由中央企业在每一批改制企业完成公司设立登记后30日内，将有关情况汇总报国资委批准后冲减国有权益。

七、中央企业申请冲减国有权益需报送以下材料：

（一）中央企业关于改制分流冲减国有权益的申请；

（二）企业产权登记表证；

（三）企业三类资产的认定证明文件；

（四）企业三类资产的资产清查报告或清产核资结果批复文件；

（五）企业三类资产评估备案表；

（六）改制后企业国有股权设置方案批复文件；

(七)新设公司制企业的法人营业执照复印件；

(八)省级劳动保障部门出具的审核意见书以及企业报送劳动部门备案的职工安置情况实施结果；

(九)会计师事务所出具的关于用国有净资产进行支付和预留情况的专项审计报告；

(十)三类资产处置情况表(表式附后)；

(十一)中央企业、原主体企业等有关企业评估基准日的财务报告；

(十二)国资委需要的其他材料。

原改制企业为公司制企业的,应同时附送有关冲减权益的股东会决议。

八、中央企业、原主体企业、改制企业等有关企业应根据规定及时办理产权登记等手续。

商务部　国资委办公厅关于上市公司国有股向外国投资者及外商投资企业转让申报程序有关问题的通知

2004 年 1 月 21 日　商资字〔2004〕1 号

各省、自治区、直辖市和计划单列市外经贸委厅(局)、商务厅(局)、国资委：

为了引进国外先进管理经验、技术和资金,加快经济结构调整步伐,改进上市公司法人治理结构,保护投资者的合法权益,促进证券市场的健康发展,规范外国投资者及外商投资企业进入证券市场的行为,根据原对外贸易经济合作部、国家税务总局、国家工商行政管理总局、国家外汇管理局《外国投资者并购境内企业暂行规定》以及商务部、财政部、国务院国有资产监督管理委员会、中国证券监督管理委员会 2003 年第 25 号公告,现就非金融类企业所持有上市公司国有股向外国投资者及外商投资企业转让的有关申报程序问题通知如下:

一、非金融类企业所持有上市公司国有股向外国投资者及外商投资企业转让,属地方企业的,由国有股持有人通过省级国有资产监管部门向国务院国有资产监督管理委员会(以下简称国资委)提出申请,同时抄报商务部;属中央企业的,由中央企业母公司(未脱钩企业由其主管部门)向国资委提出申请,同时抄报商务部。

二、国资委在接到相关申请后,以国资委司局函征求商务部意见,商务部就非金融类企业所持有上市公司国有股向外国投资者及外商投资企业转让是否符合吸收外商投资政策提出意见,并以商务部司局函回复。

三、国资委在接到商务部同意意见后,按规定办理非金融类企业所持有上市公司国有股向外国投资者及外商投资企业转让审核手续。

四、国有股转让申请获国资委核准后,上市公司根据有关规定拟订有关法律文件,并按规定程序向商务部申请办理向外国投资者及外商投资企业转让股份及上市公司章程变更的核准手续。商务部按外商投资相关规定进行审核后予以批复,并抄送国资委、国家工商总局、中国证监会等部门。

关于加强企业国有产权交易监管有关工作的通知

2004 年 2 月 6 日　国发资产权〔2004〕176 号

各省、自治区、直辖市国有资产监督管理机构:

国务院国资委、财政部 2003 年 12 月 31 日公布的《企业国有产权转让管理暂行办法》(国资委、财政部令第 3 号,以下简称《办法》),对规范企业国有产权转让行为,加强企业国有产权交易的监督管理作出了规定。为做好《办法》有关规定的贯彻落实工作,现将有关事项通知如下:

一、进一步提高对加强企业国有产权转让监管重要性的认识

企业国有产权转让是促进国有资产合理流动,实施国有经济布局和结构战略性调整的重要手段。各级国有资产监督管理机构(以下简称"国资监管机构")要认真贯彻落实党的十六大和十六届二中全会、三中全会精神,按照《企业国有资产监督管理暂行条例》和《办法》的有关规定,切实履行好出资人代表的监管职责,加大对企业国有产权交易的监管力度,统筹安排,精心组织,推动企业国有产权的有序流转。

二、认真做好《办法》各项规定的组织落实工作

《办法》对企业国有产权转让进入产权交易市场作出了明确规定,对从事企业国有产权转让的产权交易机构提出了应具备的基本条件,明确了企业国有产权转让的操作、批准程序。各级国资监管机构在具体工作中,要按照《办法》的规定和要求认真做好相关政策规定的衔接和各项工作的组织实施,做好有关政策规定的宣传、讲解,明确和落实相关工作责任,严格把关,保证企业国有产权转让工作的顺利进行。

三、对本地区产权交易机构的有关情况进行调查摸底

近年来,一些地方陆续制定了有关国有产权交易监管的法规、规章及交易规则,成立了产权交易机构,对深化国有企业改革、促进国有资产的合理流动发挥了应有的作用。各地国资监管机构要对本地区产权交易机构的设立、运行管理、组织结构、交易系统及网络建设和监管措施等总体情况进行调查摸底,全面了解企业国有产权转让进入产权市场的交易情况,掌握本地区产权交易市场的发展规划情况,并将有关调查摸底情况于 2004 年 3 月 15 日前报国务院国资委。

四、扎实做好产权交易机构的选择与确定工作

根据《办法》规定,国有资产监督管理机构负责选择确定从事企业国有产权交易活动的产权交易机构。各地国资监管机构要切实履行职责,按照"摸清情况、立足规范、合理布局、利于发展"的原则,做好产权交易机构的选择确定工作(有关工作规则另行制定)。没有设立产权交易机构的地区,可以在做好本地有关部门协调工作的基础上,采取业务委托等方式与其他经省级国资监管机构确定的产权交易机构或区域性产权交易市场建立相应的委托代理关系。对确定的产权交易机构应报上一级国资监管机构备案,并向社会公布其基本情况,接受社会监督。

五、及时开展相关产权交易信息的统计分析工作

各级国资监管机构要将企业国有产权交易信息统计体系的建设作为加强企业国有产权转让监管的重要基础工作之一。要按照统一的产权交易信息统计工作要求(另行制定),建立正常的产权交易信息发布、查询、报告和统计监测网络,充分利用信息化技术手段进行转让信息的发布和交易监测,做好对企业国有产权交易的全过程跟踪。

六、加强对企业国有产权交易活动的监督检查工作

各级国资监管机构负责产权转让的部门要会同纪检、监察部门加强对企业国有产权交易活动的监督检查。要检查各相关企业和选择的产权交易机构对国家有关政策规定的贯彻落实情况,产权交易规则的遵守、执行情况以及企业国有产权交易信息的统计报告情况;要注意了解和总结在企业国有产权交易活动中出现的新情况、新问题,对有关重要情况和重大问题要及时报告。对于违反有关规定的,要及时查清情况并进行处理。

附件:产权交易机构情况调查表(一)、(二)、(三)

附件:

产权交易机构情况调查表(一)

机构名称		注册资金 (万元)		营业面积 (平方米)	
主管部门		机构性质		组建时间	
法定代表人 (姓名、学历、职称)					
经营范围			加入区域 市场情况		
机构网址					
联系人		联系电话		传真	
联系地址			邮编		
职工人数		大学学历以上人数		高级职称人数	
管理方式(会员制或非会员制)					
投资成立的 其他机构	名称		业务范围		
分支机构					
产权交易信息 网络情况	软件名称及开发单位				
	系统运行平台				
	网络覆盖区域				
	其他需要说明的情况				

产权交易机构情况调查表(二)

分类		年度 数额	2001 年度		2002 年度		2003 年度	
			宗数	万元	宗数	万元	宗数	万元
总体 交易 情况	交易总额							
	交易资产总额		—		—		—	
	跨区域交易							
按 交易 主体 划分	国有及国有控股企业转让							
	其他企业转让							
	国有及国有控股企业受让							
	外资企业受让							
	其他企业受让							

分类	年度 数额	2001 年度		2002 年度		2003 年度	
		宗数	万元	宗数	万元	宗数	万元
交易 类型	企业产权交易(含股权交易)						
	债权交易						
	实物资产交易						
	知识产权交易 (含技术产权交易)						
交易 方式	协议转让						
	公开拍卖						
	招标投标						
	其他						

产权交易机构情况调查表(三)

项目	年度	2001 年	2002 年	2003 年
产权交易机构收入合计(万元)				
其中:企业产权交易收入(万元)				
其他业务收入(万元)				
财政补贴收入(万元)				
其他收入(万元)				
规定收费标准				
实际收费标准				

注:1. 产权交易信息网络系统可另附相关说明;

2. 交易总额及其各分项交易额均按照转让资产实际成交金额单向计算填写;

3. 跨区域交易中的区域指省、自治区、直辖市;

4. 应同时报送政府相关管理部门发布或制定的产权交易监管工作规章、制度,以及产权交易机构章程及相关内部管理制度。

关于中央企业加强产权
管理工作的意见

2004 年 2 月 23 日　　国资发产权〔2004〕180 号

各中央企业:

　　为贯彻落实党的十六届三中全会《中共中央关于完善社会主义市

场经济体制若干问题的决定》(以下简称《决定》)精神,推动国有经济布局和结构的战略性调整,发展和壮大国有经济,推进中央企业逐步建立"归属清晰、权责明确、保护严格、流转顺畅"的现代产权制度,促进中央企业加强产权管理,现提出以下意见:

一、认真学习贯彻《决定》,深刻领会建立现代产权制度的重要意义。现代产权制度是完善公有制为主体、多种所有制经济共同发展的基本经济制度的内在要求,是构建现代企业制度、完善企业法人治理结构、落实出资人层层到位的重要基础,也是明确相关主体权利和责任、健全企业经营者激励约束机制的基本前提。各中央企业要认真学习《决定》,深刻领会建立现代产权制度的重要意义和作用,树立产权观念、强化产权意识、理顺产权关系、加强产权管理,创造条件建立健全现代产权制度。

二、高度重视产权登记、资产评估等产权管理基础工作,做到产权归属清晰、资产估价科学。国有资产产权登记和资产评估是产权管理重要的基础性工作,也是建立现代产权制度的基础。产权登记的主要作用是依法确认国有资产权属关系,企业通过产权登记取得的国有资产产权登记表证是确认企业产权归属的法律凭证。各中央企业在对外投资、资产划转、产权转让、合并分立、企业改制等经济活动中,要严格按照有关规定办理产权登记。资产评估是维护国有产权合法权益的重要手段,评估结果是资产作价的基础依据。中央企业发生国有产权变动行为时应当认真做好资产评估工作,要聘请具有相应资质的评估机构进行评估,并按照规定程序办理核准和备案手续。各中央企业要加强对资产评估结果运用的管理,切实维护国有产权的合法权益。

三、规范国有产权转让行为,防止国有资产流失。各中央企业要认真贯彻落实《企业国有产权转让管理暂行办法》,在推进国有经济布局和结构的战略性调整、促进国有资本合理流转过程中,严格规范企业国有产权转让行为,加强对产权转让的全过程管理:一是要严格履行内部决策程序和审批程序;二是要按规定做好清产核资、财务审计和资产评估,并以评估值作为转让价格的参考依据;三是要坚持产权转让进入市场并公开披露有关转让信息,广泛征集受让方,杜绝暗箱操作;四是要选取适当的转让方式,确保国有资产不流失;五是要注意保护职工权益;六是要及时进行转让鉴证和产权变更登记,做好转让收益管理。

四、加强上市公司国有股权管理,切实维护国有股权益。各中央企业要按照有关国有股权管理法律法规要求,正确行使股东权利,依法履行股东义务,承担相应责任,指导和督促全资、控股子企业做好所持上市公司国有股权管理工作。在涉及上市公司国有股变动、增资扩股、配股、国有股质押等重大事项时,应严格履行内部决策程序和审批程序;在上市公司国有股转让中,要按照"公平、公开、公正"的原则,采取有效方式,广泛选择受让方,促进形成市场发现价格的有效机制,最大可能地实现国有资产保值增值;在受让上市公司社会法人股时,要认真做好可行性研究,严格受让股份行为的内部决策程序,确保合理定价,并及时办理股份性质变更的审批和过户登记手续。

五、认真做好主辅分离、辅业改制、分流安置富余人员中的资产处置工作。主辅分离辅业改制是解决国有大中型企业人员分流安置富余人员的重要途径,也是盘活资产、做强做大主业、深化国有企业改革的重大举措。在改制中,各中央企业要按照有关规定,严格界定辅业资产、闲置资产和关闭破产企业的有效资产,认真组织清产核资、财务审计、资产评估等工作,保证资产价值真实可靠。在使用净资产支付安置职工费用时,要严格执行国家有关社会保障的规定标准,确保职工合法权益。需要核销国有权益的,要严格履行报批程序,并根据批复结果进行账务处理。

六、加强投资和资本运作的管理。认真做好企业中长期发展战略和规划,建立规范科学的投资决策和资本运作程序,防范投资风险。各中央企业要科学、合理地确定企业内部管理级次,要适当集中投资决策权,杜绝散乱现象,保持稳健的资本结构,防止债务风险。突出主业,发展核心业务,培育优良资产,防止盲目扩张。以实物资产和无形资产对外投资的,要严格按照规定进行资产评估,投资形成的产权关系,要及时进行产权登记。

七、大力发展股份制，优化企业产权结构。股份制是公有制的主要实现形式，也是提高国有资本运营效率的有效途径。各中央企业要按照党的十六届三中全会要求，从搞活国有企业、大力发展混合所有制经济要求出发，加快股份制改革的步伐，促进形成不同产权主体间多元投资、互为补充的产权结构，提高国有资本的控制力。在股份制改革中，各中央企业要认真执行《国务院办公厅转发国务院国有资产监督管理委员会关于规范国有企业改制工作意见的通知》（国办发〔2003〕96号），严格按照有关规定做好行为审批、清产核资、资产评估、股权界定等各项工作；股份公司设立后，中央企业要严格履行股东职责，正确行使股东权利，认真做好股权收益收缴等工作。

八、认真做好资产划转工作。资产划转是指国有资产产权在国有单位之间的无偿转移。各中央企业要着眼于国有企业改革和发展的大局，以实现国有经济资源的优化配置、减轻企业负担、提高企业竞争力为目标，认真做好资产和产权划转的可行性研究，严格规范划转工作，确保资产和产权划转符合企业的总体发展战略和长远目标。在划转中，要严格报批手续，切实维护企业的法人财产权，注意处理好企业的债权债务关系、劳动人事关系及其他相关事宜，并保证职工的妥善安置。

九、采取切实措施加强境外国有资产管理。各中央企业在向境外投资设立企业，或将境内资产转移、转让到境外，以及将境外资产转移、转让时，要做好资产评估、产权登记等基础工作，同时要严格履行报告制度和审批程序。对在境外设立的企业、分支机构要建立健全有效的监管制度，加强监督检查，防止境外国有资产流失。

关于做好贯彻落实《企业国有产权转让管理暂行办法》有关工作的通知

2004 年 3 月 8 日　国资发产权〔2004〕195 号

各中央企业:

国务院国资委、财政部于 2003 年 12 月 31 日公布了《企业国有产权转让管理暂行办法》(国资委、财政部令第 3 号,以下简称《办法》),对规范企业国有产权转让行为,加强企业国有产权交易的监督管理作出了规定。为做好《办法》有关规定的组织落实工作,现将有关事项通知如下:

一、进一步提高对规范企业国有产权转让行为重要性的认识

党的十六大和十六届三中全会提出了加快调整国有经济布局和结构,完善国有资本有进有退、合理流动机制和推动产权有序流转的战略目标。各中央企业要认真领会党中央精神,抓住机遇,加快企业产权制度改革步伐;要从提高企业核心竞争力,促进企业持续发展和维护社会稳定的大局出发,进一步规范国有产权转让行为,促进国有产权的有序流转。

二、认真做好《办法》各项规定的组织实施工作

《办法》规定了企业国有产权转让的批准和操作程序,明确了相关监管职责。各中央企业要按照"明确职责、规范运作、严格把关、监管有力"的原则,认真做好各项规定的组织实施工作。要及早研究制定本企业的国有产权转让管理办法,报我委备案;要落实企业内部负责企业国有产权转让监管的职能部门和人员,明确工作责任;要加强对各级子企

业国有产权转让行为的审核,并对进入市场后各个工作环节实施跟踪监管,切实维护所有者权益,防止国有资产流失。

三、严格落实企业国有产权转让进场制度

《办法》对企业国有产权转让进入产权交易市场作出了明确的规定。我委将在对全国产权交易机构调查摸底的基础上,按照一定的程序选择确定从事中央企业国有产权转让活动的产权交易机构。在此之前,暂将上海联合产权交易所、天津产权交易中心和北京产权交易所作为试点,负责发布中央企业的国有产权转让信息,并由其或其所在的区域性产权市场组织相关产权交易活动。各中央企业要充分认识企业国有产权进场交易的重要意义,切实执行进场交易制度,促进企业国有产权"阳光交易"制度的建立。

四、建立企业国有产权转让情况报告制度

为做好企业国有产权转让信息的统计分析工作,我委将制定统一的企业国有产权交易信息统计报告制度。各中央企业要全面掌握企业国有产权转让的有关情况,对子企业的国有产权转让行为批复文件须同时报我委备案,并在每年1月份将上一年度企业国有产权转让情况统计汇总后报我委;要按照企业国有资产产权登记管理的有关规定和要求,加强产权变动登记管理,强化产权变动监管力度。

五、做好有关企业国有产权转让行为的规范衔接工作

《办法》已于2004年2月1日起施行,各中央企业要对正在进行的国有产权转让进行清理。对经有关方面批准并已于2月1日前正式签订产权转让合同的,可按有关批复和合同的约定组织实施,但后续工作环节要按《办法》的规定进行规范;对2月1日前没有正式签订产权转让合同的,应按照《办法》的各项规定重新予以规范。

六、加强对企业国有产权交易活动的监督检查工作

我委将建立企业国有产权转让管理的监督检查制度,由负责产权转让的部门会同纪检、监察部门定期或不定期地对各中央企业国有产权交易活动进行监督检查,发现违法违规行为,将按照有关规定严肃处理。各中央企业也要通过对各级子企业国有产权转让事前、事中和事后等环节的审核把关和监督检查,切实履行好相关监管职责。在检查工作中,各中央企业应注意了解和总结在企业国有产权交易活动中出现的新情况、新问题,对有关重要情况和重大问题及时报告。

关于做好产权交易机构选择
确定工作的指导意见

2004 年 7 月 14 日　国资发产权〔2004〕252 号

各省、自治区、直辖市国资委:

为做好从事企业国有产权交易活动的产权交易机构的选择确定工作,根据《企业国有资产监督管理暂行条例》(国务院令第 378 号)和《企业国有产权转让管理暂行办法》(国资委、财政部令第 3 号)等有关规定,现提出如下工作意见:

一、高度重视产权交易机构的选择确定工作。企业国有产权"进场交易"是加强企业国有产权转让监管的重要措施,选择确定符合条件的产权交易机构是保障企业国有产权交易规范进行的重要前提。各地国资监管机构要高度重视和扎实做好从事企业国有产权交易活动的产权交易机构的选择确定工作,并对其从事的企业国有产权交易活动进行监督管理。

二、选择产权交易机构的工作职责。国务院国资委负责制定选择

从事企业国有产权交易活动的产权交易机构的基本条件,提出组织工作要求,选择从事中央企业国有产权交易活动的产权交易机构。

各省、自治区、直辖市国资监管机构在国务院国资委的指导下,负责从事本地区企业国有产权交易活动的产权交易机构的选择工作。

三、选择产权交易机构的工作原则。国资监管机构在选择产权交易机构时,应按照"打破区域限制、立足规范运作、促进资源共享、利于长远发展"的原则,按统一的标准和条件在全国范围内公开进行。

四、选择产权交易机构的组织方式。国资监管机构在选择产权交易机构时,应在产权交易机构提出书面申请的基础上,采取公开评审的方式进行。评审工作可由国资监管机构相关职能部门人员、产权交易专家以及企业代表组成评审工作组。

评审工作组具体负责以下主要工作:

(一)制订选择产权交易机构的实施方案;

(二)按照统一的要求拟订选择产权交易机构的具体标准和条件;

(三)对产权交易机构报送的申请材料进行核实、审查,必要时可组织相关人员进行实地考察;

(四)根据审查和考察情况,对申请从事企业国有产权交易的产权交易机构提出具体评审意见;

(五)起草选择产权交易机构的《评审工作报告》。

《评审工作报告》经国资监管机构批准后,由国资监管机构向产权交易机构发出书面通知,或由国资监管机构与其签订《企业国有产权交易业务委托协议》。

五、选择产权交易机构应当审核的材料。国资监管机构在选择产权交易机构时,应当审核产权交易机构提供的下列书面资料:

(一)批准成立产权交易机构的相关文件;

(二)产权交易机构高级管理人员的任命(聘任)文件;

(三)工作场所证明(包括房屋租赁合同或房产证明复印件);

(四)产权交易信息管理系统的相关资料;

(五)与有关报刊签订的发布产权转让信息的业务委托协议;

(六)所在地政府或相关管理部门发布或制定的产权交易监管工作规章、制度;

(七)政府物价部门核准及实际执行的收费标准;

(八)营业执照副本、章程及相关内部管理制度;

(九)产权交易业务开展情况、奖惩情况和机构变动情况;

(十)如已参加区域性产权交易市场或与其他产权交易机构业务代理合作,还应提供相关协议资料复印件;

(十一)其他需要出具的证明或资料。

六、选择产权交易机构的重点审核内容。国资监管机构在选择产权交易机构时,应当按照《企业国有产权转让管理办法》规定的基本条件进行严格审核,同时重点审核以下主要内容:

(一)是否具有健全的内部管理制度和相应的产权交易操作规范,自觉接受国资监管机构对其从事的企业国有产权交易活动的监督检查;

(二)是否具有诚信、守法进行产权交易活动的证明或承诺,能够提供产权交易的审查登记、信息发布、交易结算、交易鉴证等一系列产权交易综合服务;

(三)产权交易信息系统是否完善,并与相应的区域性产权交易合作组织建立畅通的信息发布渠道,能够发挥信息资源集中和信息发布网络化的优势。

七、产权交易机构选择结果的公布。选择工作结束后,国资监管机构应将所选择产权交易机构的基本情况,以适当方式向社会公告。各省、自治区、直辖市国资监管机构还应将选择结果和相关情况报国务院国资委备案。

八、对产权交易机构的监管工作。国资监管机构要对所选择的产权交易机构从事的企业国有产权交易活动实行动态监管。监管工作可以采取专项工作检查,向相关企业征求意见,对有关媒体及社会反映的问题进行调查核实以及听取有关部门、专家意见等多种方式进行。

对于在监管工作中发现的问题,国资监管机构应当及时要求相关产权交易机构整改,并对其整改情况进行跟踪了解;对于不再符合从事企业国有产权交易活动的基本条件要求或在企业国有产权交易中弄虚作假、玩忽职守,损害国家利益或交易双方合法权益的产权交易机构,国资监管机构3年内不得再选择其从事企业国有产权交易的相关业务。

九、其他情况的处理。

(一)对已经省、自治区、直辖市人民政府确定的产权交易机构,各地国资监管机构也要按照有关要求掌握其基本情况,报国务院国资委备案,并对其从事企业国有产权交易活动的诚信、守法情况加强监管。

(二)没有设立产权交易机构的地区,国资监管机构在做好本地有关部门协调工作的基础上,可采取公开的方式在全国范围内选择,也可采取业务委托方式,与其他经省级以上国资监管机构确定的产权交易机构或区域性产权交易市场建立相应的业务委托代理关系。

(三)经国资监管机构选择的产权交易机构发生分立、合并或变更等事项,应当及时向国资监管机构通报有关情况。

关于企业国有产权转让
有关问题的通知

2004 年 8 月 25 日　国资发产权〔2004〕268 号

各中央企业,各省、自治区、直辖市国资委:

《企业国有产权转让管理暂行办法》(国资委、财政部令第3号,以下简称《办法》)施行后,一些中央企业和地方国资监管机构反映在企业国有产权转让操作过程中的一些问题,要求予以明确。经研究,现就有关问题通知如下:

一、关于实施主辅分离、辅业改制工作中资产处置与《办法》有关规定的衔接问题在国有大中型企业主辅分离、辅业改制,分流安置富余人员过程中,经国资监管机构及相关部门确定列入主辅分离、辅业改制范围企业的资产处置,应当按照《关于国有大中型企业主辅分离辅业改制分流安置富余人员的实施办法》(国经贸企改〔2002〕859号)及有关配套文件的规定执行。对于改制企业的国有净资产按规定进行各项支付的剩余部分,采取向改制企业的员工或外部投资者出售的,应当按照国家有关规定办理,具体交易方式可由所出资企业或其主管部门(单位)决定。

二、关于重要子企业的重大国有产权转让事项的确定问题中央企业按国务院国资委印发的《关于贯彻落实〈国务院办公厅转发国务院国有资产监督管理委员会关于规范国有企业改制工作意见的通知〉的通知》(国资发改革〔2004〕4号)的相关规定办理,暂由中央企业确定其转让行为报国务院国资委批准或自行决定;地方企业暂由地方国资监管机构按照有关规定,结合各地实际明确相应的管理要求。在国务院国资委对重要子企业的重大事项管理办法出台后按照新的规定办理。

三、关于转让企业国有产权涉及上市公司国有股性质变化的有关操作问题转让企业国有产权涉及上市公司国有股性质变化的,应按照《办法》规定的程序进行,到经国资监管机构选择确定的产权交易机构中公开披露产权转让信息,广泛征集受让方。在确定受让方并草签产权转让合同后,由转让方按照国家对上市公司国有股转让管理的规定,将涉及的上市公司国有股性质变化事项报国务院国资委审核批准。其他事项按以下程序办理:

(一)转让企业国有产权涉及上市公司国有股性质变化的事项获得批准后,转让方应当持批准文件、受让方的全额现金支付凭证到产权交易机构办理产权交易鉴证手续。

(二)转让、受让双方应持国务院国资委对涉及上市公司国有股性质变化事项的批准文件、受让方的全额现金支付凭证、产权交易机构出具的产权交易凭证或省级以上国资监管机构对直接采取协议方式转让国有产权的批准文件等,按照规定程序到证券登记结算机构办理上市公司国有股变更登记手续。

（三）转让企业国有产权涉及上市公司国有股性质变化的，转让方还应按照证券监管部门的有关规定履行信息披露义务，且信息披露时间不得晚于在产权交易机构中披露产权转让信息的时间。

四、关于企业国有产权转让方案的制定及落实问题 企业国有产权转让方案是相关批准机构审议、批准转让行为以及产权转让成交后转让方落实相关事项的重要依据，转让方应重点做好以下内容的研究和落实工作：

（一）转让方应当对企业国有产权转让行为进行充分论证和深入分析，必要时可以聘请相关专业咨询机构提出企业国有产权转让的咨询、论证意见。

（二）对转让标的企业涉及的职工安置方案，应当按照国家有关政策规定明确提出企业职工的劳动关系分类处理方式和有关补偿标准，经该企业职工代表大会讨论通过，并获企业所在地劳动保障行政部门审核同意。

（三）企业国有产权转让成交后，转让方应按照《国务院办公厅转发国务院国有资产监督管理委员会〈关于规范国有企业改制工作意见〉的通知》（国办发〔2003〕96号）和《办法》的相关规定，做好转让方案各项内容的落实工作。除国家另有规定外，不得采取转让前将有关费用从净资产中抵扣的方法进行企业国有产权转让。

五、关于企业国有产权转让信息公开披露问题 为保证企业国有产权转让信息披露的充分性和广泛性，企业国有产权转让相关批准机构必须加强对转让公告内容的审核，产权交易机构也应当加强对企业国有产权转让信息披露的管理。

（一）产权转让公告应由产权交易机构按照规定的渠道和时间公开披露，对于重大的产权转让项目或产权转让相关批准机构有特殊要求的，转让方可以与产权交易机构通过委托协议另行约定公告期限，但不得少于20个工作日。转让公告期自报刊发布信息之日起计算。

（二）产权转让公告发布后，转让方不得随意变动或无故提出取消所发布信息。因特殊原因确需变动或取消所发布信息的，应当出具相关产权转让批准机构的同意或证明文件，并由产权交易机构在原信息发布渠道上进行公告,公告日为起算日。

(三)在产权转让公告中提出的受让条件不得出现具有明确指向性或违反公平竞争的内容。企业国有产权转让信息公开披露后,有关方面应当按照同样的受让条件选择受让方。

六、关于对意向受让方的登记管理问题为保证有关方面能够按照公开、公正、公平的原则参与企业国有产权交易,在企业国有产权转让公告发布后,对征集到的意向受让方按照以下规定进行管理:

(一)对征集到的意向受让方由产权交易机构负责登记管理,产权交易机构不得将对意向受让方的登记管理委托转让方或其他方面进行。产权交易机构要与转让方按照有关标准和要求对登记的意向受让方共同进行资格审查,确定符合条件的意向受让方的数量。

(二)产权交易机构要对有关意向受让方资格审查情况进行记录,并将受让方的登记、资格审查等资料与其他产权交易基础资料一同作为产权交易档案妥善保管。

(三)在对意向受让方的登记过程中,产权交易机构不得预设受让方登记数量或以任何借口拒绝、排斥意向受让方进行登记。

关于印发《企业国有资产产权登记业务办理规则》的通知

2004 年 10 月 30 日　国资发产权〔2004〕315 号

国务院各部委、直属机构、直属事业单位,新疆生产建设兵团,各中央监管企业(集团),各省、自治区、直辖市、计划单列市国有资产监督管理机构:

为适应国有资产管理体制改革,加强国有资产监督管理,全面了解和掌握企业国有资产分布与变动情况,强化产权意识、理顺产权关系、加强产权管理,逐步建立健全现代产权制度,需要从履行出资人职责的角度改进和规范国有资产产权登记工作。根据《企业国有资产监督管理暂行条例》(国务院令第 378 号)和《企业国有资产产权登记管理办法》(国务院令第 192 号),我们制定了《企业国有资产产权登记业务办理规则》,现印发给你们,请遵照执行。执行中有何问题,请及时反馈我委。

附件:企业国有资产产权登记业务办理规则

附件:

企业国有资产产权登记业务办理规则

第一章　总　　则

第一条　为了加强企业国有资产管理,建立现代产权制度,根据《企业国有资产监督管理暂行条例》和《企业国有资产产权登记管理办法》的有关规定,制定本规则。

第二条　下列已取得或申请取得法人资格的各级人民政府履行出资人职责的企业(以下简称所出资企业),应当按规定申办企业国有资产产权登记(以下简称产权登记):

(一)国有企业;

(二)国有独资公司、设置国有股权的有限责任公司和股份有限公司;

(三)国有企业、国有独资公司投资设立的企业;

(四)其他形式占有国有资产的企业。

有关部门所属未脱钩企业和事业单位及社会团体所投资企业的产权登记工作,由同级国有资产监督管理机构按照本规则组织实施。

第三条　产权登记机关是各级国有资产监督管理机构,上级产登记机关指导、监督下级产权登记机关的产权登记工作。

各级国有资产监督管理机构负责本级政府所出资企业及其各级子企业的产权登记工作。

未设立国有资产监督管理机构的，由本级政府指定的部门或机构负责产权登记工作。

第四条　国务院国有资产监督管理委员会负责统一制定所出资企业国有资产产权登记的政策，负责企业国有资产产权登记监督管理、汇总和分析工作；地方各级国有资产监督管理机构负责本级所出资企业产权登记监督管理、汇总和分析工作，并将汇总分析数据资料上报上一级国有资产监督管理机构。

第五条　各级产权登记机关审核和颁发的《中华人民共和国企业国有资产产权登记证》（以下简称产权登记证）是依法确认企业产权归属关系的法律凭证，也是企业的资信证明文件。

第六条　所出资企业负责申请办理本企业及其各级子企业的产权登记，并对各级子企业的产权登记情况进行监督管理。

两个及两个以上国有资本出资人共同投资设立的企业，由国有资本出资额最大的出资人所在的所出资企业依据其产权归属关系申请办理产权登记。国有资本出资人股权比例相等的，由各国有资本出资人推举一个国有资本出资人的所出资企业申请办理产权登记，其余出资人出具产权登记委托书。各级产权登记机关办理上述企业产权登记后，发放产权登记证。企业办理产权变动、注销登记时，需提交产权登记证。

第二章　占有产权登记

第七条　已取得法人资格的企业应当通过所出资企业向产权登记机关申办占有产权登记，并提交下列文件和资料：

（一）企业国有资产占有产权登记表；

（二）批准设立企业的文件；

（三）企业章程和《企业法人营业执照》副本复印件和最近一次的验

资报告；

（四）国有资产监督管理机构审核批复的或经注册会计师审计的企业上一年度财务会计报告；

（五）出资人为企业法人单位的应该提交企业法人营业执照副本复印件，其中国有资本出资人还应当提交产权登记证；

（六）产权登记机关要求的其他文件和资料。

第八条 产权登记机关核准企业占有登记后，向企业发放产权登记证，所出资企业可将产权登记机关核准后的企业国有资产占有产权登记表留存备案。

第九条 申请取得法人资格的企业应当于办理工商注册登记前30日内通过所出资企业申办占有产权登记，并提交下列文件和资料：

（一）企业国有资产占有产权登记表；

（二）批准设立企业的文件；

（三）企业章程和《企业名称预先核准通知书》；

（四）出资人为企业法人单位的应该提交企业法人营业执照副本复印件、国有资产监督管理机构审核批复的或经注册会计师审计的企业上一年度财务会计报告，其中国有资本出资人还应当提交产权登记证；

（五）经注册会计师审核的验资报告，其中以非货币性资产投资的还应当提交资产评估报告的核准或备案文件；

（六）产权登记机关要求的其他文件和资料。

第十条 所出资企业持产权登记机关核准后的企业国有资产占有产权登记表，向工商行政管理部门申办注册登记，在取得企业法人营业执照后30日内由所出资企业向原产权登记机关领取新设企业产权登记证，同时提交新设企业的《企业法人营业执照》副本复印件。

第十一条 未办理占有产权登记的企业发生国有资产产权变动时，应当按本规则第七条的规定补办占有产权登记后，再申办变动或注销产权登记。

第三章　变动产权登记

第十二条　企业发生下列情形之一的,应当通过所出资企业向产权登记机关办办变动产权登记:

(一)企业名称改变的;

(二)企业组织形式、级次发生变动的;

(三)企业国有资本额发生增减变动的;

(四)企业国有资本出资人发生变动的;

(五)企业国有资产产权发生变动的其他情形。

第十三条　企业发生本规则第十二条第(一)款情形的,应当于工商行政管理部门核准变动登记后30日内,向原产权登记机关办办变动产权登记。

第十四条　企业发生本规则第十二条第(二)款至第(五)款情形的,应当自企业出资人或者有关部门批准、企业股东大会或者董事会作出决定之日起30日内,向工商行政管理部门申请变更登记前,向原产权登记机关办办变动产权登记。

第十五条　企业申办变动产权登记,应当提交下列文件和资料:

(一)企业国有资产产权登记证;

(二)企业国有资产变动产权登记表;

(三)批准产权变动行为的文件;

(四)修改后的企业章程和《企业法人营业执照》副本复印件;

(五)经注册会计师审计的产权变动时的验资报告,其中以非货币性资产投资的应当提交评估报告的核准文件或备案表;

(六)企业国有资本出资人发生变动的,提交新加入的出资人的企业法人营业执照副本复印件,其中国有资本出资人还应当提交产权登记证;

(七)通过产权交易机构转让国有资产产权的,提交产权交易机构出具的转让国有资产产权的交易凭证;

(八)产权登记机关要求的其他文件和资料。

第十六条 产权登记机关核准企业变动产权登记后,办理企业产权登记证变更手续,所出资企业可将产权登记机关核准后的企业国有资产产权变动登记表留存备案。

第四章　注销产权登记

第十七条 企业发生下列情形之一的,应当申办注销产权登记:

(一)企业解散、被依法撤销或被依法宣告破产;

(二)企业转让全部国有资产产权或改制后不再设置国有股权的;

(三)其他需要注销国有资产产权的情形。

第十八条 企业解散的,应当自出资人的所出资企业或上级单位批准之日起 30 日内,由所出资企业向原产权登记机关申办注销产权登记。

企业被依法撤销的,应当自政府有关部门决定之日起 30 日内由所出资企业向原产权登记机关申办注销产权登记。

企业被依法宣告破产的,应当自法院裁定之日起 60 日内由企业破产清算机构向原产权登记机关申办注销产权登记。

企业转让全部国有资产产权(股权)或改制后不再设置国有股权的,应当自出资人的所出资企业或上级单位批准后 30 日内由所出资企业向原产权登记机关申办注销产权登记。

所出资企业发生上述情形的,由其出资人代表办理注销产权登记手续。

第十九条 企业申办注销产权登记,应当提交下列文件和资料:

(一)企业国有资产产权登记证;

(二)企业国有资产注销产权登记表;

(三)批准产权注销行为文件或法院宣告企业破产的裁决书;

(四)企业清算报告或资产评估报告的核准文件或备案表;

(五)产权登记机关要求的其他文件和资料。

第二十条 产权登记机关核准企业注销产权登记后,收回产权登记证并注销,所出资企业可将经核准后的企业国有资产注销产权登记表留存备案。

第五章 年 度 检 查

第二十一条 所出资企业应于每年 2 月 1 日至 4 月 30 日完成对本企业及其各级子企业产权登记情况的年度检查工作,并向产权登记机关报送企业产权登记年度汇总表和年度汇总分析报告;各级产权登记机关应于每年 5 月 31 日前对企业产权登记的情况进行抽查,并将本级政府所出资企业产权登记年度汇总表和年度汇总分析报告逐级上报,国务院国有资产监督管理委员会应于每年 6 月 30 日前完成全国非金融类企业国有资产产权登记年度汇总检查工作。

各级国有资产监督管理机构可以选择采用统一组织年度检查或企业自查、各级产权登记机关抽查相结合的年度检查方式。

第二十二条 各级产权登记机关对企业产权登记年度检查情况应予以通报。

第二十三条 企业产权登记年度汇总分析报告主要内容如下:

(一)企业国有资本金实际到位和增减变动情况;

(二)企业国有资本的分布及结构变化,包括企业对外投资情况;

(三)本企业及其各级子企业发生国有资产产权变动情况及办理相应产权登记手续情况;

(四)其他需要说明的问题。

第六章 产权登记程序

第二十四条 企业申办产权登记,应当按规定填写相应的产权登记表,并向产权登记机关提交有关文件资料。

第二十五条 产权登记机关对企业产权登记申报文件资料齐全的予以受理。

第二十六条 产权登记机关对受理后的产权登记文件资料进行合规性审核。审核内容包括:

(一)企业填报的产权登记表内容是否真实可靠;

（二）企业提交的相关文件资料是否符合国家有关规定。

第二十七条 产权登记机关应当在受理后 10 个工作日内对企业申报的产权登记作出准予登记或不予登记的决定。

第七章 产权登记管理

第二十八条 国务院国有资产监督管理委员会统一制发产权登记表和产权登记证，确定各类产权登记表和产权登记证的内容和格式。

第二十九条 任何单位和个人不得伪造、涂改、出借、出租或出售产权登记机关审核颁发的产权登记证，若有遗失或毁坏的，应向原核发产权登记证的产权登记机关申请补发。

第三十条 企业申办产权登记时，应当将所提交的文件资料整理成卷，附加目录清单，纸张的尺寸规格为 A4 大小。

企业未按要求提交文件、资料的，产权登记机关不予受理。

第三十一条 企业违反《企业国有资产产权登记管理办法》及本规则的有关规定，有下列行为之一的，产权登记机关可责令其改正，并予以通报批评：

（一）在规定期限内不办理产权登记的；

（二）隐瞒真实情况未如实办理产权登记的；

（三）不按照规定提交企业产权登记年度汇总表和年度汇总分析报告的。

第三十二条 各级产权登记机关、企业应当妥善保管产权登记表和产权登记证，建立产权登记档案。

第八章 附 则

第三十三条 本规则自 2005 年 1 月 1 日起施行。

关于印发《企业国有产权
向管理层转让暂行规定》的通知

2005 年 4 月 21 日　国资发产权〔2005〕78 号

国务院各部委、各直属机构,各省、自治区、直辖市及计划单列市国有资产监督管理机构、财政厅(局),新疆生产建设兵团,各中央企业:

为加强企业国有资产监督管理,规范企业国有产权转让行为,根据《国务院办公厅转发国务院国有资产监督管理委员会关于规范国有企业改制工作意见的通知》(国办发〔2003〕96 号)及《企业国有产权转让管理暂行办法》(国资委、财政部令第 3 号)的有关规定,我们制定了《企业国有产权向管理层转让暂行规定》,现印发给你们,请结合实际,认真遵照执行,并及时反映工作中有关情况和问题。

附件:企业国有产权向管理层转让暂行规定

附件:

企业国有产权向管理层转让暂行规定

一、为进一步推进国有企业改革,规范企业国有产权转让,保障国有产权有序流转,根据《国务院办公厅转发国务院国有资产监督管理委员会关于规范国有企业改制工作意见的通知》(国办发〔2003〕96 号)及《企业国有产权转让管理暂行办法》(国资委、财政部令第 3 号,以下简称《暂行办法》),制定本规定。

二、本规定所称"管理层"是指转让标的企业及标的企业国有产权直接或间接持有单位负责人以及领导班子其他成员。"企业国有产权向管理层转让"是指向管理层转让,或者向管理层直接或间接出资设立企业转让的行为。

三、国有资产监督管理机构已经建立或政府已经明确国有资产保值增值行为主体和责任主体的地区或部门,可以探索中小型国有及国有控股企业国有产权向管理层转让(法律、法规和部门规章另有规定的除外)。

大型国有及国有控股企业及所属从事该大型企业主营业务的重要全资或控股企业的国有产权和上市公司的国有股权不向管理层转让。

四、国有及国有控股企业的划型标准按照原国家经贸委、原国家计委、财政部、国家统计局《关于印发中小企业标准暂行规定的通知》(国经贸中小企〔2003〕143号)、国家统计局《统计上大中小型企业划分办法(暂行)》(国统字〔2003〕17号)规定的分类标准执行。今后国家相关标准如有调整,按照新标准执行。

五、企业国有产权向管理层转让,应当严格执行《暂行办法》的有关规定,并应当符合以下要求:

(一)国有产权持有单位应当严格按照国家规定委托中介机构对转让标的企业进行审计,其中标的企业或者标的企业国有产权持有单位的法定代表人参与受让企业国有产权的,应当对其进行经济责任审计。

(二)国有产权转让方案的制订以及与此相关的清产核资、财务审计、资产评估、底价确定、中介机构委托等重大事项应当由有管理职权的国有产权持有单位依照国家有关规定统一组织进行,管理层不得参与。

(三)管理层应当与其他拟受让方平等竞买。企业国有产权向管理层转让必须进入经国有资产监督管理机构选定的产权交易机构公开进行,并在公开国有产权转让信息时对以下事项详尽披露:目前管理层持有标的企业的产权情况、拟参与受让国有产权的管理层名单、拟受让比例、受让国有产权的目的及相关后续计划、是否改变标的企业的主营业务、是否对标的企业进行重大重组等。产权转让公告中的受让条件不得含有为管理层设定的排他性条款,以及其他有利于管理层的安排。

(四)企业国有产权持有单位不得将职工安置费等有关费用从净资产中抵扣(国家另有规定除外);不得以各种名义压低国有产权转让价格。

(五)管理层受让企业国有产权时,应当提供其受让资金来源的相关证明,不得向包括标的企业在内的国有及国有控股企业融资,不得以这些企业的国有产权或资产为管理层融资提供保证、抵押、质押、贴现等。

六、管理层存在下列情形的,不得受让标的企业的国有产权:

(一)经审计认定对企业经营业绩下降负有直接责任的;

(二)故意转移、隐匿资产,或者在转让过程中通过关联交易影响标的企业净资产的;

(三)向中介机构提供虚假资料,导致审计、评估结果失真,或者与有关方面串通,压低资产评估结果以及国有产权转让价格的;

(四)违反有关规定,参与国有产权转让方案的制订以及与此相关的清产核资、财务审计、资产评估、底价确定、中介机构委托等重大事项的;

(五)无法提供受让资金来源相关证明的。

七、企业国有产权向管理层转让,有关工作程序、报送材料等按照《暂行办法》的规定执行。

八、企业国有产权向管理层转让后仍保留有国有产权的,参与受让企业国有产权的管理层不得作为改制后企业的国有股股东代表。相关国有产权持有单位应当按照国家有关规定,选派合格人员担任国有股股东代表,依法履行股东权利。

九、管理层不得采取信托或委托等方式间接受让企业国有产权。

十、企业国有产权向管理层转让后涉及该企业所持上市公司国有股性质变更的,按照国家有关规定办理。

十一、主辅分离、辅业改制,分流安置富余人员过程中,经国有资产监督管理机构及相关部门确定列入主辅分离、辅业改制范围的企业,需向管理层转让企业国有产权的,按照《关于国有大中型企业主辅分离辅业改制分流安置富余人员的实施办法》(国经贸企改〔2002〕859 号)及有关配套文件规定办理。

十二、国有控股高新技术企业、转制科研机构符合《国务院办公厅关于转发财政部、科技部关于国有控股高新技术企业开展股权激励试点工作指导意见的通知》(国办发〔2002〕48 号)以及《国务院办公厅转发国务院体改办关于深化转制科研机构产权制度改革若干意见的通知》(国办发〔2003〕9 号)的规定实施股权激励试点工作,需向管理层转让企业国有产权的,应当报经省级以上财政主管部门或相关国有资产监督管理机构批准。

十三、各级国有资产监督管理机构和有关监管部门应切实加强对企业国有产权向管理层转让工作的监督管理,及时总结经验,不断完善相关规章制度和监管措施,切实维护出资人及职工的合法权益。

十四、各级国有资产监督管理机构所选定的产权交易机构应当按照本规定的要求,加强对企业国有产权转让中涉及管理层受让相关事项的审查,认真履行产权交易机构的职责和义务。

十五、相关机构和人员违反本规定进行国有产权向管理层转让的,国有资产监督管理机构、财政主管部门或政府授权部门应当要求转让方终止国有产权转让活动,必要时应当向人民法院提起诉讼,申请确认转让行为无效,并按照《企业国有资产监督管理暂行条例》(国务院令第378 号)、《财政违法行为处罚处分条例》(国务院令第 427 号)及《暂行办法》的规定追究相关人员的责任;涉嫌犯罪的,依法移送司法机关处理。

十六、政企尚未分开的单位以及其他单位所持有的企业国有产权向管理层转让的,由政府财政主管部门或授权的国有资产监管机构批准,具体比照本规定执行。

关于印发《国务院国资委关于国有控股上市公司股权分置改革的指导意见》的通知

2005 年 6 月 17 日 国资发产权〔2005〕111 号

国务院各部委、各直属机构,各省、自治区、直辖市及计划单列市国有资产监督管理机构,新疆生产建设兵团,各中央企业:

为进一步推进股权分置改革,切实做好有关工作,我委制定了《国务院国资委关于国有控股上市公司股权分置改革的指导意见》,现予印发,请认真贯彻落实。

附件:国务院国资委关于国有控股上市公司股权分置改革的指导意见

附件:

国务院国资委关于国有控股上市公司股权分置改革的指导意见

为贯彻落实《国务院关于推进资本市场改革开放和稳定发展的若干意见》(国发〔2004〕3 号)精神,保证股权分置改革工作的顺利推进,维护资本市场的稳定,根据国家关于股权分置改革工作的有关要求,现就国有控股上市公司股权分置改革有关问题提出以下意见:

一、国有控股上市公司及其国有股股东、各级国有资产监督管理机构要从改革全局出发,积极支持股权分置改革工作。股权分置是制约我国资本市场稳定发展的基本制度问题,也是影响市场配置资源效率和国有资本有序流转的重要因素,必须采取切实有效措施,积极稳妥地加以解决。通过股权分置改革,发挥国有控股上市公司在资本市场中的导向性作用,促进资本市场实现长期、稳定发展。

二、国有控股上市公司的股权分置改革工作要着眼于上市公司长远发展,切实保护投资者特别是公众投资者的合法权益。上市公司质量是保证资本市场稳定发展的基石。国有控股上市公司及其国有股股东要不断提高公司的竞争力,做强做大,实现可持续发展,努力增加对投资者的回报,构建国有股股东和其他投资者的共同利益基础。

三、国有控股上市公司的控股股东要根据调整国有经济布局和结构、促进资本市场稳定发展的原则,结合企业实际情况,确定股权分置改革后在上市公司中的最低持股比例。

(一)在关系国家安全、国民经济命脉的重要行业和关键领域,以及国民经济基础性和支柱性行业中,要保证国有资本的控制力,确保国有经济在国民经济中的主导地位;

(二)对属于控股股东主业范围,或对控股股东发展具有重要影响的国有控股上市公司,控股股东应根据自身经营发展实际和上市公司发展需要,研究确定在上市公司中的最低持股比例;

(三)对其他行业和领域的国有控股上市公司,控股股东应根据"有进有退、有所为有所不为"的方针,合理确定在上市公司中的最低持股比例,做到进而有为,退而有序。

四、国有控股上市公司的控股股东所确定的最低持股比例,应按规定程序及时报国有资产监督管理机构审核,与上市公司股权分置改革方案一并披露。

国有控股上市公司的控股股东为公司制企业的,其最低持股比例应当按照《中华人民共和国公司法》等法律法规规定,严格履行内部决策程序后对外披露。

五、股权分置改革完成一定时期后,国有股东所持国有控股上市公司的最低持股比例需要调整的,应根据本意见和有关监管要求规范、有序进行。必要时,国有股东可以通过从资本市场增持公司股份的方式,巩固和增强自身控股地位，以保证国有经济布局和结构战略性调整目标的顺利实现。

六、国有控股上市公司及其国有股东在股权分置改革工作中，要严格按照证券监管部门和国有资产监管机构的监管要求，做好股权分置改革各个环节的工作，保证股权分置改革过程符合"公开、公平、公正"的原则；要采取切实有效措施，坚决防止利用股权分置改革进行内幕交易、操纵市场等违法犯罪活动；要注重保护职工的合法权益，维护社会稳定。

关于印发《企业国有产权无偿划转 管理暂行办法》的通知

2005 年 8 月 29 日　国资发产权〔2005〕239 号

各中央企业，各省、自治区、直辖市及计划单列市、新疆生产建设兵团国有资产监督管理机构：

为规范企业国有产权无偿划转行为，保障企业国有产权有序流动，防止国有资产流失，我们制定了《企业国有产权无偿划转管理暂行办法》，现印发给你们，请遵照执行。在执行中有何问题，请及时反馈我委。

附件：企业国有产权无偿划转管理暂行办法

附件：

企业国有产权无偿划转管理暂行办法

第一章　总　　则

第一条　为规范企业国有产权无偿划转行为，保障企业国有产权有序流动,防止国有资产流失,根据《企业国有资产监督管理暂行条例》(国务院令第378号)等有关规定,制定本办法。

第二条 本办法所称企业国有产权无偿划转,是指企业国有产权在政府机构、事业单位、国有独资企业、国有独资公司之间的无偿转移。

国有独资公司作为划入或划出一方的,应当符合《中华人民共和国公司法》的有关规定。

第三条 各级人民政府授权其国有资产监督管理机构(以下简称国资监管机构)履行出资人职责的企业(以下统称所出资企业)及其各级子企业国有产权无偿划转适用本办法。

股份有限公司国有股无偿划转,按国家有关规定执行。

第四条 企业国有产权无偿划转应当遵循以下原则:

(一)符合国家有关法律法规和产业政策的规定;

(二)符合国有经济布局和结构调整的需要;

(三)有利于优化产业结构和提高企业核心竞争力;

(四)划转双方协商一致。

第五条 被划转企业国有产权的权属应当清晰。权属关系不明确或存在权属纠纷的企业国有产权不得进行无偿划转。被设置为担保物权的企业国有产权无偿划转,应当符合《中华人民共和国担保法》的有关规定。有限责任公司国有股权的划转,还应当遵循《中华人民共和国公司法》的有关规定。

第二章　企业国有产权无偿划转的程序

第六条 企业国有产权无偿划转应当做好可行性研究。无偿划转可行性论证报告一般应当载明下列内容:

(一)被划转企业所处行业情况及国家有关法律法规、产业政策规定;

(二)被划转企业主业情况及与划入、划出方企业主业和发展规划的关系;

(三)被划转企业的财务状况及或有负债情况;

（四）被划转企业的人员情况；

（五）划入方对被划转企业的重组方案，包括投入计划、资金来源、效益预测及风险对策等；

（六）其他需说明的情况。

第七条 划转双方应当在可行性研究的基础上，按照内部决策程序进行审议，并形成书面决议。

划入方（划出方）为国有独资企业的，应当由总经理办公会议审议；已设立董事会的，由董事会审议。划入方（划出方）为国有独资公司的，应当由董事会审议；尚未设立董事会的，由总经理办公会议审议。所涉及的职工分流安置事项，应当经被划转企业职工代表大会审议通过。

第八条 划出方应当就无偿划转事项通知本企业（单位）债权人，并制订相应的债务处置方案。

第九条 划转双方应当组织被划转企业按照有关规定开展审计或清产核资，以中介机构出具的审计报告或经划出方国资监管机构批准的清产核资结果作为企业国有产权无偿划转的依据。

第十条 划转双方协商一致后，应当签订企业国有产权无偿划转协议。划转协议应当包括下列主要内容：

（一）划入划出双方的名称与住所；

（二）被划转企业的基本情况；

（三）被划转企业国有产权数额及划转基准日；

（四）被划转企业涉及的职工分流安置方案；

（五）被划转企业涉及的债权、债务（包括拖欠职工债务）以及或有负债的处理方案；

（六）划转双方的违约责任；

（七）纠纷的解决方式；

（八）协议生效条件；

（九）划转双方认为必要的其他条款。

无偿划转事项按照本办法规定程序批准后，划转协议生效。划转协议生效以前,划转双方不得履行或者部分履行。

第十一条 划转双方应当依据相关批复文件及划转协议,进行账务调整,按规定办理产权登记等手续。

第三章　企业国有产权无偿划转的批准

第十二条 企业国有产权在同一国资监管机构所出资企业之间无偿划转的,由所出资企业共同报国资监管机构批准。

企业国有产权在不同国资监管机构所出资企业之间无偿划转的,依据划转双方的产权归属关系,由所出资企业分别报同级国资监管机构批准。

第十三条 实施政企分开的企业,其国有产权无偿划转所出资企业或其子企业持有的,由同级国资监管机构和主管部门分别批准。

第十四条 下级政府国资监管机构所出资企业国有产权无偿划转上级政府国资监管机构所出资企业或其子企业持有的,由下级政府和上级政府国资监管机构分别批准。

第十五条 企业国有产权在所出资企业内部无偿划转的,由所出资企业批准并抄报同级国资监管机构。

第十六条 批准企业国有产权无偿划转事项,应当审查下列书面材料:

(一)无偿划转的申请文件;

(二)总经理办公会议或董事会有关无偿划转的决议;

(三)划转双方及被划转企业的产权登记证;

(四)无偿划转的可行性论证报告;

(五)划转双方签订的无偿划转协议;

(六)中介机构出具的被划转企业划转基准日的审计报告或同级国资监管机构清产核资结果批复文件;

(七)划出方债务处置方案;

(八)被划转企业职代会通过的职工分流安置方案;

(九)其他有关文件。

第十七条 企业国有产权无偿划转事项经批准后,划出方和划入方调整产权划转比例或者划转协议有重大变化的,应当按照规定程序重新报批。

第十八条 有下列情况之一的,不得实施无偿划转:

(一)被划转企业主业不符合划入方主业及发展规划的;

(二)中介机构对被划转企业划转基准日的财务报告出具否定意见、无法表示意见或保留意见的审计报告的;

(三)无偿划转涉及的职工分流安置事项未经被划转企业的职工代表大会审议通过的;

(四)被划转企业或有负债未有妥善解决方案的;

(五)划出方债务未有妥善处置方案的。

第十九条 下列无偿划转事项,依据中介机构出具的被划转企业上一年度(或最近一次)的审计报告或经国资监管机构批准的清产核资结果,直接进行账务调整,并按规定办理产权登记等手续。

(一)由政府决定的所出资企业国有产权无偿划转本级国资监管机构其他所出资企业的;

(二)由上级政府决定的所出资企业国有产权在上、下级政府国资监管机构之间的无偿划转;

(三)由划入、划出方政府决定的所出资企业国有产权在互不隶属的政府的国资监管机构之间的无偿划转;

(四)由政府决定的实施政企分开的企业,其国有产权无偿划转国资监管机构持有的;

(五)其他由政府或国资监管机构根据国有经济布局、结构调整和重组需要决定的无偿划转事项。

第四章 附 则

第二十条 企业国有产权无偿向境外划转及境外企业国有产权无偿划转办法另行制定。

第二十一条　企业实物资产等无偿划转参照本办法执行。

第二十二条　本办法自公布之日起施行。

关于上市公司股权分置改革中
国有股股权管理有关问题的通知

2005 年 9 月 8 日　国资发产权〔2005〕246 号

各省、自治区、直辖市及计划单列市、新疆生产建设兵团国有资产监管机构,各中央企业:

为深入推进股权分置改革工作,促进上市公司发展,保护投资者特别是公众投资者的合法权益,维护资本市场稳定,根据《国务院关于推进资本市场改革开放和稳定发展的若干意见》(国发〔2004〕3 号)及《关于上市公司股权分置改革的指导意见》(证监发〔2005〕80 号)等文件精神,经国务院同意,现就股权分置改革中涉及的国有股股权管理有关问题通知如下:

一、各级国有资产监督管理机构、上市公司国有股股东要进一步认识股权分置改革对解决证券市场制度缺陷、完善上市公司法人治理结构、推动国有资本合理流动的重要意义,从改革大局出发,积极采取有效措施,推动股权分置改革工作的顺利进行。

二、各级国有资产监督管理机构和中央企业要按照"积极、稳妥、有序"的基本原则,认真制订本地区或本企业国有控股上市公司股权分置改革的总体规划,加强对国有股股东的分类指导,并注意把股权分置改革与维护证券市场稳定有机结合起来,把握好改革的力度、发展的速度和市场的可承受程度,成熟一家,推出一家。对于条件暂不成熟的上市公司,也要积极创造条件,探索有效改革方式。

三、上市公司国有控股股东应当依据现行法律、法规和股权分置改革的有关规定,在广泛征求其他非流通股股东和 A 股市场流通股股东意见基础上,研究制订符合上市公司及自身实际的股权分置改革方案,并自行或聘请财务顾问对方案进行充分的可行性论证。各级国有资产监督管理机构和中央企业要切实履行职责,对上市公司国有股股东研究制订股权分置改革方案进行指导和监督,并采取有效措施,强化内部管理,防止道德风险,防范利用股权分置改革进行欺诈、内幕交易和市场操纵等违法犯罪行为。

四、上市公司国有控股股东在制订股权分置改革方案时,要充分借鉴股权分置改革试点工作经验,根据上市公司和国有股股东的实际情况,积极探索股权分置改革的多种实现形式,鼓励将资产重组、解决控股股东或实际控制人占用上市公司资金问题等与股权分置改革组合运作,提高上市公司质量。

五、上市公司国有控股股东在与其他非流通股股东及 A 股市场流通股股东协商确定股权分置改革方案时,要注意充分保护流通股股东的合法权益,综合考虑国有股股东的实际情况、上市公司的盈利能力及发展后劲,兼顾即期利益和长远利益。同时,还要注意平衡其他非流通股股东的利益,坚持与其他非流通股股东和 A 股市场流通股股东充分协商的原则。

六、为适应深入推进股权分置改革的形势和要求,上市公司股权分置改革中涉及地方国有企业及其他地方单位所持上市公司国有股权管理事项的审核职责,由省级(或计划单列市,以下同)国有资产监督管理机构行使,其中,地方国有控股上市公司的股权分置改革方案由省级国有资产监督管理机构报省级人民政府或计划单列市人民政府批准。

股权分置改革中涉及上市公司国有股划转、协议转让、以股抵债以及上市公司国有股性质变更其他国有股权管理审核事项,仍按现行有关规定办理。

省级国有资产监督管理机构对地方国有股股东股权分置改革方案的批复以及该方案的可行性论证报告应及时抄送国务院国有资产监督管理委员会。

七、国有控股上市公司的股权分置改革方案提交证券交易所前,上市公司国有控股股东须征得省级或省级以上国有资产监督管理机构原则同意;国有控股及参股上市公司的股权分置改革方案委托上市公司董事会召集 A 股市场相关股东会议前,上市公司所有国有股股东须取得省级或省级以上国有资产监督管理机构的书面意见;国有控股及参股上市公司董事会公告召集相关股东会议后,由持股数量最多的国有股股东统一将方案报省级或省级以上国有资产监督管理机构审核批准。

八、国有资产监督管理机构应当在相关股东分类表决前,对上市公司股权分置改革中涉及的国有股权管理事项进行审核批复。

九、国有资产监督管理机构在批复上市公司国有股股权分置改革方案时应当审核、查阅以下材料:

(一)有关股权分置改革的申请文件;

(二)股权分置改革方案及论证报告;

(三)股权分置改革说明书;

(四)非流通股股东参与股权分置改革的协商意见;

(五)上市公司上年年度报告和最近一期季度报告;

(六)法律意见书;

(七)其他材料。

上市公司股权分置改革方案论证报告应当包括但不限于以下内容:股权分置改革完成后国有股的最低持股比例及确定依据;股权分置改革方案的确定依据;股权分置改革前后国有股价值变化的评估分析;对上市公司职工权益的影响。

十、省级或省级以上国有资产监督管理机构在出具国有股股权分置改革的批复文件时,须明确上市公司股权分置改革完成后所有国有股股东名称、持股数量、占总股本比例及股权性质(国家股或国有法人股)。其中持有国有法人股的国有绝对控股单位还须在其名称后特别标注国有控股单位。

十一、各级国有资产监督管理机构在认真做好股权分置改革工作的同时,要积极着手研究以下工作:一是在对上市公司国有控股股东进行业绩考核时,要考虑设置其控股的上市公司市值指标。二是积极研究上市公司管理层股权激励的具体措施。对完成股权分置改革的国有控股上市公司,可以探索实施管理层股权激励。国有控股上市公司股权激励的具体实施和考核办法由国务院国有资产监督管理委员会会同有关部门另行制定。三是认真研究国有股取得流通权后的有效监管方式和办法。

十二、各级国有资产监督管理机构和中央企业要切实履行自身职责,制订符合本地区或本企业改革发展实际的国有控股上市公司股权分置改革的总体规划,同时要注意研究股权分置改革中出现的各种问题,并及时向国务院国有资产监督管理委员会报告有关情况。

关于上市公司股权分置改革中国有股股权管理审核程序有关事项的通知

2005 年 9 月 17 日　国资厅发产权〔2005〕39 号

各省、自治区、直辖市及计划单列市、新疆生产建设兵团国有资产监管机构,各中央企业:

为进一步贯彻落实《关于上市公司股权分置改革的指导意见》(证监发〔2005〕80 号)和《关于上市公司股权分置改革中国有股股权管理有关问题的通知》(国资产权〔2005〕246 号)等有关文件精神,现就股权分置改革中涉及的国有股权管理审核程序有关事项通知如下:

一、省级或省级以上国有资产监督管理机构须在国有控股股东委托上市公司及其保荐机构将股权分置改革方案提交证券交易所前,组织对上市公司股权分置改革方案进行审核。

二、省级或省级以上国有资产监督管理机构受理股权分置改革方案时应当审核、查阅以下材料:

(一)股权分置改革方案论证报告;

（二）股权分置改革说明书；

（三）非流通股股东参与股权分置改革的协商意见；

（四）上市公司上年年度报告和最近一期季度报告。

三、国有资产监督管理机构审核上述材料后，同意上市公司股权分置改革方案的，应当出具《上市公司股权分置改革国有股股权管理备案表》（表式见附件）。

四、国有控股股东取得省级或省级以上国有资产监督管理机构出具的备案表后，方可委托上市公司及其保荐机构向证券交易所提交股权分置改革方案。

五、国有控股股东委托上市公司董事会公告召集 A 股市场相关股东会议后，未对股权分置改革方案进行修改的，国有资产监督管理机构不再出具书面意见；如对股权分置改革方案进行修改的，国有控股股东须将修改后的股权分置改革方案报省级或省级以上国有资产监督管理机构审核，取得国有资产监督管理机构的书面意见后方可公告。

六、国有控股股东须在上市公司申请股票复牌后，在召开相关股东会议对股权分置改革方案表决前，将上市公司股权分置改革方案报省级或省级以上国有资产监督管理机构审核批准。

七、对国有控股上市公司股权分置改革方案，省级国有资产监督管理机构须报经本级人民政府同意后批复。

附件：上市公司股权分置改革国有股股权管理备案表（略）

关于企业国有产权转让
有关事项的通知

2006 年 12 月 31 日　　国资发产权〔2006〕306 号

各省、自治区、直辖市及计划单列市、新疆生产建设兵团国资委，财政厅（局），各中央企业：

《企业国有产权转让管理暂行办法》(国资委、财政部令第3号,以下简称《办法》)颁布以来,企业国有产权转让得到了进一步规范,市场配置资源的基础性作用在国有经济布局和结构调整中日渐加强,但在具体实施工作中还有一些事项需要进一步明确。经研究,现通知如下:

一、关于省级以上国资监管机构对协议转让方式的批准

企业国有产权转让应不断提高进场交易比例,严格控制场外协议转让。对于国民经济关键行业、领域的结构调整中对受让方有特殊要求,或者所出资企业(本通知所称所出资企业系指各级国有资产监督管理机构履行出资人职责的企业)内部资产重组中确需采取直接协议转让的,相关批准机构要进行认真审核和监控。

(一)允许协议转让的范围

1. 在国有经济结构调整中,拟直接采取协议方式转让国有产权的,应当符合国家产业政策以及国有经济布局和结构调整的总体规划。受让方的受让行为不得违反国家经济安全等方面的限制性或禁止性规定,且在促进企业技术进步、产业升级等方面具有明显优势。标的企业属于国民经济关键行业、领域的,在协议转让企业部分国有产权后,仍应保持国有绝对控股地位。

2. 在所出资企业内部的资产重组中,拟直接采取协议方式转让国有产权的,转让方和受让方应为所出资企业或其全资、绝对控股企业。

(二)所出资企业协议转让事项的批准权限,按照转让方的隶属关系,中央企业由国务院国资委批准,地方企业由省级国资监管机构批准。相关批准机构不得自行扩大协议转让范围,不得下放或分解批准权限。

(三)协议转让项目的资产评估报告由该协议转让的批准机构核准或备案,协议转让项目的转让价格不得低于经核准或备案的资产评估结果。

(四)相关批准机构应当在批准文件中明确协议转让事项执行的有效时限,并建立对批准协议转让事项的跟踪、报告制度。各省级国资监

管机构应当将协议转让的批准和实施结果报告国务院国资委。

二、关于外商受让企业国有产权

在企业国有产权转让中,涉及受让方为外国的企业和其他经济组织或者个人的(以下统称外商),应当按以下规定办理:

(一)向外商转让企业国有产权应在产权交易市场中公开进行。特殊情况下,确需采取协议方式转让的,应符合《办法》及本通知中关于批准协议转让的相关规定。

(二)转让方在提出受让条件时,应对照《外商投资产业指导目录》及相关规定,对国家对外商受让标的企业产权有限制性或禁止性规定的,应在产权转让公告中予以提示。

(三)通过产权交易市场确定外商为受让主体的,由转让方按照国家有关管理规定报政府相关职能部门审核批准。

香港特别行政区、澳门特别行政区和台湾地区的投资者受让企业国有产权,参照以上规定办理。

三、关于企业国有产权受让条件的审核管理

广泛征集受让方是落实企业国有产权进场交易制度的关键环节,转让方、相关批准机构和产权交易机构要进一步加强受让条件的审核管理工作。

(一)转让方在制订企业国有产权转让方案时,应当根据转让标的企业的实际情况,明确提出对受让方的受让条件要求。

(二)对受让条件中表述不明确或者有违反公平竞争内容的,产权交易机构应及时向转让方提出修改建议,或要求转让方对受让条件的执行标准作出书面解释和具体说明。

(三)受让条件及其执行标准的书面解释和具体说明经相关批准机构审核后,由产权交易机构在产权转让公告中一并公布。未经公布的受让条件不得作为确认或否定意向受让方资格的依据。

(四)在产权转让公告中公布的受让条件,一经发布不得擅自变更。

在产权交易机构尚未收到正式受让意向申请之前,确需变更受让条件的,应经产权转让相关批准机构批准后,在原信息发布渠道予以公告,公告期重新计算。

四、关于受让资格的审核确认

产权交易机构按照公布的受让条件提出对受让方资格的审核意见,并在征求转让方意见后,最终确认意向受让人资格。

(一)产权交易机构应当将正式表达受让意向的法人、自然人全部纳入登记管理范围,严格按照公布的受让条件进行资格审核后,提出具备受让资格的意向受让人名单。

(二)产权交易机构和转让方对意向受让人是否符合公告条件产生分歧时,产权交易机构可就有关分歧事项书面征求政府有关职能部门(机构)意见,也可通过产权交易争端协调机制,对分歧事项进行协调。

(三)对意向受让人资格审核确认完成后,产权交易机构应当及时将审核结果以书面形式告知相关各方。

(四)当登记的意向受让人没有响应产权转让公告中受让条件的全部要求,或提出带有附加条件的受让要求时,产权交易机构应当及时以书面形式对其进行提示,在规定的公告期限内该意向受让人没有作出调整、纠正的,应取消其受让资格。

五、关于企业国有产权转让价格

按照《办法》的规定,企业国有产权转让价格应当以资产评估结果为参考依据,在产权交易市场中公开竞价形成,产权交易机构应按照有利于竞争的原则积极探索新的竞价交易方式。

(一)转让企业国有产权的首次挂牌价格不得低于经核准或备案的资产评估结果。经公开征集没有产生意向受让方的,转让方可以根据标的企业情况确定新的挂牌价格并重新公告;如拟确定新的挂牌价格低于资产评估结果的 90%,应当获得相关产权转让批准机构书面同意。

（二）对经公开征集只产生一个意向受让方而采取协议转让的，转让价格应按本次挂牌价格确定。

（三）企业国有产权转让中涉及的职工安置、社会保险等有关费用，不得在评估作价之前从拟转让的国有净资产中先行扣除，也不得从转让价款中进行抵扣。

（四）在产权交易市场中公开形成的企业国有产权转让价格，不得以任何付款方式为条件进行打折、优惠。

六、关于各级财政部门在企业国有产权转让中的管理工作

各级财政部门应当认真做好有关企业国有产权转让的监督检查以及标的企业财政政策清理等工作，并按以下规定进行审核或者审批：

（一）按照《办法》第26条审核企业国有产权转让时，重点审核涉及《办法》第28条、29条规定的事项是否符合国家有关企业财务管理的政策规定。

（二）按照《办法》第37条的规定，政企尚未分开单位以及其他单位所持有的企业国有产权转让，由政企尚未分开单位以及其他单位审核后，报同级财政部门批准。

关于印发《国有单位受让上市公司股份管理暂行规定》的通知

2007年6月28日　国资发产权〔2007〕109号

各省、自治区、直辖市及计划单列市、新疆生产建设兵团国资委，各中央企业：

为规范国有单位受让上市公司股份行为，加强对上市公司国有股

东的管理,维护各类投资者合法权益和证券市场稳定,防范国有单位投资风险,根据国家有关法律、行政法规,特制定《国有单位受让上市公司股份管理暂行规定》。现印发给你们,请结合实际,认真遵照执行,并及时反映工作中有关情况和问题。

附件:国有单位受让上市公司股份管理暂行规定

附件:

国有单位受让上市公司股份管理暂行规定

第一条　为规范国有单位受让上市公司股份行为,加强对上市公司国有股东的管理,维护各类投资者合法权益和证券市场稳定,防范国有单位投资风险,根据国家有关法律、行政法规,制定本规定。

第二条　本规定所称国有单位是指各级国有资产监督管理机构监管范围内的国有及国有控股企业、有关机构、事业单位等。

第三条　国有独资或控股的专门从事证券业务的证券公司及基金管理公司受让上市公司股份按照相关规定办理。

第四条　国有单位受让上市公司股份应当符合国家有关法律、行政法规和政策规定及本单位的发展规划和年度投资计划,坚持公开、公平、公正原则,有利于国有经济布局和结构战略性调整,有利于加强主业,提升核心竞争力,并做好投资风险的评估、控制和管理工作。

第五条　国有单位受让上市公司股份应当严格按照《证券法》等有关法律、行政法规及规章制度的规定,及时履行信息披露等法定义务。

国有单位受让上市公司股份应当做好可行性研究,按照内部决策程序进行审议,并形成书面决议。

第六条　国有单位受让上市公司股份可以通过证券交易系统购买、通过协议方式受让或其他合法途径进行。

第七条 国有单位受让上市公司股份的价格应根据该上市公司的股票市场价格、合理市盈率、盈利能力及企业发展前景等因素合理确定。

第八条 国有单位受让上市公司股份按本办法有关规定需要报国有资产监督管理机构审核批准的,按以下程序办理:国有单位为中央单位的,其受让上市公司股份由中央单位逐级报国务院国有资产监督管理机构批准。

国有单位为地方单位的,其受让上市公司股份由地方单位逐级报省级国有资产监督管理机构批准。

第九条 国有单位在一个会计年度内通过证券交易所的证券交易系统累计净受让上市公司的股份(所受让的股份扣除所出让的股份的余额)未达到上市公司总股本5%的,由国有单位按内部管理程序决策,并在每年1月31日前将其上年度通过证券交易系统受让上市公司股份的情况报省级或省级以上国有资产监督管理机构备案;达到或超过上市公司总股本5%的,国有单位应将其受让上市公司股份的方案事前报省级或省级以上国有资产监督管理机构备案后方可组织实施。

国有单位通过其控制的不同的受让主体分别受让上市公司股份的,受让比例应合并计算。

第十条 国有单位通过证券交易系统受让上市公司股份需要报国有资产监督管理机构备案的,其报送的材料主要包括:

(一)国有单位受让上市公司股份的方案及内部决议;

(二)国有单位受让上市公司股份的可行性研究报告;

(三)国有单位的基本情况、最近一期财务审计报表;

(四)上市公司的基本情况、最近一期的年度报告和中期报告。

第十一条 国有单位受让上市公司股份的可行性研究报告应主要包括以下内容:

(一)受让股份的原因;

(二)受让股份是否有利于加强主业,是否符合企业发展规划;

(三)受让股份的价格上限及确定依据;

（四）受让股份的数量及受让时限；

（五）受让股份的资金筹措；

（六）受让股份后对企业经营发展的影响分析；

（七）关于上市公司未来的发展规划和重组计划（适用于受让股份后成为上市公司控股股东的）。

第十二条　国有资产监督管理机构收到国有单位通过证券交易系统受让上市公司股份的备案材料后,应在 10 个工作日内对该事项出具备案意见。国有单位受让上市公司股份的方案经国有资产监督管理机构备案后方可组织实施。

第十三条　国有单位通过协议方式受让上市公司股份并成为上市公司控股股东的,应当聘请在境内注册的专业机构担任财务顾问,针对本单位受让上市公司股份的方式、受让价格、对本单位及上市公司的影响等方面发表专业意见。

财务顾问应当具有良好的信誉及且近三年内无重大违法违规记录。

第十四条　国有单位通过协议方式受让上市公司股份后不具有上市公司控股权或上市公司国有控股股东通过协议方式增持上市公司股份的,由国有单位按内部管理程序决策;国有单位通过协议方式受让上市公司股份后具有上市公司控股权的,应在与转让方签订股份转让协议后逐级报省级或省级以上国有资产监督管理机构审核批准。

第十五条　国有单位协议受让上市公司股份需要报国有资产监督管理机构审核批准的,其报送的材料主要包括：

（一）国有单位受让上市公司股份的请示及内部决议文件；

（二）关于受让上市公司股份的可行性研究报告及受让股份价格的专项说明；

（三）上市公司股份转让协议；

（四）国有单位基本情况、上一年经审计的财务审计报告；

（五）上市公司基本情况、最近一期的年度报告及中期报告；

（六）财务顾问出具的财务顾问报告；

（七）律师事务所出具的法律意见书。

协议受让上市公司股份的可行性研究报告内容参照本规定第十一条的规定。

第十六条 国有单位协议受让上市公司股份经批准后，应持国有资产监督管理机构的有关批复到证券交易所及中国证券登记结算有限责任公司办理股份过户手续。

国有单位协议受让上市公司股份需要报国有资产监督管理机构审核批准的，国有资产监督管理机构的批复文件是证券交易所和中国证券登记结算有限责任公司办理上市公司股份过户手续及工商管理部门办理上市公司章程变更的必备文件。

第十七条 国有单位认购上市公司发行股票的、将其持有的上市公司发行的可转换公司债券转换成股票的、通过司法机关强制执行手续受让上市公司股份的、间接受让上市公司股份的（即受让上市公司股东的控股权）按照相关法律、行政法规及规章制度的规定办理，并在上述行为完成后 10 个工作日内报省级或省级以上国有资产监督管理机构备案。

第十八条 国有资产监督管理机构应依据本规定及国家有关法律、行政法规及规章制度的规定，认真履行对国有单位受让上市公司股份的审核职责，并根据《上市公司国有股东标识管理暂行规定》对国有单位受让上市公司股份开设的国有股股东证券账户做好标识管理。

关于印发《上市公司国有股东
标识管理暂行规定》的通知

2007 年 6 月 30 日 国资发产权〔2007〕108 号

国务院各部委、各直属机构，各省、自治区、直辖市及计划单列市、新疆生产建设兵团国资委，各中央企业，上海证券交易所、深圳证券交易所、中国证券登记结算有限责任公司：

　　为加强对上市公司国有股东的管理,维护证券市场稳定,根据国家有关法律、行政法规,特制定《上市公司国有股东标识管理暂行规定》。现印发给你们,请结合实际,认真遵照执行,并及时反映工作中有关情况和问题。

　　附件:上市公司国有股东标识管理暂行规定

附件:

上市公司国有股东标识管理暂行规定

　　第一条　为加强对上市公司国有股东的管理,促进国有资产保值增值,维护证券市场稳定,根据国家有关法律、行政法规,制定本规定。

　　第二条　本规定所称上市公司国有股东,是指持有上市公司股份的国有及国有控股企业、有关机构、部门、事业单位等。

　　第三条　国有资产监督管理机构应当在国有控股或参股的股份公司相关批复文件中对国有股东作出明确界定,并在国有股东名称后标注具体的国有股东标识,国有股东的标识为"SS"(State-owned Shareholder)。

　　中国证券登记结算有限责任公司(以下简称登记公司)根据省级或省级以上国有资产监督管理机构的批复以及国有股东或股票发行人的申请,对国有股东证券账户进行标识登记。

　　第四条　国有控股或参股的股份有限公司(以下简称股份公司)申请发行股票时,应向证券监督管理机构提供国有资产监督管理机构关于股份公司国有股权管理的批复文件,该文件是股份有限公司申请股票发行的必备文件。

　　第五条　股份公司股票发行结束后,股票发行人向登记公司申请股份初始登记时,应当在申请材料中对持有限售股份的国有股东性质予以注明,并提供国有资产监督管理机构关于股份公司国有股权管理的批复文件。

国有单位通过协议方式受让上市公司股份,根据有关规定需要报国有资产监督管理机构审核批准的,应及时履行申报程序。国有单位通过司法强制途径受让上市公司股份的,应根据有关法律规定报国有资产监督管理机构办理国有股东身份界定手续。国有单位向登记公司申请办理股份过户登记时,应当在申请材料中对其国有股东性质予以注明,并提供国有资产监督管理机构有关批复文件或国有股东身份界定文件。

国有股东因产权变动引起其经济性质或实际控制人变化的,应根据国有资产监督管理机构对其国有股东身份的界定文件,及时向登记公司申请办理国有股东证券账户标识的注销手续。

第六条 股票发行人或国有单位办理相关业务时按上述规定已注明国有股东身份,如该股东证券账户中尚未加设国有股东标识的,登记公司应当根据股票发行人或国有单位的申报以及国有资产监督管理机构关于股份公司国有股权管理的批复文件,在相应证券账户中加设国有股东标识。

证券账户已加设国有股东标识但股票发行人或国有单位未予注明的,以国有股东证券账户中已加设的标识为准。

第七条 国有股东自本规定下发之日起 30 日内,应将其在本规定下发前已开设的证券账户情况(包括账户名称、账户号码、持有的上市公司股票名称、数量、流通状态等)报对其负监管职责的国有资产监督管理机构备案。下一级国有资产监督管理机构应将本地所属国有股东开设证券账户的报备情况报上一级国有资产监督管理机构备案。

国有单位在本规定下发后新开设证券账户的,应在开设证券账户后 7 个工作日内将其开设的证券账户情况按上述程序报国有资产监督管理机构备案。

第八条 省级或省级以上国有资产监督管理机构根据国有单位开

设证券账户的备案情况建立上市公司国有股东信息库,并定期(每季度末)核查上市公司国有股东标识的加设及变更情况,对未加设或未及时变更国有股东标识的国有股东证券账户统一向登记公司出函办理国有股东标识的加设及变更工作。

第九条 国有单位应严格按本规定办理国有股东标识的登记工作及向国有资产监督管理机构上报其开设证券账户的情况。

第十条 对完成股权分置改革的上市公司以及股票发行实行新老划断后至本规定实施前新上市的股份公司,由国务院国有资产监督管理委员会会同中国证券监督管理委员会,根据国有资产监督管理机构关于股权分置改革中国有股权管理的批复以及新上市股份公司国有股权管理的批复,统一组织协调国有股东标识的加设工作。

对未完成股权分置改革的上市公司,国有资产监督管理机构在对其股权分置改革中国有股权管理有关问题进行批复时,应在国有股东名称后标注国有股东标识。上市公司应当根据该批复在向登记公司申请办理实施股权分置改革涉及的变更登记事项时一并办理国有股东标识加设工作。

第十一条 国有股东在其所持有的上市公司股份发生转让或变动时,需严格遵守上市公司国有股权管理的有关法律、行政法规的规定。

国有资本收益

财政部　国资委关于印发
《中央企业国有资本收益收取
管理暂行办法》的通知

2007 年 12 月 11 日　财企〔2007〕309 号

有关中央管理企业：

经国务院批准,现将《中央企业国有资本收益收取管理暂行办法》印发给你们,请遵照执行。执行中如有问题,请及时与我们联系。

2007 年作为试点,对国资委所监管企业 2006 年实现的国有资本收益进行收取,其中,企业税后利润按标准减半收取。请各有关企业于 12 月 20 日前按规定申报交纳。

附件：中央企业国有资本收益收取管理暂行办法

附件：

中央企业国有资本收益收取管理暂行办法

第一章　总　　则

第一条　为建立国有资本经营预算制度,规范国家与企业的分配关系,加强中央企业国有资本收益管理,依据《中华人民共和国公司法》、《中华人民共和国预算法》、《国务院关于试行国有资本经营预算的意见》(国发〔2007〕26 号),制定本办法。

第二条　本办法试行范围包括国资委所监管企业和中国烟草总公

司,简称中央企业。

第三条 本办法所称国有资本收益,是指国家以所有者身份依法取得的国有资本投资收益,具体包括:

(一)应交利润,即国有独资企业按规定应当上交国家的利润;

(二)国有股股利、股息,即国有控股、参股企业国有股权(股份)获得的股利、股息收入;

(三)国有产权转让收入,即转让国有产权、股权(股份)获得的收入;

(四)企业清算收入,即国有独资企业清算收入(扣除清算费用),国有控股、参股企业国有股权(股份)分享的公司清算收入(扣除清算费用);

(五)其他国有资本收益。

第四条 中央企业国有资本收益应当按规定直接上交中央财政,纳入中央本级国有资本经营预算收入管理。

国家对中央企业国有资本收益另有规定的,从其规定。

第五条 中央企业国有资本收益由财政部负责收取,国资委负责组织所监管企业上交国有资本收益。

第二章　中央企业国有资本收益的申报与核定

第六条 中央企业上交国有资本收益应当按规定申报,并如实填写中央企业国有资本收益申报表(详见附表1-4)。具体申报时间及要求如下:

(一)应交利润,在年度终了后5个月内,由中央企业一次申报;

(二)国有股股利、股息,在股东会或者股东大会(没有设立股东会或者股东大会的为董事会,下同)表决日后30个工作日内,由国有控股、参股企业据实申报,并附送股东会、股东大会的决议文件;

(三)国有产权转让收入,在签订产权转让合同后30个工作日内,由中央企业或者国资委授权的机构据实申报,并附送产权转让合同和资产评估报告;

（四）企业清算收入，在清算组或者管理人编制剩余财产分配方案后 30 个工作日内，由清算组或者管理人据实申报，并附送企业清算报告和中国注册会计师出具的审计报告；

（五）其他国有资本收益，在收益确定后 30 个工作日内，由有关单位申报，并附送有关经济事项发生和金额确认的资料。

第七条 国资委所监管企业在向国资委申报上交国有资本收益时，将申报表及相关材料报送财政部；中国烟草总公司申报上交国有资本收益，将申报表及相关材料直接报送财政部。

第八条 国有独资企业拥有全资公司或者控股子公司、子企业的，应当由集团公司（母公司、总公司）以年度合并财务报表反映的归属于母公司所有者的净利润为基础申报。

企业计算应交利润的年度净利润，可以抵扣以前年度未弥补亏损。

第九条 国有独资企业上交年度净利润的比例，区别不同行业，分以下三类执行（企业分类名单详见附表 5）：

（一）第一类 10%；

（二）第二类 5%；

（三）第三类暂缓 3 年上交或者免交。

第十条 国有控股、参股企业应付国有投资者的股利、股息，按照股东会或者股东大会决议通过的利润分配方案执行。

国有控股、参股企业应当依法分配年度净利润。当年不予分配的，应当说明暂不分配的理由和依据，并出具股东会或者股东大会的决议。

第十一条 中央企业上交国有资本收益区别以下情况核定：

（一）应交利润，根据经中国注册会计师审计的企业年度合并财务报表反映的归属于母公司所有者的净利润和规定的上交比例计算核定；

（二）国有股股利、股息，根据国有控股、参股企业关于利润分配的决议核定；

（三）国有产权转让收入，根据企业产权转让协议和资产评估报告等资料核定；

（四）企业清算收入，根据清算组或者管理人提交的企业清算报告核定；

（五）其他国有资本收益，根据有关经济行为的财务会计资料核定。

第十二条 中央企业根据国家政策进行重大调整，或者由于遭受重大自然灾害等不可抗力因素造成巨大损失，需要减免应交利润的，应当向财政部、国资委提出申请，由财政部商国资委报国务院批准后，将减免的应交利润直接转增国家资本或者国有资本公积。

第三章 中央企业国有资本收益的上交

第十三条 中央企业国有资本收益上交，使用政府收支分类科目中"国有资本经营收入"款级科目。

第十四条 中央企业国有资本收益上交，按照以下程序执行：

（一）国资委在收到所监管企业上报的国有资本收益申报表及相关材料后 15 个工作日内提出审核意见，报送财政部复核，财政部在收到国资委审核意见后 15 个工作日内提出复核意见；

（二）国资委根据财政部同意的审核结果向所监管企业下达国有资本收益上交通知，财政部向财政部驻企业所在省（自治区、直辖市、计划单列市）财政监察专员办事处下达国有资本收益收取通知；财政部驻企业所在省（自治区、直辖市、计划单列市）财政监察专员办事处依据财政部下达的国有资本收益收取通知向企业开具"非税收入一般缴款书"；

（三）国资委所监管企业依据国资委下达的国有资本收益上交通知和财政部驻企业所在省（自治区、直辖市、计划单列市）财政监察专员办事处开具的"非税收入一般缴款书"办理国有资本收益交库手续；

（四）财政部在收到中国烟草总公司的国有资本收益申报表及相关材料后 15 个工作日内，完成审核工作并向财政部驻北京市财政监察专员办事处下达国有资本收益收取通知；中国烟草总公司凭财政部驻北京市财政监察专员办事处开具的"非税收入一般缴款书"办理国有资本收益交库手续。

第十五条 中央企业当年应交利润应当在申报日后 5 个月内交

清,其中:应交利润在 10 亿元以下(含 10 亿元)的,须一次交清;应交利润在 10 亿元以上、50 亿元以下(含 50 亿元)的,可分两次交清;应交利润在 50 亿元以上的,可分三次交清。

第十六条 对中央企业欠交国有资本收益的情况,财政部、国资委应当查明原因,采取措施予以催交。

第四章 附 则

第十七条 本办法自发布之日起执行。

附表:

1. 中央企业国有资本收益(应交利润)申报表(略)

2. 中央企业国有资本收益(国有股息、股利)申报表(略)

3. 中央企业国有资本收益(国有产权转让收入)申报表(略)

4. 中央企业国有资本收益(企业清算收入)申报表(略)

5. 试行国有资本经营预算中央企业税后利润上交比例表(略)

规划发展

中央企业发展战略和规划管理办法(试行)

2004 年 11 月 26 日　国务院国有资产监督管理委员会令第 10 号

第一条　为规范中央企业发展战略和规划的编制与管理工作,提高企业发展战略和规划的科学性和民主性,依法履行出资人职责,根据《中华人民共和国公司法》、《企业国有资产监督管理暂行条例》等法律法规,制定本办法。

第二条　本办法所称中央企业,是指国务院国有资产监督管理委员会(以下简称国资委)履行出资人职责的企业(以下简称企业)。

第三条　本办法所称企业发展战略和规划,是指企业根据国家发展规划和产业政策,在分析外部环境和内部条件现状及其变化趋势的基础上,为企业的长期生存与发展所作出的未来一定时期内的方向性、整体性、全局性的定位、发展目标和相应的实施方案。

第四条　企业发展战略和规划的管理,是指国资委根据出资人职责依法对企业发展战略和规划的制订程序、内容进行审核,并对其实施情况进行监督。

第五条　国资委对企业发展战略和规划进行管理应当坚持以下原则:

(一)依法履行出资人职责;

(二)尊重企业的合法权益;

(三)推动国有经济布局和结构的战略性调整,指导企业进行结构调整;

(四)客观、公正、科学、统筹;

(五)提高工作效率,遵守职业道德,严守国家机密和商业秘密。

第六条　企业要明确负责发展战略和规划编制的工作机构,建立相应的工作制度并报国资委备案。

第七条 企业应当按照本办法规定,制订本企业的发展战略和规划。有条件的企业可以设立发展战略和规划决策委员会。

第八条 企业发展战略和规划包括3~5年中期发展规划和10年远景目标。编制重点为3~5年发展规划,并根据企业外部环境和内部情况的变化和发展适时滚动调整。

第九条 企业发展战略和规划应当包括下列主要内容:

(一)现状与发展环境。包括企业基本情况、发展环境分析和竞争力分析等;

(二)发展战略与指导思想;

(三)发展目标;

(四)三年发展、调整重点与实施计划;

(五)规划实施的保障措施;

(六)需要包括的其他内容。

第十条 企业在制订发展战略和规划时,可参照国资委编制的《中央企业发展战略与规划编制大纲》,并可根据实际情况进行适当调整,但应当涵盖其提出的内容。

第十一条 企业应当按照国资委要求在规定时间内报送发展战略和规划草案。报送内容包括企业发展战略和规划草案文本及编制说明。

第十二条 国资委组织对企业的发展战略和规划草案进行审核,在规定时间内将审核意见反馈企业。

第十三条 国资委对企业报送的企业发展战略和规划内容的审核主要包括:

(一)是否符合国家发展规划和产业政策;

(二)是否符合国有经济布局和结构的战略性调整方向;

(三)是否突出主业,提升企业核心竞争力;

(四)是否坚持效益优先和可持续发展原则。

第十四条 国有独资企业、国有独资公司应当根据国资委的审核意见,对企业发展战略和规划进行修订。

第十五条 国有控股、国有参股企业中国资委派出的股东代表、董事,应当在企业股东会或董事会上充分表述国资委对企业发展战略和规划的审核意见。

第十六条 企业按照内部决策程序对发展战略和规划修订后,应当将企业发展战略和规划正式文本报国资委备案。

第十七条 企业在实施发展战略和规划过程中应当制定年度计划,对实施情况与发展目标进行对比评价,及时调整。

第十八条 国资委将企业发展战略和规划的目标和实施,纳入对中央企业负责人经营业绩考核的内容。

第十九条 本办法自2005年1月1日起施行。

中央企业投资监督管理暂行办法

2006年6月28日 国务院国有资产监督管理委员会令第16号

第一条 为依法履行出资人职责,规范中央企业投资活动,提高中央企业投资决策的科学性和民主性,有效防范投资风险,根据《中华人民共和国公司法》、《企业国有资产监督管理暂行条例》等法律法规,制定本办法。

第二条 本办法所称中央企业,是指国务院国有资产监督管理委员会(以下简称国资委)履行出资人职责的企业(以下简称企业)。

第三条 本办法所称的投资主要包括企业在境内的下列投资活动:

(一)固定资产投资;

(二)产权收购;

（三）长期股权投资。

第四条 国资委依法对企业投资活动进行监督管理,指导企业建立健全投资决策程序和管理制度。

第五条 企业是投资活动的主体,企业必须制定并执行投资决策程序和管理制度,建立健全相应的管理机构,并报国资委备案。

第六条 企业投资活动和国资委对企业投资活动的监督管理应当遵循以下原则:

（一）符合国家发展规划和产业政策;

（二）符合企业布局和结构调整方向;

（三）符合企业发展战略与规划;

（四）突出主业,有利于提高企业核心竞争能力;

（五）非主业投资应当符合企业调整、改革方向,不影响主业的发展;

（六）符合企业投资决策程序和管理制度;

（七）投资规模应当与企业资产经营规模、资产负债水平和实际筹资能力相适应;

（八）充分进行科学论证,预期投资收益应不低于国内同行业同期平均水平。

主业是指由企业发展战略和规划确定的并经国资委确认公布的主要经营业务;非主业是指主业以外的其他经营业务。

第七条 企业应当依据其发展战略和规划编制年度投资计划,企业的主要投资活动应当纳入年度投资计划。

企业年度投资计划应当主要包括下列内容:

（一）总投资规模、资金来源与构成;

（二）主业与非主业投资规模;

（三）投资项目基本情况(包括项目内容、投资额、资金构成、投资预期收益、实施年限等)。

企业年度投资计划中的投资项目是指按照企业投资管理制度规定由董事会或总经理办公会议研究决定的投资项目(包括子企业投资项目)。

第八条 企业应当按国资委要求,在规定时间内报送年度投资计划。

企业年度投资计划的统一报送格式、报送时限等要求,由国资委另行规定。

第九条 国资委对企业投资活动实行分类监督管理:

(一)按照国资委有关规定建立规范董事会的国有独资公司,国资委依据企业年度投资计划对投资项目实行备案管理。

(二)未建立规范董事会的国有独资企业、国有独资公司,国资委依据企业年度投资计划对主业投资项目实行备案管理;对非主业投资项目实行审核,在 20 个工作日内作出审核决定。

(三)国有控股公司,应按照本办法的规定向国资委报送企业年度投资计划。

(四)其他类型的企业,参照国有控股公司执行。

第十条 企业在年度投资计划外追加项目,应当及时将有关情况报告国资委,国资委按本办法第九条规定管理。

第十一条 企业对以下重大投资事项应当及时向国资委报告:

(一)按国家现行投资管理规定,需由国务院批准的投资项目,或者需由国务院有关部门批(核)准的投资项目,企业应当在上报国务院或国务院有关部门的同时,将其有关文件抄送国资委。

(二)企业投资项目实施过程中出现下列情形的,应当重新履行投资决策程序,并将决策意见及时书面报告国资委:

1. 对投资额、资金来源及构成进行重大调整,致使企业负债过高,超出企业承受能力或影响企业正常发展的;

2. 股权结构发生重大变化,导致企业控制权转移的;

3. 投资合作方严重违约,损害出资人权益的。

(三)需报告国资委的其他重大投资事项。

第十二条 国资委建立企业投资统计分析制度,企业应当按照国资委要求报送年度投资完成情况和分析材料,其中部分重点企业应当报送季度投资完成情况。

第十三条 企业应当对投资项目实施后评价管理,具体工作内容与要求,参照《中央企业固定资产投资项目后评价工作指南》执行。国资委根据需要,对企业已完成的投资项目,有选择地开展项目后评价。

第十四条 国资委对企业依据本办法报送的资料负有保密义务。

第十五条 企业违反本办法和其投资决策程序规定的,国资委应当责令其改正;情节严重、致使企业遭受重大损失的,依照有关规定追究企业有关人员的责任。

国资委相关责任人员违反本办法规定的,国资委应当责令其改正;情节严重的,依法给予行政处分。

第十六条 企业境外投资监督管理的具体规定,由国资委另行制定。

第十七条 本办法由国资委负责解释。

第十八条 本办法自 2006 年 7 月 1 日起施行。

中国证券监督管理委员会
国务院国有资产监督管理委员会
《关于规范上市公司与关联方资金往来
及上市公司对外担保若干问题》的通知

2003 年 8 月 28 日   证监发〔2003〕56 号

各上市公司及其控股股东:

为进一步规范上市公司与控股股东及其他关联方的资金往来,有效控制上市公司对外担保风险,保护投资者合法权益,根据《公司法》、《证券法》、《企业国有资产监督管理暂行条例》等法律法规,现就有关问题通知如下:

一、进一步规范上市公司与控股股东及其他关联方的资金往来

上市公司与控股股东及其他关联方的资金往来,应当遵守以下规定:

（一）控股股东及其他关联方与上市公司发生的经营性资金往来中，应当严格限制占用上市公司资金。控股股东及其他关联方不得要求上市公司为其垫支工资、福利、保险、广告等期间费用，也不得互相代为承担成本和其他支出。

（二）上市公司不得以下列方式将资金直接或间接地提供给控股股东及其他关联方使用：

1. 有偿或无偿地拆借公司的资金给控股股东及其他关联方使用；

2. 通过银行或非银行金融机构向关联方提供委托贷款；

3. 委托控股股东及其他关联方进行投资活动；

4. 为控股股东及其他关联方开具没有真实交易背景的商业承兑汇票；

5. 代控股股东及其他关联方偿还债务；

6. 中国证监会认定的其他方式。

（三）注册会计师在为上市公司年度财务会计报告进行审计工作中，应当根据上述规定事项，对上市公司存在控股股东及其他关联方占用资金的情况出具专项说明，公司应当就专项说明作出公告。

二、严格控制上市公司的对外担保风险

上市公司全体董事应当审慎对待和严格控制对外担保产生的债务风险，并对违规或失当的对外担保产生的损失依法承担连带责任。控股股东及其他关联方不得强制上市公司为他人提供担保。

上市公司对外担保应当遵守以下规定：

（一）上市公司不得为控股股东及本公司持股50%以下的其他关联方、任何非法人单位或个人提供担保。

（二）上市公司对外担保总额不得超过最近一个会计年度合并会计报表净资产的50%。

（三）上市公司《章程》应当对对外担保的审批程序、被担保对象的资信标准做出规定。对外担保应当取得董事会全体成员2/3以上签署同意，或者经股东大会批准；不得直接或间接为资产负债率超过70%

的被担保对象提供债务担保。

（四）上市公司对外担保必须要求对方提供反担保,且反担保的提供方应当具有实际承担能力。

（五）上市公司必须严格按照《上市规则》、《公司章程》的有关规定,认真履行对外担保情况的信息披露义务,必须按规定向注册会计师如实提供公司全部对外担保事项。

（六）上市公司独立董事应在年度报告中,对上市公司累计和当期对外担保情况、执行上述规定情况进行专项说明,并发表独立意见。

三、加大清理已发生的违规占用资金和担保事项的力度

（一）上市公司应自本《通知》发布之日起一个月内,按照本《通知》规定,对上市公司与控股股东及其他关联方已经发生的资金往来、资金占用以及对外担保情况进行自查。

自查报告应在规定期限内上报公司所在地中国证监会派出机构备案,经各地派出机构审核或检查后,应在最近一期年度报告中作为重大事项予以披露。

（二）国有资产监督管理机构应当指导和协调国有控股上市公司解决违规资金占用、关联担保问题,要求有关控股股东尊重、维护上市公司经营自主权和合法权益,促进上市公司依法经营管理,完善法人治理结构,增强上市公司的市场竞争力。

（三）上市公司董事会应当针对历史形成的资金占用、对外担保问题,制定切实可行的解决措施,保证违反本《通知》规定的资金占用量、对外担保形成的或有债务,在每个会计年度至少下降30％。

（四）上市公司被关联方占用的资金,原则上应当以现金清偿。在符合现行法律法规的条件下,可以探索金融创新的方式进行清偿,但需按法定程序报有关部门批准。

（五）严格控制关联方以非现金资产清偿占用的上市公司资金。关联方拟用非现金资产清偿占用的上市公司资金,应当遵守以下规定:

1. 用于抵偿的资产必须属于上市公司同一业务体系,并有利于增

强上市公司独立性和核心竞争力,减少关联交易,不得是尚未投入使用的资产或没有客观明确账面净值的资产。

2. 上市公司应当聘请有证券期货相关业务资格的中介机构对符合以资抵债条件的资产进行评估,以资产评估值或经审计的账面净值作为以资抵债的定价基础,但最终定价不得损害上市公司利益,并充分考虑所占用资金的现值予以折扣。

审计报告和评估报告应当向社会公告。

3. 独立董事应当就上市公司关联方以资抵债方案发表独立意见,或者聘请有证券期货相关业务资格的中介机构出具独立财务顾问报告。

4. 上市公司关联方的以资抵债方案应当报中国证监会批准。中国证监会认为以资抵债方案不符合本《通知》规定,或者有明显损害公司和中小投资者利益的情形,可以制止该方案的实施。

5. 上市公司关联方以资抵债方案须经股东大会审议批准,关联方股东应当回避投票。

四、依法追究违规占用资金和对外担保行为的责任

(一)中国证监会与国务院国有资产监督管理委员会(以下简称"国资委")等部门加强监管合作,共同建立规范国有控股股东行为的监管协作机制,加大对违规占用资金和对外担保行为的查处力度,依法追究相关当事人的法律责任。

(二)上市公司及其董事、监事、经理等高级管理人员违反本《通知》规定,中国证监会将责令整改,依法予以处罚,并自发现上市公司存在违反本《通知》规定行为起12个月内不受理其再融资申请。

(三)上市公司控股股东违反本《通知》规定或不及时清偿违规占用上市公司资金的,中国证监会不受理其公开发行证券的申请或其他审批事项,并将其资信不良记录向国资委、中国银行业监督管理委员会和有关地方政府通报。

国有控股股东违反本《通知》规定的,国有资产监督管理机构对直接负责的主管人员和直接责任人依法给予纪律处分,直至撤销职务;给上市公司或其他股东利益造成损失的,应当承担相应的赔偿责任。非国有控股股东直接负责的主管人员和直接责任人违反本《通知》规定的,给上市公司造成损失或严重损害其他股东利益的,应负赔偿责任,并由相关部门依法处罚。构成犯罪的,依法追究刑事责任。

五、其他

本《通知》所称"关联方"按财政部《企业会计准则关联方关系及其交易的披露》规定执行。纳入上市公司合并会计报表范围的子公司对外担保、与关联方之间进行的资金往来适用本《通知》规定。

六、本通知自发布之日起施行

关于印发《中央企业固定资产投资项目后评价工作指南》的通知

2005 年 5 月 25 日   国资发规划〔2005〕92 号

各中央企业:

为贯彻落实《国务院关于投资体制改革的决定》(国发〔2004〕20号)精神,更好地履行出资人职责,指导中央企业提高投资决策水平、管理水平和投资效益,规范投资项目后评价工作,推动投资项目后评价制度和责任追究制度的建立,我委组织编制了《中央企业固定资产投资项目后评价工作指南》(以下简称《工作指南》),现印发给你们,请参照执行,并就有关事项通知如下:

一、《工作指南》是中央企业开展投资项目后评价工作的指导性文件,各中央企业可根据《工作指南》的要求,编制本企业的固定资产投资项目后评价实施细则,对项目后评价工作的内容和范围可有所侧重和取舍。

二、《工作指南》适用范围为固定资产投资类项目后评价,对于股权投资、资产并购、证券、期货等其他类型的投资项目,仅供参考。

三、企业是投资主体,也是后评价工作的主体。各中央企业要制订本企业的投资项目后评价年度工作计划,有目的地选取一定数量的投资项目开展评价工作。要加强投资项目后评价信息和成果的反馈,及时总结经验教训,以实现后评价工作的目的。

四、中央企业的后评价工作由国资委规划发展局具体负责指导、管理。我委每年将选择少数具有典型意义的项目组织实施后评价,督促检查中央企业后评价制度的建立和后评价工作的开展,及时反馈后评价工作信息和成果,组织开展后评价工作的培训和交流活动。

附件:中央企业固定资产投资项目后评价工作指南

附件:

中央企业固定资产投资
项目后评价工作指南

一、总则

(一)为加强中央企业固定资产投资项目管理,提高企业投资决策水平和投资效益,完善投资决策机制,建立投资项目后评价制度,根据《中华人民共和国公司法》、《企业国有资产监督管理暂行条例》(国务院令第378号)、《国务院关于投资体制改革的决定》(国发〔2004〕20号)以及《国务院办公厅关于印发国务院国有资产监督管理委员会主要职责内设机构和人员编制规定的通知》(国办发〔2003〕28号)赋予国资委的职责,国务院国有资产监督管理委员会(以下简称国资委)编制《中央企业固定资产投资项目后评价工作指南》(以下简称《工作指南》)。

(二)《工作指南》所称中央企业是指经国务院授权由国资委履行出资人职责的企业。本指南适用于指导中央企业固定资产投资项目后评价工作(以下简称项目后评价)。

(三)《工作指南》所称固定资产投资项目,是指为特定目的而进行投资建设,并含有一定建筑或建筑安装工程,且形成固定资产的建设项目。

二、项目后评价概念及一般要求

(一)项目后评价是投资项目周期的一个重要阶段,是项目管理的重要内容。项目后评价主要服务于投资决策,是出资人对投资活动进行监管的重要手段。项目后评价也可以为改善企业经营管理提供帮助。

(二)项目后评价一般是指项目投资完成之后所进行的评价。它通过对项目实施过程、结果及其影响进行调查研究和全面系统回顾,与项目决策时确定的目标以及技术、经济、环境、社会指标进行对比,找出差别和变化,分析原因,总结经验,汲取教训,得到启示,提出对策建议,通过信息反馈,改善投资管理和决策,达到提高投资效益的目的。

(三)按时点划分,项目后评价又可分为项目事后评价和项目中间评价。项目事后评价是指对已完工项目进行全面系统的评价;项目中间评价是指从项目开工到竣工验收前的阶段性评价。

(四)项目后评价应坚持独立、科学、公正的原则。

(五)项目后评价要有畅通、快捷的信息流系统和反馈机制。项目后评价的结果和信息应用于指导规划编制和拟建项目策划,调整投资计划和在建项目,完善已建成项目。项目后评价还可用于对工程咨询、施工建设、项目管理等工作的质量与绩效进行检验、监督和评价。

(六)中央企业的项目后评价应注重分析、评价项目投资对行业布局、产业结构调整、企业发展、技术进步、投资效益和国有资产保值增值的作用和影响。

三、项目后评价内容

（一）项目全过程的回顾。

1. 项目立项决策阶段的回顾，主要内容包括：项目可行性研究、项目评估或评审、项目决策审批、核准或批准等。

2. 项目准备阶段的回顾，主要内容包括：工程勘察设计、资金来源和融资方案、采购招投标（含工程设计、咨询服务、工程建设、设备采购）、合同条款和协议签订、开工准备等。

3. 项目实施阶段的回顾，主要内容包括：项目合同执行、重大设计变更、工程"三大控制"（进度、投资、质量）、资金支付和管理、项目管理等。

4. 项目竣工和运营阶段的回顾，主要内容包括：工程竣工和验收、技术水平和设计能力达标、试生产运行、经营和财务状况、运营管理等。

（二）项目绩效和影响评价。

1. 项目技术评价，主要内容包括：工艺、技术和装备的先进性、适用性、经济性、安全性，建筑工程质量及安全，特别要关注资源、能源合理利用。

2. 项目财务和经济评价，主要内容包括：项目总投资和负债状况；重新测算项目的财务评价指标、经济评价指标、偿债能力等。财务和经济评价应通过投资增量效益的分析，突出项目对企业效益的作用和影响。

3. 项目环境和社会影响评价，主要内容包括：项目污染控制、地区环境生态影响、环境治理与保护；增加就业机会、征地拆迁补偿和移民安置、带动区域经济社会发展、推动产业技术进步等。必要时，应进行项目的利益群体分析。

4. 项目管理评价，主要内容包括：项目实施相关者管理、项目管理体制与机制、项目管理者水平；企业项目管理、投资监管状况、体制机制创新等。

（三）项目目标实现程度和持续能力评价。

1. 项目目标实现程度从以下四个方面进行判断：

项目工程(实物)建成,项目的建筑工程完工、设备安装调试完成、装置和设施经过试运行,具备竣工验收条件。

项目技术和能力,装置、设施和设备的运行达到设计能力和技术指标,产品质量达到国家或企业标准。

项目经济效益产生,项目财务和经济的预期目标,包括运营(销售)收入、成本、利税、收益率、利息备付率、偿债备付率等基本实现。

项目影响产生,项目的经济、环境、社会效益目标基本实现,项目对产业布局、技术进步、国民经济、环境生态、社会发展的影响已经产生。

2. 项目持续能力的评价,主要分析以下因素及条件：

持续能力的内部因素,包括财务状况、技术水平、污染控制、企业管理体制与激励机制等,核心是产品竞争能力。

持续能力的外部条件,包括资源、环境、生态、物流条件、政策环境、市场变化及其趋势等。

(四)经验教训和对策建议。

项目后评价应根据调查的真实情况认真总结经验教训,并在此基础上进行分析,得出启示和对策建议,对策建议应具有借鉴和指导意义,并具有可操作性。项目后评价的经验教训和对策建议应从项目、企业、行业、宏观4个层面分别说明。

上述内容是项目后评价的总体框架。大型和复杂项目的后评价应该包括以上主要内容,进行完整、系统的评价。一般项目应根据后评价委托的要求和评价时点,突出项目特点等,选做一部分内容。项目中间评价应根据需要有所区别、侧重和简化。

四、项目后评价方法

(一)项目后评价方法的基础理论是现代系统工程与反馈控制的管理理论。项目后评价亦应遵循工程咨询的方法与原则。

(二)项目后评价的综合评价方法是逻辑框架法。逻辑框架法是通过投入、产出、直接目的、宏观影响四个层面对项目进行分析和总结的综合评价方法。《项目后评价逻辑框架表》见附件 1。

（三）项目后评价的主要分析评价方法是对比法，即根据后评价调查得到的项目实际情况，对照项目立项时所确定的直接目标和宏观目标，以及其它指标，找出偏差和变化，分析原因，得出结论和经验教训。项目后评价的对比法包括前后对比、有无对比和横向对比。

1. 前后对比法是项目实施前后相关指标的对比，用以直接估量项目实施的相对成效。

2. 有无对比法是指在项目周期内"有项目"（实施项目）相关指标的实际值与"无项目"（不实施项目）相关指标的预测值对比，用以度量项目真实的效益、作用及影响。

3. 横向对比是同一行业内类似项目相关指标的对比，用以评价企业（项目）的绩效或竞争力。

（四）项目后评价调查是采集对比信息资料的主要方法，包括现场调查和问卷调查。后评价调查重在事前策划。

（五）项目后评价指标框架。

1. 构建项目后评价的指标体系，应按照项目逻辑框架构架，从项目的投入、产出、直接目的 3 个层面出发，将各层次的目标进行分解，落实到各项具体指标中。

2. 评价指标包括工程咨询评价常用的各类指标，主要有：工程技术指标、财务和经济指标、环境和社会影响指标、管理效能指标等。不同类型项目后评价应选用不同的重点评价指标。项目后评价通用的参考指标可参阅附件 2。

3. 项目后评价应根据不同情况，对项目立项、项目评估、初步设计、合同签订、开工报告、概算调整、完工投产、竣工验收等项目周期中几个时点的指标值进行比较，特别应分析比较项目立项与完工投产（或竣工验收）两个时点指标值的变化，并分析变化原因。

五、项目后评价的实施

（一）项目后评价实行分级管理。中央企业作为投资主体，负责本企业项目后评价的组织和管理;项目业主作为项目法人,负责项目竣工验收后进行项目自我总结评价并配合企业具体实施项目后评价。

1. 项目业主后评价的主要工作有:完成项目自我总结评价报告;在项目内及时反馈评价信息;向后评价承担机构提供必要的信息资料;配合后评价现场调查以及其他相关事宜。

2. 中央企业后评价的主要工作有:制订本企业项目后评价实施细则;对企业投资的重要项目的自我总结评价报告进行分析评价;筛选后评价项目;制订后评价计划;安排相对独立的项目后评价;总结投资效果和经验教训,配合完成国资委安排的项目后评价工作等。

(二)中央企业投资项目后评价的实施程序。

1. 企业重要项目的业主在项目完工投产后6～18个月内必须向主管中央企业上报《项目自我总结评价报告》(简称自评报告)。

2. 中央企业对项目的自评报告进行评价,得出评价结论。在此基础上,选择典型项目,组织开展企业内项目后评价。

(三)中央企业选择后评价项目应考虑以下条件:

1. 项目投资额巨大,建设工期长、建设条件较复杂,或跨地区、跨行业;

2. 项目采用新技术、新工艺、新设备,对提升企业核心竞争力有较大影响;

3. 项目在建设实施中,产品市场、原料供应及融资条件发生重大变化;

4. 项目组织管理体系复杂(包括境外投资项目);

5. 项目对行业或企业发展有重大影响;

6. 项目引发的环境、社会影响较大。

(四)中央企业内部的项目后评价应避免出现"自己评价自己",凡是承担项目可行性研究报告编制、评估、设计、监理、项目管理、工程建设等业务的机构不宜从事该项目的后评价工作。

(五)项目后评价承担机构要按照工程咨询行业协会的规定,遵循项目后评价的基本原则,按照后评价委托合同要求,独立自主认真负责地开展后评价工作,并承担国家机密、商业机密相应的保密责任。受评项目业主应如实提供后评价所需要的数据和资料(详见附件3),并配合组织现场调查。

(六)《项目自我总结评价报告》和《项目后评价报告》要根据规定的内容和格式编写(详见附件3和附件5),报告应观点明确、层次清楚、文字简练,文本规范。与项目后评价相关的重要专题研究报告和资料可以附在报告之后。

(七)项目后评价所需经费原则上由委托单位支付。

六、项目后评价成果应用

(一)中央企业投资项目后评价成果(经验、教训和政策建议)应成为编制规划和投资决策的参考和依据。《项目后评价报告》应作为企业重大决策失误责任追究的重要依据。

(二)中央企业在新投资项目策划时,应参考过去同类项目的后评价结论和主要经验教训(相关文字材料应附在立项报告之后,一并报送决策部门)。在新项目立项后,应尽可能参考项目后评价指标体系,建立项目管理信息系统,随项目进程开展监测分析,改善项目日常管理,并为项目后评价积累资料。

七、附则

各中央企业可参照本《工作指南》,制订本企业的项目后评价实施细则。《工作指南》也可供其他不同类型、不同形式的投资项目后评价参考。

附件:

1. 项目后评价逻辑框架表(略)

2. 项目后评价参考指标集(略)

3. 项目后评价需要提供的资料目录(略)

4.《项目自我总结评价报告》编写提纲(略)

5.《投资项目后评价报告》标准格式(略)

关于对中央企业发展规划
进行滚动调整的通知

2006 年 2 月 21 日　国资厅发规划〔2006〕5 号

各中央企业：

根据《关于开展中央企业发展战略与规划编制工作的通知》(国资厅发规划〔2004〕10 号)和《关于开展中央企业发展战略与规划编制工作的补充通知》(国资厅发规划〔2004〕68 号)要求,中央企业普遍开展了发展战略和规划编制工作,研究制定了 2004～2006 年企业发展战略和规划。通过编制发展战略和规划,企业建立健全了规划工作机构,锻炼了规划工作队伍,强化了企业负责人的战略意识,进一步提高了企业发展战略和规划管理的质量和水平。

为指导中央企业发展战略和规划编制工作,进一步明确企业发展战略,突出主业,推进中央企业国有经济布局和结构的战略性调整,根据《中央企业发展战略和规划管理办法(试行)》(国资委令第 10 号)的要求,我委分别对已公布主业的中央企业的发展战略和规划进行了评议和审核,对中央企业发展战略和规划的进一步修订完善和企业在规划实施中应注意的问题提出了明确的意见。

为贯彻落实《中共中央关于制定国民经济和社会发展第十一个五年规划的建议》精神,完成 2005 年中央企业负责人会议提出的"认真研究企业'十一五'发展思路,搞好三年滚动规划调整"工作任务,现将有关要求通知如下：

一、关系国家安全和国民经济命脉的重要行业和关键领域的企业、支柱产业中的大企业和其他对国民经济发展有重要影响的大企业,要结合国家"十一五"规划的编制工作,研究提出企业"十一五"发展战略和规划思路,编制完成 2006～2008 年企业发展规划,并可根据工作进展情况对滚动规划周期进行适当调整。

其他行业或领域的企业要结合国家"十一五"规划的编制工作和本企业发展战略,编制完成2006～2008年企业发展规划,并可根据工作进展情况对滚动规划周期进行适当调整。

二、今后企业编制三年发展规划要逐年进行滚动调整,形成工作制度,即企业三年规划编制完成后,要在规划实施的第一年后,对后两年规划内容和主要目标进行必要调整,并研究提出新的第三年规划目标,形成新的三年发展规划。

企业三年滚动规划编制工作周期是:2006年3月底前编制完成2006～2008年发展规划(由于企业目前尚未形成编制三年滚动规划的工作制度,工作启动较晚,因此企业2006～2008年发展规划编制工作完成时间可适当推后,但最迟应在6月底前完成编制工作),并将规划文本报送国资委;2007年3月底前编制完成2007～2009年发展规划并报送国资委;2008年3月底前编制完成2008～2010年发展规划并报送国资委,依此类推。企业可根据实际情况对滚动规划编制工作完成时间作适当调整。

三、国资委将根据工作需要对企业滚动规划编制工作进行沟通、交流、指导,同时组织力量适时对企业发展规划进行评议。

四、企业2006～2008年发展规划编制工作可继续参考《中央企业发展战略与规划编制大纲》(详见国资厅发规划〔2004〕68号文,以下简称《编制大纲》)的要求。由于《编制大纲》是针对企业中长期发展战略和规划编制工作提出的,有些内容规定比较具体,企业在编制三年滚动发展规划时,根据实际情况,可对《编制大纲》的要求进行适当调整。

五、企业要根据编制完成的滚动发展规划抓好组织实施工作,推进企业发展和结构调整,进一步精干主业,增强核心竞争力。

请你们结合实际,认真做好新一轮滚动规划调整工作,并于2006年6月底前将编制完成的2006～2008年企业发展规划一式3份报我委规划发展局。

关于印发《中央企业发展战略与规划编制大纲(修订稿)》的通知

2006 年 5 月 26 日　国资厅发规划〔2006〕26 号

各中央企业:

根据《关于对中央企业发展规划进行滚动调整的通知》(国资厅发规划〔2006〕5 号)精神,为指导中央企业做好规划滚动调整工作,我委对《中央企业发展战略与规划编制大纲》进行了修订,现印发给你们。《中央企业发展战略与规划编制大纲(修订稿)》(以下简称《编制大纲》)的内容是中央企业编制发展战略与规划的基本要求,企业编制的发展战略与规划应涵盖《编制大纲》提出的内容,表格要求填写完整。

附件:中央企业发展战略与规划编制大纲(修订稿)

附件:

中央企业发展战略与规划编制大纲(修订稿)

一、企业现状与发展环境

(一)基本情况。

1. 概况。

包括企业发展的历史沿革、现状综合描述,重点包括资产规模、产权结构、业务范围等。

2. 组织机构。

文字叙述和列明企业组织结构图。

3. 法人治理结构。

文字叙述或图表。说明目前企业组织形式(是按公司法还是企业法注册的)、法人治理结构的状况,包括重大问题决策层、执行层、监督层、咨询层的层级和权责关系等。

4. 二级企业(公司)基本情况。

文字叙述和表格。

表 1—1　　　　××××年(本规划期之前一年)
二级企业(公司)基本情况

企业(公司)名称	产权状况		是否上市公司	资产总额(万元)	净资产(万元)	国有资产权益(万元)	在职职工人数(人)	所在国家或地区(省、市)
	属性	比重(%)						
1								
2								
……								
总　计								

注:产权状况属性指企业(公司)属全资、控股(绝对控股、相对控股)或参股

5. 主要经济指标。

包括本规划期之前三年的主要财务数据。

表 1—2　　　　(本规划期之前三年)主要财务数据

年　　度	××××年	××××年	××××年
主营业务收入(万元)			
利润总额(万元)			
净利润(万元)			
资产总额(万元)			
国有资产总量(万元)			
负债总额(万元)			
净资产(万元)			

年　　度	××××年	××××年	××××年
所有者权益(万元)			
成本费用总额(万元)			
人工成本(万元)			
在岗职工(人)			
净资产收益率(%)			
总资产报酬率(%)			
国有资产保值增值率(%)			
年度科技支出总额(万元)			
技术投入比率(%)			
……			

6. 企业主要业务构成情况。

表1－3　　××××年(本规划期之前一年)企业业务构成表

业务分类名称	资产		主营业务收入		利润总额		在职职工(人)
	数量(万元)	比重(%)	数量(万元)	比重(%)	数量(万元)	比重(%)	
主业:							
板块1(名称)							
板块2(名称)							
……							
非主业:							
板块1(名称)							
板块2(名称)							
……							

7. 其他情况。

文字叙述和表格。

(二)企业发展环境分析。

1. 宏观环境分析。

包括法律、政策、经济、科技等与企业发展相关的国内外环境分析。

2. 企业所在领域的国内外现状和发展趋势分析。

包括产业结构调整、重组、技术发展趋势等。

3. 企业主业和主导产品国内外市场分析。

包括主要产品(服务)的国际国内市场需求预测、市场份额(市场占有率)等。

(三)竞争力分析。

分析企业的发展条件及与竞争对手在主业方面的优劣势、面临的发展机遇和挑战等。

1. 企业发展条件对比分析。

本企业与国际国内对标企业在体制、机制、地域、资源控制能力、管理、人才、技术、营销等方面的比较分析。

2. 企业主要经济技术指标对标。

表 1—4　　　　企业与国内外对标企业同期主要指标对标

企业名称	对标企业 1	对标企业 2	本企业
年度	××××年	××××年	××××年
国际权威机构排名情况			
资产总额(亿美元)			
销售收入(亿美元)			
利润总额(亿美元)			
所有者权益(亿美元)			
雇员(职工)(人)			
净资产收益率(%)			
全员劳动生产率(美元/人)			
技术投入比率(%)			
主要专业技术经济指标 1			
主要专业技术经济指标 2			
主要专业技术经济指标 3			
……			

注:若对标企业同期指标难以收集,所选用指标应注明时间(年份)

3. 核心竞争力分析。

包括企业的资源获取能力、成本控制能力、自主知识产权与技术控制能力(包括专利、发明专利和专有技术)、企业文化和可持续发展能力等。

4. 存在的主要问题。

文字叙述和表格。

二、发展战略与指导思想

(一)企业战略定位与战略描述。

(二)企业发展指导思想。

三、企业发展规划目标

(一)远景规划目标。

(二)五年发展目标。

(三)三年滚动发展规划目标及年度目标分解。

1. 总体目标。

文字叙述。

2. 主业结构调整目标。

文字叙述和表格,其中主业构成填报表3-1。

表 3-1　　　　××××年(三年滚动规划期末)主业构成表

业务分类名称	资产		主营业务收入		利润总额		在职职工(人)
	数量(万元)	比重(%)	数量(万元)	比重(%)	数量(万元)	比重(%)	
主业:							
板块1(名称)							
板块2(名称)							
……							
非主业:							
板块1(名称)							
板块2(名称)							
……							

3. 主要经济指标。

填报表3-2、表3-3。

表3-2　　　　　　(三年滚动规划期)主要产品(业务)量

序号	产品(业务)名称	单位	数量		
			××××年	××××年	××××年
1					
2					
3					
……					

表3-3　　　　　　(三年滚动规划期)主要经济指标

年　度	××××年	××××年	××××年
主营业务收入(万元)			
利润总额(万元)			
净利润(万元)			
资产总额(万元)			
国有资产总量(万元)			
净资产(万元)			
所有者权益(万元)			
成本费用总额(万元)			
人工成本(万元)			
在岗职工(人)			
总资产报酬率(%)			
净资产收益率(%)			
资产负债率(%)			
国有资产保值增值率(%)			
固定资产投资总额(万元)			
年度科技支出总额(万元)			
技术投入比率(%)			
年度经营业绩考核指标1			
年度经营业绩考核指标2			
年度经营业绩考核指标3			
……			

4. 产权结构调整目标。

说明集团及重要子企业产权结构(在三年滚动规划期末)调整目标。

5. 产品结构调整目标。

简要文字叙述和填报表3－4。

表3－4　　　(三年滚动规划期)主要产品(业务)的市场目标

主要产品(业务)名称	国内市场						出口(海外业务)			
	××××年(规划期第一年)			××××年(规划期第三年)			××××年(规划期第一年)		××××年(规划期第三年)	
	数量	市场占有率	排名	数量	市场占有率	排名	数量	比重(%)	数量	比重(%)
产品(业务)1										
产品(业务)2										
……										

注:比重为出口产品(业务)占企业该项产品(业务)总量的比重。

6. 企业组织结构调整目标。

文字叙述和表格,说明组织结构调整方向、目标。

7. 企业技术进步指标。

文字叙述和表格,说明技术进步方向、目标。

8. 人力资源目标。

简要文字叙述。

9. 投资风险控制目标。

(1)资产负债率控制目标。

文字简要叙述和图表,要求企业在对其自身资产负债率进行分析的基础上,提出本企业在规划期内的资产负债率控制区间目标。

例:某企业规划期内资产负债率控制区间图

企业规划期内资产负债率控制区间图

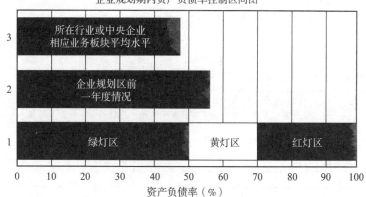

注:绿灯区为企业正常投资区。黄灯区为企业投资的预警区,在此区间内应慎重投资。即企业资产负债率在此区间内时,对投资来源中增加负债部分进行分析,企业应慎重考虑负债率提高问题。红灯区为企业投资的严格控制区,原则上在投资时不应形成新的负债。

(2)非主业投资控制目标。

企业应根据当前所在行业发展情况、趋势和企业自身发展情况与阶段,提出本企业规划期内非主业及非主业投资控制水平。

例:某企业提出在规划期内,非主业资产占企业总资产的比重不超过10%,用于非主业投资占企业总投资的比重不超过5%。

四、三年滚动发展规划期内调整重点与实施计划

(一)发展调整重点。

除列明主营业务发展重点外,还应包括企业改革、改组、改造与加强管理的内容。

(二)实施计划。

1. 体制、机制创新计划。

文字叙述主要内容。

2. 组织结构调整和资源优化计划。

文字叙述主要内容和表格,包含兼并重组内容。

3. 产业和产品结构调整计划。

文字叙述主要内容和表格。

4. 投融资计划。

文字叙述主要内容和表格,其中投资计划分年度填报表4－1、表4－2、表4－3和表4－4。

表4－1　　　(三年滚动规划期内)年度投资计划情况表　金额单位:万元

年度	计划总投资	按投资方向分		按项目阶段分		按资金来源分			备注
		主业	非主业	新开工	续建	自有资金	贷款	其他	
××××年									
××××年									
××××年									
合计									

表4－2　　(三年滚动规划期内)年度主业重大投资项目计划表

年度:(××××年)

编号	项目名称	项目主要内容	总投资(万元)	其中:自有资金(万元)	起始时间	完成时间	投资收益率(%)
1							
2							
3							
……							
合计							

表4－3　(三年滚动规划期内)年度非主业投资项目计划表
(表格样式同表4－2)

表4－4　(三年滚动规划期内)年度境外投资项目计划表
(表格样式同表4－2)

5. 自主创新与科研开发计划。

文字叙述企业开展自主创新与科研工作方面的主要内容,包括科技投入计划、研发机构建设、知识产权保护等方面的内容。

6. 国际化经营计划。

文字叙述企业"走出去",利用两种资源、开拓两个市场的计划。

7. 企业文化建设及其他计划。

文字简要叙述。

五、规划实施的保障措施及建议

关于印发《中央企业投资监督
管理暂行办法实施细则》的通知

2006 年 7 月 18 日　国资发法规〔2006〕133 号

各中央企业：

　　为了规范中央企业投资监督管理工作,根据《中央企业投资监督管理暂行办法》(国资委令第 16 号),我委制定了《中央企业投资监督管理暂行办法实施细则》,现印发你们,请认真遵照执行。

　　附件:中央企业投资监督管理暂行办法实施细则

附件：

中央企业投资监督管理
暂行办法实施细则

　　第一条　　为规范中央企业投资监督管理工作,根据《中央企业投资监督管理暂行办法》(国资委令第 16 号,以下简称《办法》),制定本实施细则。

　　第二条　　中央企业(以下简称企业)在境内的固定资产投资、产权收购、长期股权投资活动,应当遵守《办法》和本实施细则。

　　第三条　　企业应当按照《办法》第五条、第六条的规定,制定投资决策程序和管理制度,明确相应的管理机构,并报国资委备案。

　　企业投资管理制度主要包括下列内容：

（一）企业负责投资管理机构的名称、职责，管理构架及相应的权限；

（二）投资活动所遵循的原则、决策程序和相应的定量管理指标；

（三）项目可行性研究和论证工作的管理；

（四）项目组织实施中的招投标管理、工程建设监督管理体系与实施过程的管理；

（五）产权收购和股权投资项目实施与过程的管理；

（六）项目后评价工作体系建设与实施的管理；

（七）投资风险管理，重点是法律、财务方面的风险防范与重大投资活动可能出现问题的处理预案；

（八）责任追究制度。

第四条　国资委对企业投资决策程序与管理制度中存在的问题，应当及时与企业进行沟通并给予指导完善。

第五条　企业投资活动应遵循《办法》第六条规定，并结合企业实际情况研究提出相应的定量管理指标，纳入企业投资管理制度。

定量管理指标应当主要包括下列内容：

（一）企业发展规划期内非主业资产规模占企业总资产合理比重和年度投资中非主业投资占总投资的合理比重的内控指标；

（二）企业发展规划期内资产负债率的控制指标；

（三）企业内部投资收益率的控制指标。未建立指标体系的企业可参考国家有关部门发布的《建设项目经济评价方法与参数》，结合企业实际情况提出。已建立指标体系的企业也可参考相关参数进行修正；

（四）发展规划期内各类投资活动中自有资金的合理比重；

（五）发展规划期内各年度新开工项目投资额占总投资的合理比例。

上述（一）、（二）两项指标由企业在发展规划中提出，经国资委审核确认后作为国资委对企业投资活动监督管理的基础指标。其余三项指标作为国资委监管企业投资活动的参考指标。企业可根据本企业实际情况，增加相应的定量管理指标。

第六条　企业应按照《办法》第七条、第八条的规定编制并报送年度投资计划。报送的年度投资计划应附有详细的文字说明材料，按照本实施细则附件 1 的要求填写年度投资计划表,并于当年 1 月 31 日前报送国资委。

第七条 国资委按照《办法》第四条、第六条的规定,对企业年度投资计划的编制进行以下指导:

(一)指导企业在年度投资计划编制中贯彻国家有关方针政策,并依据宏观经济形势和市场变化提出具体要求;

(二)指导企业做好年度投资计划与发展规划的衔接工作;

(三)指导企业做好年度投资计划与企业财务预算有关指标的衔接工作;

(四)其他事项。

第八条 国资委按照《办法》第六条、第八条、第九条、第十条、第十一条的规定,受理企业年度投资计划的报送、重大投资事项的报告,并依据年度投资计划对投资项目实行备案和审核管理:

(一)备案管理。对实行备案管理的企业投资项目,除对存在问题的进行提示外,一般不再回复。国资委自收到备案的投资项目材料 20 个工作日内未予回复的视为备案通过。

(二)审核管理。对实行审核管理的企业非主业投资项目,国资委在 20 个工作日内作出审核决定,并给予书面回复。回复一般分为下列三种方式:

1. 通过。

2. 提示。对存在问题的项目,要求企业予以纠正或制定相应的风险防范措施。

3. 否决。对存在严重问题的项目予以否决。

第九条 国资委对企业投资活动进行监督管理时,主要依据下列内容对投资项目中存在的问题进行提示:

(一)是否符合《办法》第六条有关规定;

(二)是否符合本实施细则第五条定量指标的要求:

1. 投资方向。在企业投资中,非主业投资占总投资的比重是否超出合理范围,影响主业的发展(一般控制在 10% 以下);

2. 投资资金构成。企业投资中，自有资金占总投资的比重是否处于合理范围内(一般为30%以上)；

3. 投资规模。企业总投资规模是否超出企业财务承受能力，主要是企业资产负债率是否处于合理水平；

4. 企业新开工项目占年度投资额的比重是否处于合理范围内。

对上述第(二)项中各项指标连续两年超出合理范围的企业，国资委应当进行跟踪并分析原因，提出具体建议措施。对出现下列情况的，视为存在严重问题，国资委将予以否决：

(一)不符合国家发展规划和产业政策的；

(二)违反企业投资决策程序和管理制度的；

(三)非主业投资不符合企业调整、改革方向，影响主业发展的；

(四)资产负债水平超出企业财务承受能力的。

第十条 国资委对企业年度投资计划外追加项目，按照《办法》第十条和本实施细则第八条、第九条办理。

第十一条 企业在投资活动中发生重大事项，应当按照《办法》第十一条规定及时向国资委报告，如发生《办法》第十一条(二)、(三)项情况，国资委依据《办法》第九条规定和本实施细则第八条、第九条进行管理，并对需要回复的及时回复企业。

第十二条 企业应当按照《办法》第十二条的规定和国资委有关通知，按时报送年度投资计划完成情况和分析材料。年度投资计划完成情况和分析材料主要包括下列内容：

(一)投资完成情况，按照本实施细则附件2的要求填报；

(二)对存在的问题、经验与教训的综合分析；

(三)部分重点企业按季度报送完成情况并附简要分析材料。

第十三条 国资委对企业投资完成情况进行统计分析，并根据工作需要将有关分析材料反馈企业。

第十四条 企业应当按照《办法》第十三条的规定，开展投资项目后评价工作，并根据后评价结果，对企业投资活动和投资活动的管理提出改进和完善的意见建议。具体工作按照国资委《中央企业固定资产投资项目后评价工作指南》（国资发规划〔2005〕92 号）的通知组织实施，及时总结经验教训并将好的经验报国资委。

第十五条 国资委负责指导、管理企业投资项目后评价工作。督促检查企业后评价制度的建立和后评价工作的开展，根据行业发展状况和企业投资活动情况，选择典型企业和项目组织开展后评价工作，对典型经验及时在中央企业内组织交流。

附件：

1. 企业年度投资计划表（略）
2. 企业年度投资计划完成情况表（略）

关于进一步规范中央
企业投资管理的通知

2007 年 6 月 27 日　　国资发规划〔2007〕114 号

各中央企业：

《中央企业投资监督管理暂行办法》（国资委令第 16 号，以下简称《办法》）公布实施以来，大多数企业认真贯彻执行有关规定，进一步修订完善了企业投资管理制度，严格履行投资决策程序，有效规避了投资风险。但是，一个时期来，部分企业投资活动出现了一些问题：有的企业在负债率过高、超出企业财务承受能力的情况下，仍在盲目扩大投资规模；有的企业违规使用银行信贷资金投资股票和房地产等；有的企业进行非主业投资、境外投资、计划外追加项目和高风险领域投资活动，不按规定向国资委报告等。为进一步规范中央企业投资管理，有效规避投资风险，现将有关要求重申如下：

一、严格执行企业重大投资活动报告制度

对中央企业投资活动进行监管是国资委依法履行出资人职责的重

要内容。按照《办法》及其实施细则有关规定,企业发生以下重大投资活动,须及时向国资委报告(审核、备案)并报送有关材料和情况:

(一)企业非主业投资,包括非主业性质的房地产、金融、证券和保险业投资等;

(二)企业境外投资;

(三)需由国务院批准的投资项目或者需由国务院有关部门批(核)准的投资项目;

(四)企业年度计划以外追加的重大投资项目等。

二、加强企业投资风险管理与控制

企业应切实加强投资风险管理与控制,投资决策过程中,应严格遵守《办法》有关规定:

(一)企业总投资规模应控制在合理负债率之内;

(二)非主业投资规模应控制在企业发展规划提出的合理范围之内;

(三)严禁违规使用银行信贷资金。

三、严格落实责任追究制度

为加强中央企业投资管理,对于违反投资管理有关规定的企业将严肃追究有关责任人的责任。

(一)企业投资活动不按照有关规定向国资委报告的,将对企业进行谈话提醒或通报批评,情节严重的将给予相关责任人纪律处分。

(二)企业违规使用银行信贷资金投资证券和房地产业的,国资委将对企业进行通报批评并给予相关责任人纪律处分。

(三)对未履行或未正确履行企业投资决策程序和管理制度,造成重大资产损失的,将依法追究企业相关责任人的责任;涉嫌犯罪的,依法移送司法机关处理。

请各企业按照本通知要求和《办法》的有关规定,对2006年以来本企业的投资情况,认真开展一次自查工作,对存在的问题要及时进行整改,进一步健全企业投资管理制度,并将有关情况报告国资委。

企业改革

国务院办公厅转发国务院国有资产监督管理委员会《关于规范国有企业改制工作的意见》的通知

2003 年 11 月 30 日   国办发〔2003〕96 号

各省、自治区、直辖市人民政府,国务院各部委、各直属机构:

　　国务院国有资产监督管理委员会《关于规范国有企业改制工作的意见》已经国务院同意,现转发给你们,请认真贯彻执行。

　　附件:关于规范国有企业改制工作的意见

附件:

关于规范国有企业改制工作的意见

国务院国有资产监督管理委员会　2003 年 11 月 25 日

　　党的十五大以来,各地认真贯彻国有经济有进有退、有所为有所不为的方针,积极推进国有经济布局和结构调整,探索公有制的多种有效实现形式和国有企业改制的多种途径,取得了显著成效,积累了宝贵经验。但前一阶段国有企业改制工作中出现了一些不够规范的现象,造成国有资产的流失。国有企业改制是一项政策性很强的工作,涉及出资人、债权人、企业和职工等多方面的利益,既要积极探索,又要规范有序。为全面贯彻落实党中央关于国有经济布局结构调整和国有企业改革的精神,保证国有企业改制工作健康、有序、规范地进行,现提出以下意见：

一、健全制度，规范运作

（一）批准制度。国有企业改制应采取重组、联合、兼并、租赁、承包经营、合资、转让国有产权和股份制、股份合作制等多种形式进行。国有企业改制，包括转让国有控股、参股企业国有股权或者通过增资扩股来提高非国有股的比例等，必须制订改制方案。方案可由改制企业国有产权持有单位制订，也可由其委托中介机构或者改制企业（向本企业经营管理者转让国有产权的企业和国有参股企业除外）制订。国有企业改制方案需按照《企业国有资产监督管理暂行条例》（国务院令第378号，以下简称《条例》）和国务院国有资产监督管理委员会（以下简称国资委）的有关规定履行决定或批准程序，未经决定或批准不得实施。国有企业改制涉及财政、劳动保障等事项的，需预先报经同级人民政府有关部门审核，批准后报国有资产监督管理机构协调审批；涉及政府社会公共管理审批事项的，依照国家有关法律法规，报经政府有关部门审批；国有资产监督管理机构所出资企业改制为国有股不控股或不参股的企业（以下简称非国有的企业），改制方案需报同级人民政府批准；转让上市公司国有股权审批暂按现行规定办理，并由国资委会同证监会抓紧研究提出完善意见。

（二）清产核资。国有企业改制，必须对企业各类资产、负债进行全面认真的清查，做到账、卡、物、现金等齐全、准确、一致。要按照"谁投资、谁所有、谁受益"的原则，核实和界定国有资本金及其权益，其中国有企业借贷资金形成的净资产必须界定为国有产权。企业改制中涉及资产损失认定与处理的，必须按有关规定履行批准程序。改制企业法定代表人和财务负责人对清产核资结果的真实性、准确性负责。

（三）财务审计。国有企业改制，必须由直接持有该国有产权的单位决定聘请具备资格的会计师事务所进行财务审计。凡改制为非国有的企业，必须按照国家有关规定对企业法定代表人进行离任审计。改制企业必须按照有关规定向会计师事务所或政府审计部门提供有关财务会计资料和文件,不得妨碍其办理业务。任何人不得授意、指使、强令改制企业会计机构、会计人员提供虚假资料文件或违法办理会计事项。

(四)资产评估。国有企业改制,必须依照《国有资产评估管理办法》(国务院令第 91 号)聘请具备资格的资产评估事务所进行资产和土地使用权评估。国有控股企业进行资产评估,要严格履行有关法律法规规定的程序。向非国有投资者转让国有产权的,由直接持有该国有产权的单位决定聘请资产评估事务所。企业的专利权、非专利技术、商标权、商誉等无形资产必须纳入评估范围。评估结果由依照有关规定批准国有企业改制和转让国有产权的单位核准。

(五)交易管理。非上市企业国有产权转让要进入产权交易市场,不受地区、行业、出资和隶属关系的限制,并按照《企业国有产权转让管理暂行办法》的规定,公开信息,竞价转让。具体转让方式可以采取拍卖、招投标、协议转让以及国家法律法规规定的其他方式。

(六)定价管理。向非国有投资者转让国有产权的底价,或者以存量国有资产吸收非国有投资者投资时国有产权的折股价格,由依照有关规定批准国有企业改制和转让国有产权的单位决定。底价的确定主要依据资产评估的结果,同时要考虑产权交易市场的供求状况、同类资产的市场价格、职工安置、引进先进技术等因素。上市公司国有股转让价格在不低于每股净资产的基础上,参考上市公司盈利能力和市场表现合理定价。

(七)转让价款管理。转让国有产权的价款原则上应当一次结清。一次结清确有困难的,经转让和受让双方协商,并经依照有关规定批准国有企业改制和转让国有产权的单位批准,可采取分期付款的方式。分期付款时,首期付款不得低于总价款的 30%,其余价款应当由受让方提供合法担保,并在首期付款之日起一年内支付完毕。转让国有产权的价款优先用于支付解除劳动合同职工的经济补偿金和移交社会保障机构管理职工的社会保险费,以及偿还拖欠职工的债务和企业欠缴的社会保险费,剩余价款按照有关规定处理。

（八）依法保护债权人利益。国有企业改制要征得债权金融机构同意,保全金融债权,依法落实金融债务,维护其他债权人的利益。要严格防止利用改制逃废金融债务,金融债务未落实的企业不得进行改制。

（九）维护职工合法权益。国有企业改制方案和国有控股企业改制为非国有的企业的方案,必须提交企业职工代表大会或职工大会审议,充分听取职工意见。其中,职工安置方案需经企业职工代表大会或职工大会审议通过后方可实施改制。改制为非国有的企业,要按照有关政策处理好改制企业与职工的劳动关系。改制企业拖欠职工的工资、医疗费和挪用的职工住房公积金以及企业欠缴的社会保险费等要按有关规定予以解决。改制后的企业要按照有关规定按时足额交纳社会保险费,及时为职工接续养老、失业、医疗、工伤、生育等各项社会保险关系。

（十）管理层收购。向本企业经营管理者转让国有产权必须严格执行国家的有关规定,以及本指导意见的各项要求,并需按照有关规定履行审批程序。向本企业经营管理者转让国有产权方案的制订,由直接持有该企业国有产权的单位负责或其委托中介机构进行,经营管理者不得参与转让国有产权的决策、财务审计、离任审计、清产核资、资产评估、底价确定等重大事项,严禁自卖自买国有产权。经营管理者筹集收购国有产权的资金,要执行《贷款通则》的有关规定,不得向包括本企业在内的国有及国有控股企业借款,不得以这些企业的国有产权或实物资产作标的物为融资提供保证、抵押、质押、贴现等。经营管理者对企业经营业绩下降负有责任的,不得参与收购本企业国有产权。

二、严格监督,追究责任

各级监察机关、国有资产监督管理机构和其他有关部门,要加强联系、密切配合,加大对国有企业改制工作的监督检查力度。通过建立重要事项通报制度和重大案件报告制度,以及设立并公布举报电话和信箱等办法,及时发现和严肃查处国有企业改制中的违纪违法案件。对国有资产监督管理机构工作人员、企业领导人员利用改制之机转移、侵占、侵吞国有资产的,隐匿资产、提供虚假会计资料造成国有资产流失的,营私舞弊、与买方串通低价转让国有产权的,严重失职、违规操作、损害国家和群众利益的,要进行认真调查处理。其中涉嫌犯罪的,依法移交司法机关处理;造成国有资产损失的,按照《条例》的规定,追究有关责任人的赔偿责任。对中介机构弄虚作假、提供虚假审计报告、故意压低评估价格等违规违法行为,要加大惩处力度;国有资产监督管理机构和国有及国有控股企业不得再聘请该中介机构及其责任人从事涉及国有及国有控股企业的中介活动。

为加快建设和完善产权交易市场体系,确保产权交易公开、公平、公正,由法制办会同国资委、财政部等有关部门研究有关产权交易市场的法规和监管制度,各地依照法律法规及有关规定,根据实际情况制订具体实施细则。

三、精心组织,加强领导

(一)全面准确理解国有经济布局和结构调整战略方针,坚持党的十六大提出的必须毫不动摇地巩固和发展公有制经济,必须毫不动摇地鼓励、支持和引导非公有制经济发展的方针。国有企业改制要坚持国有经济控制重要行业和关键领域,提高国有经济的控制力、影响力和带动力。在其他行业和领域,国有企业通过重组改制、结构调整、深化改革、转换机制,在市场竞争中实现优胜劣汰。

(二)在国有企业改制工作中,各地区要防止和纠正不顾产权市场供求状况及其对价格形成的影响作用、不计转让价格和收益,下指标、限时间、赶进度,集中成批向非国有投资者转让国有产权的做法。防止和避免人为造成买方市场、低价处置和贱卖国有资产的现象。

(三)国有企业改制要从企业实际出发,着眼于企业的发展。要建立竞争机制,充分考虑投资者搞好企业的能力,选择合格的投资者参与国有企业改制,引入资金、技术、管理、市场、人才等资源增量,推动企业制度创新、机制转换、盘活资产、扭亏脱困和增加就业,促进企业加快发展。

(四)地方各级人民政府及其国有资产监督管理机构、国有及国有控股企业,要高度重视国有企业改制工作,全面理解和正确贯彻党中央、国务院有关精神,切实负起责任,加强组织领导。要从实际出发,把握好改制工作的力度和节奏。在国有企业改制的每一个环节都要做到依法运作,规范透明,落实责任。上级国有资产监督管理机构要加强对下级国有资产监督管理机构的指导和监督,及时总结经验,发现和纠正国有企业改制工作中存在的问题,促进国有资产合理流动和重组,实现国有资产保值增值,更好地发挥国有经济的主导作用。

国务院办公厅转发国资委《关于进一步规范国有企业改制工作实施意见》的通知

2005 年 12 月 29 日　国办发〔2005〕60 号

各省、自治区、直辖市人民政府,国务院各部委、各直属机构:

国资委《关于进一步规范国有企业改制工作的实施意见》已经国务院同意,现转发给你们,请认真贯彻执行。

附件:关于进一步规范国有企业改制工作的实施意见

附件:

关于进一步规范国有企业改制工作的实施意见

《国务院办公厅转发国务院国有资产监督管理委员会关于规范国有企业改制工作意见的通知》(国办发〔2003〕96 号)印发以来,各地区、各有关部门加强组织领导,认真贯彻落实,规范国有企业改制工作取得了重大进展。但在实际工作中还存在改制方案不完善、审批不严格,清产核资、财务审计、资产评估和产权转让不规范,对维护职工合法权益重视不够等问题。为确保国有企业改制工作健康发展,防止国有资产流失,维护职工合法权益,现就进一步规范国有企业改制工作提出以下意见:

一、严格制订和审批企业改制方案

(一)认真制订企业改制方案。改制方案的主要内容应包括:改制的目的及必要性,改制后企业的资产、业务、股权设置和产品开发、技术改造等;改制的具体形式;改制后形成的法人治理结构;企业的债权、债务落实情况;职工安置方案;改制的操作程序,财务审计、资产评估等中介机构和产权交易市场的选择等。

(二)改制方案必须明确保全金融债权,依法落实金融债务,并征得金融机构债权人的同意。审批改制方案的单位(包括各级人民政府、各级国有资产监督管理机构及其所出资企业、各级国有资产监督管理机构以外有权审批改制方案的部门及其授权单位,下同)应认真审查,严格防止企业利用改制逃废金融债务,对未依法保全金融债权、落实金融债务的改制方案不予批准。

(三)企业改制中涉及企业国有产权转让的,应严格按照国家有关法律法规以及《企业国有产权转让管理暂行办法》(国资委、财政部令第3号)、《关于印发〈企业国有产权向管理层转让暂行规定〉的通知》(国资发产权〔2005〕78号)及相关配套文件的规定执行。拟通过增资扩股实施改制的企业,应当通过产权交易市场、媒体或网络等公开企业改制有关情况、投资者条件等信息,择优选择投资者;情况特殊的,经国有资产监督管理机构批准,可通过向多个具备相关资质条件的潜在投资者提供信息等方式,选定投资者。企业改制涉及公开上市发行股票的,按照《中华人民共和国证券法》等有关法律法规执行。

(四)企业改制必须对改制方案出具法律意见书。法律意见书由审批改制方案的单位的法律顾问或该单位决定聘请的律师事务所出具,拟改制为国有控股企业且职工(包括管理层)不持有本企业股权的,可由审批改制方案的单位授权该企业法律顾问出具。

(五)国有企业改制方案需按照《企业国有资产监督管理暂行条例》(国务院令第 378 号)和国务院国有资产监督管理委员会的有关规定履行决定或批准程序,否则不得实施改制。国有企业改制涉及财政、劳动保障等事项的,须预先报经同级人民政府有关部门审核,批准后报国有资产监督管理机构协调审批;涉及政府社会公共管理审批事项的,依照国家有关法律法规,报经政府有关部门审批;国有资产监督管理机构所出资企业改制为非国有企业(国有股不控股及不参股的企业),改制方案须报同级人民政府批准。

(六)审批改制方案的单位必须按照权利、义务、责任相统一的原则,建立有关审批的程序、权限、责任等制度。

(七)审批改制方案的单位必须就改制方案的审批及清产核资、财务审计、资产评估、进场交易、定价、转让价款、落实债权、职工安置方案等重要资料建立档案管理制度,改制企业的国有产权持有单位要妥善保管相关资料。

二、认真做好清产核资工作

(一)企业改制要按照有关规定进行清产核资。要切实对企业资产进行全面清理、核对和查实,盘点实物、核实账目,核查负债和所有者权益,做好各类应收及预付账款、各项对外投资、账外资产的清查,做好有关抵押、担保等事项的清理工作,按照国家规定调整有关账务。

(二)清产核资结果经国有产权持有单位审核认定,并经国有资产监督管理机构确认后,自清产核资基准日起 2 年内有效,在有效期内企业实施改制不再另行组织清产核资。

(三)企业实施改制仅涉及引入非国有投资者少量投资,且企业已按照国家有关规定规范进行会计核算的,经本级国有资产监督管理机构批准,可不进行清产核资。

三、加强对改制企业的财务审计和资产评估

（一）企业实施改制必须由审批改制方案的单位确定的中介机构进行财务审计和资产评估。确定中介机构必须考察和了解其资质、信誉及能力；不得聘请改制前两年内在企业财务审计中有违法、违规记录的会计师事务所和注册会计师；不得聘请参与该企业上一次资产评估的中介机构和注册资产评估师；不得聘请同一中介机构开展财务审计与资产评估。

（二）财务审计应依据《中国注册会计师独立审计准则》等有关规定实施。其中，依据国家有关规定计提的各项资产减值准备，必须由会计师事务所逐笔逐项审核并出具专项意见，与审计报告一并提交国有产权持有单位作为改制方案依据，其中不合理的减值准备应予调整。国有独资企业实施改制，计提各项资产减值准备和已核销的各项资产损失凡影响国有产权转让价或折股价的，该计提减值准备的资产和已核销的各项资产损失必须交由改制企业的国有产权持有单位负责处理，国有产权持有单位应采取清理追缴等监管措施，落实监管责任，最大程度地减少损失。国有控股企业实施改制，计提各项减值准备的资产和已核销的各项资产损失由国有产权持有单位与其他股东协商处理。

（三）国有独资企业实施改制，自企业资产评估基准日到企业改制后进行工商变更登记期间，因企业盈利而增加的净资产，应上交国有产权持有单位，或经国有产权持有单位同意，作为改制企业国有权益；因企业亏损而减少的净资产，应由国有产权持有单位补足，或者由改制企业用以后年度国有股份应得的股利补足。国有控股企业实施改制，自企业资产评估基准日到改制后工商变更登记期间的净资产变化，应由改制前企业的各产权持有单位协商处理。

（四）改制为非国有的企业，必须在改制前由国有产权持有单位组织进行法定代表人离任审计，不得以财务审计代替离任审计。离任审计应依照国家有关法律法规和《中央企业经济责任审计管理暂行办法》（国资委令第7号）及相关配套规定执行。财务审计和离任审计工作应

由两家会计师事务所分别承担,分别出具审计报告。

(五)企业改制涉及土地使用权的,必须经土地确权登记并明确土地使用权的处置方式。进入企业改制资产范围的土地使用权必须经具备土地估价资格的中介机构进行评估,并按国家有关规定备案。涉及国有划拨土地使用权的,必须按照国家土地管理有关规定办理土地使用权处置审批手续。

(六)企业改制涉及探矿权、采矿权有关事项的,依照国家有关法律以及《探矿权、采矿权转让管理办法》(国务院令第 242 号)、国土资源部《关于印发〈探矿权采矿权招标拍卖挂牌管理办法(试行)〉的通知》(国土资发〔2003〕197 号)、财政部、国土资源部《关于印发〈探矿权采矿权价款转增国家资本管理办法〉的通知》(财建〔2004〕262 号)等有关规定执行。企业改制必须由国土资源主管部门明确探矿权、采矿权的处置方式,但不得单独转让探矿权、采矿权,涉及由国家出资形成的探矿权、采矿权的,应当按照国家有关规定办理处置审批手续。进入企业改制资产范围的探矿权、采矿权,必须经具有矿业权评估资格的中介机构进行评估作价(采矿权评估结果报国土资源主管部门确认)并纳入企业整体资产中,由审批改制方案的单位商国土资源主管部门审批后处置。

(七)没有进入企业改制资产范围的实物资产和专利权、非专利技术、商标权、土地使用权、探矿权、采矿权、特许经营权等资产,改制后的企业不得无偿使用;若需使用的,有偿使用费或租赁费计算标准应参考资产评估价或同类资产的市场价确定。

(八)非国有投资者以实物资产和专利权、非专利技术、商标权、土地使用权、探矿权、采矿权、特许经营权等资产评估作价参与企业改制,由国有产权持有单位和非国有投资者共同认可的中介机构,对双方进入改制企业的资产按同一基准日进行评估;若一方资产已经评估,可由另一方对资产评估结果进行复核。

(九)在清产核资、财务审计、离任审计、资产评估、落实债务、产权交易等过程中发现造成国有资产流失、逃废金融债务等违法违纪问题的,必须暂停改制并追查有关人员的责任。

四、切实维护职工的合法权益

（一）改制方案必须提交企业职工代表大会或职工大会审议，并按照有关规定和程序及时向广大职工群众公布。应当向广大职工群众讲清楚国家关于国有企业改革的方针政策和改制的规定，讲清楚改制的必要性、紧迫性以及企业的发展思路。在改制方案制订过程中要充分听取职工群众意见，深入细致地做好思想工作，争取广大职工群众对改制的理解和支持。

（二）国有企业实施改制前，原企业应当与投资者就职工安置费用、劳动关系接续等问题明确相关责任，并制订职工安置方案。职工安置方案必须经职工代表大会或职工大会审议通过，企业方可实施改制。职工安置方案必须及时向广大职工群众公布，其主要内容包括：企业的人员状况及分流安置意见；职工劳动合同的变更、解除及重新签订办法；解除劳动合同职工的经济补偿金支付办法；社会保险关系接续；拖欠职工的工资等债务和企业欠缴的社会保险费处理办法等。

（三）企业实施改制时必须向职工群众公布企业总资产、总负债、净资产、净利润等主要财务指标的财务审计、资产评估结果，接受职工群众的民主监督。

（四）改制为国有控股企业的，改制后企业继续履行改制前企业与留用的职工签订的劳动合同；留用的职工在改制前企业的工作年限应合并计算为在改制后企业的工作年限；原企业不得向继续留用的职工支付经济补偿金。改制为非国有企业的，要严格按照有关法律法规和政策处理好改制企业与职工的劳动关系。对企业改制时解除劳动合同且不再继续留用的职工，要支付经济补偿金。企业国有产权持有单位不得强迫职工将经济补偿金等费用用于对改制后企业的投资或借给改制后企业（包括改制企业的投资者）使用。

（五）企业改制时，对经确认的拖欠职工的工资、集资款、医疗费和挪用的职工住房公积金以及企业欠缴社会保险费，原则上要一次性付清。改制后的企业要按照有关规定，及时为职工接续养老、失业、医疗、工伤、生育等各项社会保险关系,并按时为职工足额交纳各种社会保险费。

五、严格控制企业管理层通过增资扩股持股

(一)本意见所称"管理层"是指国有及国有控股企业的负责人以及领导班子的其他成员;本意见所称"管理层通过增资扩股持股",不包括对管理层实施的奖励股权或股票期权。

(二)国有及国有控股大型企业实施改制,应严格控制管理层通过增资扩股以各种方式直接或间接持有本企业的股权。为探索实施激励与约束机制,经国有资产监督管理机构批准,凡通过公开招聘、企业内部竞争上岗等方式竞聘上岗或对企业发展作出重大贡献的管理层成员,可通过增资扩股持有本企业股权,但管理层的持股总量不得达到控股或相对控股数量。国有及国有控股企业的划型标准按照统计局《关于印发〈统计上大中小型企业划分办法(暂行)〉的通知》(国统字〔2003〕17号)和原国家经贸委、原国家计委、财政部、统计局《关于印发中小企业标准暂行规定的通知》(国经贸中小企〔2003〕143号)规定的分类标准执行。

(三)管理层成员拟通过增资扩股持有企业股权的,不得参与制订改制方案、确定国有产权折股价、选择中介机构,以及清产核资、财务审计、离任审计、资产评估中的重大事项。管理层持股必须提供资金来源合法的相关证明,必须执行《贷款通则》的有关规定,不得向包括本企业在内的国有及国有控股企业借款,不得以国有产权或资产作为标的物通过抵押、质押、贴现等方式筹集资金,也不得采取信托或委托等方式间接持有企业股权。

(四)存在下列情况之一的管理层成员,不得通过增资扩股持有改制企业的股权:

1. 经审计认定对改制企业经营业绩下降负有直接责任的;

2. 故意转移、隐匿资产,或者在改制过程中通过关联交易影响企业净资产的;

3. 向中介机构提供虚假资料,导致审计、评估结果失真,或者与有

关方面串通,压低资产评估值以及国有产权折股价的;

4. 违反有关规定,参与制订改制方案、确定国有产权折股价、选择中介机构,以及清产核资、财务审计、离任审计、资产评估中重大事项的;

5. 无法提供持股资金来源合法相关证明的。

(五)涉及管理层通过增资扩股持股的改制方案,必须对管理层成员不再持有企业股权的有关事项作出具体规定。

(六)管理层通过增资扩股持有企业股权后涉及该企业所持上市公司国有股性质变更的,按国家有关规定办理。

六、加强对改制工作的领导和管理

(一)除国有大中型企业实施主辅分离、辅业改制,通过境内外首次公开发行股票并上市改制为国有控股企业,以及国有控股的上市公司增资扩股和收购资产按国家其他规定执行外,凡符合以下情况之一的,须执行国办发〔2003〕96 号文件和本意见的各项规定:

1. 国有及国有控股企业(包括其全资、控股子企业,下同)增量引入非国有投资,或者国有及国有控股企业的国有产权持有单位向非国有投资者转让该企业国有产权的。

2. 国有及国有控股企业以其非货币资产出资与非国有投资者共同投资设立新公司,并因此安排原企业部分职工在新公司就业的。

国有及国有控股企业以现金出资与非国有投资者共同投资设立新公司,并因此安排原企业部分职工在新公司就业的,执行国办发〔2003〕96 号文件和本意见除清产核资、财务审计、资产评估、定价程序以外的其他各项规定。

3. 各级国有资产监督管理机构作出其他有关规定的。对由国有资产监督管理机构以外的其他部门履行出资人职责的企业,由相关部门规定。

(二)国有产权持有单位应与非国有投资者协商签订合同、协议,维护职工合法权益,防止国有资产流失,确保进入改制后企业的国有资产保值增值。对需要在改制后履行的合同、协议,国有产权持有单位应负责跟踪、监督、检查,确保各项条款执行到位。改制后的国有控股企业应当建立现代企业制度,完善法人治理结构,制订明确的企业发展思路和转换机制方案,加快技术进步,加强内部管理,提高市场竞争力。企业在改制过程中要重视企业工会组织的建设,充分发挥工会组织的作用。

(三)地方各级人民政府及其国有资产监督管理机构、国有及国有控股企业,要全面理解和正确贯彻落实党中央、国务院关于国有企业改革的方针、政策和措施。切实加强对国有企业改制工作的组织领导,严格执行有关改制的各项规定,认真履行改制的各项工作程序,有效防止国有资产流失。加强对改制企业落实职工安置方案的监督检查,切实维护职工的合法权益。地方政府及有关部门要关心改制后企业的改革和发展,督促落实改制措施,帮助解决遇到的困难和问题,为改制企业发展创造良好的环境和条件。地方各级人民政府要充分考虑企业、职工和社会的承受能力,妥善处理好原地方政策与现有政策的衔接,防止引发新的矛盾。各级国有资产监督管理机构要加强对国办发〔2003〕96号文件、本意见和国资委、财政部令第3号等有关规定贯彻执行情况的监督检查,及时总结经验,发现和纠正改制工作中存在的问题,促进国有企业改制工作健康、有序、规范发展。

国务院办公厅转发国资委《关于推进国有资本调整和国有企业重组的指导意见》的通知

2006 年 12 月 5 日 国办发〔2006〕97 号

各省、自治区、直辖市人民政府,国务院各部委、各直属机构:

国资委《关于推进国有资本调整和国有企业重组的指导意见》已经国务院同意,现转发给你们,请认真贯彻执行。

附件:关于推进国有资本调整和国有企业重组的指导意见

附件：

关于推进国有资本调整和
国有企业重组的指导意见

近年来，国有资产管理体制改革取得重大突破，国有经济布局和结构调整取得重要进展，国有企业改革不断深化、经济效益显著提高，对完善社会主义市场经济体制、促进国民经济持续快速健康发展，发挥了重要作用。但从整体上看，国有经济分布仍然过宽，产业布局和企业组织结构不尽合理，一些企业主业不够突出，核心竞争力不强。实行国有资本调整和国有企业重组，完善国有资本有进有退、合理流动的机制，是经济体制改革的一项重大任务。为贯彻落实党的十六届三中、五中全会精神，根据《国务院关于 2005 年深化经济体制改革的意见》(国发〔2005〕9 号)，现就国有资本调整和国有企业重组提出以下意见：

一、国有资本调整和国有企业重组的基本原则和主要目标

(一)基本原则：一是坚持公有制为主体、多种所有制经济共同发展的基本经济制度。毫不动摇地巩固和发展公有制经济，增强国有经济的控制力、影响力、带动力，发挥国有经济的主导作用。毫不动摇地鼓励、支持和引导非公有制经济发展，鼓励和支持个体、私营等非公有制经济参与国有资本调整和国有企业重组。二是坚持政府引导和市场调节相结合，充分发挥市场配置资源的基础性作用。三是坚持加强国有资产监管，严格产权交易和股权转让程序，促进有序流动，防止国有资产流失，确保国有资产保值增值。四是坚持维护职工合法权益，保障职工对企业重组、改制等改革的知情权、参与权、监督权和有关事项的决定权，充分调动和保护广大职工参与国有企业改革重组的积极性。五是坚持加强领导，统筹规划，慎重决策，稳妥推进，维护企业正常的生产

经营秩序,确保企业和社会稳定。

(二)主要目标:进一步推进国有资本向关系国家安全和国民经济命脉的重要行业和关键领域(以下简称重要行业和关键领域)集中,加快形成一批拥有自主知识产权和知名品牌、国际竞争力较强的优势企业;加快国有大型企业股份制改革,完善公司法人治理结构,大力发展国有资本、集体资本和非公有资本等参股的混合所有制经济,实现投资主体多元化,使股份制成为公有制的主要实现形式;大多数国有中小企业放开搞活;到2008年,长期积累的一批资不抵债、扭亏无望的国有企业政策性关闭破产任务基本完成;到2010年,国资委履行出资人职责的企业(以下简称中央企业)调整和重组至80～100家。

二、主要政策措施

(三)推进国有资本向重要行业和关键领域集中,增强国有经济控制力,发挥主导作用。重要行业和关键领域主要包括:涉及国家安全的行业,重大基础设施和重要矿产资源,提供重要公共产品和服务的行业,以及支柱产业和高新技术产业中的重要骨干企业。有关部门要抓紧研究确定具体的行业和领域,出台相应的产业和企业目录。鼓励非公有制企业通过并购和控股、参股等多种形式,参与国有企业的改组改制改造。对需要由国有资本控股的企业,要区别不同情况实行绝对控股和相对控股;对不属于重要行业和关键领域的国有资本,按照有进有退、合理流动的原则,实行依法转让,防止国有资产流失。对国有资产转让收益,应严格按照国家有关政策规定进行使用和管理。

(四)加快国有企业的股份制改革。除了涉及国家安全的企业、必须由国家垄断经营的企业和专门从事国有资产经营管理的公司外,国有大型企业都要逐步改制成为多元股东的公司。对于因各种原因不能进入股份制公司的存续企业,要加大改革与重组的力度,改革重组工作可继续由母公司负责,也可交由国有资产经营管理公司等其他国有企业负责。

(五)大力推进改制上市,提高上市公司质量。积极支持资产或主营业务资产优良的企业实现整体上市,鼓励已经上市的国有控股公司通过增资扩股、收购资产等方式,把主营业务资产全部注入上市公司。要认真贯彻落实《国务院批转证监会关于提高上市公司质量意见的通知》(国发〔2005〕34号)要求,对上市公司控股股东以借款、提供担保、代偿债务、代垫款项等各种名目侵占上市公司资金的,有关国有资产监管机构应当加大督促、协调力度,促使其按期全部偿还上市公司资金;对不能按期偿还的,应按照法律和相关规定,追究有关责任人的行政和法律责任。同时,要建立长效机制,严禁侵占上市公司资金。

(六)积极鼓励引入战略投资者。引入战略投资者要有利于增强企业技术创新能力,提高产品的档次和水平,改善经营管理,促进企业持续发展。引入境外战略投资者,要以维护国家经济安全、国防安全和产业安全为前提,防止产生垄断,切实保护企业的自主知识产权和知名品牌,推动企业开发新产品。

(七)放开搞活国有中小企业,建立劣势企业退出市场的机制。采取改组、联合、兼并、租赁、承包经营、合资、转让国有产权和股份制、股份合作制等多种形式,继续放开搞活国有中小企业。对长期亏损、资不抵债、不能清偿到期债务的企业和资源枯竭的矿山实施依法破产,对符合有关条件的严格按照有关规定抓紧实施政策性关闭破产。

(八)加快国有大型企业的调整和重组,促进企业资源优化配置。依法推进国有企业强强联合,强强联合要遵循市场规律,符合国家产业政策,有利于资源优化配置,提高企业的规模经济效应,形成合理的产业集中度,培育一批具有国际竞争力的特大型企业集团。在严格执行国家相关行业管理规定和市场规则的前提下,继续推进和完善电信、电力、民航等行业的改革重组。对不具备优势的国有企业,应采取多种方式,大力推动其并入优势国有大企业,以减少污染、节约资源、保障安全生产、提高效率。优势国有大企业要通过增加投资以及资产、业务整合等措施,充分发挥资产的整体效能,促进重组后的企业加快发展。

(九)积极推动应用技术研究院所(以下称研究院所)与相关生产企

业(包括大型工程承包企业)的重组。鼓励研究院所与相关生产企业重组,实现研发与生产相互促进、共同发展,提高企业的技术创新能力。积极探索研究院所与生产企业重组的有效途径和形式,可以由一家生产企业与研究院所重组,也可以由多家生产企业共同参与研究院所股份制改革。对主要担负基础研究、行业产品和技术监督检测的研究院所,应尽量由多家生产企业共同参与其股份制改革,并采取相应措施,确保其正常运行和发展。

(十)加大对亏损企业国有资本的调整力度。对有望扭亏的国有企业,要采取措施限期扭亏,对由于经营管理不善造成亏损的,要撤换负有责任的企业负责人。对不属于重要行业和关键领域的亏损企业,短期内难以扭亏的,可以向各类投资主体转让,或与其他国有企业进行重组。要依照有关政策,对重要行业和关键领域亏损严重的重要企业,区别不同情况,采取多种方式和途径,推动其改革重组,促进企业发展,并确保国有资本控股。

(十一)围绕突出主业,积极推进企业非主业资产重组。要通过多种途径,使部分企业非主业资产向主业突出的企业集中,促进企业之间非主业资产的合理流动。对于非主业资产的中小企业,可采取多种形式放开搞活,符合主辅分离、辅业改制政策要求的,要加快主辅分离、辅业改制、分流安置富余人员的步伐。

(十二)加快国有大型企业内部的重组。要简化企业组织机构,对层级过多的下属企业进行清理、整合,通过关闭、破产、撤销、合并、取消企业法人资格等措施,原则上将管理层次控制在三级以内。要完善大企业的母子公司体制,强化母公司在战略管理、资本运作、结构调整、财务控制、风险防范等方面的功能,通过对业务和资产的调整或重组,发挥企业整体优势,实现专业化和规模化经营。

(十三)加快建立国有资本经营预算制度。国有资本经营预算要重点围绕国有资本调整和国有企业重组的方向和目标,统筹使用好国有资本收益,保障和促进企业结构调整和技术进步,提高企业核心竞争力。

(十四)促进中央企业和地方人民政府所出资企业(以下简称地方

企业)之间的重组。对不属于重要行业和关键领域的中央企业,下放地方管理有利于发挥地方优势、有利于与地方企业重组提高竞争力的,在征得地方人民政府同意并报经国务院批准后,可以将其交由地方国有资产监管机构或地方企业管理;地方企业并入中央企业有利于优势互补的,在征得地方人民政府同意后,可以将其并入中央企业。鼓励中央企业和地方企业之间通过股权并购、股权置换、相互参股等方式进行重组。在地方企业之间,也应按此要求促进重组。

三、规范改制重组行为,切实加强组织领导

(十五)进一步规范企业改制方案的审批工作。国有独资企业引入非国有投资者的改制方案和国有控股企业改制为国有资本不控股或不参股企业的方案,必须按照《国务院办公厅转发国务院国有资产监督管理委员会关于规范国有企业改制工作意见的通知》(国办发〔2003〕96号)、《国务院办公厅转发国资委关于进一步规范国有企业改制工作实施意见的通知》(国办发〔2005〕60号)以及企业国有产权转让等有关规定严格审批。企业改制涉及财政、劳动保障等事项的,须报经同级人民政府有关部门审核同意后,报国有资产监管机构协调审批;涉及政府公共管理审批事项的,依照国家有关法律法规,报政府有关部门审批。要充分发挥企业职工代表大会和工会的作用,国有独资企业引入非国有投资者的改制方案和国有控股企业改制为国有资本不控股或不参股企业的方案,必须提交企业职工代表大会或职工大会审议,充分听取职工意见;职工安置方案须经企业职工代表大会或职工大会审议通过后方可实施改制。

(十六)完善国有及国有控股企业之间重组的审批程序。对国有及国有控股企业之间的重组,国家已有规定的按规定程序审批,未作规定但因重组致使国有资产监管机构所出资企业减少或者增加的,由国有资产监管机构报本级人民政府审批,其余重组方案由国有资产监管机构审批。具体重组方案应及时向职工代表大会通报。

(十七)进一步统一认识。各地区、各有关部门要深入学习、全面理

解、认真贯彻落实党中央、国务院关于深化国有企业改革、调整国有经济布局和结构的精神,提高对国有资本调整和国有企业重组重要性、紧迫性、复杂性的认识。国有及国有控股企业负责人要正确处理国家、企业、个人之间的利益关系,服从国有资本调整和国有企业重组的大局,积极拥护、支持国有资本调整和国有企业重组。要严格执行国家产业政策和行业规划,对涉及国家产业政策和行业规划的重大国有资本调整和国有企业重组事项,国有资产监管机构应会同相关行业主管部门和有关地方政府共同研究决策。

(十八)切实加强组织领导。地方各级人民政府和国有资产监管机构要高度重视推进国有资本调整和国有企业重组工作,搞好调查研究和可行性分析,充分听取各方面的意见,从本地区实际出发,统筹规划,加强领导,周密部署,积极稳妥地推进,维护企业正常的生产经营秩序,确保企业和社会稳定。国资委和有关部门要加强调研、监督和指导,掌握各地工作动态,及时对国有资本调整和国有企业重组中的重大问题研究提出政策建议。国有及国有控股企业要充分发挥企业党组织的政治核心作用尤其是保证监督、宣传引导、协调服务等作用,精心组织实施,深入细致地做好职工的思想政治工作,维护职工合法权益,确保国有资本调整和国有企业重组的顺利进行。

关于中央企业建立和完善国有独资公司董事会试点工作的通知

2004 年 6 月 9 日 国资发改革〔2004〕229 号

各中央企业:

为了贯彻党的十六大、十六届三中全会精神,推进股份制改革,完善公司法人治理结构,加快建立现代企业制度,适应新的国有资产管理体制的要求,依法规范地行使出资人权利,国务院国有资产监督管理委员会(以下简称国资委)决定选择部分中央企业进行建立和完善国有独资公司董事会试点工作。现就有关事项通知如下:

一、试点的目的

(一)对于可以实行有效的产权多元化的企业,通过建立和完善国有独资公司董事会,促进企业加快股份制改革和重组步伐,并为多元股东结构公司董事会的组建和运转奠定基础。

(二)对于难以实行有效的产权多元化的企业和确需采取国有独资形式的大型集团公司,按照《中华人民共和国公司法》(以下简称《公司法》)的规定,通过建立和完善董事会,形成符合现代企业制度要求的公司法人治理结构。

(三)将国资委对国有独资公司履行出资人职责的重点放在对董事会和监事会的管理,既实现出资人职责到位,又确保企业依法享有经营自主权。

二、试点工作的基本思路

(一)将忠实代表所有者利益、对出资人负责、增强公司市场竞争力作为董事会建设的根本宗旨。

(二)建立外部董事制度,使董事会能够作出独立于经理层的客观判断。充分发挥非外部董事和经理层在制定重大投融资方案和日常经营管理中的作用。董事会中应有经职工民主选举产生的职工代表。

(三)以发展战略、重大投融资、内部改革决策和选聘、评价、考核、奖惩总经理为重点,以建立董事会专门委员会、完善董事会运作制度为支撑,确保董事会对公司进行有效的战略控制和监督。

(四)出资人、董事会、监事会、经理层各负其责,协调运转,有效制衡。国资委代表国务院向国有独资公司派出监事会,监事会依照《公司法》、《国有企业监事会暂行条例》的规定履行监督职责。

(五)按照建设完善的董事会的方向,从目前的实际情况出发,平稳过渡,逐步推进,总结经验,不断完善。

三、试点工作的推进

(一)选择若干户企业启动试点工作,再逐步增加试点企业户数。2007年底前,除主要执行国家下达任务等决策事项较少的企业外,中央企业中的国有独资公司和国有独资企业均应建立董事会。

(二)试点初期外部董事不少于2人。根据外部董事人力资源开发情况,在平稳过渡的前提下,逐步提高外部董事在董事会成员中的比例。

(三)优先考虑对试点企业授权经营,即将出资人的部分权利授予试点企业董事会行使。

(四)对拟股权多元化的试点企业,选聘董事要为建立多元股东结构的公司董事会创造条件。集团公司主业资产若全部或者绝大部分注入其控股的上市公司的,选聘试点企业董事要与上市公司国有股东提名的董事相协调。

(五)国资委将逐步建立健全对董事会和董事的管理制度,积极开发外部董事人力资源,加强对试点工作的指导,及时调查研究、总结经验。

四、试点企业的选择

试点企业选择的基本条件是:属于国有经济应控制的大型企业,企业投融资等重大决策事项较多,企业经营状况较好。符合上述条件且企业有意愿或现国有独资公司董事会将换届的,可重点考虑作为试点企业。

五、试点企业的主要工作

(一)依照《公司法》、《企业国有资产监督管理暂行条例》等法律法规,制定或修改公司章程,报国资委审批。

(二)按照本通知的有关要求,参考《国务院国有资产监督管理委员会关于国有独资公司董事会建设的指导意见（试行）》（以下简称《指导意见》，见附件 1），结合本企业实际，制定有关董事会建设的各项规章制度，其中有关董事会的职责、组成、下设专门委员会和办公室、重大事项决策制度、会议制度，董事的权利与义务、责任，董事会秘书的职责，董事会与出资人的关系、与总经理的关系等内容要纳入公司章程。

（三）依照有关规定民主选举职工董事，并由国资委聘任。

（四）召开董事会会议，任命董事会秘书，设立董事会办公室，组建各专门委员会。

（五）自第一次董事会会议起满 1 年后，对董事会运作情况和效果进行总结，提出完善董事会的意见和建议，并将总结报告报国资委。

（六）对于董事会建设中需要解决的问题，要及时向国资委报告。

六、组织领导

为了加强对试点工作的组织领导，国资委成立建立和完善国有独资公司董事会试点工作领导小组。

组　　长：李荣融　国资委主任

副组长：王　勇　国资委副主任

　　　　邵　宁　国资委副主任

成员单位：办公厅、政策法规局、业绩考核局、规划发展局、统计评价局、企业改革局、企业分配局、监事会工作局、企业领导人员管理一局、企业领导人员管理二局、宣传工作局、群众工作局。

领导小组办公室设在企业改革局。

附件：

1. 国务院国有资产监督管理委员会关于国有独资公司董事会建设的指导意见（试行）

2. 第一批试点企业名单

附件1：

国务院国有资产监督管理委员会
关于国有独资公司董事会建设的
指导意见(试行)

为指导大型中央企业开展国有独资公司(以下简称公司)建立和完善董事会试点工作,加强董事会建设,依据《中华人民共和国公司法》(以下简称《公司法》)、《企业国有资产监督管理暂行条例》(以下简称《条例》)等法律法规,提出以下指导意见。

一、董事会的职责

(一)董事会依照《公司法》第四十六条的规定行使以下职权：

1. 选聘或者解聘公司总经理(中央管理主要领导人员的企业,按照有关规定执行,下同),并根据总经理的提名,聘任或者解聘公司副总经理、财务负责人;负责对总经理的考核,决定其报酬事项,并根据总经理建议决定副总经理、财务负责人的报酬。

2. 决定公司的经营计划、投资方案(含投资设立企业、收购股权和实物资产投资方案),以及公司对外担保。

3. 制订公司的年度财务预算方案、决算方案。

4. 制订公司的利润分配方案和弥补亏损方案。

5. 制订公司增加或者减少注册资本的方案以及发行公司债券的方案。

6. 拟订公司合并、分立、变更公司形式、解散的方案。

7. 决定公司内部管理机构的设置,决定公司分支机构的设立或者撤销。

8. 制定公司的基本管理制度。

(二)根据公司具体情况,董事会可以行使以下职权:

1. 审核公司的发展战略和中长期发展规划,并对其实施进行监督;

2. 决定公司的年度经营目标;

3. 决定公司的风险管理体系,包括风险评估、财务控制、内部审计、法律风险控制,并对实施进行监控;

4. 制订公司主营业务资产的股份制改造方案(包括各类股权多元化方案和转让国有产权方案)、与其他企业重组方案;

5. 除依照《条例》规定须由国务院国有资产监督管理委员会(以下简称国资委)批准外,决定公司内部业务重组和改革事项;

6. 除依照《条例》规定须由国资委批准的重要子企业的重大事项外,依照法定程序决定或参与决定公司所投资的全资、控股、参股企业的有关事项;

7. 制订公司章程草案和公司章程的修改方案。

(三)国资委依照《公司法》第六十六条和《条例》第二十八条规定,授予董事会行使出资人的部分职权(另行制定)。

(四)董事会应对以下有关决策制度作出全面、明确、具体的规定,并将其纳入公司章程:

1. 应由董事会决定的重大事项的范围和数量界限(指可量化的标准,下同),其中重大投融资应有具体金额或占公司净资产比重的规定。公司累计投资额占公司净资产比重应符合法律法规的规定。

2. 公司发展战略、中长期发展规划、重大投融资项目等决策的程序、方法,并确定投资收益的内部控制指标。

3. 对决策所需信息的管理。其中提供信息的部门及有关人员对来自于公司内部且可客观描述的信息的真实性、准确性应承担责任;对来自于公司外部且不可控的信息的可靠性应进行评估。

4. 董事会表决前必须对决策的风险进行讨论,出席董事会会议的董事应作出自己的判断。

5. 董事会对董事长、董事的授权事项应有具体的范围、数量和时间界限。

(五)董事会履行以下义务:

1. 执行国资委的决定,对国资委负责,最大限度地追求所有者的投资回报,完成国家交给的任务;

2. 向国资委提交年度经营业绩考核指标和资产经营责任制目标完成情况的报告;

3. 向国资委提供董事会的重大投融资决策信息;

4. 向国资委提供真实、准确、全面的财务和运营信息;

5. 向国资委提供董事和经理人员的实际薪酬以及经理人员的提名、聘任或解聘的程序和方法等信息;

6. 维护公司职工、债权人和用户的合法权益;

7. 确保国家有关法律法规和国资委规章在公司的贯彻执行。

二、董事及外部董事制度

(六)董事通过出席董事会会议、参加董事会的有关活动行使权利。

(七)董事履行以下义务:

1. 讲求诚信,严格遵守法律、法规和公司章程的规定,依法承担保守商业秘密和竞业禁止义务;

2. 忠实履行职责,最大限度维护所有者的利益,追求国有资产的保值增值;

3. 勤勉工作,投入足够的时间和精力行使职权;

4. 关注董事会的事务,了解和掌握足够的信息,深入细致地研究和分析,独立、谨慎地表决;

5. 努力提高履行职务所需的技能。

(八)董事对行使职权的结果负责,对失职、失察、重大决策失误等过失承担责任,违反《公司法》《条例》等法律、法规规定的,追究其法律责任。

董事会决议违反法律、法规或公司章程规定,致使公司遭受损失,投赞成票和弃权票的董事个人承担直接责任（包括赔偿责任），对经证明在表决时曾表明异议并载于会议记录的投反对票的董事，可免除个人责任。

（九）外部董事指由非本公司员工的外部人员担任的董事。外部董事不在公司担任除董事和董事会专门委员会有关职务外的其他职务，不负责执行层的事务。

外部董事与其担任董事的公司不应存在任何可能影响其公正履行外部董事职务的关系。本人及其直系亲属近两年内未曾在公司和公司的全资、控股子企业任职，未曾从事与公司有关的商业活动，不持有公司所投资企业的股权，不在与公司同行业的企业或与公司有业务关系的单位兼职等。

（十）专门在若干户中央企业担任外部董事职务的为专职外部董事。除外部董事职务外，在中央企业或其他单位还担任其他职务的为兼职外部董事，该单位应出具同意其兼任外部董事职务并在工作时间上予以支持的有效文件。外部董事本人应保证有足够的时间和精力履行该职务。

（十一）国资委选聘外部董事，可以特别邀请国内外知名专家、学者、企业家；可以从中央企业有关人员中挑选；可以面向社会公开选聘。逐步建立外部董事人才库制度，向全社会、国内外公开信息，自愿申请入库，经审核符合条件的予以入库，国资委从人才库中选聘外部董事。

（十二）除特别邀请的外部董事外，外部董事任职前需参加国资委或国资委委托有关单位举办的任职培训。

（十三）外部董事应是公司主营业务投资、企业经营管理、财务会计、金融、法律、人力资源管理等某一方面的专家或具有实践经验的人士。

（十四）除专职外部董事外，外部董事任期结束后不再续聘的为自动解聘，国资委不承担为其另行安排职务的义务。

（十五）确定外部董事的薪酬应充分考虑其担任的职务和承担的责任。外部董事薪酬由国资委确定，由所任职公司支付。外部董事在履行职务时的出差、办公等有关待遇比照本公司非外部董事待遇执行。除此以外，外部董事不得在公司获得任何形式的其他收入或福利。

三、董事会的组成和专门委员会

（十六）董事会成员原则上不少于9人，其中至少有1名由公司职工民主选举产生的职工代表。试点初期外部董事不少于2人。根据外部董事人力资源开发情况，在平稳过渡的前提下，逐步提高外部董事在董事会成员中的比例。

（十七）董事会设董事长1人，可视需要设副董事长1人。董事长、副董事长由国资委指定。

（十八）董事长行使以下职权：

1. 召集和主持董事会会议；

2. 检查董事会决议的实施情况；

3. 组织制订董事会运作的各项制度，协调董事会的运作；

4. 签署董事会重要文件和法律法规规定的其他文件；

5. 在重大决策、参加对外活动等方面对外代表公司；

6.《公司法》等法律法规赋予的其他职权；

7. 董事会授予的其他职权，但应由董事会集体决策的重大事项不得授权董事长决定。

（十九）董事会每届任期为3年。董事任期届满，经国资委聘任可以连任。外部董事在一家公司连任董事不得超过两届。

（二十）建立董事会的同时，要加强党的建设。公司党委（党组）主要负责人应当进入董事会；非外部董事中的党员可依照《中国共产党党章》有关规定进入党委（党组）；党委（党组）书记和董事长可由一人担任。

（二十一）董事会应下设战略委员会、提名委员会、薪酬与考核委员会，也可设立法律风险监控委员会等董事会认为需要的其他专门委员会。专门委员会要充分发挥董事长和外部董事的作用。

（二十二）战略委员会的主要职责是研究公司发展战略、中长期发展规划、投融资、重组、转让公司所持股权、企业改革等重大决策,并向董事会提交建议草案。该委员会由董事长担任召集人,若干董事为成员。

(二十三)提名委员会的主要职责是研究经理人员的选择标准、程序和方法以及总经理继任计划(包括人选)并向董事会提出建议;对总经理提出的副总经理、财务负责人等人选进行考察,并向董事会提出考察意见。该委员会由不兼任总经理的董事长担任召集人,由该董事长和外部董事组成。董事长兼任总经理的,由外部董事担任召集人。

(二十四)薪酬与考核委员会的主要职责是拟订经理人员的薪酬方案以及对总经理的考核与奖惩建议并提交董事会;拟订非外部董事的薪酬方案以及对其考核与奖惩、续聘或解聘的建议,并提交国资委。该委员会由外部董事担任召集人,外部董事为成员。非外部董事担任董事长但不兼任总经理的,可作为该委员会的成员,并可担任召集人。

(二十五)各专门委员会履行职权时应尽量使其成员达成一致意见;确实难以达成一致意见时,应向董事会提交各项不同意见并作说明。各专门委员会经董事会授权可聘请中介机构为其提供专业意见,费用由公司承担。

(二十六)公司各业务部门有义务为董事会及其下设的各专门委员会提供工作服务。经董事会同意,公司业务部门负责人可参加专门委员会的有关工作。

(二十七)拟提交董事会表决的公司发展战略、中长期发展规划、投融资、重组、转让公司所持股权等重大决策草案,聘请咨询机构咨询的,外部董事应当阅研咨询报告、听取有关咨询人员关于决策的风险评估,并就该风险在董事会发表意见。

(二十八)设立董事会办公室作为董事会常设工作机构,负责筹备董事会会议,办理董事会日常事务,与董事、外部董事沟通信息,为董事工作提供服务等事项。

(二十九)董事会秘书负责董事会办公室的工作,并列席董事会,负责作董事会会议记录。

(三十)董事会秘书应当具备企业管理、法律等方面专业知识和经验。董事会秘书由董事长提名,董事会决定聘任或解聘。

四、董事会会议

(三十一)董事会会议分为定期董事会会议和临时董事会会议。公司章程应对定期董事会会议的内容、次数、召开的时间作出具体规定。有以下情况之一时,董事长应在 7 个工作日内签发召开临时董事会会议的通知:

1. 三分之一以上董事提议时;

2. 监事会提议时;

3. 董事长认为有必要时;

4. 国资委认为有必要时。

(三十二)公司章程应对董事必须亲自出席的董事会会议的性质、内容等作出规定。董事会会议原则上应以现场会形式举行,只有在时间紧急和讨论一般性议题时才可采用可视电话会或制成书面材料分别审议方式开会及对议案作出决议。

(三十三)定期董事会会议应在会议召开 10 日以前通知全体董事、监事及其他列席人员。临时董事会会议可以在章程中另定通知时限。会议通知的内容至少应包括时间、地点、期限、议程、事由、议题及有关资料、通知发出的日期等。对董事会会议审议的重大决策事项,必须事先向董事提供充分的资料,公司章程应对资料的充分性和提前的时限作出规定,以确保董事有足够的时间阅研材料。

(三十四)当四分之一以上董事或 2 名以上(含 2 名)外部董事认为资料不充分或论证不明确时,可联名提出缓开董事会会议或缓议董事会会议所议议题,董事会应予采纳。

(三十五)董事会会议应由二分之一以上的董事出席方可举行。公司章程应对必须由全体董事三分之二以上表决同意方可通过的决议作出具体规定;其余决议可由全体董事过半数表决同意即为有效。

(三十六)董事会会议表决,各董事会成员均为一票。各董事应按自己的判断独立投票。

(三十七)董事会会议应对所议事项做成详细的会议记录。该记录至少应包括会议召开的日期、地点、主持人姓名、出席董事姓名、会议议程、董事发言要点、决议的表决方式和结果(赞成、反对或弃权的票数及投票人姓名)。出席会议的董事和列席会议的董事会秘书应在会议记录上签名。会议记录应妥善保存于公司。

五、董事会与总经理的关系

(三十八)总经理负责执行董事会决议,依照《公司法》和公司章程的规定行使职权,向董事会报告工作,对董事会负责,接受董事会的聘任或解聘、评价、考核、奖惩。

(三十九)董事会根据总经理的提名或建议,聘任或解聘、考核和奖惩副总经理、财务负责人。

(四十)按谨慎与效率相结合的决策原则,在确保有效监控的前提下,董事会可将其职权范围内的有关具体事项有条件地授权总经理处理。

(四十一)不兼任总经理的董事长不承担执行性事务。在公司执行性事务中实行总经理负责的领导体制。

六、国资委对董事会和董事的职权

(四十二)国资委依照《公司法》、《条例》等法律法规行使以下职权:

1. 批准公司章程和章程修改方案;

2. 批准董事会提交的增加或减少注册资本和发行公司债券方案以及公司合并、分立、变更公司形式、解散和清算方案;

3. 审核董事会提交的公司财务预算、决算和利润分配方案;

4. 批准董事会提交的公司经营方针、重大投资计划以及重要子企业的有关重大事项;

5. 批准董事会提交的公司重组、股份制改造方案;

6. 向董事会下达年度经营业绩考核指标和资产经营责任制目标,并进行考核、评价;

7. 选聘或解聘董事,决定董事的薪酬与奖惩;

8. 对董事会重大投融资决策的实施效果进行跟踪监督,要求董事会对决策失误作出专项报告;

9. 法律法规规定的其他职权。

七、中央企业可参考本意见管理其所投资的国有独资公司、国有独资企业

附件 2:

第一批试点企业名单

1. 神华集团有限责任公司
2. 上海宝钢集团公司
3. 中国高新投资集团公司
4. 中国诚通控股公司
5. 中国医药集团总公司
6. 中国国旅集团公司
7. 中国铁通集团有限公司

关于推动中央企业清理整合所属企业减少企业管理层次有关问题的指导意见

2004 年 6 月 12 日   国资发改革〔2004〕232 号

各中央企业:

近年来,一些中央企业通过清理整合所属企业,减少企业管理层次,优化了企业组织结构,取得了一定的成效和经验。但从整体看,中央企业管理层次过多仍是一个较为普遍的问题,致使一些企业机构臃肿,监督管理失控,决策效率低下,管理成本增加,影响竞争力的提高,甚至成为国有资产流失的重要原因。因此,清理整合所属企业,减少企业管理层次,调整内部组织结构,是中央企业提高资产质量和整体竞争力的迫切任务,是建立健全国有资产监督管理体系、确保出资人职责层层到位的重要措施。为进一步引导和推动中央企业做好此项工作,现提出以下指导意见。

一、工作原则

(一)提高核心竞争力。要有利于发挥中央企业的整体优势,推动企业按照市场导向的要求,集中优势资源和优良资产,做强做大主业,消除或避免不必要的内部竞争,提高企业经济效益和核心竞争力。

(二)优化组织结构。要有利于加强内部监管、提高决策效率、降低管理成本、规避财务风险,按照建立现代企业制度和现代产权制度的要求,构建适合本企业发展战略和业务结构要求、职能定位明确、运作高效的内部组织结构。

(三)依法规范操作。要严格执行有关政策法规,确保此项工作规范有序进行。其中涉及企业资本金变动、资产处置或归属调整、债权债务转移等问题,要依法征得有关利益方同意,按照有关规定履行审批程序,避免逃废债务,防止国有资产流失;涉及的所属企业为多元股东的,要依照有关法定程序办理。

(四)积极稳妥推进。要结合本企业的发展方向,针对存在的主要问题,采取积极有效措施加以解决。要正确处理整体利益与局部利益的关系,正确处理清理整合工作与正常生产经营的关系,正确处理清理整合工作与企业稳定的关系,深入细致地做好各项工作,维护企业和社会稳定。

二、工作目标

通过清理整合所属企业、减少企业管理层次,形成一批产权关系清晰、管理层次精简、组织结构合理、主业突出、竞争力强的大公司大企业集团。争取在 2005 年底前,原则上将中央企业的法人管理层次(指中央企业按资本纽带关系自上而下与各法人单位之间形成的管理层次)基本控制在三层以内。其中,对规模较小的中央企业,法人管理层次应基本控制在两层以内;规模特大的中央企业、属特殊性行业或有其他特殊情况的,法人管理层次可适当放宽,但一般不超过四层。法人管理层次的第一层指中央企业(或集团母公司);第二层指第一层所投资的全资、控股(含相对控股,下同)的法人单位(包括企业或事业单位,下同);依此类推。企业为上市在境外注册的"壳公司"(本身没有经营职能和业务、只起持股作用)不计入法人管理层次。非法人管理层次(指中央企业按管理从属关系自上而下与各非法人单位之间形成的管理层次)也要根据企业实际情况,参照本意见尽量减少。中央企业二层及以下企业的联营、参股企业参照本意见执行。

三、工作措施和途径

(一)对三层以下符合主业发展方向和企业总体发展战略要求,并具有较强竞争力的企业,可通过无偿划转、产权转让等方式提升其管理层次。

(二)对所属企业中的非主业企业以及经营状况较差、管理不善、负债率高、投资回报低的主业企业,可通过无偿划转、改制、出售、解散或实施破产等方式清理或退出;因债务、担保等原因难以注销或实施破产的,可先歇业,避免产生更大的资产损失。

(三)对所属企业中经营业务雷同、存在不必要竞争的企业,可通过合并等方式整合,推进所属企业的专业化,实现规模效益。

(四)中央企业控股的上市公司直接或间接控股三层以下多个规模较小的上市公司的,应根据企业总体发展战略和市场状况,按照证券市场有关规定逐步整合。

(五)除境内外上市、对外合作等特殊情况外,原则上中央企业二层及二层以下不再保留"壳公司",可视实际情况将其实体化、合并、注销、改造为事业部或分公司。

（六）对挂靠在所属企业、没有资本纽带关系的企业或单位，应解除挂靠关系，其中因生产经营需要确立长期合作或委托经营等关系的，可按市场化原则依法签订协议。

（七）需要清理整合的所属企业数量较多、资产量较大时，可将具备条件的某所属企业改造为（或新设）资产经营公司或专门机构，统一负责实施清理整合工作，处置相关资产。

（八）要从严控制新设三层企业，原则上不设四层企业，从源头上避免企业管理层次增多。特殊情况确需设立的，应进行必要的分析或论证，严格履行决策程序，并采取相应措施确保管理和控制到位。要通过法定程序使三层及以下企业原则上不再具有对外投资功能。中央企业所属的非法人单位不得再对外投资。

四、所属企业（包括国有产权）退出的处理

（一）对可利用主辅分离、辅业改制政策退出的所属企业，要按照原国家经贸委等八部门《印发〈关于国有大中型企业主辅分离辅业改制分流安置富余人员的实施办法〉的通知》（国经贸企改〔2002〕859号）等文件要求执行。

（二）积极鼓励中央企业之间进行资产重组。某中央企业非主业资产符合另一中央企业主业发展需要的，双方可协商，通过收购、资产（股权）置换、互相持股、无偿划转等方式进行重组，并按照有关规定履行审批程序。中央企业与地方国有企业之间也可进行此类资产重组。

（三）对非主业的所属企业，可采取出售、转让等方式退出。出售、转让要严格按照《企业国有产权转让管理暂行办法》（国资委、财政部令第3号）执行。

（四）对拟通过破产形式退出的所属企业，可依法破产；符合国家政策性关闭破产条件的，可按照国家有关要求申请列入政策性关闭破产计划。

（五）对应当退出但目前暂不具备条件退出的所属企业，可通过减少所持股权、不再增加投资、委托经营、租赁、承包等方式逐步退出；也

可暂由该中央企业或其他中央企业的资产经营公司或机构集中管理，逐步清理、退出。

五、组织实施

（一）做好基础性工作。中央企业要在清产核资的基础上，理清所属企业的数目、产权关系、资产状况、经营状况、人员状况等，做到摸清家底、掌握情况、明确难点、有的放矢。

（二）认真制订方案。中央企业要根据本意见的要求进行自查，基本实现工作目标的，将完成情况报国资委；尚未实现工作目标的，要尽快研究制订方案，认真分析现状和问题，提出工作的目标、步骤、时限、范围和措施。

（三）有关政策处理。此项工作涉及的土地、房屋等权属转移，可依照有关规定享受相应的契税等减免政策；涉及不良资产和呆坏账核销的，可按国资委有关清产核资的规定并经国资委审核批准后予以核销。

（四）加强组织领导。此项工作涉及面广，情况复杂，中央企业领导班子要予以高度重视，切实加强领导，统一组织实施。工作中的困难和问题以及取得的经验和成绩，及时报国资委，国资委将予以协调和经验总结、推广。

关于贯彻落实《国务院批转证监会关于提高上市公司质量意见的通知》的通知

2005 年 11 月 21 日　国资发改革〔2005〕293 号

各中央企业，各省、自治区、直辖市国资委，证监会各监管局：

最近，国务院印发了《国务院批转证监会关于提高上市公司质量意见的通知》(国发〔2005〕34 号，以下简称 34 号文件)，对发挥资本市场优化资源配置功能、保护投资者的合法权益、促进我国资本市场健康稳定发展，以及加快国有企业股份制改革、完善公司治理结构，具有十分重要的意义。为贯彻落实 34 号文件提出的各项要求，提高国有控股上市公司的质量，现就有关问题通知如下：

一、充分认识提高上市公司质量的重要意义。各级国有资产监督管理机构和国有及国有控股企业要认真学习 34 号文件，把全面贯彻落实 34 号文件摆到重要议程，并作为深化国有企业改革、建立现代企业制度的一件大事，加强组织领导，认真总结提高国有控股上市公司质量工作的经验，仔细查找、深入分析存在的问题和原因，制定切实可行的措施，把 34 号文件的各项要求落到实处。

二、大力推进资产优良的国有企业改制上市。鼓励具备条件的优质大型企业实现整体上市，使优质资源向上市公司集中。规范企业改制上市行为，做到上市公司机构独立、业务独立，实现与国有控股股东在人员、资产、财务方面的实质性分开。对于已有控股上市公司的国有及国有控股企业，要以主营业务资产统一运作、做优做强上市公司为目标，以维护中小投资者合法权益、规范操作为前提，通过增资扩股、收购资产等方式把优良主营业务资产全部注入上市公司。

三、完善国有控股股东和国有控股上市公司的法人治理结构。作为上市公司控股股东的国有企业，条件具备的要加快股份制改革的步伐；目前条件不具备、尚需在一段时期内采取国有独资公司形式的国有企业，要建立规范的董事会，由董事会行使对上市公司的国有股东权利，以确保上市公司规范运作，促进上市公司做强做大。国有控股上市公司要按照 34 号文件的要求完善法人治理结构，重点是健全独立董事制度，充分发挥独立董事的作用。

四、国有控股股东要牢固树立诚信意识。上市公司的国有控股股东要切实维护中小投资者的合法权益，严格按照上市公司的股东大会、董事会运作程序行使股东权利，不得违反程序干预上市公司经营决策和内部管理。

五、规范国有控股股东与其控股的上市公司之间的关联交易。国有控股股东要严格执行《中华人民共和国公司法》、《中华人民共和国证券法》、国务院有关法规和证监会的有关规定,履行相应的信息披露义务,保证关联交易的公允和交易行为的透明度,严禁发生拖欠关联交易往来款项。今后,凡有国有控股股东违反有关规定,强迫上市公司接受非公允关联交易、利用关联交易侵占上市公司利益的,国有资产监管机构要对相关负责人和直接责任人给予纪律处分;情节恶劣、后果严重的,要给予撤职处分。

六、按期偿还侵占上市公司的资金。凡以向上市公司借款、由上市公司提供担保、代偿债务、代垫款项等各种名目侵占上市公司资金的国有及国有控股企业,必须于 2005 年底前制订出切实可行的偿还资金计划,报本级国有资产监管机构和证券监管机构审核、备案,采取现金清偿、红利抵债、股权转让、以股抵债和以资抵债等方式,确保于 2006 年底前全部偿还所侵占的上市公司资金。

七、各级国有资产监管机构要加强对国有及国有控股企业偿还所侵占上市公司资金的检查督促。建立责任追究制度,推动国有及国有控股企业抓紧落实偿还资金计划。除确实没有偿清侵占资金能力的国有控股股东外,对限期内未偿清侵占上市公司资金的国有控股股东的相关负责人和直接责任人,各级国有资产监管机构要给予纪律处分,直至撤销职务;对于确实没有能力在 2006 年底前全部偿还的国有控股股东,各级国有资产监管机构要加大对其的重组、改组力度,必要时报本级政府组织实施托管,确保在限期内彻底解决侵占上市公司资金的问题。

八、各地国有资产监管机构要与当地证券监管机构密切配合,督促国有控股股东正确行使出资人职责、国有控股上市公司完善内部控制制度,杜绝侵占资金问题的再度发生。凡今后新发生侵占上市公司资金情况的国有及国有控股企业相关负责人,国有资产监管机构要给予纪律处分,并对直接责任人给予撤销职务的处分;对资金被国有控股股东及其所属企业侵占负有责任的上市公司董事和高级管理人员,各证券监管机构要责成上市公司及时按照公司章程的规定给予处罚,情节严重的要向证监会提出实行严格市场禁入的建议。

关于印发《中央企业全面风险管理指引》的通知

2006 年 6 月 6 日　国资发改革〔2006〕108 号

各中央企业：

　　企业全面风险管理是一项十分重要的工作,关系到国有资产保值增值和企业持续、健康、稳定发展。为了指导企业开展全面风险管理工作,进一步提高企业管理水平,增强企业竞争力,促进企业稳步发展,我们制定了《中央企业全面风险管理指引》,现印发你们,请结合本企业实际执行。企业在实施过程中的经验、做法及遇到的问题,请及时反馈我委。

　　附件:中央企业全面风险管理指引

附件:

中央企业全面风险管理指引

第一章　总　　则

第一条　为指导国务院国有资产监督管理委员会(以下简称国资委)履行出资人职责的企业(以下简称中央企业)开展全面风险管理工作,增强企业竞争力,提高投资回报,促进企业持续、健康、稳定发展,根据《中华人民共和国公司法》、《企业国有资产监督管理暂行条例》等法律法规,制定本指引。

第二条　中央企业根据自身实际情况贯彻执行本指引。中央企业中的国有独资公司董事会负责督导本指引的实施;国有控股企业由国资委和国资委提名的董事通过股东(大)会和董事会按照法定程序负责督导本指引的实施。

第三条 本指引所称企业风险,指未来的不确定性对企业实现其经营目标的影响。企业风险一般可分为战略风险、财务风险、市场风险、运营风险、法律风险等;也可以能否为企业带来盈利等机会为标志,将风险分为纯粹风险(只有带来损失一种可能性)和机会风险(带来损失和盈利的可能性并存)。

第四条 本指引所称全面风险管理,指企业围绕总体经营目标,通过在企业管理的各个环节和经营过程中执行风险管理的基本流程,培育良好的风险管理文化,建立健全全面风险管理体系,包括风险管理策略、风险理财措施、风险管理的组织职能体系、风险管理信息系统和内部控制系统,从而为实现风险管理的总体目标提供合理保证的过程和方法。

第五条 本指引所称风险管理基本流程包括以下主要工作:

(一)收集风险管理初始信息;

(二)进行风险评估;

(三)制定风险管理策略;

(四)提出和实施风险管理解决方案;

(五)风险管理的监督与改进。

第六条 本指引所称内部控制系统,指围绕风险管理策略目标,针对企业战略、规划、产品研发、投融资、市场运营、财务、内部审计、法律事务、人力资源、采购、加工制造、销售、物流、质量、安全生产、环境保护等各项业务管理及其重要业务流程,通过执行风险管理基本流程,制定并执行的规章制度、程序和措施。

第七条 企业开展全面风险管理要努力实现以下风险管理总体目标:

(一)确保将风险控制在与总体目标相适应并可承受的范围内;

(二)确保内外部,尤其是企业与股东之间实现真实、可靠的信息沟通,包括编制和提供真实、可靠的财务报告;

(三)确保遵守有关法律法规;

（四）确保企业有关规章制度和为实现经营目标而采取重大措施的贯彻执行，保障经营管理的有效性，提高经营活动的效率和效果，降低实现经营目标的不确定性；

（五）确保企业建立针对各项重大风险发生后的危机处理计划，保护企业不因灾害性风险或人为失误而遭受重大损失。

第八条　企业开展全面风险管理工作，应注重防范和控制风险可能给企业造成损失和危害，也应把机会风险视为企业的特殊资源，通过对其管理，为企业创造价值，促进经营目标的实现。

第九条　企业应本着从实际出发，务求实效的原则，以对重大风险、重大事件（指重大风险发生后的事实）的管理和重要流程的内部控制为重点，积极开展全面风险管理工作。具备条件的企业应全面推进，尽快建立全面风险管理体系；其他企业应制定开展全面风险管理的总体规划，分步实施，可先选择发展战略、投资收购、财务报告、内部审计、衍生产品交易、法律事务、安全生产、应收账款管理等一项或多项业务开展风险管理工作，建立单项或多项内部控制子系统。通过积累经验，培养人才，逐步建立健全全面风险管理体系。

第十条　企业开展全面风险管理工作应与其他管理工作紧密结合，把风险管理的各项要求融入企业管理和业务流程中。具备条件的企业可建立风险管理三道防线，即各有关职能部门和业务单位为第一道防线；风险管理职能部门和董事会下设的风险管理委员会为第二道防线；内部审计部门和董事会下设的审计委员会为第三道防线。

第二章　风险管理初始信息

第十一条　实施全面风险管理，企业应广泛、持续不断地收集与本企业风险和风险管理相关的内部、外部初始信息，包括历史数据和未来预测。应把收集初始信息的职责分工落实到各有关职能部门和业务单位。

第十二条　在战略风险方面，企业应广泛收集国内外企业战略风险失控导致企业蒙受损失的案例，并至少收集与本企业相关的以下重要信息：

（一）国内外宏观经济政策以及经济运行情况、本行业状况、国家产业政策；

（二）科技进步、技术创新的有关内容；

（三）市场对本企业产品或服务的需求；

（四）与企业战略合作伙伴的关系，未来寻求战略合作伙伴的可能性；

（五）本企业主要客户、供应商及竞争对手的有关情况；

（六）与主要竞争对手相比，本企业实力与差距；

（七）本企业发展战略和规划、投融资计划、年度经营目标、经营战略，以及编制这些战略、规划、计划、目标的有关依据；

（八）本企业对外投融资流程中曾发生或易发生错误的业务流程或环节。

第十三条　在财务风险方面，企业应广泛收集国内外企业财务风险失控导致危机的案例，并至少收集本企业的以下重要信息（其中有行业平均指标或先进指标的，也应尽可能收集）：

（一）负债、或有负债、负债率、偿债能力；

（二）现金流、应收账款及其占销售收入的比重、资金周转率；

（三）产品存货及其占销售成本的比重、应付账款及其占购货额的比重；

（四）制造成本和管理费用、财务费用、营业费用；

（五）盈利能力；

（六）成本核算、资金结算和现金管理业务中曾发生或易发生错误的业务流程或环节；

（七）与本企业相关的行业会计政策、会计估算、与国际会计制度的差异与调节（如退休金、递延税项等）等信息。

第十四条　在市场风险方面，企业应广泛收集国内外企业忽视市场风险、缺乏应对措施导致企业蒙受损失的案例，并至少收集与本企业相关的以下重要信息：

（一）产品或服务的价格及供需变化；

（二）能源、原材料、配件等物资供应的充足性、稳定性和价格变化；

（三）主要客户、主要供应商的信用情况；

（四）税收政策和利率、汇率、股票价格指数的变化；

（五）潜在竞争者、竞争者及其主要产品、替代品情况。

第十五条 在运营风险方面，企业应至少收集与本企业、本行业相关的以下信息：

（一）产品结构、新产品研发；

（二）新市场开发，市场营销策略，包括产品或服务定价与销售渠道，市场营销环境状况等；

（三）企业组织效能、管理现状、企业文化，高、中层管理人员和重要业务流程中专业人员的知识结构、专业经验；

（四）期货等衍生产品业务中曾发生或易发生失误的流程和环节；

（五）质量、安全、环保、信息安全等管理中曾发生或易发生失误的业务流程或环节；

（六）因企业内、外部人员的道德风险致使企业遭受损失或业务控制系统失灵；

（七）给企业造成损失的自然灾害以及除上述有关情形之外的其他纯粹风险；

（八）对现有业务流程和信息系统操作运行情况的监管、运行评价及持续改进能力；

（九）企业风险管理的现状和能力。

第十六条 在法律风险方面，企业应广泛收集国内外企业忽视法律法规风险、缺乏应对措施导致企业蒙受损失的案例，并至少收集与本企业相关的以下信息：

（一）国内外与本企业相关的政治、法律环境；

（二）影响企业的新法律法规和政策；

（三）员工道德操守的遵从性；

（四）本企业签订的重大协议和有关贸易合同；

（五）本企业发生重大法律纠纷案件的情况；

（六）企业和竞争对手的知识产权情况。

第十七条 企业对收集的初始信息应进行必要的筛选、提炼、对比、分类、组合,以便进行风险评估。

第三章 风险评估

第十八条 企业应对收集的风险管理初始信息和企业各项业务管理及其重要业务流程进行风险评估。风险评估包括风险辨识、风险分析、风险评价三个步骤。

第十九条 风险评估应由企业组织有关职能部门和业务单位实施,也可聘请有资质、信誉好、风险管理专业能力强的中介机构协助实施。

第二十条 风险辨识是指查找企业各业务单元、各项重要经营活动及其重要业务流程中有无风险,有哪些风险。风险分析是对辨识出的风险及其特征进行明确的定义描述,分析和描述风险发生可能性的高低、风险发生的条件。风险评价是评估风险对企业实现目标的影响程度、风险的价值等。

第二十一条 进行风险辨识、分析、评价,应将定性与定量方法相结合。定性方法可采用问卷调查、集体讨论、专家咨询、情景分析、政策分析、行业标杆比较、管理层访谈、由专人主持的工作访谈和调查研究等。定量方法可采用统计推论(如集中趋势法)、计算机模拟(如蒙特卡罗分析法)、失效模式与影响分析、事件树分析等。

第二十二条 进行风险定量评估时,应统一制定各风险的度量单位和风险度量模型,并通过测试等方法,确保评估系统的假设前提、参数、数据来源和定量评估程序的合理性和准确性。要根据环境的变化,定期对假设前提和参数进行复核和修改,并将定量评估系统的估算结果与实际效果对比,据此对有关参数进行调整和改进。

第二十三条 风险分析应包括风险之间的关系分析,以便发现各风险之间的自然对冲、风险事件发生的正负相关性等组合效应,从风险策略上对风险进行统一集中管理。

第二十四条 企业在评估多项风险时,应根据对风险发生可能性的高低和对目标的影响程度的评估,绘制风险坐标图,对各项风险进行比较,初步确定对各项风险的管理优先顺序和策略。

第二十五条　企业应对风险管理信息实行动态管理,定期或不定期实施风险辨识、分析、评价,以便对新的风险和原有风险的变化重新评估。

第四章　风险管理策略

第二十六条　本指引所称风险管理策略,指企业根据自身条件和外部环境,围绕企业发展战略,确定风险偏好、风险承受度、风险管理有效性标准,选择风险承担、风险规避、风险转移、风险转换、风险对冲、风险补偿、风险控制等适合的风险管理工具的总体策略,并确定风险管理所需人力和财力资源的配置原则。

第二十七条　一般情况下,对战略、财务、运营和法律风险,可采取风险承担、风险规避、风险转换、风险控制等方法。对能够通过保险、期货、对冲等金融手段进行理财的风险,可以采用风险转移、风险对冲、风险补偿等方法。

第二十八条　企业应根据不同业务特点统一确定风险偏好和风险承受度,即企业愿意承担哪些风险,明确风险的最低限度和不能超过的最高限度,并据此确定风险的预警线及相应采取的对策。确定风险偏好和风险承受度,要正确认识和把握风险与收益的平衡,防止和纠正忽视风险,片面追求收益而不讲条件、范围,认为风险越大、收益越高的观念和做法;同时,也要防止单纯为规避风险而放弃发展机遇。

第二十九条　企业应根据风险与收益相平衡的原则以及各风险在风险坐标图上的位置,进一步确定风险管理的优选顺序,明确风险管理成本的资金预算和控制风险的组织体系、人力资源、应对措施等总体安排。

第三十条　企业应定期总结和分析已制定的风险管理策略的有效性和合理性,结合实际不断修订和完善。其中,应重点检查依据风险偏好、风险承受度和风险控制预警线实施的结果是否有效,并提出定性或定量的有效性标准。

第五章 风险管理解决方案

第三十一条 企业应根据风险管理策略,针对各类风险或每一项重大风险制定风险管理解决方案。方案一般应包括风险解决的具体目标,所需的组织领导,所涉及的管理及业务流程,所需的条件、手段等资源,风险事件发生前、中、后所采取的具体应对措施以及风险管理工具(如:关键风险指标管理、损失事件管理等)。

第三十二条 企业制定风险管理解决的外包方案,应注重成本与收益的平衡、外包工作的质量、自身商业秘密的保护以及防止自身对风险解决外包产生依赖性风险等,并制定相应的预防和控制措施。

第三十三条 企业制定风险解决的内控方案,应满足合规的要求,坚持经营战略与风险策略一致、风险控制与运营效率及效果相平衡的原则,针对重大风险所涉及的各管理及业务流程,制定涵盖各个环节的全流程控制措施;对其他风险所涉及的业务流程,要把关键环节作为控制点,采取相应的控制措施。

第三十四条 企业制定内控措施,一般至少包括以下内容:

(一)建立内控岗位授权制度。对内控所涉及的各岗位明确规定授权的对象、条件、范围和额度等,任何组织和个人不得超越授权做出风险性决定;

(二)建立内控报告制度。明确规定报告人与接受报告人,报告的时间、内容、频率、传递路线、负责处理报告的部门和人员等;

(三)建立内控批准制度。对内控所涉及的重要事项,明确规定批准的程序、条件、范围和额度、必备文件以及有权批准的部门和人员及其相应责任;

(四)建立内控责任制度。按照权利、义务和责任相统一的原则,明确规定各有关部门和业务单位、岗位、人员应负的责任和奖惩制度;

(五)建立内控审计检查制度。结合内控的有关要求、方法、标准与流程,明确规定审计检查的对象、内容、方式和负责审计检查的部门等;

(六)建立内控考核评价制度。具备条件的企业应把各业务单位风险管理执行情况与绩效薪酬挂钩；

(七)建立重大风险预警制度。对重大风险进行持续不断的监测，及时发布预警信息，制定应急预案，并根据情况变化调整控制措施；

(八)建立健全以总法律顾问制度为核心的企业法律顾问制度。大力加强企业法律风险防范机制建设，形成由企业决策层主导、企业总法律顾问牵头、企业法律顾问提供业务保障、全体员工共同参与的法律风险责任体系。完善企业重大法律纠纷案件的备案管理制度；

(九)建立重要岗位权力制衡制度，明确规定不相容职责的分离。主要包括：授权批准、业务经办、会计记录、财产保管和稽核检查等职责。对内控所涉及的重要岗位可设置一岗双人、双职、双责，相互制约；明确该岗位的上级部门或人员对其应采取的监督措施和应负的监督责任；将该岗位作为内部审计的重点等。

第三十五条 企业应当按照各有关部门和业务单位的职责分工，认真组织实施风险管理解决方案，确保各项措施落实到位。

第六章 风险管理的监督与改进

第三十六条 企业应以重大风险、重大事件和重大决策、重要管理及业务流程为重点，对风险管理初始信息、风险评估、风险管理策略、关键控制活动及风险管理解决方案的实施情况进行监督，采用压力测试、返回测试、穿行测试以及风险控制自我评估等方法对风险管理的有效性进行检验，根据变化情况和存在的缺陷及时加以改进。

第三十七条 企业应建立贯穿于整个风险管理基本流程，连接各上下级、各部门和业务单位的风险管理信息沟通渠道，确保信息沟通的及时、准确、完整，为风险管理监督与改进奠定基础。

第三十八条 企业各有关部门和业务单位应定期对风险管理工作进行自查和检验，及时发现缺陷并改进，其检查、检验报告应及时报送企业风险管理职能部门。

第三十九条 企业风险管理职能部门应定期对各部门和业务单位风险管理工作实施情况和有效性进行检查和检验，要根据本指引第三十条要求对风险管理策略进行评估,对跨部门和业务单位的风险管理解决方案进行评价,提出调整或改进建议,出具评价和建议报告,及时报送企业总经理或其委托分管风险管理工作的高级管理人员。

第四十条 企业内部审计部门应至少每年一次对包括风险管理职能部门在内的各有关部门和业务单位能否按照有关规定开展风险管理工作及其工作效果进行监督评价,监督评价报告应直接报送董事会或董事会下设的风险管理委员会和审计委员会。此项工作也可结合年度审计、任期审计或专项审计工作一并开展。

第四十一条 企业可聘请有资质、信誉好、风险管理专业能力强的中介机构对企业全面风险管理工作进行评价,出具风险管理评估和建议专项报告。报告一般应包括以下几方面的实施情况、存在缺陷和改进建议:

(一)风险管理基本流程与风险管理策略;

(二)企业重大风险、重大事件和重要管理及业务流程的风险管理及内部控制系统的建设;

(三)风险管理组织体系与信息系统;

(四)全面风险管理总体目标。

第七章 风险管理组织体系

第四十二条 企业应建立健全风险管理组织体系,主要包括规范的公司法人治理结构,风险管理职能部门、内部审计部门和法律事务部门以及其他有关职能部门、业务单位的组织领导机构及其职责。

第四十三条 企业应建立健全规范的公司法人治理结构,股东(大)会(对于国有独资公司或国有独资企业,即指国资委,下同)、董事会、监事会、经理层依法履行职责,形成高效运转、有效制衡的监督约束机制。

第四十四条 国有独资公司和国有控股公司应建立外部董事、独立董事制度,外部董事、独立董事人数应超过董事会全部成员的半数,以保证董事会能够在重大决策、重大风险管理等方面作出独立于经理层的判断和选择。

第四十五条 董事会就全面风险管理工作的有效性对股东（大）会负责。董事会在全面风险管理方面主要履行以下职责：

（一）审议并向股东（大）会提交企业全面风险管理年度工作报告；

（二）确定企业风险管理总体目标、风险偏好、风险承受度，批准风险管理策略和重大风险管理解决方案；

（三）了解和掌握企业面临的各项重大风险及其风险管理现状，做出有效控制风险的决策；

（四）批准重大决策、重大风险、重大事件和重要业务流程的判断标准或判断机制；

（五）批准重大决策的风险评估报告；

（六）批准内部审计部门提交的风险管理监督评价审计报告；

（七）批准风险管理组织机构设置及其职责方案；

（八）批准风险管理措施，纠正和处理任何组织或个人超越风险管理制度做出的风险性决定的行为；

（九）督导企业风险管理文化的培育；

（十）全面风险管理其他重大事项。

第四十六条 具备条件的企业，董事会可下设风险管理委员会。该委员会的召集人应由不兼任总经理的董事长担任；董事长兼任总经理的，召集人应由外部董事或独立董事担任。该委员会成员中需有熟悉企业重要管理及业务流程的董事，以及具备风险管理监管知识或经验、具有一定法律知识的董事。

第四十七条 风险管理委员会对董事会负责，主要履行以下职责：

（一）提交全面风险管理年度报告；

（二）审议风险管理策略和重大风险管理解决方案；

（三）审议重大决策、重大风险、重大事件和重要业务流程的判断标准或判断机制，以及重大决策的风险评估报告；

（四）审议内部审计部门提交的风险管理监督评价审计综合报告；

（五）审议风险管理组织机构设置及其职责方案；

（六）办理董事会授权的有关全面风险管理的其他事项。

第四十八条 企业总经理对全面风险管理工作的有效性向董事会负责。总经理或总经理委托的高级管理人员,负责主持全面风险管理的日常工作,负责组织拟订企业风险管理组织机构设置及其职责方案。

第四十九条 企业应设立专职部门或确定相关职能部门履行全面风险管理的职责。该部门对总经理或其委托的高级管理人员负责,主要履行以下职责：

（一）研究提出全面风险管理工作报告；

（二）研究提出跨职能部门的重大决策、重大风险、重大事件和重要业务流程的判断标准或判断机制；

（三）研究提出跨职能部门的重大决策风险评估报告；

（四）研究提出风险管理策略和跨职能部门的重大风险管理解决方案,并负责该方案的组织实施和对该风险的日常监控；

（五）负责对全面风险管理有效性评估,研究提出全面风险管理的改进方案；

（六）负责组织建立风险管理信息系统；

（七）负责组织协调全面风险管理日常工作；

（八）负责指导、监督有关职能部门、各业务单位以及全资、控股子企业开展全面风险管理工作；

（九）办理风险管理其他有关工作。

第五十条 企业应在董事会下设立审计委员会,企业内部审计部门对审计委员会负责。审计委员会和内部审计部门的职责应符合《中央企业内部审计管理暂行办法》(国资委令第8号)的有关规定。内部审计部门在风险管理方面,主要负责研究提出全面风险管理监督评价体系,制定监督评价相关制度,开展监督与评价,出具监督评价审计报告。

第五十一条 企业其他职能部门及各业务单位在全面风险管理工作中,应接受风险管理职能部门和内部审计部门的组织、协调、指导和监督,主要履行以下职责：

（一）执行风险管理基本流程；

（二）研究提出本职能部门或业务单位重大决策、重大风险、重大事件和重要业务流程的判断标准或判断机制；

（三）研究提出本职能部门或业务单位的重大决策风险评估报告；

（四）做好本职能部门或业务单位建立风险管理信息系统的工作；

（五）做好培育风险管理文化的有关工作；

（六）建立健全本职能部门或业务单位的风险管理内部控制子系统；

（七）办理风险管理其他有关工作。

第五十二条 企业应通过法定程序，指导和监督其全资、控股子企业建立与企业相适应或符合全资、控股子企业自身特点、能有效发挥作用的风险管理组织体系。

第八章　风险管理信息系统

第五十三条 企业应将信息技术应用于风险管理的各项工作，建立涵盖风险管理基本流程和内部控制系统各环节的风险管理信息系统，包括信息的采集、存储、加工、分析、测试、传递、报告、披露等。

第五十四条 企业应采取措施确保向风险管理信息系统输入的业务数据和风险量化值的一致性、准确性、及时性、可用性和完整性。对输入信息系统的数据，未经批准，不得更改。

第五十五条 风险管理信息系统应能够进行对各种风险的计量和定量分析、定量测试；能够实时反映风险矩阵和排序频谱、重大风险和重要业务流程的监控状态；能够对超过风险预警上限的重大风险实施信息报警；能够满足风险管理内部信息报告制度和企业对外信息披露管理制度的要求。

第五十六条 风险管理信息系统应实现信息在各职能部门、业务单位之间的集成与共享，既能满足单项业务风险管理的要求，也能满足企业整体和跨职能部门、业务单位的风险管理综合要求。

第五十七条 企业应确保风险管理信息系统的稳定运行和安全，并根据实际需要不断进行改进、完善或更新。

第五十八条 已建立或基本建立企业管理信息系统的企业，应补充、调整、更新已有的管理流程和管理程序,建立完善的风险管理信息系统;尚未建立企业管理信息系统的,应将风险管理与企业各项管理业务流程、管理软件统一规划、统一设计、统一实施、同步运行。

第九章　风险管理文化

第五十九条　企业应注重建立具有风险意识的企业文化,促进企业风险管理水平、员工风险管理素质的提升,保障企业风险管理目标的实现。

第六十条　风险管理文化建设应融入企业文化建设全过程。大力培育和塑造良好的风险管理文化,树立正确的风险管理理念,增强员工风险管理意识,将风险管理意识转化为员工的共同认识和自觉行动,促进企业建立系统、规范、高效的风险管理机制。

第六十一条　企业应在内部各个层面营造风险管理文化氛围。董事会应高度重视风险管理文化的培育,总经理负责培育风险管理文化的日常工作。董事和高级管理人员应在培育风险管理文化中起表率作用。重要管理及业务流程和风险控制点的管理人员和业务操作人员应成为培育风险管理文化的骨干。

第六十二条　企业应大力加强员工法律素质教育,制定员工道德诚信准则,形成人人讲道德诚信、合法合规经营的风险管理文化。对于不遵守国家法律法规和企业规章制度、弄虚作假、徇私舞弊等违法及违反道德诚信准则的行为,企业应严肃查处。

第六十三条　企业全体员工尤其是各级管理人员和业务操作人员应通过多种形式,努力传播企业风险管理文化,牢固树立风险无处不在、风险无时不在、严格防控纯粹风险、审慎处置机会风险、岗位风险管理责任重大等意识和理念。

第六十四条　风险管理文化建设应与薪酬制度和人事制度相结合,有利于增强各级管理人员特别是高级管理人员风险意识,防止盲目扩张、片面追求业绩、忽视风险等行为的发生。

第六十五条　企业应建立重要管理及业务流程、风险控制点的管理人员和业务操作人员岗前风险管理培训制度。采取多种途径和形式,加强对风险管理理念、知识、流程、管控核心内容的培训,培养风险管理人才,培育风险管理文化。

第十章 附 则

第六十六条 中央企业中未设立董事会的国有独资企业,由经理办公会议代行本指引中有关董事会的职责,总经理对本指引的贯彻执行负责。

第六十七条 本指引在中央企业投资、财务报告、衍生产品交易等方面的风险管理配套文件另行下发。

第六十八条 本指引的《附录》对本指引所涉及的有关技术方法和专业术语进行了说明。

第六十九条 本指引由国务院国有资产监督管理委员会负责解释。

第七十条 本指引自印发之日起施行。

附录:

风险管理常用技术方法简介

一、风险坐标图

风险坐标图是把风险发生可能性的高低、风险发生后对目标的影响程度,作为两个维度绘制在同一个平面上(即绘制成直角坐标系)。对风险发生可能性的高低、风险对目标影响程度的评估有定性、定量等方法。定性方法是直接用文字描述风险发生可能性的高低、风险对目标的影响程度,如"极低"、"低"、"中等"、"高"、"极高"等。定量方法是对风险发生可能性的高低、风险对目标影响程度用具有实际意义的数量描述,如对风险发生可能性的高低用概率来表示,对目标影响程度用损失金额来表示。

下表列出某公司对风险发生可能性的定性、定量评估标准及其相互对应关系,供实际操作中参考。

定量方法一	评分	1	2	3	4	5
定量方法二	一定时期发生的概率	10%以下	10%～30%	30%～70%	70%～90%	90%以上
定性方法	文字描述一	极低	低	中等	高	极高
	文字描述二	一般情况下不会发生	极少情况下才发生	某些情况下发生	较多情况下发生	常常会发生
	文字描述三	今后10年内发生的可能少于1次	今后5～10年内可能发生1次	今后2～5年内可能发生1次	今后1年内可能发生1次	今后1年内至少发生1次

下表列出某公司关于风险发生后对目标影响程度的定性、定量评估标准及其相互对应关系,供实际操作中参考。

	定量方法一		评分	1	2	3	4	5
适用于所有行业	定量方法二		企业财务损失占税前利润的百分比(%)	1%以下	1%～5%	6%～10%	11%～20%	20%以上
	定性方法		文字描述一	极轻微的	轻微的	中等的	重大的	灾难性的
			文字描述二	极低	低	中等	高	极高
		文字描述三	企业日常运行	不受影响	轻度影响(造成轻微的人身伤害,情况立刻受到控制)	中度影响(造成一定人身伤害,需要医疗救援,情况需要外部支持才能得到控制)	严重影响(企业失去一些业务能力,造成严重人身伤害,情况失控,但无致命影响)	重大影响(重大业务失误,造成重大人身伤亡,情况失控,给企业致命影响)
			财务损失	较低的财务损失	轻微的财务损失	中等的财务损失	重大的财务损失	极大的财务损失

适用于所有行业	定性方法	文字描述三	企业声誉	负面消息在企业内部流传,企业声誉没有受损	负面消息在当地局部流传,对企业声誉造成轻微损害	负面消息在某区域流传,对企业声誉造成中等损害	负面消息在全国各地流传,对企业声誉造成重大损害	负面消息流传世界各地,政府或监管机构进行调查,引起公众关注,对企业声誉造成无法弥补的损害
适用于开采业、制造业	定性与定量结合		安全	短暂影响职工或公民的健康	严重影响一位职工或公民健康	严重影响多位职工或公民健康	导致一位职工或公民死亡	引致多位职工或公民死亡
			营运	-对营运影响微弱 -在时间、人力或成本方面不超出预算1%	-对营运影响轻微 -受到监管者责难 -在时间、人力或成本方面超出预算1%~5%	-减慢营业运作 -受到法规惩罚或被罚款等 -在时间、人力或成本方面超出预算6%~10%	-无法达到部分营运目标或关键业绩指标 -受到监管者的限制 -在时间、人力或成本方面超出预算11%~20%	-无法达到所有的营运目标或关键业绩指标 -违规操作使业务受到中止 -时间、人力或成本方面超出预算20%
			环境	-对环境或社会造成短暂的影响 -可不采取行动	-对环境或社会造成一定的影响 -应通知政府有关部门	-对环境造成中等影响 -需一定时间才能恢复 -出现个别投诉事件 -应执行一定程度的补救措施	-造成主要环境损害 -需要相当长的时间来恢复 -大规模的公众投诉 -应执行重大的补救措施	-无法弥补的灾难性环境损害 -激起公众的愤怒 -潜在的大规模公众法律投诉

对风险发生可能性的高低和风险对目标影响程度进行定性或定量评估后,依据评估结果绘制风险坐标图。如:某公司对9项风险进行了

327

定性评估,风险①发生的可能性为"低",风险发生后对目标的影响程度为"极低";……;风险⑨发生的可能性为"极低",对目标的影响程度为"高",则绘制风险坐标图如下:

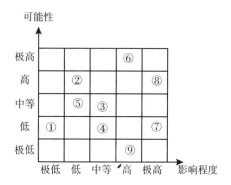

如某公司对 7 项风险进行定量评估,其中:风险①发生的可能性为83%,发生后对企业造成的损失为 2100 万元;风险②发生的可能性为40%,发生后对企业造成的损失为 3800 万元;……;而风险⑦发生的可能性在 55% 到 62% 之间,发生后对企业造成的损失在 7500 万元到9100 万元之间,在风险坐标图上用一个区域来表示,则绘制风险坐标图如下:

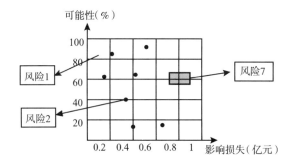

绘制风险坐标图的目的在于对多项风险进行直观的比较,从而确定各风险管理的优先顺序和策略。如:某公司绘制了如下风险坐标图,并将该图划分为 A、B、C 三个区域,公司决定承担 A 区域中的各项风

险且不再增加控制措施;严格控制 B 区域中的各项风险且专门补充制定各项控制措施;确保规避和转移 C 区域中的各项风险且优先安排实施各项防范措施。

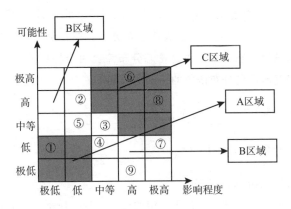

二、蒙特卡罗方法

蒙特卡罗方法是一种随机模拟数学方法。该方法用来分析评估风险发生可能性、风险的成因、风险造成的损失或带来的机会等变量在未来变化的概率分布。具体操作步骤如下:

1. 量化风险。将需要分析评估的风险进行量化,明确其度量单位,得到风险变量,并收集历史相关数据。

2. 根据对历史数据的分析,借鉴常用建模方法,建立能描述该风险变量在未来变化的概率模型。建立概率模型的方法很多,例如:差分和微分方程方法,插值和拟合方法等。这些方法大致分为两类:一类是对风险变量之间的关系及其未来的情况作出假设,直接描述该风险变量在未来的分布类型(如正态分布),并确定其分布参数;另一类是对风险变量的变化过程作出假设,描述该风险变量在未来的分布类型。

3. 计算概率分布初步结果。利用随机数字发生器,将生成的随机数字代入上述概率模型,生成风险变量的概率分布初步结果。

4. 修正完善概率模型。通过对生成的概率分布初步结果进行分析,用实验数据验证模型的正确性,并在实践中不断修正和完善模型。

5. 利用该模型分析评估风险情况。

正态分布是蒙特卡罗风险方法中使用最广泛的一类模型。通常情况下,如果一个变量受很多相互独立的随机因素的影响,而其中每一个因素的影响都很小,则该变量服从正态分布。在自然界和社会中大量的变量都满足正态分布。描述正态分布需要两个特征值:均值和标准差。其密度函数和分布函数的一般形式如下:

密度函数: $\varphi(x) = \dfrac{1}{\sigma\sqrt{2\pi}}e^{-\frac{(x-\mu)^2}{2\sigma^2}}$, $-\infty < x < +\infty$

分布函数: $\varPhi(x) = P(X \leqslant x) = \displaystyle\int_{-\infty}^{x} \dfrac{1}{\sigma\sqrt{2\pi}}e^{-\frac{(t-\mu)^2}{2\sigma^2}} dt$, $-\infty < x < +\infty$

其中 μ 为均值, σ 为标准差。

由于蒙特卡罗方法依赖于模型的选择,因此,模型本身的选择对于蒙特卡罗方法计算结果的精度影响甚大。蒙特卡罗方法计算量很大,通常借助计算机完成。

三、关键风险指标管理

一项风险事件发生可能有多种成因,但关键成因往往只有几种。关键风险指标管理是对引起风险事件发生的关键成因指标进行管理的方法。具体操作步骤如下:

1. 分析风险成因,从中找出关键成因。

2. 将关键成因量化,确定其度量,分析确定导致风险事件发生(或极有可能发生)时该成因的具体数值。

3. 以该具体数值为基础,以发出风险预警信息为目的,加上或减去一定数值后形成新的数值,该数值即为关键风险指标。

4. 建立风险预警系统,即当关键成因数值达到关键风险指标时,发出风险预警信息。

5. 制定出现风险预警信息时应采取的风险控制措施。

6. 跟踪监测关键成因数值的变化,一旦出现预警,即实施风险控制措施。

以易燃易爆危险品储存容器泄漏引发爆炸的风险管理为例。容器泄漏的成因有：使用时间过长、日常维护不够、人为破坏、气候变化等因素，但容器使用时间过长是关键成因。如容器使用最高期限为 50 年，人们发现当使用时间超过 45 年后，则易发生泄漏。该"45 年"即为关键风险指标。为此，制定使用时间超过"45 年"后需采取的风险控制措施，一旦使用时间接近或达到"45 年"时，发出预警信息，即采取相应措施。

该方法既可以管理单项风险的多个关键成因指标，也可以管理影响企业主要目标的多个主要风险。使用该方法，要求风险关键成因分析准确，且易量化、易统计、易跟踪监测。

四、压力测试

压力测试是指在极端情景下，分析评估风险管理模型或内控流程的有效性，发现问题，制定改进措施的方法，目的是防止出现重大损失事件。具体操作步骤如下：

1. 针对某一风险管理模型或内控流程，假设可能会发生哪些极端情景。极端情景是指在非正常情况下，发生概率很小，而一旦发生，后果十分严重的事情。假设极端情景时，不仅要考虑本企业或与本企业类似的其他企业出现过的历史教训，还要考虑历史上不曾出现，但将来可能会出现的事情。

2. 评估极端情景发生时，该风险管理模型或内控流程是否有效，并分析对目标可能造成的损失。

3. 制定相应措施，进一步修改和完善风险管理模型或内控流程。

以信用风险管理为例。如：一个企业已有一个信用很好的交易伙伴，该交易伙伴除发生极端情景，一般不会违约。因此，在日常交易中，该企业只需"常规的风险管理策略和内控流程"即可。采用压力测试方法，是假设该交易伙伴将来发生极端情景（如其财产毁于地震、火灾、被盗），被迫违约对该企业造成了重大损失。而该企业"常规的风险管理策略和内控流程"在极端情景下不能有效防止重大损失事件,为此,该企业采取了购买保险或相应衍生产品、开发多个交易伙伴等措施。

风险管理专业术语解释

1. 风险理财:利用金融手段管理风险的方法,包括:预提风险准备金、购买保险或使用专业自保公司、衍生产品交易以及风险融资等。

2. 情景分析:通过假设、预测、模拟等手段生成未来情景,并分析其对目标产生影响的方法,包括:历史情景重演法、预期法、因素分解法、随机模拟法等方法。

3. 集中趋势法:指根据随机变量的分布情况,计算出该变量分布的集中特性值(均值、中数、众数等),从而预测未来情况的方法。它是数据推论方法的一种。

4. 失效模式与影响分析:通过辨识系统失去效用后的各种状况,分析其影响,并采取相应措施的方法。

5. 事件树分析:以树状图形方式分析风险事件间因果关系的方法。

6. 风险偏好:为了实现目标,企业在承担风险的种类、大小等方面的基本态度。

7. 风险承受度:企业愿意承担的风险限度,也是企业风险偏好的边界。

8. 风险对冲:通过承担多个风险,使相关风险能够互相抵消的方法。使用该方法,必须进行风险组合,而不是对单一风险进行规避、控制。如:资产组合、多种外币结算、战略上的分散经营、套期保值等。

9. 损失事件管理:对可能给企业造成重大损失的风险事件的事前、事中、事后管理的方法。损失包括企业的资金、声誉、技术、品牌、人才等。

10. 返回测试:将历史数据输入到风险管理模型或内控流程中,把结果与预测值对比,以检验其有效性的方法。

11. 穿行测试:在正常运行条件下,将初始数据输入内控流程,穿越全流程和所有关键环节,把运行结果与设计要求对比,以发现内控流程缺陷的方法。

关于贯彻落实《国务院办公厅转发国资委关于进一步规范国有企业改制工作实施意见的通知》的通知

2006 年 7 月 21 日   国资发改革〔2006〕131 号

各中央企业:

为进一步贯彻落实《国务院办公厅转发国资委关于进一步规范国有企业改制工作实施意见的通知》(国办发〔2005〕60 号,以下简称 60 号文件),推进国务院国资委所出资企业(以下简称中央企业)规范改制,防止国有资产流失,维护职工合法权益,维护企业稳定,现提出以下意见:

一、要认真贯彻落实党的十六届三中、五中全会有关精神,加大中央企业布局和结构调整力度,加快推进中央企业改制。除国有大中型企业实施主辅分离辅业改制以及通过境内外首次公开发行股票并上市改制为国有控股企业、国有控股的上市公司增资扩股和收购资产按国家有关规定执行外,中央企业及其直接和间接投资的企业实施改制,必须严格执行 60 号文件和《国务院办公厅转发国务院国有资产监督管理委员会关于规范国有企业改制工作意见的通知》(国办发〔2003〕96 号,以下简称 96 号文件)、《企业国有产权转让管理暂行办法》(国资委、财政部令第 3 号,以下简称 3 号令)、《关于印发〈企业国有产权向管理层转让暂行规定〉的通知》(国资发产权〔2005〕78 号)等文件的规定。

二、按照《关于贯彻落实〈国务院办公厅转发国务院国有资产监督管理委员会关于规范国有企业改制工作意见的通知〉的通知》(国资发改革〔2004〕4 号)的规定,中央企业及其重要子企业改制方案需报国务院国资委批准;中央企业直接和间接投资的其他企业改制方案的批准,由中央企业自行规定,其中涉及协议转让事项的应按 3 号令有关规定报国务院国资委批准。凡负责批准改制方案的单位,必须按照权利、义务和责任相统一的原则,尽快建立和完善批准改制方案的程序、权限、责任等制度,并严格贯彻执行。中央企业有关批准改制方案的程序、权限、责任等制度,报国务院国资委备案。

三、负责批准改制方案的单位必须就改制方案的审批及清产核资、产权登记、财务及离任审计、资产评估、进场交易、定价、转让价款、落实债权、职工安置等工作中涉及的重要资料,建立规范的档案管理制度。改制企业的国有产权持有单位要妥善保管相关资料,做到有案可查。

四、中央企业及其直接和间接投资的企业进行改制,凡涉及职工分流安置的,在实施改制前要将改制方案包括职工安置方案抄送改制企业所在地国有资产监管机构。

各中央企业要切实加强对改制工作的管理和监督,不断总结经验,及时发现和纠正改制工作中存在的问题,对改制中的违纪违法行为,要依法严肃查处,以保证改制工作健康、有序、规范地进行。

关于印发《董事会试点企业董事会年度工作报告制度实施意见(试行)》的通知

2007 年 4 月 28 日　国资发改革〔2007〕71 号

董事会试点企业:

为规范推进中央企业建立和完善董事会试点工作,实现对董事会试点企业履行股东职责的科学化、制度化、规范化,根据《中华人民共和国公司法》和国资委董事会试点工作领导小组第七次会议精神,我们制定了《董事会试点企业董事会年度工作报告制度实施意见(试行)》,现印发给你们,请认真做好组织实施工作。

附件:董事会试点企业董事会年度工作报告制度实施意见(试行)

附件:

董事会试点企业董事会年度
工作报告制度实施意见(试行)

为规范推进中央企业建立和完善董事会试点工作,实现对董事会试点企业(以下简称试点企业)履行股东职责的科学化、制度化、规范化,根据《中华人民共和国公司法》等有关法律法规的规定,特制定本实施意见。

一、建立试点企业董事会年度工作报告专题会议制度

(一)股东(大)会或国务院国有资产监督管理委员会(以下简称国资委)每年召开一次专题会议,听取试点企业董事会报告上一年度工作。

(二)试点企业为多元股东有限责任公司或股份有限公司(以下统称多元股东公司)的,董事会向股东会或股东大会报告年度工作;试点企业为国有独资公司的,董事会向国资委报告年度工作。

(三)试点企业为多元股东公司的,专题会议由董事会召集,董事会全体成员和董事会秘书参加,监事会主席和其确定的监事会成员列席。召开专题会议,应当将会议召开的时间、地点提前通知全体股东,其中有限责任公司于会议召开15日前通知;股份有限公司于会议召开20日前通知。各股东出席专题会议的人数自定,但所需交通、住宿、饮食费用自理。

(四)试点企业为国有独资公司的,专题会议由国资委召集并于会议召开 15 日前通知董事会,会议由国资委领导同志主持,参加人员包括:试点企业董事会全体成员和董事会秘书,监事会主席和其确定的监事会成员,国资委董事会试点工作领导小组成员单位的主要负责同志。在确保国家秘密和公司商业秘密的前提下,也可邀请国资委以外有关专家等列席会议。

(五)试点企业一般于每年 4 月底前向股东(大)会或国资委提交上年度工作报告,并抄送监事会。年度工作报告需经 2/3 以上董事参加的董事会会议通过并经董事长签字。

二、年度工作报告的主要内容

(一)董事会制度建设及运转情况。董事会第一次报告年度工作的,应当报告董事会制度建设情况,包括董事会、董事会专门委员会、董事长、总经理的职权与责任;董事会会议制度;董事会专门委员会及董事会秘书工作制度;向董事提供公司信息和配合董事会、董事会专门委员会工作制度等。董事会运转的基本情况包括董事会、董事会专门委员会召开会议次数和董事会决议涉及范围;董事出席董事会、董事会专门委员会会议次数,董事履行职务时间与尽职情况;董事之间、董事会与经理层之间沟通情况;董事会决议执行情况;经验和存在的问题;董事会对公司重大事项的关注与应对措施等。

(二)公司发展情况。主要包括公司发展战略与规划的制订、滚动修订、实施情况;公司核心竞争力(其中包括技术创新投入、产出、能力建设等)培育与提升情况;董事会通过的公司投资计划和重大投融资项目及其完成和效益情况,其中包括现任董事长任职以来各年度董事会通过的重大投融资项目的效益情况;公司未来发展潜力与面临的主要风险。

(三)公司预算执行情况和其他生产经营指标完成情况及其分析。主要包括销售收入、主导产品市场占有率、利润总额、净利润、净资产收益率、所有者权益增值率、现金流、成本、资产负债率等。指标分析主要包括重要影响因素分析、与本公司往年指标对比分析、在国内同行业中所处位置分析等;主要指标居国内同行业前列的,还应分析在国际同行业中所处位置。

(四)公司经理人员的经营业绩考核与薪酬情况。主要包括考核的各项指标与指标值,薪酬制度或办法;各项考核指标完成情况和薪酬兑现情况;从本公司执行情况和国内同行业情况(公司主要指标已居国内同行业前列的,还包括国际同行业情况)分析考核指标设置和指标值的确定及其与薪酬挂钩的科学性、合理性,对经理人员的激励与约束的实际效果。

(五)经理人员的选聘情况。主要包括制度建设情况,如选聘标准与条件、方式、程序及其执行情况;后备人才队伍建设情况。若董事会已聘任了经理人员的,应包括所聘人员的能力、表现以及各有关方面对其评价或反映。

(六)企业改革与重组情况。主要包括董事会通过的下列方案、措施及其实施情况:公司及其子企业股份制改革;主辅分离辅业改制;分离企业办社会职能;公司内部收入分配、劳动用工、人事制度改革;公司内部资产、业务重组;公司与其他企业间的并购重组等。

(七)企业职工收入分配等涉及职工切身利益事项。主要包括董事会决定的职工收入分配政策、方案等涉及职工切身利益事项;企业工资总额调控情况及分析;企业职工收入水平增长变化情况分析。

(八)全面风险管理或内部控制体系建设情况。主要包括董事会通过的有关全面风险管理或内部控制体制建设的方案、措施及其实施情况;加强内部审计,防范财务报告和向股东提供其他信息的失真、失实的措施及效果;加强投融资管理,防范重大失误的措施及效果;加强财务与资金管理,防范财务危机和资金流失的措施及效果。

(九)董事会决定的公司内部管理机构的设置及其调整,以及公司的基本管理制度的制定和修改情况。

(十)股东(大)会或国资委要求董事会落实事项以及监事会要求整

改事项的完成情况。

(十一)公司本年度预算方案中的主要指标和董事会主要工作设想。

(十二)董事会认为需要报告的其他事项。

三、报告年度工作的基本要求

(一)坚持实事求是,客观反映实际工作,既要充分肯定工作成绩,又要分析存在的问题及其产生的原因,提出改进的措施和要求。

(二)编制年度工作报告要全面、具体,专题会议上报告年度工作要突出重点,简明扼要。一般情况下,专题会议会期不超过半天,报告年度工作不超过两小时。

(三)除本实施意见有明确要求外,仅报告属于董事会职权范围内的上一年度董事会的工作。

四、专题会议议程

(一)试点企业董事长代表董事会报告年度工作。

(二)试点企业董事、董事会秘书补充发言。

(三)国资委、其他股东和监事会主席对年度工作报告发表意见、提出质询,董事长和其他董事、董事会秘书予以说明、解释。

(四)国资委领导同志对试点企业董事会年度工作作总体评价。

(五)试点企业董事长就国资委和其他股东对年度工作报告的评价作表态发言。

五、本实施意见的施行

(一)董事会试点企业为国有独资公司的,本实施意见自发布之日起施行。

(二)董事会试点企业为多元股东公司的,由股东(大)会就是否执行本实施意见作出决议,决议通过后执行。

国防科工委　发展改革委　国资委
关于推进军工企业股份制改造的
指导意见

2007 年 5 月 17 日　科工法〔2007〕546 号

各省、自治区、直辖市国防科工委(办)、发展改革委、经贸委(经委)、中
小企业局(厅、办)、国资委,证监会,总装备部,各军工集团公司,国防科
工委委管各单位:

为贯彻落实党的十六大、十六届三中、四中、五中和六中全会精神,
落实《国务院关于鼓励支持和引导个体私营等非公有制经济发展的若干
意见》(国发〔2005〕3 号)要求,积极探索在改革开放和社会主义市场经济
条件下国防科技工业发展的新路子,深化军工企业改革,加快体制机制
创新,进一步增强军工企业活力,促进国防科技工业全面、协调和可持续
发展,经国务院同意,现就军工企业股份制改造工作提出如下意见。

一、充分认识军工企业股份制改造的重大意义

(一)推进军工企业股份制改造是当前和今后一段时期一项十分重
要和紧迫的任务。近年来,在国家政策支持和引导下,军工企业改革不
断深化,取得了一定成效。但由于多种原因,军工行业整体改革步伐缓
慢,多数企业产权结构单一、机制不活、效益不高等长期存在的问题没
有根本解决,这不仅严重制约了国防科技工业的持续、健康发展,而且
难以适应中国特色军事变革的需要。随着企业改革的深化,军工行业
壁垒逐渐被打破,许多具有技术和经济实力的非军工企业,包括民营企
业、外资企业以及混合所有制企业积极参与武器装备的科研生产活动,
军工企业面临越来越激烈的市场竞争。因此,必须通过体制机制创新,
增强企业自主发展能力和市场竞争能力。加快推进军工企业股份制改

造,既是适应社会主义市场经济发展的客观需要,也是解决影响军工企业改革发展深层次矛盾和问题的有效措施。

(二)军工企业股份制改造已具备了相应的条件。随着社会主义市场经济体制的不断完善,国有企业改革进一步深化,为军工企业股份制改造创造了良好的外部环境。与此同时,按照建立"小核心、大协作、寓军于民"新体系的要求,国防科技工业调整改革不断深化,也为推进军工企业股份制改造创造了条件。目前除少数关系国家战略安全和涉及国家核心机密的重点军工企业外,多数军工企业承担的是军民两用产品或一般军用配套产品生产任务,改变了单一生产军品的状况。军工企业既是武器装备科研生产的骨干力量,又是国民经济建设的生力军,具有公益性和经营性双重属性,也应适应市场经济的发展要求。按照党的十六届三中全会关于使股份制成为公有制主要实现形式的要求,在保证国有经济控制力的前提下,符合条件的军工企业完全可以实行规范的股份制改造,为国防科技工业发展提供新动力。

(三)推进军工企业股份制改造是国防科技工业领域的一场深刻变革,意义重大。一是有利于打破行业、军民及所有制界限,拓宽融资渠道,充分利用社会各方面科技和经济力量进行国防建设,提升国防科技工业的整体能力和水平,促进国防科技工业寓军于民新体制和竞争、评价、监督、激励机制的建立。二是有利于军工企业建立规范的法人治理结构,转换经营机制,增强军工企业内在活力和自主发展能力,成为真正的市场主体。三是有利于军工企业国有资本合理流动和重组,实现资源优化配置和军工国有资产保值增值。要进一步解放思想,转变观念,与时俱进,充分认识军工企业深化改革的重要性和紧迫性,积极创造条件推进军工企业实施股份制改造。

二、推进军工企业股份制改造的指导思想、目标和基本原则

(四)军工企业股份制改造的指导思想是:以邓小平理论和"三个代表"重要思想为指导,全面贯彻落实党的十六大、十六届三中、四中、五中和六中全会精神,牢固树立科学发展观,坚持军民结合、寓军于民的方

针,以完善公司法人治理结构、转换经营机制和提高经济效益为重点,积极稳妥和规范有序地推进军工企业股份制改造,建立适应社会主义市场经济和武器装备建设要求的新体制新机制,切实提高国防科技工业自主发展能力和整体素质,更好地满足国防建设和国民经济发展需要。

(五)军工企业股份制改造的主要目标是:力争用几年的时间,使符合条件的军工企业基本完成股份制改造,实现投资主体多元化,推动军工企业建立现代企业制度和现代产权制度,形成规范的法人治理结构,打造管理高效、机制灵活、决策科学的新型军工企业,建立起有效的激励机制和风险制约机制,使其成为真正的市场主体。

(六)军工企业股份制改造的基本原则是:坚持正确处理改革、发展和稳定的关系,改革方案要同武器装备发展和国民经济发展需要相适应;坚持分类指导,循序渐进,稳步推进股份制改造,确保国家对武器装备科研生产能力的控制力;坚持严格审批、规范操作、有效监控,保证军工设备设施的安全、完整和有效;坚持保护各类投资主体的合法权利和维护职工的合法权益,防止军工国有资产流失和职工利益受到损害。

三、分类推进军工企业股份制改造

(七)军工企业关系国家安全,必须严格界定股份制改造的范围和程度,科学区分企业类型,统筹规划,选择试点,精心组织,分步实施。

(八)对从事战略武器装备生产、关系国家战略安全和涉及国家核心机密的少数核心重点保军企业,应继续保持国有独资,在禁止其核心保军资产和技术进入股份制企业的前提下,允许对其通用设备设施和辅业资产进行重组改制。

(九)对从事关键武器装备总体设计、总装集成以及关键分系统、特殊配套件生产的重点保军企业在保持国家绝对控股的前提下可以实施股份制改造。鼓励境内资本(指内资资本)参与企业股份制改造,允许企业在行业内部或跨行业实施以市场为主导的重组、联合或者兼并,允许企业非核心资产在改制过程中租赁、转让或拍卖。

(十)除上述两类企业外,对从事重要武器装备生产的其他重点保军企业,根据承制武器装备的重要程度,可实行国有绝对控股、相对控股、参股等多种形式的股份制改造,鼓励引入境内资本和有条件地允许外资参与企业股份制改造,鼓励符合条件的企业通过资本市场进行融资。

(十一)鼓励和支持以民为主,从事军民两用产品、一般武器装备及配套产品生产的军工企业引入各类社会资本实施股份制改造,具备条件的军工企业可以在国内外资本市场上融资。

(十二)国有独资的军工企业要按照《公司法》的要求,逐步建立董事会制度,规范公司的组织和行为。鼓励军工集团公司之间交叉持股,经批准允许其主营业务资产整体重组改制。

四、加强对军工企业股份制改造的监督管理

(十三)各有关部门要充分认识军工企业股份制改造的必要性、复杂性和艰巨性,以高度的政治责任感和历史使命感,转变观念,扎实工作,切实加强对军工企业股份制改造工作的组织领导和监督管理,确保军工企业股份制改造工作规范有序推进。

(十四)军工企业实施股份制改造,报国资委、国防科工委批准后,依照《企业国有资产监督管理暂行条例》等规定的法定程序实施。国防科工委会同总装备部和国家有关部门综合考虑武器装备战略影响大小、系统集成强弱和国防专用程度高低等因素,制定军工企业核心保军资产和技术指导目录,实施目录管理,并根据发展需要进行动态调整。

(十五)军工企业实施股份制改造,要严格遵守国务院办公厅转发国务院国有资产监督管理委员会《关于规范国有企业改制工作意见的通知》(国办发〔2003〕96号)等国家有关规范国有企业改制工作的规定。

(十六)军工企业实施股份制改造,应严格执行国家保密法律法规。企业要建立严格的保密议事规则,涉密董事、监事、股东在保密期限内必须承担保密义务,签订保密协议;要强化保密意识,落实保密责任,加强对涉密事项和涉密人员管理,严禁发生泄密事件。规范军工企业的信息披露,境内上市公司披露信息中涉及军品秘密的,可持国防科工委保密部门出具的证明,向证券交易所提出信息披露豁免申请。为军工企业股份制改造或

上市提供服务的中介机构,必须符合国家有关保密要求的规定。

(十七)在非常情况下,国家可依据《宪法》、《国防法》和国家有关法律法规,对武器装备科研生产、装备采购、战时动员以及承担武器装备科研生产改制企业等实行特别管制,确保武器装备科研生产任务的完成和国家安全。

五、加强相关政策法规和制度建设

(十八)加强政策的引导作用,鼓励和支持符合条件的军工企业实施股份制改造。国家为实施股份制改造的军工企业在军品市场准入、承担军品任务、投资、军工设备设施管理、税收和土地使用等方面创造良好的政策和法规环境。

(十九)建立和完善武器装备科研生产准入和退出制度。修改限制非国有资本进入武器装备科研生产领域的政策法规,扩大武器装备科研生产许可证发放范围,鼓励社会资本参与武器装备科研生产。根据国家有关武器装备科研生产许可证管理的规定,对股份制改造后符合条件的军品生产企业,国家将继续发放武器装备科研生产许可证,并对获得许可证的企业实行动态管理。

(二十)改革和完善国防科技工业投资体制。国家营造有利于各类投资主体参与军品科研生产公平、有序竞争的市场环境,促进生产要素的合理流动,优化投资结构,推进投资主体多元化。同时充分发挥国家投资的引导性作用和市场配置资源的基础性作用。国家对实施股份制改造的军工企业,继续给予军品科研生产必要的投资支持。

(二十一)加强军工设备设施管理。严格贯彻执行国家有关国防资产、军工设备设施管理的法律法规,规范股份制改造过程中军工设备设施使用、处置行为,保证军工设备设施的安全、完整和有效,确保武器装备科研生产能力不受损害,为武器装备科研生产提供重要基础保障。

(二十二)改革完善军品税收政策,为不同所有制企业从事武器装备科研生产创造公平竞争环境。实施股份制改造后的军工企业,符合有关规定的,国家将继续给予军品科研生产税收优惠政策。

收入分配

国资委 财政部 劳动和 社会保障部 国家税务总局 关于进一步明确国有大中型企业 主辅分离辅业改制有关问题的通知

2003 年 7 月 4 日 国资分配〔2003〕21 号

各省、自治区、直辖市、计划单列市及新疆生产建设兵团经贸委(经委)、财政厅(局)、劳动和社会保障厅(局)、国家税务局、地方税务局,各中央企业:

为进一步做好国有大中型企业主辅分离辅业改制分流安置富余人员工作,现就原国家经贸委等 8 部门《印发〈关于国有大中型企业主辅分离辅业改制分流安置富余人员的实施办法〉的通知》(国经贸企改〔2002〕859 号,以下简称 859 号文件)中的有关问题通知如下:

一、关于国有控股企业的界定标准。859 号文件规定国有大中型企业(以下简称企业)主辅分离、辅业改制的范围是国有及国有控股的大中型企业,其中国有控股是指国有绝对控股。根据国家统计局《关于印发〈关于统计上划分经济成分的规定〉的通知》(国统字〔1998〕204 号),国有绝对控股是指在企业的全部资本中,国家资本(股本)所占比例大于 50% 的企业。

859 号文件提出的改制后为国有法人控股的企业指国有法人绝对控股。国有法人控股企业应尽量减少控股比重,一般不得超过 75%。改制为国有法人控股的企业再改制为非国有法人控股时,符合 859 号文件适用范围的,按照该文件的有关规定执行。

二、关于国有大中型企业划分标准。按照原国家经贸委、原国家计委、财政部、国家统计局联合下发的《关于印发中小企业标准暂行规定的通知》(国经贸中小企〔2003〕143 号,以下简称 143 号文件)规定的企业划分标准执行。143号文件中的中小企业标准上限即为大企业标准的下限。

三、关于解除劳动关系的经济补偿标准。按照劳动和社会保障部《违反和解除劳动合同的经济补偿办法》(劳部发〔1994〕481号)有关规定执行。根据劳动者在本单位工作年限,每满一年发给相当于一个月工资的经济补偿金。工作时间不满一年的按一年的标准发给经济补偿金。经济补偿金的工资计算标准是指企业正常生产情况下劳动者解除劳动合同前12个月的月平均工资。其中,职工月平均工资低于企业月平均工资的,按企业月平均工资计发;职工月平均工资高于企业月平均工资3倍或3倍以上的,可按不高于企业月平均工资3倍的标准计发。企业经营者也应按照上述办法执行。

四、关于企业辅业资产的界定范围。企业要按照859号文件要求,以精干壮大主业、放开搞活辅业、提高企业核心竞争力为目标,合理确定企业辅业资产。实施改制分流的辅业资产主要是与主体企业主营业务关联不密切,有一定生存发展潜力的业务单位及相应资产,主要包括为主业服务的零部件加工、修理修配、运输、设计、咨询、科研院所等单位。

五、关于中央企业实施主辅分离改制分流的范围。由于部分中央企业经营业务较宽,主业和辅业的界线不易界定,辅业企业资产规模较大、人员较多,在实施主辅分离时,这部分中央企业辅业改制的范围原则上应确定为辅业中的中小企业。中小企业划分标准按照本通知第二条规定执行。

六、关于中央企业改制分流总体方案联合批复程序。中央企业所属企业改制分流总体方案分别报国资委、财政部、劳动和社会保障部,总体方案的批复采取国资委、财政部、劳动和社会保障部分别审核、联合批复的形式,由国资委代章出具联合批复意见。

关于贯彻落实国务院办公厅
妥善解决国有企业办中小学
退休教师待遇问题的通知

2004 年 2 月 9 日　国资厅发分配〔2004〕3 号

各中央企业:

日前,国务院办公厅下发了《国务院办公厅关于妥善解决国有企业办中小学退休教师待遇问题的通知》(国办发〔2004〕9 号,以下简称《通知》),要求进一步加快国有企业办中小学移交地方政府管理的进度,理顺办学体制,明确了妥善解决企业办中小学退休教师待遇问题的相关政策,对于推进国有企业改革、促进基础教育事业发展、切实维护社会稳定有着十分重要的意义。

为贯彻落实好《通知》精神,现将有关要求通知如下:

一、进一步提高认识,加快推进企业分离办社会职能工作。要积极主动与地方政府沟通、协商,从地区和企业的实际出发,研究制定切实可行的方案,为企业办中小学移交地方政府管理创造条件。有条件的也可积极推进企业办学机构的市场化改革,促进企业办学机构的稳定、健康发展。通过加快中小学分离,从根本上解决中小学教师待遇问题。

二、统一思想,明确责任,切实落实退休教师待遇。妥善解决企业办中小学退休教师待遇问题对企业和社会稳定关系重大。解决企业办中小学退休教师待遇的问题,情况复杂,涉及面广,政策性强,要从改革发展稳定全局出发,加强领导,精心组织,切实抓好各项政策的落实和实施。

三、注意做好企业中其他人员的思想政治工作。解决企业办中小学退休教师的待遇问题是国家依据《中华人民共和国教师法》作出的重要决定。企业各级党组织要以"三个代表"重要思想为指导,充分发挥政治核心作用,加强宣传教育,做好其他各类人员的思想政治工作,防止相互攀比。对生活确有困难的干部职工,要通过送温暖等活动帮助他们解决实际问题,避免出现新的不稳定因素。

四、严格遵照国家有关法律法规和政策规定,规范操作,及时研究、解决实施过程中遇到的矛盾和问题,重大情况要及时向当地政府和国务院国资委等有关部门反映,切实维护企业和社会的稳定。

附件:《国务院办公厅关于妥善解决国有企业办中小学退休教师待遇问题的通知》

附件:

国务院办公厅关于妥善解决国有企业办中小学退休教师待遇问题的通知

2004 年 1 月 20 日　　国办发〔2004〕9 号

各省、自治区、直辖市人民政府,国务院各部委、各直属机构:

分离企业办社会的职能是党中央、国务院作出的加快国有企业改革、完善社会主义市场经济体制的重大举措。企业办中小学移交地方管理,是企业分离办社会职能工作的重要组成部分。近年来,分离企业办中小学工作取得了一定的进展,但也存在一些问题。由于企业办中小学教师工资及退休待遇执行的政策与地方政府办中小学不尽相同,造成大部分国有企业中小学退休教师待遇偏低。根据《中华人民共和国教师法》有关规定,为妥善解决上述问题,现通知如下:

一、各地区、各有关部门要以"三个代表"重要思想为指导,全面贯彻落实党的十六大、十六届三中全会精神,从推进国有企业改革、促进基础教育事业发展、切实维护社会稳定的大局出发,加快国有企业办中小学移交地方政府管理的进度,理顺办学管理体制。

二、对已经移交地方政府管理的企业所办中小学,其退休教师仍留在企业的,由企业按照《教师法》的有关规定,对退休教师基本养老金加统筹外项目补助低于政府办中小学同类人员退休金标准的,其差额部分由所在企业予以计发。

尚未移交地方政府管理的企业办中小学,其在职教师的工资和退休教师的基本养老金加统筹外项目补助,低于政府办中小学同类人员标准的,由企业按政府办中小学同类人员标准计发。

企业上述支出,允许计入费用,在所得税前扣除。按政府办中小学同类人员标准计发确有困难的亏损企业,同级财政予以适当补助。中央亏损企业,由中央财政给予适当补助。

上述规定自 2004 年 1 月 1 日起执行。

三、对各地已实施关闭破产的企业,其关闭破产前所办中小学退休教师的待遇问题,由各地方政府研究解决。

四、今后在企业办中小学移交地方政府管理时,企业退休教师一并移交。在职人员的移交要在核定的编制限额内进行。移交后,退休教师退休金待遇按照当地政府办中小学同类人员标准执行。中央管理企业所办中小学移交地方政府管理后,由中央财政对困难地区给予适当补助。

五、解决国有企业办中小学退休教师待遇问题,情况复杂,涉及面广,政策性强,各级人民政府和有关部门要高度重视,加强领导,密切配合,狠抓落实。各地要从当地实际情况出发,抓紧制定具体的政策措施和工作方案,精心组织,周密部署,认真实施,切实加强思想政治工作,将国有企业办中小学退休教师的待遇问题妥善解决好,维护社会稳定。

关于高新技术中央企业开展股权激励试点工作的通知

2004 年 4 月 30 日　　国资厅发分配〔2004〕23 号

各中央企业:

为贯彻落实全国国有资产监督管理工作会议精神,加强企业科技创新,根据《企业国有资产监督管理暂行条例》和《国务院办公厅转发财政部科技部关于国有高新技术企业开展股权激励试点工作指导意见的通知》(国办发〔2002〕48号,以下简称《指导意见》)要求,现就高新技术中央企业开展股权激励试点工作的有关事项通知如下:

一、充分认识高新技术中央企业开展股权激励试点的重要意义

《指导意见》是贯彻党的十六大确立的劳动、资本、技术和管理等生产要素按其贡献参与收益分配的原则,完善按劳分配为主体、多种分配方式并存的分配制度的重大举措,对于鼓励科技创新,推动高新技术企业建立现代企业制度、加速科技成果产业化,促进高新技术产业改革和发展,充分调动企业科技人员创新的积极性具有十分重要的作用。为逐步建立适应市场经济体制和现代企业制度要求的激励与约束相结合的收入分配制度,更好体现科技创新和经营管理的劳动价值,增强对企业"关键"人才的激励,吸引人才、稳定人才、积聚人才,拟在2004年选择部分高新技术企业和转制科研院所进行股权激励的试点。各中央企业要高度重视高新技术企业股权激励试点工作,采取切实可行的措施,保证优秀人才获得合理的收入,为企业技术创新做出更大贡献。

二、高新技术中央企业股权激励试点申报程序

(一)试点企业条件。试点企业必须符合《指导意见》第二、三条的规定,同时还应具备以下条件:

1. 进行了规范的公司制改造,公司股东会、董事会、监事会和经理层职责明确,形成了各负其责、协调运转、有效制衡的公司法人治理结构。同时,还应按照《指导意见》的要求进行资产评估;

2. 高新技术主业突出,近三年国有净资产增值较快,技术及管理等生产要素在资产增值中作用明显,高新技术主业利润总额(销售收入)占试点企业总利润(销售收入)的50%以上;

3. 制定了明确的企业发展战略和实施计划,绩效评价、财务核算

等各项规章制度健全,管理完善。企业财务会计报告经注册会计师审计确认无违反财经法律法规行为;

(二)制定试点方案。符合试点条件的企业应按照《指导意见》及《财政部、科技部关于实施〈关于国有高新技术企业开展股权激励试点工作的指导意见〉有关问题的通知》(财企〔2002〕508号)要求制定试点方案。

1. 试点方案应主要载明以下内容:股本(资本)总额及其股权(份)结构,股权激励的范围、条件和方式,股权(股份)的来源,股本设置及股权(股份)管理、处置,出售股权的价格系数,有关人员的效绩考核的评价、具体持股数量及持股期限等;

2. 试点方案须经试点企业股东大会或董事会审议通过,同时应提交职工代表大会或职工大会审议,听取职工意见。

(三)申请报批。试点方案由中央企业(集团母公司)审定后,按照《指导意见》第十一条规定要求向国资委、科技部提出申请股权激励试点报告,并请提供企业发展战略和实施计划及企业员工绩效评价等相关的文件、资料。

三、精心组织实施

试点方案经国资委、科技部审批后,由各中央企业组织实施试点工作。对试点工作中出现的问题应及时研究,总结经验,并按年度将试点工作进展情况报国资委、科技部。

试点申报材料一式4份,并附电子文档,于2004年6月底之前分别报国资委企业分配局、科技部政策法规与体改司。

关于印发《中央企业负责人薪酬管理暂行办法》的通知

2004 年 6 月 2 日　国资发分配〔2004〕227 号

各中央企业:

　　建立有效的中央企业负责人激励与约束机制,完善中央企业业绩考核体系,是履行出资人职责的一项重要内容。为规范中央企业负责人薪酬管理,国资委制定了《中央企业负责人薪酬管理暂行办法》,现印发你们,请结合企业实际,认真执行,并及时反映实施中的有关情况和问题。

　　附件:中央企业负责人薪酬管理暂行办法

附件:

中央企业负责人薪酬管理暂行办法

第一章　总　　则

　　第一条　为切实履行出资人职责,建立有效的中央企业负责人(以下简称企业负责人)激励与约束机制,促进中央企业(以下简称企业)改革、发展和国有资产保值增值,根据《企业国有资产监督管理暂行条例》等有关法律法规,制定本办法。

　　第二条　本办法所称企业负责人及企业其他负责人是根据《企业国有资产监督管理暂行条例》第十七条规定,列入中央和国务院国有资产监督管理委员会(以下简称国资委)管理权限范围内的企业负责人。

第三条　企业负责人薪酬管理遵循下列原则:

(一)坚持激励与约束相统一,薪酬与风险、责任相一致,与经营业绩挂钩。

(二)坚持短期激励与长期激励相结合,促进企业可持续发展。

(三)坚持效率优先、兼顾公平,维护出资人、企业负责人、职工等各方的合法权益。

(四)坚持薪酬制度改革与相关改革配套进行,推进企业负责人收入分配的市场化、货币化、规范化。

(五)坚持物质激励与精神激励相结合,提倡奉献精神。

第四条　按照本办法进行薪酬管理的企业应当具备下列条件:

(一)已制订中长期发展规划,生产经营稳定;企业负责人的工作责任、任务和目标明确。

(二)与国资委签订《中央企业负责人经营业绩考核责任书》。

(三)按照国家有关部门关于深化国有企业内部人事、劳动、分配制度改革的要求,进行了劳动、人事、分配制度改革。

(四)能按时发放职工工资,足额缴纳各项社会保险费用,近三年企业工资管理无违规行为。

(五)内部基础管理规范,财务报表和成本核算符合《中华人民共和国会计法》和有关财务会计制度规定。

(六)已建立健全财务、审计、企业法律顾问和职工民主监督等内部监督和风险控制机制。

第二章　薪酬构成及确定

第五条　企业负责人薪酬由基薪、绩效薪金和中长期激励单元三部分构成。中长期激励办法另行制定。

第六条　基薪是企业负责人年度的基本收入,主要根据企业经营规模、经营管理难度、所承担的战略责任和所在地区企业平均工资、所在行业平均工资、本企业平均工资等因素综合确定。

第七条 企业法定代表人的基薪按《中央企业负责人薪酬管理暂行办法实施细则》的有关规定(另行制定),采用经审计并通过国资委审核确认的企业上年度财务决算数据计算。基薪每年核定一次。

第八条 企业其他负责人的基薪,由企业根据其任职岗位、责任、风险确定,应采取民主测评等多种方式,合理拉开差距。

第九条 因主辅分离、减员增效等因素,导致企业规模发生变化,相关规模系数在企业主要负责人当期的任期内不核减。

第十条 绩效薪金与经营业绩考核结果挂钩,以基薪为基数,根据企业负责人的年度经营业绩考核级别及考核分数确定,具体规定按《中央企业负责人经营业绩考核暂行办法》(国资委令第2号)执行。

第三章 薪 酬 兑 现

第十一条 企业负责人基薪列入企业成本,按月支付。

第十二条 企业负责人绩效薪金列入企业成本,根据考核结果,由企业一次性提取,分期兑现。其中,绩效薪金的60%在年度考核结束后当期兑现,其余40%延期兑现。

第十三条 延期兑现收入与企业负责人任期资产经营考核结果挂钩,具体规定按《中央企业负责人经营业绩考核暂行办法》(国资委令第2号)执行。

第十四条 企业负责人的住房公积金和各项社会保险费,应由个人承担的部分,由企业从其基薪中代扣代缴;应由企业承担的部分,由企业支付。

第十五条 企业负责人的薪酬为税前收入,应依法交纳个人所得税。

第四章 管理与监督

第十六条 企业根据本办法及实施细则制定本企业负责人年度薪酬方案。

第十七条 国资委对企业负责人年度薪酬方案进行审核,并对企业法定代表人的年度薪酬方案予以批复。企业其他负责人的年度薪酬方案,由企业按照本办法确定后报国资委备案。

第十八条 企业主要负责人在子企业兼职取酬的,需报国资委批准。具体办法另行规定。

第十九条 按照本办法进行薪酬管理的企业应当逐步规范企业负责人职位消费,增加职位消费透明度,有条件的应逐步将职位消费货币化。

(一)对礼品费、招待费等公务消费,应当规范预算管理,加强财务监督、审核,接受职工的民主监督。

(二)对企业负责人住房,按照属地化原则,严格执行其住房所在地的房改政策。

(三)实行公务车改革的企业,可合理确定企业负责人交通费用补贴标准,其补贴暂在基薪和绩效薪金外单列,按月发放。

(四)采取包干制等方式支付通讯费的企业,通讯费暂在基薪和绩效薪金外单列,按月发放。

企业在报送负责人年度薪酬方案时,应当将企业负责人职位消费的相关材料报国资委。

第二十条 因工作需要在一年内发生岗位变更的,按任职时段计算其当年薪酬。

第二十一条 除国家另有规定及经国资委同意外,企业负责人不得在企业领取年度薪酬方案(已经国资委审核)所列收入以外的其他货币性收入。

第二十二条 企业负责人的基薪和绩效薪金、符合国家规定和经国资委审核同意的其他货币性收入,由企业按照企业负责人的具体收入与支出设置明细账目,单独核算。

企业负责人薪酬计入企业工资总额并在企业工资统计中单列。

第二十三条 企业负责人薪酬方案及实施结果应由企业在适当范围内予以公布,接受民主监督。

第二十四条 执行本办法的企业应根据劳动力市场价位和企业自

身的情况,不断深化企业内部收入分配制度改革,严格控制人工成本,不得层层增加工资,不得超提、超发工资。

第二十五条　国资委定期对企业负责人薪酬发放情况进行专项检查,对执行本办法过程中存在下列情况之一的企业和企业负责人,视情节轻重予以处理:

(一)对于超核定标准发放企业负责人收入的,责令企业收回超标准发放部分,并对企业、企业主要负责人和相关责任人给予通报批评。

(二)对在实行企业负责人薪酬制度改革过程中,超提、超发工资的,对企业主要负责人和相关责任人给予通报批评并相应扣减其绩效薪金。

(三)对于违反国家有关法律法规、弄虚作假的,除依法处理外,相应扣减企业主要负责人和相关责任人的绩效薪金或延期兑现收入。

第二十六条　对于发生重大决策失误或重大违纪事件,给企业造成不良影响或造成国有资产流失的,相应扣减企业主要负责人和相关责任人的绩效薪金和延期兑现收入。

第五章　附　　则

第二十七条　面向社会公开招聘的企业负责人薪酬,可根据人才市场价位,采取招聘和应聘双方协商的方式确定。

第二十八条　国有控股及参股企业中国有股权代表可以参照本办法提出本企业负责人薪酬调控意见,并按法定程序分别提交企业董事会、股东会审议决定。

第二十九条　国有独资企业、国有独资公司和国有控股公司专职党委(党组)书记、副书记、常委(党组成员)、纪委书记(纪检组长)薪酬管理参照本办法执行。

第三十条　国资委将建立企业负责人特别奖励制度,以奖励服从组织调任到特定企业任职,以及对企业和社会有特殊贡献的企业负责人。具体办法另行制定。

第三十一条　企业应当按照建立现代企业制度的要求和《中华人

民共和国公司法》的规定,抓紧建立规范的公司法人治理结构。规范的法人治理结构建立健全后,本办法规定的实施对象将按照《中华人民共和国公司法》等有关法律法规调整。

第三十二条 本办法自公布之日起施行。

关于加强人工成本控制规范
收入分配有关问题的通知

2004 年 10 月 16 日 国资分配〔2004〕985 号

各中央企业:

近年来,中央企业对收入分配制度改革方面进行了积极探索和实践,在打破平均主义、完善激励约束机制、规范企业领导人员薪酬制度等方面取得了积极成效。但当前中央企业收入分配中也出现了一些值得注意的问题,主要是少数企业执行国家政策不严格、人工成本增长过快、收入差距过大等。为加强中央企业人工成本管理,规范收入分配行为,实现企业可持续发展和良性循环,确保国有资本保值增值,现就有关事项通知如下:

一、建立中央企业收入分配重大事项审核报告制度

各中央企业应严格执行国家收入分配宏观调控政策并履行相应的申报程序。企业按国家有关政策规定建立职工住房补贴制度、住房公积金制度、企业年金制度以及实施股权激励等收入分配重大事项,均应按照《中华人民共和国公司法》的有关规定,向出资人或股东报告(或经批准),并履行以下申报程序:国有独资企业(公司)的收入分配重大事项应报国资委审核(或备案)后实施;国有控股或者参股企业的收入分配重大事项,应当事先报告国资委及履行出资人职责的其他股东审核(或备案)后,再提交董事会。对已经实施上述收入分配办法未向国资

委报告的企业,应在收到此通知后的一个月内将实施情况报国资委。

二、加强收入分配宏观调控,严格控制人工成本增长

各中央企业要健全人工成本管理调控制度,加强人工成本的统计、分析和管理,建立人工成本监控、预警体系,并将人工成本管理与业绩考核工作紧密结合。企业职工工资的发放要严格遵循"两低于"原则,不得超提、超发工资总额,除国家政策另有规定外,不得再以其他形式在成本中列支任何工资性项目。工效挂钩企业所有增资均应由效益工资列支。企业建立职工住房补贴、住房公积金、企业年金等福利制度,要严格执行国家财税政策,报告其财务处理情况,不得突破国家政策规定的标准和列支渠道,不得在企业重组、合并、改制时突击发放奖金、补贴等。企业执行国家收入分配政策和拟订收入分配制度改革措施,均应充分考虑企业人工成本的承受能力。超出人工成本承受力,导致企业效益下降的分配措施应暂缓执行或出台。

三、深化内部分配制度改革,逐步建立有利于企业长远发展的激励约束机制

企业分配制度改革必须与用工制度、人事制度等项改革同步配套推进,切实贯彻"效率优先,兼顾公平"的原则,着眼于调动全体员工的积极性。各中央企业要按照建立现代企业制度的要求,建立以劳动力市场为导向,以岗位工资为主的基本工资制度,实行"竞争上岗、以岗定薪",形成个人收入与其岗位责任、贡献和企业效益密切挂钩、与劳动力市场价位相衔接、能增能减的分配调控机制。积极探索管理、技术、资本等各种生产要素按贡献参与收益分配的办法,将按劳分配与按生产要素分配有机结合起来,对高级管理人员、专业技术人员和业务骨干可根据劳动力市场状况和人才市场化程度实行更为灵活的薪酬制度,加大对企业关键人才的激励力度。

四、加强企业收入分配的管理和监督,完善约束机制

各中央企业在收入分配中要严格财务管理和审计监督,建立出资

人监督、企业内部监督和监事会外部监督相结合的有效监督机制。进一步完善厂务公开制度,把收入分配包括经营管理者收入情况作为厂务公开的一项重要内容,接受职工群众监督。建立健全内部分配的民主管理程序和制度,企业收入分配的重大事项须充分听取职工的意见,加强企业内部的自我约束和自我监督能力。国资委将逐步完善对企业收入分配的监督检查制度,适时对企业收入分配政策执行情况进行监督检查。对违反国家收入分配政策,超提、超发工资、奖金、补贴,侵蚀利润的做法,要按规定严肃查处。

各中央企业负责人要身体力行"三个代表"的重要思想,树立与科学发展观相适应政绩观和业绩观,统一思想认识,树立全局观念,发扬艰苦奋斗、勤俭办企业的优良传统。要贯彻党的十六届三中、四中全会精神,继续深化劳动用工、人事和收入分配制度改革,正确处理按劳分配为主体和实行多种分配方式的关系,正确处理出资人、企业和职工的利益关系,正确处理当前利益与长远利益的关系,正确处理个人利益、局部利益与企业整体利益的关系,为企业的可持续发展创造良好条件,坚决防止和避免短期行为。

关于中央企业试行企业
年金制度的指导意见

2005 年 8 月 8 日   国资发分配〔2005〕135 号

各中央企业:

为指导和规范国资委监管企业(以下简称中央企业)试行企业年金制度,完善企业薪酬福利制度和社会保障体系,正确处理国有资产出资人、企业、职工三者利益关系,逐步建立有利于国有资本保值增值的激励机制,根据《企业年金试行办法》(劳动保障部令第 20 号)等有关政策

规定,现就中央企业试行企业年金制度提出如下意见:

一、充分认识试行企业年金制度的重要意义

企业年金是在国家政策指导下,企业及其职工在依法参加基本养老保险的基础上,自愿建立的补充养老保险制度。建立和完善企业年金制度,既有利于保障和提高职工退休后的基本生活水平、构建多层次养老保险体系,又有利于改善企业薪酬福利结构,增强薪酬的长期激励作用,提高企业凝聚力和竞争力,是一项关系到企业长远发展和职工切身利益的制度建设。各中央企业要充分认识试行企业年金制度的重要意义,规范企业年金制度的建立和年金基金的管理运行。

二、试行企业年金制度的原则

(一)保障性和激励性相结合的原则。

试行企业年金制度应统筹考虑企业职工未来基本生活保障的需要与即期激励作用的发挥,将完善企业薪酬福利制度与构建社会保障体系有机地结合起来,增强企业凝聚力,完善激励机制。

(二)效率优先、兼顾公平的原则。

试行企业年金制度既要坚持公开、公平、公正原则,覆盖企业全体职工;也要与职工个人的贡献挂钩,促进企业经济效益持续增长。

(三)兼顾出资人、企业和职工利益原则。

试行企业年金制度应充分考虑企业的承受能力,量力而行,不能互相攀比,不能加重企业的负担,不能损害企业的长远发展。

三、试行企业年金制度的基本条件

(一)具备相应的经济能力。

1. 企业盈利并完成国资委核定的年度经营业绩考核指标,实现国有资本保值增值。亏损企业以及未实现国有资本保值增值的企业在实现扭亏及国有资本保值增值之前不得试行企业年金制度。

2. 企业主业明确,发展战略清晰,具有持续的盈利能力和年金支

付能力。

（二）人工成本承受能力较强。

企业年金缴费水平应与人工成本承受能力相适应，不得因试行企业年金制度而造成人工成本大幅度增加，从而影响企业的竞争能力。凡是人工成本指标高于行业平均水平，以及人工成本指标控制未达到国资委相关要求的，应暂缓实行或调整缴费比例，保持和提高企业竞争力。

（三）基础管理规范、民主制度健全。

企业应依法参加基本养老保险并履行缴费义务。企业年金方案应当通过企业内部协商的方式确定，并通过职工大会或职工代表大会及其他民主方式审议通过。

四、科学设计和实施企业年金方案

企业年金方案应包括参加人员范围，资金筹集、个人账户管理、基金管理、计发办法和支付方式，组织管理和监督方式等内容。其中，要重点设计和解决以下问题：

（一）科学设计薪酬福利结构。

企业应根据人力资源发展战略、内部分配制度改革的需要，统筹考虑建立企业年金与调整薪酬福利结构的关系，不断完善企业薪酬福利体系。

（二）合理确定年金缴费水平。

企业年金所需费用由企业和职工个人共同缴纳，企业缴费与个人缴费比例应相匹配。企业盈利并完成国资委下达的经营业绩指标，人工成本指标低于行业平均水平，以及人工成本指标控制达到国资委相关要求的，可按企业年金计划规定的缴费比例执行；盈利指标未能达到国资委核定的经营业绩考核目标或企业亏损，以及人工成本指标较高时，应动态调整企业缴费水平或暂停缴费。企业集团内部各企业之间的缴费水平应根据企业发展阶段与经济效益状况，合理确定缴费水平，避免互相攀比。

（三）强化年金激励、约束功能。

企业年金基金采用个人账户方式进行管理。企业缴费划入个人账户比例应根据职工对企业经营业绩贡献的大小,结合职工的岗位责任、工作年限等因素综合确定,适当向关键岗位和优秀人才倾斜。对已划入个人账户的部分,应根据职工工作年限(也可自企业年金计划启动后起计)决定归属个人比例,并随着工作年限的增加相应增加归属比例,在3～5年内逐步归属职工个人。

为建立中央企业负责人中长期激励机制,根据《中央企业负责人经营业绩考核暂行办法》及《中央企业负责人薪酬管理暂行办法》的有关规定,试行企业年金制度的中央企业可根据企业负责人任期考核结果,适当提高企业缴费部分划入企业负责人个人账户部分的比例,具体比例由企业根据自身实际和完善企业负责人薪酬福利结构的需要提出,经国资委审核同意后实施。

(四)规范年金资金列支渠道。

中央企业缴费的列支渠道,在完善城镇社会保障体系试点的省(区、市),根据《国务院关于印发完善城镇社会保障体系试点方案的通知》(国发〔2000〕42号)规定,企业缴费在工资总额4%以内的部分,可从成本中列支。其他省(区、市),根据财政部《关于企业为职工购买保险有关财务处理问题的通知》(财企〔2003〕61号)和税务总局《关于执行〈企业会计制度〉需要明确的有关所得税问题的通知》(国税发〔2003〕45号)的有关规定,企业缴费列入成本的部分原则上不超过工资总额的4%。

(五)兼顾解决历史遗留问题。

企业年金方案的设计要与解决历史遗留问题结合起来,通过试行企业年金制度,规范基本养老保险统筹外项目支出。凡是试行企业年金制度的企业,应兼顾新、老离退休人员福利保障水平,统筹解决基本养老保险统筹外项目支出问题,对试行企业年金制度后离退休的人员,企业不应在基本养老保险统筹和企业年金之外再支付任何福利性项目。

(六)统筹规划设计年金方案。

试行企业年金制度,应按照国家相关法律法规和本指导意见要求,在对企业整体经济状况、人工成本承受能力进行精心测算和对未来经营业绩科学预测的基础上拟订企业年金方案。各中央企业原则上应统筹规划设计整体年金方案,并针对企业内部各子企业实际情况分步实施,不能一刀切。多元化的大型企业集团,其子企业可结合行业特点制订独具特色的企业年金方案,由集团公司报国资委审核。

五、规范企业年金的市场化管理运营

(一)建立企业年金管理运营机构公开选择和考核评估机制。

为加强年金基金监管和规范运营,保障企业年金的安全性,各中央企业应按照"公开、公平、公正"的原则,采用市场化方式,择优选择经国家有关监管部门认定的机构管理运营企业年金,并将选择的管理运营机构事前报国资委备案。同时,中央企业应通过受托人建立动态的考核评价机制,对管理运营机构的业绩进行评估,并根据评估情况调整管理运营机构。

(二)规范与各管理服务机构的法律关系。

试行企业年金制度的企业要严格按照《企业年金试行办法》要求,明确与企业年金基金各管理运营主体的职责及运作规则。由企业按规定确定企业年金受托人,由企业年金受托人按规定委托具有资格的企业年金账户管理人、投资管理人和托管人。企业与受托人建立信托关系并签订书面合同,受托人与账户管理人、托管人和投资管理人之间应确定委托合同关系并签订书面合同,明确各自的权利、责任和义务。

(三)建立报告和信息披露制度。

中央企业年金受托人、账户管理人、托管人和投资管理人等管理运营机构,应当按照规定向委托人及有关部门或机构报告企业年金基金管理情况,并对所披露信息的真实性、完整性负责。各委托人应将上述报告汇总后报国资委备案。各管理运营机构应接受企业年金委托人、受益人查询,定期向委托人、受益人和有关监管部门提供企业年金基金管理报告。发生重大事件时,应及时向委托人、受益人及有关监管部门报告。

企业年金理事会或企业年金基金受托管理人应定期向职工大会或职工代表大会报告企业年金管理、运营情况,职工大会或职工代表大会

代表职工监督企业年金的管理和运行。

六、加强企业年金的组织管理

(一)加强组织领导。

建立年金制度的企业应成立由相关部门和职工代表组成的企业年金管理委员会,加强对直接投资的国有和国有控股企业试行企业年金制度的组织指导,促进企业年金制度稳步健康发展。具备条件的大型中央企业可建立独立的企业年金理事会,其他中央企业可自愿结合,联合组成企业年金理事会或行业年金理事会,统一受托管理企业年金基金。企业年金理事会应符合国家有关规范要求,并建立和完善内部稽核监控制度、风险控制制度以及选择、监督、评估、更换账户管理人、托管人、投资管理人及其他中介机构的制度和流程,切实承担好受托管理职责。

(二)建立审核、备案制度。

中央企业要按照国家有关规定和本指导意见的要求制订年金方案,经企业职工代表大会或职工大会审议通过后,按照《中华人民共和国公司法》、《企业国有资产监督管理暂行条例》的有关规定履行以下审核程序:国有独资中央企业(公司)的年金方案应报国资委审核批准;中央企业直接或间接控股的公司的年金方案,其国有控股股东应在提交董事会审议前将企业年金方案报履行出资人职责的部门审核同意。企业年金方案经审核批准后,按有关规定报劳动保障部门备案。

本意见下发之前已经试行企业年金(或补充养老保险)制度的中央企业及以企业年金(或补充养老保险)名义购买的商业保险产品,应当按照国家有关政策规定和本意见的要求认真清理、规范完善企业年金方案,并将修订和规范后的企业年金方案按本意见规定履行审核程序。

国资委将加强与国务院有关部门的协调配合,会同有关监管部门共同对企业年金的运行实施情况进行监督检查。各中央企业在建立和实施企业年金工作中遇到的新情况、新问题,要及时向国资委报告。

国务院国有资产监督管理委员会
劳动和社会保障部　国土资源部
关于进一步规范国有大中型企业
主辅分离辅业改制的通知

2005 年 9 月 20 日　　国资发分配〔2005〕250 号

各中央企业,各省、自治区、直辖市和计划单列市及新疆生产建设兵团
国资监管机构、劳动保障厅(局)、国土资源厅(局):

　　为进一步规范国有大中型企业主辅分离辅业改制分流安置富余人
员工作,根据《印发〈关于国有大中型企业主辅分离辅业改制分流安置
富余人员的实施办法〉的通知》(国经贸企改〔2002〕859 号,以下简称
859 号文件)及有关配套文件,结合主辅分离辅业改制工作实际,现就
有关问题通知如下:

一、关于主辅分离辅业改制过程中资产处置问题

　　(一)根据《关于企业国有产权转让有关问题的通知》(国资发产权
〔2004〕268 号)的规定,在国有大中型企业主辅分离辅业改制过程中,
经国资监管机构及相关部门确定列入主辅分离、辅业改制范围企业的
资产处置,按照 859 号文件及有关配套文件的规定执行。对于改制企
业国有净资产按规定进行各项支付和预留的剩余部分,采取向改制企
业的员工或外部投资者出售的,按照国家有关规定办理,具体交易方式
可由所出资企业或其主管部门(单位)决定。具备条件的辅业企业,应
尽可能进入产权交易市场公开挂牌交易。

　　(二)根据《关于中央企业主辅分离辅业改制分流安置富余人员资
产处置有关问题的通知》(国资发产权〔2004〕9 号)的有关规定,中央企
业所属辅业改制企业可用国有净资产进行支付和预留的有关费用

如下：

1. 为移交社会保障机构管理的退休人员和改制企业职工支付和预留的费用。主要包括辅业单位改制时因参加医疗保险向当地社会保险经办机构一次性缴纳的改制企业退休人员医疗保险费,符合省级政府和国家有关部门规定由企业为退休人员支付的统筹项目外养老金,以及未列入改制企业负债的欠缴职工社会保险费等。

2. 内部退养职工有关费用。主要包括预留的生活费、社会保险费及住房公积金等。

内部退养职工生活费预留标准由企业根据有关规定确定,最高不超过按所在省(区、市)计算正常退休养老金的办法核定的数额;内部退养职工社会保险费预留标准根据内部退养人员退养前 12 个月平均工资乘以规定的缴费比例为基数一次核定,其中社会保险包括养老、失业、医疗、工伤、生育五项基本保险;内部退养职工住房公积金预留标准按照内部退养职工退养前企业实际月缴纳额确定。

距法定退休年龄不足 5 年的内部退养职工按以上规定预留的费用全额冲减国有权益;符合国家有关规定实行内部退养的职工按以上规定最多可预留 5 年的相关费用并冲减国有权益,其余费用由原主体企业按规定列支。

二、关于主辅分离辅业改制过程中劳动关系处理问题

国有大中型企业实施主辅分离改制分流与职工解除劳动关系,要严格按照《关于印发国有大中型企业主辅分离辅业改制分流安置富余人员的劳动关系处理办法的通知》(劳社部发〔2003〕21 号,以下简称 21 号文件)有关规定执行。其中工资是指用人单位根据国家有关规定或劳动合同的约定,以货币形式直接支付给本单位劳动者的劳动报酬,包括计时工资或计件工资、奖金、津贴和补贴等。计发经济补偿金的职工月平均工资是指职工本人解除劳动合同前 12 个月实发工资的平均数。计发经济补偿金的企业月平均工资应严格按照国家统计局的工资统计口径计算。

企业月平均工资超过改制企业所在市(地)职工平均工资两倍的,原则上按不高于两倍的标准确定。

三、关于改制企业管理层持股问题

主辅分离辅业改制过程中,企业管理层参与改制的,解除劳动关系经济补偿金应按照21号文件标准执行。辅业改制单位净资产进行各项支付和预留后的剩余部分向参与改制的管理层转让的,管理层不得参与资产转让方案的制订以及与此相关的清产核资、财务审计、资产评估及底价确定等重大事项;不得以各种名义低价出售、无偿转让量化国有资产;管理层应当与其他拟受让方平等竞买,并提供其受让资金来源的相关证明,不得向改制企业及主体国有企业借款,不得以这些企业的资产为管理层融资提供保证、抵押、质押、贴现等;管理层要取得改制企业绝对控股权的,国有产权转让应进入国有资产管理机构选定的产权交易机构公开进行,并在公开国有产权转让信息时对有关事项进行详尽披露。主体企业要加强对企业资产转让中涉及管理层受让相关事项的审查,认真履行有关职责,切实维护出资人及职工的合法权益。

四、关于主辅分离辅业改制过程中国有划拨土地使用权处置有关问题

企业按照859号文件有关规定实施主辅分离的,根据原主体企业与改制企业双方的分离方案和实际用地情况,经所在地县级以上人民政府批准,可将原划拨土地使用权分割后分别确定给主体企业和辅业企业以划拨方式使用。企业改制时,只要改制后的土地用途符合《划拨用地目录》,经所在地县级以上人民政府批准可仍以划拨方式使用;不符合《划拨用地目录》的,应依法办理土地有偿使用手续。划拨土地使用权价格可以根据《关于改革土地估价结果确认和土地资产处置审批办法的通知》(国土资发〔2001〕44号)的有关规定,经有土地估价资质的中介机构评估确定后,作为土地使用者的权益。

五、关于主辅分离辅业改制过程中退休人员的管理问题

辅业改制时,要按照《关于转发劳动保障部等部门〈关于积极推进企业退休人员社会化管理服务工作的意见〉的通知》(中办发〔2003〕16号)要求,将企业退休人员移交街道社区或社保机构实行社会化管理。退休人员在移交社会化管理前,原则上继续由原主体企业管理,也可由原主体企业与改制企业协商具体管理方式,原主体企业要按照有关规定,落实所需经费,做好相关工作。

六、关于改制企业党的组织关系隶属问题

主辅分离辅业改制过程中,要按照《关于在深化国有企业改革中党组织设置和领导关系等有关问题的通知》(中组发〔1998〕9号)精神,本着有利于推进国有企业改革和有利于加强国有企业改革中党的建设的原则,适时调整辅业企业党组织的隶属关系。改制辅业企业与原主体企业分离后,其党组织原则上应当移交企业所在地党组织管理。原主体企业党组织要主动与辅业企业所在地党组织沟通、联系,通过认真协商,妥善做好改制企业党组织关系移交工作。辅业企业更名或重新设立党组织,应当向企业所在地党组织提出申请,有关部门应当按照有关规定及时办理审批手续。

七、关于主辅分离改制分流实施结果备案问题

各中央企业在将改制分流方案实施结果报有关部门的同时,须将下列内容报送国资委备案:

(一)改制企业的资产处置情况,包括资产清查结果、资产评估报告的核准文件或备案表、资产处置结果等。资产评估备案按照《关于委托中央企业对部分主辅分离辅业改制项目进行资产评估备案管理的通知》(国资产权〔2005〕193号)执行。

(二)职工安置结果,包括改制企业人员分流安置情况,劳动关系处理情况,经济补偿金支付情况(包括实际支付经济补偿金标准、总额及

资金来源),社会保险关系接续情况等。

(三)预留费用说明,包括提取预留费用的人员范围,预留费用构成内容、标准、年限、总额及预留费用的管理。

(四)企业改制后的股权结构及法人治理结构情况。对于改制企业主辅分离辅业改制的实施方案、职工代表大会通过实施主辅分离改制分流的决议、省级劳动保障部门出具的审核意见书等,由各中央企业集团公司(总公司)进行备案管理。

各中央企业集团公司(总公司)要进一步加强对主辅分离辅业改制工作的组织领导,强化改革意识,发挥主导作用,规范改制工作。在具体实施操作过程中要严格按照859号文及有关配套文件的要求,认真组织好改制方案的审核、实施,严格执行和落实资产处置、人员安置等各项政策,切实负起责任。

关于中央企业严格执行国家住房制度改革政策有关问题的通知

2006 年 1 月 24 日　国资厅发分配〔2006〕3 号

各中央企业:

根据《国务院关于进一步深化城镇住房制度改革加快住房建设的通知》(国发〔1998〕23 号)和《关于进一步深化国有企业住房制度改革加快解决职工住房问题的通知》(建房改〔2000〕105 号)等文件精神,为推进中央企业住房制度改革健康进行,规范中央企业住房分配货币化改革,加强企业人工成本控制,现就有关问题通知如下:

一、规范中央企业住房分配货币化改革方案的审核程序。中央企业拟定住房补贴发放的总体方案后(含中央企业总部住房补贴发放方案)须报国资委审核同意。其中,在京中央企业住房补贴发放的方案在报国资委审核同意后,报国务院机关事务管理局中央国家机关住房制度改革办公室批准后实施;京外中央企业住房补贴方案在报国资委备案同意后报当地房改部门批准实施。中央企业所属二级单位住房补贴发放方案,由其中央企业总部根据国家有关政策审核同意,报国资委备案后,报所在地房改部门批准实施。

二、中央企业实施住房分配货币化改革应报送以下材料:中央企业拟发放住房补贴的备案报告、实施方案及相关依据、企业领导人员住房补贴发放及公示情况、住房补贴资金来源及费用测算情况、职工(代表)大会决议、职工住房情况的普查报告,以及近三年企业经济效益、人工成本、工资总额增长及薪酬结构调整变化情况等。

三、严格界定企业住房分配货币化改革的范围。纳入职工住房分配货币化改革的企业人员范围为:无房职工和住房未达标准职工。未达标准职工不得通过任何变通方式转变为无房职工,只得按未达标面积进行补差。易地调动人员按《中共中央办公厅、国务院办公厅印发〈建设部、中共中央组织部、财政部关于易地调动干部住房管理暂行规定〉的通知》(厅字〔2003〕13号)和《中央和国家机关外地调京干部住房管理实施意见》(国管房改〔2005〕484号)执行。

四、严格执行职工住房公积金缴存规定。中央企业职工住房公积金缴存比例应按建设部等三部门《关于住房公积金管理若干具体问题的指导意见》(建金管〔2005〕5号)的有关规定执行。中央企业不得擅自提高职工住房公积金的企业缴存比例,职工月缴存基数最高不得超过职工工作所在地设区城市统计部门公布的上年度职工月平均工资的3倍,缴存额不得突破企业所在地设区城市政府规定的住房公积金缴存上限。

五、中央企业职工住房补贴面积及基准补贴额原则上参照所在地政府机关公务人员标准,结合本企业职工住房的实际情况和企业经济承受能力确定。其中,中央企业领导人员的补贴标准,应先报国资委核准后,再由企业拟定方案,进入工作程序。

六、严格执行国家和所在地政府有关住房分配货币化改革的政策规定。各中央企业要进一步提高对住房分配货币化改革的认识,正确理解建立职工住房补贴制度的条件、目的和作用,防止将住房补贴变成变相的实物分配住房。要结合企业内部收入分配制度改革,建立规范的住房分配货币化制度,避免因住房分配货币化改革而造成企业人工成本的大幅上升和职工薪酬福利结构失衡。企业领导人员要严格自律,带头执行住房制度改革的有关政策,住房补贴发放方案未经国资委审核同意,不得实施。各中央企业在实施住房制度改革中出现的问题,要及时上报国资委。

七、已实施住房分配货币化改革的中央企业,其方案未经国资委审核同意的,要根据本通知精神进行清理并报国资委;不符合本通知精神的要进行整改,并将整改情况及修改后的方案报国资委。各中央企业补报方案及整改工作应在 2006 年 6 月底之前完成。

关于印发《国有控股上市公司(境外)实施股权激励试行办法》的通知

2006 年 1 月 27 日 国资发分配〔2006〕8 号

各省、自治区、直辖市及计划单列市、新疆生产建设兵团国有资产监督管理机构、财政厅(局),各中央企业:

为深化国有控股上市公司(境外)(以下简称上市公司)薪酬制度改革,构建上市公司中长期激励机制,充分调动上市公司高级管理人员和科技人员的积极性,指导和规范上市公司拟订和实施股权激励计划,根据《中华人民共和国公司法》、《企业国有资产监督管理暂行条例》(国务院令第 378 号),我们制定了《国有控股上市公司(境外)实施股权激励试行办法》。现印发给你们,请结合实际,认真遵照执行。

中央金融企业、地方国有或国有控股企业改制重组境外上市的公司比照本办法执行。为规范实施股权激励制度,地方国有控股上市公司（境外）试行股权激励办法，由各省（区、市）及计划单列市国有资产监督管理机构或部门、新疆生产建设兵团国资委、财政厅（局）分别报国务院国资委和财政部备案。

附件：国有控股上市公司（境外）实施股权激励试行办法

附件：

国有控股上市公司（境外）实施股权激励试行办法

第一章 总 则

第一条 为指导国有控股上市公司（境外）依法实施股权激励，建立中长期激励机制，根据《中华人民共和国公司法》、《企业国有资产监督管理暂行条例》等法律、行政法规，制定本办法。

第二条 本办法适用于中央非金融企业改制重组境外上市的国有控股上市公司（以下简称上市公司）。

第三条 本办法所称股权激励主要指股票期权、股票增值权等股权激励方式。

股票期权是指上市公司授予激励对象在未来一定期限内以预先确定的价格和条件购买本公司一定数量股票的权利。股票期权原则上适用于境外注册、国有控股的境外上市公司。股权激励对象有权行使该项权利，也有权放弃该项权利。股票期权不得转让和用于担保、偿还债务等。

股票增值权是指上市公司授予激励对象在一定的时期和条件下，获得规定数量的股票价格上升所带来的收益的权利。股票增值权主要适用于发行境外上市外资股的公司。股权激励对象不拥有这些股票的所有权，也不拥有股东表决权、配股权。股票增值权不能转让和用于担保、偿还债务等。

上市公司还可根据本行业和企业特点,借鉴国际通行做法,探索实行其他中长期激励方式,如限制性股票、业绩股票等。

第四条 实施股权激励应具备以下条件:

(一)公司治理结构规范,股东会、董事会、监事会、经理层各负其责,协调运转,有效制衡。董事会中有3名以上独立董事并能有效履行职责;

(二)公司发展战略目标和实施计划明确,持续发展能力良好;

(三)公司业绩考核体系健全、基础管理制度规范,进行了劳动、用工、薪酬制度改革。

第五条 实施股权激励应遵循以下原则:

(一)坚持股东利益、公司利益和管理层利益相一致,有利于促进国有资本保值增值和上市公司的可持续发展;

(二)坚持激励与约束相结合,风险与收益相对称,适度强化对管理层的激励力度;

(三)坚持依法规范,公开透明,遵循境内外相关法律法规和境外上市地上市规则要求;

(四)坚持从实际出发,循序渐进,逐步完善。

第二章 股权激励计划的拟订

第六条 股权激励计划应包括激励方式、激励对象、授予数量、行权价格及行权价格的确定方式、行权期限等内容。

第七条 股权激励对象原则上限于上市公司董事、高级管理人员(以下简称高管人员)以及对上市公司整体业绩和持续发展有直接影响的核心技术人才和管理骨干,股权激励的重点是上市公司的高管人员。

本办法所称上市公司董事包括执行董事、非执行董事。独立非执行董事不参与上市公司股权激励计划。

本办法所称上市公司高管人员是指对公司决策、经营、管理负有领导职责的人员,包括总经理、副总经理、公司财务负责人(包括其他履行上述职责的人员)、董事会秘书和公司章程规定的其他人员。

上市公司核心技术人才、管理骨干由公司董事会根据其对上市公司发展的重要性和贡献等情况确定。高新技术企业可结合行业特点和高科技人才构成情况界定核心技术人才的激励范围,但须就确定依据、授予范围及数量等情况作出说明。

在股权授予日,任何持有上市公司5%以上有表决权的股份的人员,未经股东大会批准,不得参加股权激励计划。

第八条 上市公司母公司(控股公司)负责人在上市公司任职的,可参与股权激励计划,但只能参与一家上市公司的股权激励计划。

第九条 在股权激励计划有效期内授予的股权总量,应结合上市公司股本规模和股权激励对象的范围、薪酬结构及中长期激励预期收益水平合理确定。

(一)在股权激励计划有效期内授予的股权总量累计不得超过公司股本总额的10%。

(二)首次股权授予数量应控制在上市公司股本总额的1%以内。

第十条 在股权激励计划有效期内任何12个月期间授予任一人员的股权(包括已行使的和未行使的股权)超过上市公司发行总股本1%的,上市公司不再授予其股权。

第十一条 授予高管人员的股权数量按下列办法确定:

(一)在股权激励计划有效期内,高管人员预期股权激励收益水平原则上应控制在其薪酬总水平的40%以内。高管人员薪酬总水平应根据本公司业绩考核与薪酬管理办法,并参考境内外同类人员薪酬市场价位、本公司员工平均收入水平等因素综合确定。各高管人员薪酬总水平和预期股权收益占薪酬总水平的比例应根据上市公司岗位分析、岗位测评、岗位职责按岗位序列确定;

(二)按照国际通行的期权定价模型,计算股票期权或股票增值权的公平市场价值,确定每股股权激励预期收益;

(三)按照上述原则和股权授予价格(行权价格),确定高管人员股权授予的数量。

第十二条　股权的授予价格根据公平市场价原则,按境外上市规则及本办法的有关规定确定。

上市公司首次公开发行上市时实施股权激励计划的,其股权的授予价格按上市公司首次公开发行上市满 30 个交易日以后,依据境外上市规则规定的公平市场价格确定。

上市公司上市后实施的股权激励计划,其股权的授予价格不得低于授予日的收盘价或前 5 个交易日的平均收盘价,并不再予以折扣。

第十三条　上市公司因发行新股、转增股本、合并、分立等原因导致总股本发生变动或其他原因需要调整行权价格或股权授予数量的,可以按照股权激励计划规定的原则和方式进行调整,但应由公司董事会做出决议并经公司股东大会审议批准。

第十四条　股权激励计划有效期一般不超过 10 年,自股东大会通过股权激励计划之日起计算。

第十五条　在股权激励计划有效期内,每一次股权激励计划的授予间隔期应在一个完整的会计年度以上,原则上每两年授予一次。

第十六条　行权限制期为股权授予日至股权生效日的期限。股权限制期原则上定为两年,在限制期内不得行权。

第十七条　行权有效期为股权限制期满后至股权终止日的时间,由上市公司根据实际情况确定,原则上不得低于 3 年。在行权有效期内原则上采取匀速分批行权办法,或按照符合境外上市规则要求的办法行权。超过行权有效期的,其权利自动失效,并不可追溯行使。

第十八条　上市公司不得在董事会讨论审批或公告公司年度、半年度、季度业绩报告等影响股票价格的敏感事项发生时授予股权或行权。

第三章　股权激励计划的审核

第十九条　国有控股股东代表在股东大会审议批准上市公司拟实施的股权激励计划之前,应将拟实施的股权激励计划及管理办法报履行国有资产出资人职责的机构或部门审核,并根据其审核意见在股东大会行使表决权。

第二十条　国有控股股东代表申报的股权激励计划报告应包括以下内容:

(一)上市公司的简要情况;

(二)上市公司股权激励计划方案和股权激励管理办法。主要应载明以下内容:股权授予的人员范围、授予数量、授予价格和行权时间的确定、权利的变更及丧失,以及股权激励计划的管理、监督等;选择的期权定价模型及股票期权或股票增值权预期收益的测算等情况的说明;

(三)上市公司绩效考核评价制度和股权激励计划实施的说明。绩效考核评价制度应当包括岗位职责核定、绩效考核评价指标和标准、年度及任期绩效责任目标、考核评价程序等内容;

(四)上市公司实施股权激励计划的组织领导和工作方案。

第二十一条　上市公司按批准的股权激励计划实施的分期股权授予方案,国有控股股东代表应当报履行国有资产出资人职责的机构或部门备案。其中因实施股权激励计划而增发股票及调整股权授予范围、超出首次股权授予规模等,应按本办法规定履行相应申报程序。

第二十二条　上市公司终止股权激励计划并实施新计划,国有控股股东代表应按照本办法规定重新履行申报程序。原股权激励计划终止后,不得根据已终止的计划再授予股权。

第四章　股权激励计划的管理

第二十三条　国有控股股东代表应要求和督促上市公司制定严格的股权激励管理办法,建立规范的绩效考核评价制度;按照上市公司股权激励管理办法和绩效考核评价办法确定对高管人员股权的授予和行权;对已经授予的股权数量在行权时可根据年度业绩考核情况进行动态调整。

第二十四条　股权激励对象应承担行权时所发生的费用,并依法纳税。上市公司不得对股权激励对象行权提供任何财务资助。

第二十五条　股权激励对象因辞职、调动、被解雇、退休、死亡、丧失行为能力等原因终止服务时,其股权的行使应作相应调整,采取行权加速、终止等处理方式。

第二十六条 参与上市公司股权激励计划的上市公司母公司（控股公司）的负责人，其股权激励计划的实施应符合《中央企业负责人经营业绩考核暂行办法》（国资委令第2号）的有关规定。上市公司或其母公司（控股公司）为中央金融企业的，企业负责人股权激励计划的实施应符合财政部有关国有金融企业绩效考核的规定。

第二十七条 上市公司高管人员的股票期权应保留一定比例在任职期满后根据任期考核结果行权，任职（或任期）期满后的行权比例不得低于授权总量的20%；对授予的股票增值权，其行权所获得的现金收益需进入上市公司为股权激励对象开设的账户，账户中的现金收益应有不低于20%的部分至任职（或任期）期满考核合格后方可提取。

第二十八条 有以下情形之一的，当年年度可行权部分应予取消：

（一）上市公司年度绩效考核达不到股权激励计划规定的业绩考核标准的；

（二）年度财务报告被注册会计师出具否定意见或无法表示意见的；

（三）监事会或审计部门对上市公司业绩或年度财务报告提出重大异议的。

第二十九条 股权激励对象有以下情形之一的，应取消其行权资格：

（一）严重失职、渎职的；

（二）违反国家有关法律法规、上市公司章程规定的；

（三）上市公司有足够的证据证明股权持有者在任职期间，由于受贿索贿、贪污盗窃、泄露上市公司经营和技术秘密、实施关联交易损害上市公司利益、声誉和对上市公司形象有重大负面影响的行为，给上市公司造成损失的。

第三十条 国有控股股东代表应要求和督促上市公司在实施股权激励计划的财务、会计处理及其税收等方面严格执行境内外有关法律法规、财务制度、会计准则、税务制度和上市规则。

第三十一条 国有控股股东代表应将下列事项在上市公司年度报告披露后10日内报履行国有资产出资人职责的机构或部门备案：

（一）公司股权激励计划的授予和行使情况；

（二）公司董事、高管人员持有股权的数量、期限、本年度已经行权和未行权的情况及其所持股权数量与期初所持数量的对比情况；

（三）公司实施股权激励绩效考核情况及实施股权激励对公司费用及利润的影响情况等。

<h2 style="text-align:center">第五章　附　　则</h2>

第三十二条　中央金融企业、地方国有或国有控股企业改制重组境外上市的公司比照本办法执行。

第三十三条　原经批准已实施股权激励计划的上市公司,在按原计划分期实施或拟订新计划时应按照本办法的规定执行。

第三十四条　本办法自 2006 年 3 月 1 日起施行。

<h1 style="text-align:center">关于印发《关于规范中央企业负责人
职务消费的指导意见》的通知</h1>

2006 年 4 月 29 日　　国资发分配〔2006〕69 号

各中央企业：

根据党的十六届三中全会关于规范职务消费的要求,我委制定了《关于规范中央企业负责人职务消费的指导意见》(以下简称《指导意见》),现印发给你们,并就规范职务消费工作的有关事项通知如下：

一、各中央企业及企业负责人要高度重视规范职务消费工作,切实加强对本企业规范职务消费工作的组织领导。企业主要负责人要对此项工作负总责,要将工作任务分解到人、工作责任落实到人。

二、中央企业规范职务消费工作分三个阶段进行。2006 年上半年为准备阶段,各企业要认真组织学习,统一思想、提高认识,明确规范职务消费的思路。2006 年下半年为建章立制阶段,各企业要在对本企业职务消费现状进行认真调查和分析的基础上,按照《指导意见》要求,制定符合本企业特点的各项职务消费规章制度,并将其与本企业开展规范职务消费工作情况的报告一并于 2006 年年底前报国资委备案。自 2007 年起,进入组织实施阶段,各企业要在抓好工作落实的同时,进一步完善相关规章制度。

三、各中央企业应结合本企业实际,研究制订本企业规范职务消费的工作方案。工作方案主要内容包括:规范职务消费工作的组织领导、工作目标及工作步骤、拟制订的制度规章等。各企业应于 2006 年 6 月底前将工作方案报送国资委。

四、规范职务消费是一项极具探索性的工作,各中央企业要注意发现工作过程中遇到的新情况、新问题,并及时与国资委沟通。我委将根据各阶段工作进展情况,适时组织企业进行总结、交流。

附件:关于规范中央企业负责人职务消费的指导意见

附件:

关于规范中央企业负责人
职务消费的指导意见

为健全国务院国资委所监管企业(以下简称中央企业)激励约束机制,规范中央企业负责人职务消费,根据《企业国有资产监督管理暂行条例》(国务院令第 378 号)、《国有企业领导人员廉洁从业若干规定(试行)》(中纪发〔2004〕25 号)、《中央企业负责人薪酬管理暂行办法》(国资发分配〔2004〕227 号)等有关规定,现就规范中央企业负责人职务消费提出如下指导意见:

一、充分认识规范企业负责人职务消费的重要意义。职务消费是指企业负责人为履行工作职责所发生的消费性支出及享有的待遇。规范职务消费是深化企业收入分配制度改革、建立和完善国有企业激励约束机制的重要环节,是实践"三个代表"重要思想、反腐倡廉、建设和谐社会的客观要求。党的十六届三中全会明确提出了规范职务消费的要求。各中央企业要从讲政治讲大局的高度,充分认识规范企业负责人职务消费的重要意义,紧密结合企业改革发展的实际,积极做好规范企业负责人职务消费工作。

二、规范职务消费的原则。规范企业负责人职务消费应与建立现代企业制度相结合,坚持以下原则:激励与约束相一致;自律与他律相结合;依法合规、从严从俭;公开透明、接受监督。

三、职务消费的主要内容。本指导意见所指职务消费,主要包括公务用车配备及使用、通讯、业务招待(含礼品)、差旅、国(境)外考察培训等与企业负责人履行其职责相关的消费项目。

四、建立健全规范职务消费的制度规章。各中央企业要对本企业负责人现有的职务消费进行认真清理,依据法律、法规及企业负责人岗位职责和履职特点,研究、制订规范企业负责人职务消费的制度规章或管理办法。其内容应包括各类职务消费的具体项目、享有该类职务消费的人员范围及费用标准(额度)、企业内部审核与监督程序、违规处罚及其他要求等。

企业应同时制订企业内部有关人员及所出资企业负责人职务消费的制度规章或管理办法,对其所管理人员职务消费的行为进行规范。企业负责人经批准在所出资企业兼职的,所出资企业应定期向母公司报告其本企业职务消费的情况。

五、积极探索各类职务消费的管理办法。对经常发生、用途明确、标准易定的职务消费,可以探索实行货币化改革。职务消费货币化的标准,应根据企业实际和职位特点,参照国内外同类企业的做法,与企业负责人的薪酬统筹考虑,合理确定,不得高于货币化改革前的费用支出,不得变相提高企业负责人的总体薪酬水平。

对已实行货币化发放的职务消费项目,货币化补贴应纳入企业负责人货币性收入管理,企业负责人不得在货币化发放标准之外,以报销等方式在企业列支。

企业负责人实行职务消费货币化改革,应事先报经国务院国资委同意。

对实行实报实销或年度限额报销的职务消费项目,企业要根据享有人员的岗位职责,制订限额标准和审核报销程序,明确审核责任人,防止公私混淆。实行实报实销或年度限额报销的职务消费项目,不得同时给予货币性补贴。

六、严格控制职务消费水平。企业负责人应坚持发扬艰苦奋斗精神,厉行勤俭节约,反对铺张浪费。各项职务消费的标准(额度)应在满足工作需要的前提下,严格控制消费水平。企业负责人职务消费要纳入企业年度预算内进行调控,避免职务消费预算的过快增长。

七、增强企业负责人职务消费的透明度。企业拟定的职务消费管理制度在履行内部决策程序前,应当通过职工代表大会等形式听取职工意见。企业负责人职务消费情况应作为厂务公开的内容,定期在适当范围公布,接受职工的民主监督。

公布的内容原则上包括:公务用车配备及使用、通讯、业务招待(含礼品)、差旅、国(境)外考察培训等职务消费的年度预算及执行情况等。

八、加强对职务消费的监督检查。企业负责人应将职务消费情况在述廉评廉会议上进行通报,接受监督。企业党委(党组)及纪检监察部门应将规范职务消费作为企业负责人廉洁从业的重要内容进行检查和监督。

企业内部审计部门、监事会应对本企业负责人职务消费预算及执行情况进行审计和检查,及时发现并纠正存在的问题。

各中央企业规范职务消费的制度建设情况、企业负责人职务消费年度预算及执行情况,应接受国有重点大型企业监事、国资委纪委和驻委监察局的监督检查。

对违反规范职务消费制度的企业负责人,企业党委(党组)及纪检监察部门应责令其纠正;情节严重或造成重大影响的,国资委将按有关规定给予当事人及企业主要负责人党纪、政纪处分及相应的经济处罚。

九、逐步完善管理体制。企业负责人职务消费纳入企业负责人薪酬监管体系一管理。企业规范职务消费的管理规定报国务院国资委备案。企业负责人年度职务消费情况载入企业负责人薪酬管理手册报国务院国资委。

董事会试点企业,根据公司章程及董事会职责,由董事会下设的薪酬委员会负责经理层职务消费的规范工作。

关于印发《国有控股上市公司(境内)实施股权激励试行办法》的通知

2006 年 9 月 30 日　国资发分配〔2006〕175 号

各省、自治区、直辖市及计划单列市、新疆生产建设兵团国资委、财政厅(局),各中央企业:

为指导国有控股上市公司(境内,以下简称上市公司)规范实施股权激励制度,建立健全激励与约束相结合的中长期激励机制,进一步完善公司法人治理结构,充分调动上市公司高级管理人员和科技人员的积极性、创造性,规范上市公司拟订和实施股权激励计划,根据《中华人民共和国公司法》、《中华人民共和国证券法》、《企业国有资产监督管理暂行条例》(国务院令第 378 号),我们制定了《国有控股上市公司(境内)实施股权激励试行办法》(以下简称《试行办法》)。现印发给你们,请结合实际,认真遵照执行。现将有关事项通知如下:

一、国有控股上市公司实施股权激励是一项重大制度创新,政策性强,操作难度大。为规范实施股权激励制度,对国有控股上市公司试行股权激励实施分类指导。对中央企业及其所出资企业控股的上市公司,其股权激励计划在报股东大会审议表决前,由集团公司按照《试行办法》规定的程序报履行国有资产出资人职责的机构或部门审核;对中央企业所出资三级以下企业控股的上市公司,其股权激励计划在上市公司股东大会审议前,报履行国有资产出资人职责的机构或部门备案。

履行国有资产出资人职责的机构或部门自收到完整的股权激励计划申报材料之日起,20个工作日内出具审核意见,未提出异议的,国有控股股东可按申报意见参与股东大会审议股权激励计划。

二、地方国有控股上市公司试行股权激励办法,应严格按《试行办法》规定的条件执行。在试点期间,上市公司股权激励计划由各省、自治区、直辖市、计划单列市及新疆生产建设兵团国资委或财政厅(局)统一审核批准后,报国务院国资委和财政部备案。

三、对在《试行办法》出台之前已经公告或实施了股权激励的国有控股上市公司,要按照《试行办法》予以规范,对股权激励计划修订完善并履行相应的审核或备案程序。

四、政企尚未分开的部门以及国家授权投资的其他国有资产经营管理机构(以下简称其他单位),按照《试行办法》的规定审核批准所管理的集团公司及其所出资企业控股的上市公司股权激励计划。

国务院国资委和其他单位对集团公司及其所出资企业控股的上市公司股权激励计划的批复文件抄送财政部。

上市公司在试行过程中的做法及遇到的问题,请及时报告国务院国资委和财政部。

附件:国有控股上市公司(境内)实施股权激励试行办法

附件:

国有控股上市公司(境内)
实施股权激励试行办法

第一章 总 则

第一条 为指导国有控股上市公司(境内)规范实施股权激励制度,建立健全激励与约束相结合的中长期激励机制,进一步完善公司法人治理结构,依据《中华人民共和国公司法》、《中华人民共和国证券法》、《企业国有资产监督管理暂行条例》等有关法律、行政法规的规定,制定本办法。

第二条　本办法适用于股票在中华人民共和国境内上市的国有控股上市公司(以下简称上市公司)。

第三条　本办法主要用于指导上市公司国有控股股东依法履行相关职责,按本办法要求申报上市公司股权激励计划,并按履行国有资产出资人职责的机构或部门意见,审议表决上市公司股权激励计划。

第四条　本办法所称股权激励,主要是指上市公司以本公司股票为标的,对公司高级管理等人员实施的中长期激励。

第五条　实施股权激励的上市公司应具备以下条件:

(一)公司治理结构规范,股东会、董事会、经理层组织健全,职责明确。外部董事(含独立董事,下同)占董事会成员半数以上;

(二)薪酬委员会由外部董事构成,且薪酬委员会制度健全,议事规则完善,运行规范;

(三)内部控制制度和绩效考核体系健全,基础管理制度规范,建立了符合市场经济和现代企业制度要求的劳动用工、薪酬福利制度及绩效考核体系;

(四)发展战略明确,资产质量和财务状况良好,经营业绩稳健;近三年无财务违法违规行为和不良记录;

(五)证券监管部门规定的其他条件。

第六条　实施股权激励应遵循以下原则:

(一)坚持激励与约束相结合,风险与收益相对称,强化对上市公司管理层的激励力度;

(二)坚持股东利益、公司利益和管理层利益相一致,有利于促进国有资本保值增值,有利于维护中小股东利益,有利于上市公司的可持续发展;

(三)坚持依法规范,公开透明,遵循相关法律法规和公司章程规定;

(四)坚持从实际出发,审慎起步,循序渐进,不断完善。

第二章　股权激励计划的拟订

第七条　股权激励计划应包括股权激励方式、激励对象、激励条件、授予数量、授予价格及其确定的方式、行权时间限制或解锁期限等主要内容。

第八条　股权激励的方式包括股票期权、限制性股票以及法律、行政法规允许的其他方式。上市公司应以期权激励机制为导向,根据实施股权激励的目的,结合本行业及本公司的特点确定股权激励的方式。

第九条　实施股权激励计划所需标的股票来源,可以根据本公司实际情况,通过向激励对象发行股份、回购本公司股份及法律、行政法规允许的其他方式确定,不得由单一国有股股东支付或擅自无偿量化国有股权。

第十条　实施股权激励计划应当以绩效考核指标完成情况为条件,建立健全绩效考核体系和考核办法。绩效考核目标应由股东大会确定。

第十一条　股权激励对象原则上限于上市公司董事、高级管理人员以及对上市公司整体业绩和持续发展有直接影响的核心技术人员和管理骨干。

上市公司监事、独立董事以及由上市公司控股公司以外的人员担任的外部董事,暂不纳入股权激励计划。

证券监管部门规定的不得成为激励对象的人员,不得参与股权激励计划。

第十二条　实施股权激励的核心技术人员和管理骨干,应根据上市公司发展的需要及各类人员的岗位职责、绩效考核等相关情况综合确定,并须在股权激励计划中就确定依据、激励条件、授予范围及数量等情况作出说明。

第十三条　上市公司母公司(控股公司)的负责人在上市公司担任职务的,可参加股权激励计划,但只能参与一家上市公司的股权激计划。

在股权授予日，任何持有上市公司5%以上有表决权的股份的人员，未经股东大会批准，不得参加股权激励计划。

第十四条 在股权激励计划有效期内授予的股权总量，应结合上市公司股本规模的大小和股权激励对象的范围、股权激励水平等因素，在0.1%~10%之间合理确定。但上市公司全部有效的股权激励计划所涉及的标的股票总数累计不得超过公司股本总额的10%。

上市公司首次实施股权激励计划授予的股权数量原则上应控制在上市公司股本总额的1%以内。

第十五条 上市公司任何一名激励对象通过全部有效的股权激励计划获授的本公司股权，累计不得超过公司股本总额的1%，经股东大会特别决议批准的除外。

第十六条 授予高级管理人员的股权数量按下列办法确定：

（一）在股权激励计划有效期内，高级管理人员个人股权激励预期收益水平，应控制在其薪酬总水平（含预期的期权或股权收益）的30%以内。高级管理人员薪酬总水平应参照国有资产监督管理机构或部门的原则规定，依据上市公司绩效考核与薪酬管理办法确定。

（二）参照国际通行的期权定价模型或股票公平市场价，科学合理测算股票期权的预期价值或限制性股票的预期收益。

按照上述办法预测的股权激励收益和股权授予价格（行权价格），确定高级管理人员股权授予数量。

第十七条 授予董事、核心技术人员和管理骨干的股权数量比照高级管理人员的办法确定。各激励对象薪酬总水平和预期股权激励收益占薪酬总水平的比例应根据上市公司岗位分析、岗位测评和岗位职责按岗位序列确定。

第十八条 根据公平市场价原则，确定股权的授予价格（行权价格）。

（一）上市公司股权的授予价格应不低于下列价格较高者：

1. 股权激励计划草案摘要公布前一个交易日的公司标的股票收

盘价;

2. 股权激励计划草案摘要公布前 30 个交易日内的公司标的股票平均收盘价。

(二)上市公司首次公开发行股票时拟实施的股权激励计划,其股权的授予价格在上市公司首次公开发行上市满 30 个交易日以后,依据上述原则规定的市场价格确定。

第十九条 股权激励计划的有效期自股东大会通过之日起计算,一般不超过 10 年。股权激励计划有效期满,上市公司不得依据此计划再授予任何股权。

第二十条 在股权激励计划有效期内,应采取分次实施的方式,每期股权授予方案的间隔期应在一个完整的会计年度以上。

第二十一条 在股权激励计划有效期内,每期授予的股票期权,均应设置行权限制期和行权有效期,并按设定的时间表分批行权:

(一)行权限制期为股权自授予日(授权日)至股权生效日(可行权日)止的期限。行权限制期原则上不得少于 2 年,在限制期内不可以行权。

(二)行权有效期为股权生效日至股权失效日止的期限,由上市公司根据实际确定,但不得低于 3 年。在行权有效期内原则上采取匀速分批行权办法。超过行权有效期的,其权利自动失效,并不可追溯行使。

第二十二条 在股权激励计划有效期内,每期授予的限制性股票,其禁售期不得低于 2 年。禁售期满,根据股权激励计划和业绩目标完成情况确定激励对象可解锁(转让、出售)的股票数量。解锁期不得低于 3 年,在解锁期内原则上采取匀速解锁办法。

第二十三条 高级管理人员转让、出售其通过股权激励计划所得的股票,应符合有关法律、行政法规的相关规定。

第二十四条 在董事会讨论审批或公告公司定期业绩报告等影响股票价格的敏感事项发生时不得授予股权或行权。

第三章　股权激励计划的申报

第二十五条　上市公司国有控股股东在股东大会审议批准股权激励计划之前,应将上市公司拟实施的股权激励计划报履行国有资产出资人职责的机构或部门审核(控股股东为集团公司的由集团公司申报),经审核同意后提请股东大会审议。

第二十六条　国有控股股东申报的股权激励报告应包括以下内容:

(一)上市公司简要情况,包括公司薪酬管理制度、薪酬水平等情况;

(二)股权激励计划和股权激励管理办法等应由股东大会审议的事项及其相关说明;

(三)选择的期权定价模型及股票期权的公平市场价值的测算、限制性股票的预期收益等情况的说明;

(四)上市公司绩效考核评价制度及发展战略和实施计划的说明等。绩效考核评价制度应当包括岗位职责核定、绩效考核评价指标和标准、年度及任期绩效考核目标、考核评价程序以及根据绩效考核评价办法对高管人员股权的授予和行权的相关规定。

第二十七条　国有控股股东应将上市公司按股权激励计划实施的分期股权激励方案,事前报履行国有资产出资人职责的机构或部门备案。

第二十八条　国有控股股东在下列情况下应按本办法规定重新履行申报审核程序:

(一)上市公司终止股权激励计划并实施新计划或变更股权激励计划相关事项的;

(二)上市公司因发行新股、转增股本、合并、分立、回购等原因导致总股本发生变动或其他原因需要调整股权激励对象范围、授予数量等股权激励计划主要内容的。

第二十九条　股权激励计划应就公司控制权变更、合并、分立,以及激励对象辞职、调动、被解雇、退休、死亡、丧失民事行为能力等事项发生时的股权处理依法作出行权加速、终止等相应规定。

第四章　股权激励计划的考核、管理

第三十条　国有控股股东应依法行使股东权利,要求和督促上市公司制定严格的股权激励管理办法,并建立与之相适应的绩效考核评价制度,以绩效考核指标完成情况为基础对股权激励计划实施动态管理。

第三十一条　按照上市公司股权激励管理办法和绩效考核评价办法确定对激励对象股权的授予、行权或解锁。

对已经授予的股票期权,在行权时可根据年度绩效考核情况进行动态调整。

对已经授予的限制性股票,在解锁时可根据年度绩效考核情况确定可解锁的股票数量,在设定的解锁期内未能解锁,上市公司应收回或以激励对象购买时的价格回购已授予的限制性股票。

第三十二条　参与上市公司股权激励计划的上市公司母公司(控股公司)的负责人,其股权激励计划的实施应符合《中央企业负责人经营业绩考核暂行办法》或相应国有资产监管机构或部门的有关规定。

第三十三条　授予董事、高级管理人员的股权,应根据任期考核或经济责任审计结果行权或兑现。授予的股票期权,应有不低于授予总量的20%留至任职(或任期)考核合格后行权;授予的限制性股票,应将不低于20%的部分锁定至任职(或任期)期满后兑现。

第三十四条　国有控股股东应依法行使股东权利,要求上市公司在发生以下情形之一时,中止实施股权激励计划,自发生之日起一年内不得向激励对象授予新的股权,激励对象也不得根据股权激励计划行使权利或获得收益:

(一)企业年度绩效考核达不到股权激励计划规定的绩效考核标准;

(二)国有资产监督管理机构或部门、监事会或审计部门对上市公司业绩或年度财务会计报告提出重大异议;

（三）发生重大违规行为，受到证券监管及其他有关部门处罚。

第三十五条 股权激励对象有以下情形之一的，上市公司国有控股股东应依法行使股东权利，提出终止授予新的股权并取消其行权资格：

（一）违反国家有关法律法规、上市公司章程规定的；

（二）任职期间，由于受贿索贿、贪污盗窃、泄露上市公司经营和技术秘密、实施关联交易损害上市公司利益、声誉和对上市公司形象有重大负面影响等违法违纪行为，给上市公司造成损失的。

第三十六条 实施股权激励计划的财务、会计处理及其税收等问题，按国家有关法律、行政法规、财务制度、会计准则、税务制度规定执行。

上市公司不得为激励对象按照股权激励计划获取有关权益提供贷款以及其他任何形式的财务资助，包括为其贷款提供担保。

第三十七条 国有控股股东应按照有关规定和本办法的要求，督促和要求上市公司严格履行信息披露义务，及时披露股权激励计划及董事、高级管理人员薪酬管理等相关信息。

第三十八条 国有控股股东应在上市公司年度报告披露后5个工作日内将以下情况报履行国有资产出资人职责的机构或部门备案：

（一）公司股权激励计划的授予、行权或解锁等情况；

（二）公司董事、高级管理等人员持有股权的数量、期限、本年度已经行权（或解锁）和未行权（或解锁）的情况及其所持股权数量与期初所持数量的变动情况；

（三）公司实施股权激励绩效考核情况、实施股权激励对公司费用及利润的影响等。

第五章 附 则

第三十九条 上市公司股权激励的实施程序和信息披露、监管和处罚应符合中国证监会《上市公司股权激励管理办法》（试行）的有关规定。上市公司股权激励计划应经履行国有资产出资人职责的机构或部门审核同意后,报中国证监会备案以及在相关机构办理信息披露、登记结算等事宜。

第四十条 本办法下列用语的含义:

(一)国有控股上市公司,是指政府或国有企业(单位)拥有50%以上股本,以及持有股份的比例虽然不足50%,但拥有实际控制权或依其持有的股份已足以对股东大会的决议产生重大影响的上市公司。

其中控制权,是指根据公司章程或协议,能够控制企业的财务和经营决策。

(二)股票期权,是指上市公司授予激励对象在未来一定期限内以预先确定的价格和条件购买本公司一定数量股票的权利。激励对象有权行使这种权利,也有权放弃这种权利,但不得用于转让、质押或者偿还债务。

(三)限制性股票,是指上市公司按照预先确定的条件授予激励对象一定数量的本公司股票,激励对象只有在工作年限或业绩目标符合股权激励计划规定条件的,才可出售限制性股票并从中获益。

(四)高级管理人员,是指对公司决策、经营、管理负有领导职责的人员,包括经理、副经理、财务负责人(或其他履行上述职责的人员)、董事会秘书和公司章程规定的其他人员。

(五)外部董事,是指由国有控股股东依法提名推荐、由任职公司或控股公司以外的人员(非本公司或控股公司员工的外部人员)担任的董事。对主体业务全部或大部分进入上市公司的企业,其外部董事应为任职公司或控股公司以外的人员;对非主业部分进入上市公司或只有一部分主业进入上市公司的子公司,以及二级以下的上市公司,其外部董事应为任职公司以外的人员。

外部董事不在公司担任除董事和董事会专门委员会有关职务外的其他职务,不负责执行层的事务,与其担任董事的公司不存在可能影响其公正履行外部董事职务的关系。

外部董事含独立董事。独立董事是指与所受聘的公司及其主要股东没有任何经济上的利益关系且不在上市公司担任除独立董事外的其他任何职务。

(六)股权激励预期收益,是指实行股票期权的预期收益为股票期权的预期价值,单位期权的预期价值参照国际通行的期权定价模型进行测算;实行限制性股票的预期收益为获授的限制性股票的价值,单位限制性股票的价值为其授予价格扣除激励对象的购买价格。

第四十一条　本办法自印发之日起施行。

关于中央企业计提技术奖酬金和业余设计奖有关问题的通知

2006 年 3 月 17 日　国资分配〔2006〕243 号

有关中央企业:

根据国家有关政策规定,中央企业计提的技术奖酬金("四技"收入)和业余设计奖,对激励企业加大技术投入、调动科研设计人员积极性、提高自主创新能力起到了积极作用。但在实施中也存在不少问题,主要是一些企业计提标准不规范、提取金额较大等。为进一步规范企业收入分配渠道,加强人工成本管理,现就中央企业(含子企业)计提技术奖酬金和业余设计奖管理(试行)的有关事项通知如下:

一、按有关政策规范计提的中央企业,可一次性纳入工资总额

根据《〈国有企业工资总额同经济效益挂钩规定〉的通知》(劳部发〔1993〕161 号)中将各种单项奖及其他工资性支出纳入挂钩工资总额基数的有关要求,经国资委核定后,企业可申请将计提的技术奖酬金和业余设计奖一次性纳入工资总额,以后年度只进行技术合同登记,不再另行计提。

纳入工资总额的计提部分应向从事创新劳动的科研设计人员分

配,提高科研设计人员的收入水平,并应实行动态化管理,不断强化内部分配的激励功能。

二、对暂不能纳入工资总额管理的企业,严格按政策规定规范计提

对暂不能纳入工资总额管理,仍需单独计提技术奖酬金和业余设计奖的中央企业,应严格按照《财政部、国家税务总局关于贯彻落实〈中共中央、国务院关于加强技术创新,发展高科技,实现产业化的决定〉有关税收问题的通知》(财税字〔1999〕273号)、《技术合同认定登记管理办法》(国科发政字〔2000〕063号)、《技术合同认定规则》(科发政字〔2001〕253号)、《关于勘察设计企业执行新财务制度若干问题的通知》(财工字〔1995〕256号)等有关政策规定,对近三年(2003~2005年)的提取情况进行自我检查,与核定的工资总额一并计算是否符合"两低于"原则,在企业内部规范管理的基础上,制订有关管理办法报国资委审核后试行。

(一)对计提技术奖酬金的企业,技术奖酬金的收入和相应的支出应纳入企业统一核算。技术奖酬金的计提基数为技术合同的净收入,计提比例不得超过技术合同净收入的25%。技术合同净收入是指技术合同收入扣除企业按照财务会计制度规定确认的与合同相关的成本费用后的余额。其中,成本费用包括材料成本、人工成本等直接费用以及分摊的设备折旧费、辅助费等间接费用。企业不得以技术合同额或技术合同的主营业务利润为基数提取技术奖酬金。将技术合同委托给其他单位完成的收入不得计提技术奖酬金。

(二)对计提业余设计奖的企业,应按有关政策规定,将计提的业余设计奖纳入企业统一核算,并要明确区分设计收入与业余设计收入。业余设计收入直接扣除核定的定额指标后按剩余部分的20%计提业余设计奖。核定的业余设计奖定额指标为业余设计收入(产值),收入定额要大于本企业上年人工成本总额、且人均收入定额要高于本企业上年人均人工成本。付给转包、分包单位的收入不得计提业余设计奖。

(三)企业按有关规定计提的技术奖酬金和业余设计奖是对科研设计人员的奖励和激励,不得将技术奖酬金和业余设计奖转化为全体员工的固定性工资收入,也不得从工资总额中扣减科研设计人员的工资用于其他人员的分配。

(四)同一技术合同或同一技术给不同用户的技术合同不得重复计提技术奖酬金。不得同时计提技术奖酬金和业余设计奖。

三、加强企业技术奖酬金和业余设计奖的管理和监督,建立申报和清算制度

(一)企业应制订明确具体的管理办法。包括计提技术奖酬金和业余设计奖的人员范围、计提收入、扣除标准、科研设计人员工资收入水平及 2005 年计提情况(包括认定的合同名称、参加人员、合同收入、扣除比例及计提金额等),在申报 2005 年工效挂钩方案和申报 2006 年工资总额计划时,报送国资委审核清算,同时抄送外派监事会。

(二)技术奖酬金和业余设计奖应按有关财务制度规定,在相应成本费用科目中据实列支,通过"应付工资"账户下设置的"计提的技术奖酬金"和"计提的业余设计奖"明细科目核算,原则上当年没有余额,并按规定在企业财务决算报告的人工成本统计表中填列。

(三)国资委将加强对企业技术奖酬金和业余设计奖的监督检查,对多提多发的,将根据审核清算情况相应核减企业效益工资总额或工资总额基数。没有计提的企业已纳入工资总额,不再计提。

(四)企业计提的技术奖酬金和业余设计奖,应在财务决算中由会计师事务所审计,并在会计报表附注补充资料中披露。

国资委 财政部 科技部
关于印发《中央科研设计企业实施中长期激励试行办法》的通知

2007 年 5 月 18 日　　国资发分配〔2007〕86 号

各中央管理企业：

　　为贯彻实施《国家中长期科学和技术发展规划纲要（2006～2020年）》，促进中央科研设计企业自主创新和可持续发展，我们制定了《中央科研设计企业实施中长期激励试行办法》，现印发给你们，请结合实际，认真遵照执行。试点过程中遇到的问题，请及时向国务院国资委、财政部和科技部反映。

　　附件：中央科研设计企业实施中长期激励试行办法

附件：

中央科研设计企业实施
中长期激励试行办法

第一章　总　　则

　　第一条　为贯彻实施《国家中长期科学和技术发展规划纲要（2006～2020 年）》，支持中央科研设计企业自主创新和可持续发展，充分调动科技工作者的积极性、创造性和主动性，建立完善的激励约束机制，根据国家有关政策规定，制定本办法。

第二条　本办法适用于国务院国有资产监督管理委员会(以下简称国务院国资委)履行出资人职责的转制科研院所、设计企业,以及中央管理企业所出资控股的已实现企业化转制的科研院所和设计企业(以下统称科研设计企业)。

已上市的科研设计企业实施中长期激励,按照国资委、财政部《国有控股上市公司(境内)实施股权激励试行办法》(国资发分配〔2006〕175号)或《国有控股上市公司(境外)实施股权激励试行办法》(国资发分配〔2006〕8号)的规定执行。

第三条　本办法所称中长期激励,主要是指科研设计企业对为企业中长期发展作出突出贡献的企业科技人员和从事研发的管理人员,以及在企业未来发展中具有关键或核心作用的科技人员和从事研发的管理人员实施的激励。

第四条　科研设计企业实施中长期激励应遵循以下原则:

(一)坚持各方利益平衡一致,有利于促进国有资本保值增值,有利于科研设计企业创新能力的不断提高和可持续发展,有利于吸引人才,稳定人才队伍;

(二)坚持激励与约束相结合、收益与风险相对称,激励方式和水平与企业生产经营特点相适应;

(三)坚持公开、公平、公正,考核与分配过程规范透明;

(四)坚持以新创造价值作为中长期激励的主要来源,不得无偿量化存量资产。

第五条　科研设计企业实施中长期激励应具备以下条件:

(一)产权清晰,主业突出,发展战略及实施计划明确,技术在资产增值中作用明显;

(二)内部控制制度和绩效考核体系健全,岗位职责清晰,基础管理制度完善,劳动用工、绩效考核和收入分配制度符合市场竞争要求,人工成本(职工薪酬)管理规范,不再单独计提技术奖酬金和业余设计奖;

(三)企业近3年财务会计报告经过中介机构依法审计,被出具无保留意见的审计报告;

（四）连续 3 年经营业绩增长显著（国资委监管企业年度经营业绩考核结果达 C 级及以上），没有违法违规行为；

（五）实施奖励股权（股份）、股票期权、限制性股票为股权激励的科研设计企业应是法人治理结构规范、外部董事（含独立董事）占董事会成员半数以上的公司制企业。

（六）以企业近 3 年净资产增值额实施中长期激励的科研设计企业，近 3 年税后利润形成的净资产增值额应占企业净资产总额的 30%以上，且实施中长期激励时上年经济增加值（EVA）为正值、当年年初未分配利润没有赤字。

第二章　中长期激励计划拟订

第六条　激励方式包括绩效奖励、技术奖励（分成）等非股权激励方式，以及知识产权折价入股、折价出售股权（股份）、奖励股权（股份）、股票期权、限制性股票等法律、行政法规允许的股权激励方式。同一激励对象只能享有一种激励方式，不得重复激励。

第七条　科研设计企业中长期激励对象，应是对企业发展作出突出贡献或对企业中长期发展有直接作用的科技人员和从事研发的管理人员。

已参与上市公司股权激励计划的人员，不再参与本中长期激励计划。

第八条　绩效奖励是指科研设计企业，以近三年税后利润形成的净资产增值额的规定比例作为激励总额，自批准之日起分 5 个年度匀速兑现，相关支出纳入工资总额管理，在当期费用中列支。兑现期间应以完成经营业绩考核目标为前提，并不得出现亏损。

第九条　符合条件的科研设计企业，可按照《财政部 国家发展改革委 科技部 劳动保障部关于企业实行自主创新激励分配制度的若干意见》（财企〔2006〕383 号）的规定，采取知识产权折价入股、折价出售股权、技术奖励或分成等方式对有关人员实施激励。

第十条　科研设计企业根据激励对象的贡献对其实施中长期激

励,包括绩效奖励、技术奖励(分成)、折价出售股权和奖励股权(股份)的总额度,不应超过企业近三年税后利润形成的净资产增值额的35%(设计企业不超过25%);激励对象个人中长期激励的收益水平最高不应超过其薪酬总水平(含中长期激励收益)的40%。

第十一条 科研设计企业以股票期权、限制性股票等为股权激励方式的,激励对象个人中长期激励的预期收益水平最高不应超过其薪酬总水平(含中长期激励预期收益)的40%。兑现时应满足本办法第五条(六)规定的企业业绩条件。

第十二条 科研设计企业按照中长期激励计划计算的激励总额,与本办法规定的所有激励对象允许达到的最高激励水平相比,按照两者的低值确定。

第十三条 激励对象享有的尚未兑现的中长期激励不得转让,不得用于偿还债务或提供担保。

第十四条 企业不得为个人认购股权(股份)垫付款项,不得为个人融资提供担保。

第三章 中长期激励计划的申报和管理

第十五条 科研设计企业实施中长期激励计划,应依次履行以下决策和申报程序:

(一)中长期激励计划应经公司董事会审议或院长(经理)办公会议通过。

(二)中长期激励计划应提交职工代表大会或职工大会审议,听取职工意见。

(三)中长期激励计划需经国务院国资委审核同意后,抄送财政部、科技部。其中科研设计企业根据中长期激励计划实施的年度激励方案,应事前与国务院国资委沟通,事后报国务院国资委、财政部和科技部备案。

第十六条 科研设计企业中长期激励计划申报应主要包括以下内容:

(一)本企业是否具备实施中长期激励条件情况的说明及企业近期

审计、资产评估报告;

(二)中长期激励计划办法及说明,具体内容包括实施范围、激励对象、激励方式、数量、兑现条件以及激励对象离岗等特殊情况的处理等;

(三)中长期激励的配套措施,包括岗位职责核定、企业内部考核制度、主要负责人年度及任期业绩考核目标等;

(四)中长期激励工作的组织领导和实施步骤等。

第十七条　企业应对中长期激励计划实施动态管理,并设立激励对象的薪酬管理台账,台账须反映包括中长期激励在内的各项薪酬的即时变动情况。

第十八条　科研设计企业实施中长期激励计划的财务、会计处理及税收等问题,按国家有关法律、行政法规、财务制度、会计准则、税务制度等规定执行。

第十九条　本办法实施期间,企业弄虚作假,财务会计报告不真实的,要依法追究企业负责人责任,并收回激励对象相应年度所获得的中长期激励报酬。

第二十条　激励对象在任职期间违反国家有关法律法规,或由于受贿索贿、贪污盗窃、泄露企业经营和技术秘密、实施关联交易损害企业利益、声誉和对企业形象有重大负面影响等行为,给企业造成损失的,企业应终止其中长期激励资格并收回全部或部分中长期激励报酬。

第二十一条　实施中长期激励的科研设计企业,应当在年度财务会计报告中,对企业实行中长期激励的相关财务信息予以充分披露。披露信息包括激励对象的人数、激励水平,各种激励方式所涉及的人数及激励额度等具体情况。

第二十二条　依法审计的中介机构应按财企[2006]383号文件等有关规定实施审计,并发表专项意见。

第四章　附　　则

第二十三条　本办法印发前已实施中长期激励的科研设计企业,应按照本办法修订完善激励办法。

第二十四条　政企尚未分开的部门以及国家授权投资的其他国有资产经营管理机构或单位,按照本办法的规定审核批准所管理的科研设计企业中长期激励计划后,报财政部和科技部备案。

第二十五条　本办法由国务院国资委、财政部和科技部负责解释。

第二十六条　本办法自印发之日起施行。

关于中央企业厂办大集体改革试点资产处置有关问题的通知

2007 年 8 月 17 日　国资分配〔2007〕891 号

各中央企业:

为规范中央企业厂办大集体改革试点工作中的资产处置,根据《国务院关于同意东北地区厂办大集体改革试点工作指导意见的批复》(国函〔2005〕88 号,以下简称 88 号文件)及相关法律法规,结合中央企业实际,现就有关问题通知如下.

一、资产处置的基本原则

(一)坚持规范操作,公开透明。中央企业应按照国家有关规定,按程序规范地处置厂办大集体企业中的各类资产,做到产权边界清晰,防止侵犯集体资产权益和国有资产流失。

(二)坚持从实际出发,用改革的办法解决现实问题。厂办大集体改革应着力解决当前存在的主要矛盾和重点问题,不纠缠历史旧账,采取多种途径分类处置资产。

(三)坚持统筹兼顾,由企业、地方财政、中央财政共同分担改革成本。改革成本的支付应首先立足于厂办大集体自身,主办国有企业要充分考虑自身承受能力,按规定给予必要补助。

二、用于支付厂办大集体改革成本的主要资产项目和方式

（一）厂办大集体安置职工所需费用首先应以改制企业净资产或关闭、破产企业的有效资产支付，不足部分除按规定给予的财政补助外，主办国有企业可根据实际情况给予适当补助。

（二）主办国有企业给予补助的资产项目主要包括：

1. 厂办大集体长期使用的主办国有企业的固定资产可用于厂办大集体企业安置职工所需的费用。

2. 厂办大集体使用的主办国有企业的行政划拨土地，可依法办理土地划转手续。不改变土地用途的，经所在地县级以上人民政府批准，可继续以划拨方式使用土地；改变土地用途的，如改变后的用途符合《划拨用地目录》（国土资源部令第 9 号）的，可继续以划拨方式使用土地，并办理土地变更登记，不符合的应依法办理土地有偿使用手续，土地出让收益可用于支付改制成本。

3. 厂办大集体与主办国有企业之间至资产评估基准日前发生的一个经营年度以上的债权、债务可进行轧差处理。轧差后厂办大集体欠主办国有企业的债务，在厂办大集体净资产不足以安置职工时，由主办国有企业予以豁免，并用于支付安置职工所需的费用。

4. 厂办大集体净资产不足以支付解除在册集体职工劳动关系经济补偿金的，差额部分资金除中央财政按规定补助外，主办国有企业应承担其余所需资金。

5. 其他经有关部门批准可以支付的资产项目。

三、支付和预留改革成本的有关问题

（一）中央企业厂办大集体改革中支付和预留的改革成本项目和费用标准，原则上按照原国家经贸委等八部门《印发〈关于国有大中型企业主辅分离辅业改制分流安置富余人员的实施办法〉的通知》（国经贸企改〔2002〕859 号），以及《关于进一步明确国有大中型企业主辅分离辅业改制有关问题的通知》（国资分配〔2003〕21 号）、《关于中央企业主

辅分离辅业改制分流安置富余人员资产处置有关问题的通知》(国资发产权〔2004〕9号)、《关于进一步规范国有大中型企业主辅分离辅业改制的通知》(国资发分配〔2005〕250号)等有关规定执行。

在东北地区及其他试点地区厂办大集体改革试点中,涉及的中央企业厂办大集体改革成本的测算应按照试点城市关于改革成本支付和预留的相关规定执行。如因特殊情况超出标准范围,须经有关部门及试点城市人民政府批准后方可执行。

(二)厂办大集体在职集体职工解除劳动合同经济补偿金的计算标准根据职工在本单位工作年限,每满一年发给相当于一个月工资的经济补偿金。对于长期处于非正常经营情况下的厂办大集体企业,部分在职集体职工解除劳动合同工资标准难以确定的,经济补偿金的月工资计算标准可根据当地及中央企业有关规定确定。

(三)与主办国有企业签订劳动合同并派往厂办大集体工作的职工参与厂办大集体改制的,其经济补偿金或预留费用可由主办国有企业支付。

(四)中央企业应当对预留费用制订出切实可行的管理办法,设立专户进行专项管理,明确管理机构和管理责任,确保有关费用按时、足额支付。

(五)中央企业按上述规定用于补助厂办大集体改革成本的费用,报国务院国资委批准后,可以冲减国有权益。

四、资产处置工作程序的有关问题

(一)经国务院及有关部门批准进行厂办大集体改革试点的中央企业,厂办大集体改革试点实施方案报我委、财政部、劳动保障部,经批准后实施。厂办大集体改革试点实施方案中,应包括相关资产处置的内容。有关资产处置工作由中央企业负责组织实施。

(二)在东北地区及其他地区的中央企业进行厂办大集体改革试点的,厂办大集体改革试点实施方案报试点城市人民政府,由试点城市人民政府组织城市改革试点方案报我委、财政部、劳动保障部批准后实施。有关资产处置工作应在试点城市人民政府统一组织下进行。主办国有企业用于补助厂办大集体改革成本的资产,应报中央企业集团公司(总公司)批准,并在中央企业集团公司(总公司)统一组织下进行。

(三)中央企业在资产处置中应按照相关政策规定,做好厂办大集体以及主办国有企业补助改革成本资产的产权界定、清产核资、审计及资产评估等各项工作,履行规定程序。涉及国有资产的资产评估工作应按有关规定实施,并履行备案程序。具备条件的,有关资产可进入产权交易市场进行交易。

五、核销国有权益的有关问题

(一)中央企业应根据厂办大集体改革实际进展情况,对按规定完成资产处置的试点企业分批次汇总后报送我委申请核销国有权益。

(二)中央企业申请核销国有权益需报送以下材料:

1. 中央企业关于补助厂办大集体改革成本冲减国有权益的申请;

2. 有关部门批准中央企业厂办大集体改革试点实施方案的文件;

3. 厂办大集体企业资产产权界定、人员界定的相关依据或认定文件;

4. 资产清查报告或清产核资结果批复文件;

5. 资产评估备案表;

6. 资产处置的专项审计报告;

7. 资产处置及申请核销情况汇总表;

8. 企业报送当地劳动部门备案的职工安置情况表;

9. 改制企业的企业法人营业执照及产权登记表证;

10. 其他需要提供的材料。

(三)本通知适用于东北地区及其他地区厂办大集体改革试点中涉及的中央企业,以及经国务院或有关部门批准实施厂办大集体改革试点的中央企业。中央企业在实际执行中的问题,请及时向我委反映。

关于中央企业试行企业年金
制度有关问题的通知

2007 年 9 月 12 日　国资发分配〔2007〕152 号

各中央企业：

　　为了贯彻党的十六届六中全会关于推进收入分配制度改革的精神，规范中央企业企业年金制度的建立，根据《关于中央企业试行企业年金制度的指导意见》(国资发分配〔2005〕135 号，以下简称《指导意见》)和《关于做好原有企业年金移交工作的意见》(劳社部发〔2007〕12号)等有关规定，现就中央企业试行企业年金制度有关问题通知如下：

　　一、中央企业应对企业年金方案统筹规划、整体设计。子企业可结合实际情况分步实施，在企业缴费水平及人员范围确定等方面可因企制宜，不宜一刀切。企业(集团)总部的年金方案应在企业年金总体方案中单列。

　　二、财务合并报表亏损以及未实现国有资本保值增值的企业，企业(集团)总部职工暂不得实行企业年金制度；但盈利并实现国有资本保值增值的子企业，可以制订单独的企业年金实施方案，经企业(集团)审核同意并报国资委备案后实施。

　　三、企业年金缴费水平的确定，应严格执行《指导意见》有关规定，原则上要符合人工成本增长低于经济效益增长、人均人工成本增长低于按增加值计算的劳动生产率增长的要求。要统筹处理好企业年金缴费与当期职工工资增长的关系，实行企业年金制度后，企业人工成本的投入产出水平原则上不应降低。

　　四、企业年金所需费用由企业和职工个人共同缴纳。制度试行初期，职工个人缴纳部分应不低于企业为其缴费部分(不含补偿性缴费)的四分之一，以后年度逐步提高，最终与企业缴费相匹配。

五、企业缴费部分应控制在本企业上年度工资总额的十二分之一以内,其列支渠道按国家有关规定执行。企业将实行工效挂钩办法形成的工资总额结余资金用于企业年金缴费的,需在企业年金方案中予以说明并经国资委同意。

六、实行企业年金制度应兼顾效率与公平,企业缴费向职工个人账户划入资金时,可以综合考虑岗位、贡献等因素,适当拉开差距,但企业负责人与职工之间的差距不宜过大。

七、企业年金方案的设计要与解决历史遗留问题统筹考虑,保持新老制度和待遇水平的平稳衔接。试行企业年金制度前已离退休人员由企业发放的基本养老统筹外项目的水平,原则上不再提高。

八、对试行企业年金制度后退休的人员,企业不应在基本养老保险金和企业年金之外再列支任何补充养老性质的福利项目;其个人年金账户中企业缴费部分低于试行企业年金制度前由企业负担的基本养老统筹外项目的,可通过在企业年金计划中设计过渡期补偿缴费、采取加速积累或一次性补偿的方式予以解决。过渡期原则上不超过 10 年。

九、《指导意见》下发之前已试行企业补充养老保险制度的中央企业,应尽快对原有企业补充养老保险进行清理、规范,制订新的企业年金方案,并在 2008 年 6 月底前报送国资委审核;确有特殊情况的,经国资委同意,可延期至 2008 年底。

十、按照《关于企业为职工购买保险有关财务处理问题的通知》(财企〔2003〕61 号)和《指导意见》要求,在 2005 年 8 月之前中央企业以企业年金(或补充养老保险)名义为职工购买的商业保险,在 2007 年底之前应完成清理和规范工作,具备条件的应纳入企业年金。2005 年 8 月之后,未经国资委批准,以企业年金(或补充养老保险)名义为职工购买的商业保险,应在 2007 年底前清退。企业应将清理、清退、规范商业保险工作的情况报送国资委。

十一、为提高审核效率,中央企业在企业年金方案草案拟订后,应在履行企业内部有关民主程序和决策程序前与国资委进行沟通。

关于严格规范国有控股上市公司(境外)实施股权激励有关事项的通知

2007 年 10 月 10 日　　国资发分配〔2007〕168 号

各中央企业:

为切实履行出资人职责,规范建立企业中长期激励机制,促进中央企业改制重组境外上市,结合业绩考核和薪酬制度改革,我委印发了《国有控股上市公司(境外)实施股权激励试行办法》(国资发分配〔2006〕8 号,以下简称《办法》),对完善公司法人治理结构、增强境外投资者信心、调动公司高级管理人员和科技人员积极性具有重要作用。但是目前部分中央企业所出资控股境外上市公司(以下简称境外上市公司)在实施股权激励中存在一些值得注意的问题。主要是:有的境外上市公司股权激励计划未经审核,违规擅自实施;有的股权激励计划不够规范,股权授予批次过多、过频,行权限制时间过短,且股权授予数量过大;有的业绩考核不严格,甚至没有业绩考核等。为严格执行《办法》,进一步规范境外上市公司股权激励行为,现就有关事项通知如下:

一、各中央企业要严格依照《中华人民共和国公司法》和《企业国有资产监督管理暂行条例》(国务院令第 378 号)等法律法规,牢固树立出资人意识,自觉接受国有资产出资人监管,并依法履行对所出资控股企业出资人职责,维护好国有股东权益。要坚决维护国家收入分配政策的严肃性,企业实施股权激励等重大收入分配事项,应按照《办法》和《关于加强人工成本控制规范收入分配有关问题的通知》(国资分配〔2004〕985 号)要求及时向国资委申报,未申报或未经国资委审核同意的不得实施。

二、各中央企业直接控股或通过其子公司间接控股的境外上市公司其国有控股股东要严格按照《办法》等相关规定,抓紧修订完善股权激励计划,并履行申报或备案程序,经国资委审核同意后实施。未经国资委审核同意的境外上市公司股权激励计划,应重新履行报批手续,在计划未正式批复之前,不得依据原计划授予新的股权,也不得按原计划行权。对国资委成立之前经国家有关部门批准的股权激励计划,凡不符合《办法》有关规定的,应按《办法》修订完善,修订后的计划及拟实施方案须报国资委备案后实施。已经国资委审核同意的股权激励计划,其年度分次授予方案应按《办法》规定经国资委备案后实施。

三、各中央企业要规范决策程序,完善绩效考核,确保境外上市公司股权激励规范有序实行。境外上市公司的股权激励计划在提交股东大会审议批准之前,国有控股股东应集体审核决策。特别是涉及国资委管理的企业负责人参与股权激励计划的,应根据企业发展需要,以公开、透明的方式集体决策,不得由少数参与人员自行决定。境外上市公司国有控股股东应加强对境外上市公司股权激励计划的管理和考核,选择境内、外同行业企业作为对标企业,科学合理确定业绩考核指标,业绩考核目标应处于同行业优秀水平。要将股权的授予、行使与公司业绩和个人绩效紧密挂钩,切实发挥股权激励的中长期激励作用。

四、各中央企业要增强法制观念和诚信意识,带头遵守法律法规,模范执行国家政策,维护出资人利益。要按照本通知的要求,对境外上市公司股权激励计划及实施情况进行一次检查,并提出整改意见。检查情况及整改意见于2007年11月9日前报国资委(企业分配局)。

五、各中央企业纪检监察机构要充分发挥监督保障作用,对境外上市公司股权激励中的违规行为要及时提出整改要求,问题严重的可报国资委纪委。国资委将把中央企业执行国家收入分配政策的情况作为对企业负责人考察、考核、奖惩的重要内容和选拔任用的重要依据,并纳入党风廉政建设责任制体系,确保国有资产监管责任到位。

关于中央企业应付工资余额使用
有关问题的通知

2007 年 11 月 26 日　国资发分配〔2007〕212 号

各中央企业:

为顺利实施 2006 年财政部陆续颁布的会计准则及其应用指南(以下简称新会计准则),做好企业新旧财务制度转换工作,稳妥解决中央企业执行工效挂钩政策产生的应付工资余额(以下简称工资结余)问题,现就有关事项通知如下:

一、本通知所称工资结余,是指实行工效挂钩办法的中央企业历年实际计提的工资总额与实际发放工资总额之间的差额,不包括没有实际计提的工资总额指标。

二、企业执行新会计准则,工资结余应转增资本公积,并可用于以下改革成本支出:

(一)解决实施企业年金制度后部分退休人员企业年金个人账户资金积累不足问题;

(二)补充符合国家政策规定的企业内退人员基本生活费、社会保险费部分;

(三)支付解除劳动合同的职工经济补偿金;

(四)符合国资委规定的其他支出项目。

三、企业动用工资结余及其转增的资本公积属于收入分配重大事项,需报经国资委同意后实施。

财务监督

中央企业财务决算报告管理办法

2004 年 2 月 20 日　　国务院国有资产监督管理委员会令第 5 号

第一章　总　　则

第一条　为加强国务院国有资产监督管理委员会(以下简称国资委)所出资企业(以下简称企业)的财务监督,规范企业年度财务决算报告编制工作,全面了解和掌握企业资产质量、经营效益状况,依据《企业国有资产监督管理暂行条例》和国家有关财务会计制度规定,制定本办法。

第二条　企业编制上报年度财务决算报告应当遵守本办法。

第三条　本办法所称年度财务决算报告,是指企业按照国家财务会计制度规定,根据统一的编制口径、报表格式和编报要求,依据有关会计账簿记录和相关财务会计资料,编制上报的反映企业年末结账日资产及财务状况和年度经营成果、现金流量、国有资本保值增值等基本经营情况的文件。

企业财务决算报告由年度财务决算报表、年度报表附注和年度财务情况说明书,以及国资委规定上报的其他相关生产经营及管理资料构成。

第四条　除涉及国家安全的特殊企业外,企业年度财务决算报表和报表附注应当按照国家有关规定,由符合资质条件的会计师事务所及注册会计师进行审计。

会计师事务所出具的审计报告是企业年度财务决算报告的必备附件,应当与企业年度财务决算报告一并上报。

第五条　国资委依法对企业年度财务决算报告的编制工作、审计质量等进行监督,并组织对企业财务决算报告的真实性、完整性进行核查。

第二章 财务决算报告的编制

第六条 企业及各级子企业在每个会计年度终了,应当严格按照国家财务会计制度及相关会计准则规定,在全面财产清查、债权债务确认、资产质量核实的基础上,认真组织编制年度财务决算报告,以全面、完整、真实、准确反映企业年度财务状况和经营成果。

本办法所称各级子企业包括企业所有境内外全资子企业、控股子企业,以及各类独立核算的分支机构、事业单位和基建项目。

第七条 企业及各级子企业编制年度财务决算报告应当遵循会计全面性、完整性原则,并符合下列规定:

(一)企业财务决算报告应当以经营年度内发生的全部经济业务事项及会计账簿为基础进行编制,全面、完整反映企业各项经济业务的收入、成本(费用)以及现金流入(出)等状况,不得漏报;

(二)企业不得存有未反映在财务决算报告中的财务、会计事项,不得有账外资产或设立账外账,不得以任何理由设立"小金库";

(三)企业应当按规定将各级子企业全部纳入年度财务决算编制范围,以全面反映企业的财务状况;

(四)企业所属经营性事业单位应当按照规定要求执行统一的企业会计制度;暂未执行企业会计制度的所属事业单位,应当将相关财务决算内容一并纳入企业财务决算范围,以完整反映企业的经营成果;

(五)企业所属基建项目应当按照规定要求与企业财务并账;暂未并账的,应当将基建项目的相关财务决算内容一并纳入企业财务决算范围,以完整反映企业的资产状况。

第八条 企业及各级子企业编制年度财务决算报告应当遵循会计真实性、准确性原则,并符合下列规定:

(一)企业财务决算报告应当以经过核对无误的相关会计账簿进行

编制,做到账实相符、账证相符、账账相符、账表相符;

(二)企业编制财务决算报告应当根据真实的交易事项、会计记录等资料,按照规定的会计核算原则及具体会计处理方法,对各项会计要素进行合理确认和计量;

(三)企业应当严格遵守会计核算规定,不得应提不提、应摊不摊或者多提多摊成本(费用),造成企业经营成果不实,影响企业财务决算报告的真实性;

(四)企业不得采取利用会计政策、会计估计变更,以及减值准备计提、转回等方式,人为掩饰企业真实经营状况;不得计提秘密减值准备,影响企业财务决算报告的真实性;

(五)企业应当客观地反映实际发生的资产损失,以保证财务决算报告的真实、可靠。

第九条 企业及各级子企业应当遵循会计稳健性原则,按有关资产减值准备计提的标准和方法,合理预计各项资产可能发生的损失,定期对计提的各项资产减值准备逐项进行认定、计算。

第十条 企业及各级子企业编制财务决算报告应当遵循会计可比性原则,编制基础、编制原则、编制依据和编制方法及各项财务指标口径应当保持前、后各期一致,各年度期间财务决算数据保持衔接,如实反映年度间企业财务状况、经营成果的变动情况。

第十一条 除国家另有规定外,企业及各级子企业所执行的会计制度应当按照国家财务会计制度的有关规定和要求保持一致;因特殊情形不能保持一致的,应当事先报国资委备案,并陈述相关理由。

第十二条 企业及各级子企业的各项会计政策、会计估计一经确定,不得随意变更;因特殊情形发生较大变更的,应当事先报国资委备案,并陈述相关理由。

第十三条 企业在年度财务决算报告编制中,对报表各项指标的数据填报不得遗漏,报表内项目之间和表式之间各项指标的数据应当相互衔接,保证勾稽关系正确。

第三章　财务决算报表的合并

第十四条　集团型企业应当按照国家财务会计制度有关规定,将各级子企业年度财务决算进行层层合并,逐级编制企业集团年度财务决算合并报表。企业年度财务决算合并报表范围包括:

(一)执行企业会计制度的境内全部子企业;

(二)境外(含香港、澳门、台湾地区)子企业;

(三)所属各类事业单位;

(四)各类基建项目或者基建财务(含技改,下同);

(五)按照规定执行金融会计制度的子企业;

(六)所属独立核算的其他经济组织。

第十五条　企业编制年度财务决算合并报表,应当将企业及各级子企业之间的内部交易、内部往来进行充分抵销,对涉及资产、负债、所有者权益、收入、成本和费用、利润及利润分配、现金流量等财务决算的相关指标数据均应当按照合并口径进行剔除。

第十六条　各级子企业执行的会计制度与企业总部不一致的,企业总部在编制财务决算合并报表时,应当按照国家统一会计制度的规定和要求将企业总部或者子企业的财务决算的数据进行调整,然后再进行企业财务决算报表的合并工作。

第十七条　企业所属合营子企业应当按照比例合并方式进行企业财务决算报表的合并工作;国有投资各方占等额股份的子企业,应当由委托管理一方按合并会计报表制度进行合并,或者按照股权比例进行企业财务决算报表的合并。

第十八条　企业财务决算报表合并过程中,境外子企业与企业总部会计期间或者会计结账日不一致时,应当以企业总部的会计期间和会计结账日为准进行调整。因特殊情形暂不能进行调整的,企业应当事先报国资委备案,并在报表附注中予以说明。

第十九条　凡年度内涉及产权划转的企业,财务决算报表合并原则上应当以企业年末结账日的产权隶属关系确定。结账日尚未办理产权划转手续的，由原企业合并编制；结账日已办理完产权划转关系的，由接收企业合并编制。

第二十条　按照国家财务会计有关规定，符合下列情形之一的，各级子企业可以不纳入年度财务决算合并报表范围，但企业应当向国资委报备具有法律效力的文件或者经济鉴证证明：

（一）已宣告破产的子企业；

（二）按照破产程序，已宣告被清理整顿的子企业；

（三）已实际关停并转的子企业；

（四）近期准备售出而短期持有其半数以上权益性资本的子企业；

（五）非持续经营的、所有者权益为负数的子企业；

（六）受所在国或地区外汇管制及其他管制，资金调度受到限制的境外子企业。

企业财务决算报表合并范围发生变更，应当于年度结账日之前，将变更范围及原因报国资委备案。

第四章　财务决算信息的披露

第二十一条　为便于理解企业财务决算报表，了解和分析企业资产质量、财务状况，核实企业真实经营成果，企业应当在报表附注和财务情况说明书中，对企业财务决算报表和财务决算合并报表的重要内容进行详尽说明和披露。

企业财务决算报告所披露的信息内容应当真实、全面、详尽，不得隐瞒企业有关重大违规事项。

第二十二条　企业财务决算的报表附注应当重点披露以下内容：

（一）企业报告期内采用的主要会计政策、会计估计和合并财务决算报表的编制方法；报告期内会计政策、会计估计变更的内容、理由、影响数额；

（二）财务决算报表合并的范围及其依据，将未纳入合并财务决算

报表范围的子企业资产、负债、销售收入、实现利润、税后利润以及对企业合并财务决算报告的影响分户列示;

(三)企业年内各种税项缴纳的有关情况;

(四)控股子企业及合营企业的情况;

(五)财务决算报表项目注释。企业在财务决算合并报表附注中,除对财务决算合并报表项目注释外,还应当对企业总部财务决算报表的主要项目注释;

(六)子企业与企业总部会计政策不一致时对财务决算合并报表的影响;

(七)关联方关系及其交易的披露;

(八)或有事项、承诺事项及其资产负债表日后事项;

(九)重大会计差错的调整;

(十)按照规定应当披露的有助于理解和分析报表的其他重要财务会计事项,以及国资委要求披露的其他专门事项。

第二十三条 企业财务情况说明书应当重点说明下列内容:

(一)企业生产经营的基本情况;

(二)企业预算执行情况及实现利润、利润分配和企业盈亏情况;

(三)企业重大投融资及资金变动、周转情况;

(四)企业重大改制、改组情况;

(五)重大产权变动情况;

(六)对企业财务状况、经营成果和现金流量、资本保全等有重大影响的其他事项;

(七)上一会计年度企业经营管理、财务管理中存在的问题及整改情况;

(八)本年度企业经营管理、财务管理中存在的问题,拟采取的整改措施;

(九)其他情况。

第二十四条 企业及各级子企业对外提供的财务决算数据应当与报送国资委的财务决算报告数据及披露的财务信息保持一致。

第五章　财务决算的审计

第二十五条　为保证企业年度财务状况及经营成果的真实性,根据财务监督工作的需要,国资委统一委托会计师事务所对企业年度财务决算进行审计。

第二十六条　国资委统一委托会计师事务所,按照"公开、公平、公正"的原则,采取国资委公开招标或者企业推荐报国资委核准等方式进行。其中,国有控股企业采取企业推荐报国资委核准的方式进行。

第二十七条　国资委暂未委托会计师事务所进行年度财务决算审计工作的企业,应当按照"统一组织、统一标准、统一管理"的原则,经国资委同意,由企业总部依照有关规定采取招标等方式委托会计师事务所对企业及各级子企业的年度财务决算进行审计。

第二十八条　企业年度财务决算审计内容应当包括企业财务决算报表中的资产负债表、利润及利润分配表、现金流量表、所有者权益变动表等相关指标数据和报表附注,以及国资委要求的其他重要财务指标有关数据。

编制财务决算合并报表的企业,其财务决算合并报表应当纳入审计范围。

第二十九条　企业及各级子企业应当根据会计师事务所及注册会计师提出的审计意见进行财务决算调整;企业对审计意见存有异议且未进行财务决算调整的,应当在上报财务决算报告时,向国资委提交说明材料。

第三十条　会计师事务所及注册会计师出具的审计报告应当按照有关规定,对企业违反国家财务会计制度规定或者未按注册会计师意见进行调整的重大会计事项进行披露。

第三十一条　企业应当为会计师事务所及注册会计师开展财务决算审计、履行必要的审计程序、取得充分审计证据提供必要的条件和协助,不得干预会计师事务所及注册会计师的审计业务,以保证审计结论的独立、客观、公正。

第三十二条 境外子企业年度财务决算审计工作按照所在国家或地区的规定进行。为适应境外子企业的特殊性,企业应当建立和完善对境外子企业的内审制度,并出具内审报告,保证境外子企业财务决算数据的真实性、完整性。

第三十三条 对于涉及国家安全的特殊子企业,以及国家法律法规未规定须委托会计师事务所进行审计的有关单位,企业应当建立和完善对其年度财务决算内审制度,并出具内审报告,以保证财务决算数据的真实性、完整性。

第六章 财务决算报告的报送

第三十四条 企业应当按财务关系或者产权关系负责各级子企业财务决算报告的组织、收集、审核、汇总、合并等工作,并按规定及时将企业年度财务决算报告报送国资委。

第三十五条 企业向国资委报送的年度财务决算报告应当做到"统一编报口径、统一编报格式、统一编报要求"。

(一)符合国资委规定的报表格式、指标口径要求;

(二)使用统一下发的财务决算报表软件填报各项财务决算数据;

(三)按照要求报送纸质文件和电子文档的财务决算报表、报表附注、财务情况说明书、审计报告及国有资本保值增值说明等资料。

第三十六条 企业财务决算报告的报送级次如下:

(一)企业集团除报送企业合并财务决算报告外,还应当报送企业总部及二级子企业的分户财务决算报告,二级以下子企业财务决算数据应当并入第二级子企业报送;

设立境外子企业的企业集团,应当报送境外子企业的分户财务决算报告;

(二)企业总部设立在境外的企业集团,除报送合并财务决算报告外,还应当报送企业总部及所属二级以上子企业的分户财务决算报告;

（三）级次划分特殊的企业集团财务决算报告报送级次由国资委另行规定。

第三十七条 企业财务决算报告具体内容如下：

（一）企业集团（含企业总部设在境外企业集团）应当报送合并财务决算报告（含报表附注、财务情况说明书、国有资本保值增值情况说明等材料）和审计报告的纸质文件及电子文档；

（二）企业集团总部及二级子企业应当报送财务决算报告（含报表附注、财务情况说明书、国有资本保值增值情况说明等材料）和审计报告的电子文档；

（三）企业集团应当附报三级子企业年度财务决算报表的电子文档。

第三十八条 企业应当以正式文函向国资委报送财务决算报告。文函主要包括下列内容：

（一）年度财务决算工作组织情况；

（二）企业年度间主要财务决算数据的变化情况；

（三）纳入企业财务决算合并的范围；

（四）对于被出具非标准无保留意见审计报告的企业，应当对有关情况进行说明；

（五）需要说明的其他有关情况。

第三十九条 企业财务决算报告应当加盖企业公章，并由企业的法定代表人、总会计师或主管会计工作的负责人、会计机构负责人签名并盖章。

企业报送的财务决算报告及附送的各类资料应当按顺序装订成册，材料较多时应当编排目录，注明备查材料页码。

第四十条 企业主要负责人、总会计师或主管会计工作的负责人等应当对企业编制的财务决算报告真实性、完整性负责。承办企业年度财务决算审计业务的会计师事务所及注册会计师对其出具的审计报告真实性、合法性负责。

第四十一条 企业报送财务决算报告后，国资委应当在规定时间内对企业资产质量、财务状况及经营成果进行核批，并依据核批后的财务决算报告进行企业负责人业绩考核、企业绩效评价和企业国有资产保值增值结果确认等工作，有关办法另行制定。

第七章　罚　　则

第四十二条　企业报送的财务决算报告内容不完整、信息披露不充分，或者数据差错较大，造成财务决算不实，以及财务决算报告不符合规范要求的，由国资委责令其重新编报，并予以通报批评。

第四十三条　在财务决算编制工作中弄虚作假、提供虚假财务信息，以及严重故意漏报、瞒报，尚不构成犯罪嫌疑的，由国资委责令改正，并依照《中华人民共和国会计法》、《企业国有资产监督管理暂行条例》和《企业财务会计报告条例》等有关法律法规予以处罚；有犯罪嫌疑的，依法移送司法机关处理。

第四十四条　会计师事务所及注册会计师在企业财务决算报告审计工作中参与做假账，或者在审计程序、审计内容、审计方法等方面存在严重问题和缺陷，造成审计结论失实的，国资委应当禁止其今后承办企业财务决算审计业务，并通报或者会同有关部门依法查处；有犯罪嫌疑的，依法移送司法机关处理。

第四十五条　国资委相关工作人员在对企业财务决算信息的收集、汇总、审核和管理过程中徇私舞弊，造成重大工作过失或者泄露国家机密或企业商业秘密的，依法给予行政处分；有犯罪嫌疑的，依法移送司法机关处理。

第八章　附　　则

第四十六条　各省、自治区、直辖市国有资产监督管理机构可以参照本办法，制定本地区相关工作规范。

第四十七条　本办法自公布之日起施行。

中央企业经济责任审计管理暂行办法

2004 年 8 月 23 日　国务院国有资产监督管理委员会令第 7 号

第一章　总　　则

第一条　为加强对国务院国有资产监督管理委员会(以下简称国资委)履行出资人职责企业(以下简称企业)的监督管理,规范企业经济责任审计工作,客观评判企业负责人任期经济责任及经营绩效,根据《企业国有资产监督管理暂行条例》和国家有关法律法规,制定本办法。

第二条　企业及其独资或者控股子企业的经济责任审计工作,适用本办法。

第三条　本办法所称企业经济责任审计,是指依据国家规定的程序、方法和要求,对企业负责人任职期间其所在企业资产、负债、权益和损益的真实性、合法性和效益性及重大经营决策等有关经济活动,以及执行国家有关法律法规情况进行的监督和评价的活动。

第四条　本办法所称企业负责人是指企业主要负责人,即法定代表人。

第五条　国资委按照企业负责人管理权限负责组织对企业负责人的经济责任审计工作,并会同有关部门依法对企业经济责任审计工作进行监督。

第二章　审计工作组织

第六条　企业经济责任审计工作,按照企业负责人管理权限和企业产权关系,依据"统一要求、分级负责"的原则组织实施。

（一）企业负责人离任或任期届满,都应依据国家有关法律法规规定,组织开展经济责任审计工作。

（二）企业独资或者控股子企业负责人离任或者任期届满,企业应当组织开展经济责任审计工作;对于提拔到企业总部领导岗位的子企业负责人经济责任审计工作结果,应报国资委备案。

（三）企业应当建立对主要业务部门负责人的任期或定期经济责任审计制度。

第七条 根据出资人财务监督工作需要,对企业发生重大财务异常情况,如企业发生债务危机、长期经营亏损、资产质量较差,以及合并分立、破产关闭等重大经济事件的,应当组织进行专项经济责任审计,及时发现问题,明确经济责任,纠正违法违规行为。

第八条 国资委在企业经济责任审计工作中履行下列职责:

（一）根据国家有关法律法规,制定有关企业经济责任审计工作规章制度;

（二）负责企业负责人经济责任审计工作的组织实施;

（三）决定对发生重大财务异常情况企业进行专项经济责任审计;

（四）指导监督企业按照国家有关规定开展企业内部经济责任审计工作。

第九条 国资委组织实施企业经济责任审计工作,主要采取以下三种形式:

（一）按国家有关规定,委托国家有关审计机关具体实施审计工作;

（二）根据出资人财务监督工作需要,聘请具有相应资质条件的社会审计组织承担审计工作任务;

（三）根据实际工作需要,组织或者抽调企业内部审计机构人员实施有关审计工作。

第十条 企业在经济责任审计工作中履行下列职责:

（一）按照国家有关规定和国资委统一工作要求,制定本企业经济责任审计具体实施细则;

（二）组织实施独资或者控股子企业负责人任期经济责任审计

工作;

(三)组织实施企业主要业务部门负责人任期或者定期经济责任审计工作;

(四)决定并组织实施对发生重大财务异常情况子企业的专项经济责任审计工作。

第十一条 中央有关部门干部管理权限内的企业负责人经济责任审计工作按照有关规定办理。

第十二条 按照重要性原则,企业总部及重要子企业应当纳入经济责任审计工作范围内,其他子企业可视不同情况决定审计工作范围,但审计户数不得低于 50%,审计资产量不得低于被审计企业资产总额的 70%。

第十三条 在经济责任审计工作中,企业或者承办审计业务的社会审计组织应当将经济责任审计工作与其他财务审计工作相结合,在确保审计结果客观公正的基础上,可以参考利用相关财务审计或者经济责任审计工作资料,避免重复审计。

第十四条 企业领导班子其他成员(不含企业负责人)离任或者任期届满,可根据出资人监管工作需要或者企业负责人建议开展相应的经济责任审计工作。

第三章 审计工作内容

第十五条 根据国家有关规定,结合出资人财务监督工作需要,企业负责人经济责任审计工作主要内容包括:

(一)企业负责人任职期间企业经营成果的真实性;

(二)企业负责人任职期间企业财务收支核算的合规性;

(三)企业负责人任职期间企业资产质量变动状况;

(四)企业负责人任职期间对企业有关经营活动和重大经营决策负有的经济责任;

(五)企业负责人任职期间企业执行国家有关法律法规情况;

（六）企业负责人任职期间企业经营绩效变动情况。

第十六条 企业经营成果的真实性是指企业负责人任职期间会计核算是否准确,企业财务决算编报范围是否完整,企业经济成果是否真实可靠,以及企业计提资产减值准备与资产质量是否相匹配。主要内容包括:

（一）企业财务会计核算是否准确、真实,是否存在经营成果不实问题;

（二）企业年度财务决算报告合并范围、方法、内容和编报质量是否符合规定,有无存在故意编造虚假财务决算报告等问题;

（三）企业是否正确采用会计确认标准或计量方法,有无随意变更或者滥用会计估计和会计政策,故意编造虚假利润等问题。

第十七条 企业财务收支核算合规性是指企业负责人任职期间财务收支管理是否符合国家有关法律法规规定,会计核算是否符合国家有关财务会计制度,年度财务决算是否全面、真实地反映企业财务收支状况。主要内容包括:

（一）企业收入确认和核算是否完整、准确,是否符合国家财务会计制度规定,有无公款私存、私设"小金库",以及以个人账户从事股票交易、违规对外拆借资金、对外资金担保和出借账户等问题;

（二）企业成本开支范围和开支标准是否符合国家有关财务会计制度规定,有无多列、少列或不列成本费用等问题,以及企业工资总额来源、发放、结余和企业负责人收入情况;

（三）企业会计核算是否符合国家有关财务会计制度规定,是否随意改变资产、负债、所有者权益的确认标准或计量方法,有无虚列、多列、不列或者少列资产、负债、所有者权益的问题;

（四）企业会计账簿记录与实物、款项和有关资料是否相符,有无存在账外资产、潜亏挂账等问题,有无存在劳动工资核算不实等问题。

第十八条 企业资产质量变动情况是指企业负责人任职期间各项资产质量是否得到改善,是否存在严重损失、重大潜亏或资产流失等问题,企业国有资本是否安全、完整,以及对企业未来发展能力的影响。

主要内容包括：

（一）企业负责人任职期间有关企业资产负债结构合理性及变化情况，以及对企业未来发展的影响；

（二）企业负责人任职期间企业资产运营效率及变化情况，以及对企业未来发展的影响；

（三）企业负责人任职期间企业有效资产及不良资产的变化情况，以及对企业未来发展的影响；

（四）企业负责人任职期间企业国有资产保值增值结果，及企业在所处行业中水平变化的对比分析。

第十九条 企业有关经营活动和重大经营决策是指企业负责人任职期间做出的有关对内对外投资、经济担保、出借资金和大额合同等重大经济决策是否符合国家有关法律法规规定，及其企业内部控制程序，是否存在较多问题或者造成重大损失。主要内容包括：

（一）企业重大投资的资金来源、决策程序、管理方式和投资收益的核算情况，以及是否造成重大损失；

（二）对外担保、对外投资、大额采购与租赁等经济行为的决策程序、风险控制及其对企业的影响情况；

（三）涉及的证券、期货、外汇买卖等高风险投资决策的审批手续、决策程序、风险控制、经营收益或损失情况等；

（四）改组改制、上市融资、发行债券、兼并破产、股权转让、资产重组等行为的审批程序、操作方式和对企业财务状况的影响情况等，有无造成企业损失或国有资产流失问题。

第二十条 企业经济责任审计要认真检查企业负责人及企业执行国家有关法律法规情况，核实企业负责人及企业有无违反国家财经法纪，以权谋私，贪污、挪用、私分公款，转移国家资财，行贿受贿和挥霍浪费等行为，以及弄虚作假、骗取荣誉和蓄意编制虚假会计信息等重大问题。

第二十一条 企业经济责任审计在全面核实企业各项资产、负债、权益、收入、费用、利润等账务的基础上，依据国家有关经营绩效评价政策规定,对企业负责人任职期间经营成果和经营业绩,以及企业资产运营和回报情况进行客观、公正和准确的综合评判。

第四章 审计机构委托

第二十二条 企业负责人经济责任审计工作,采取委托国家有关审计机关或者聘请有关社会审计组织等方式具体组织实施。

(一)对于资产规模较大企业负责人经济责任审计工作,根据国家有关规定,委托国家审计机关组织实施;

(二)对于未委托国家审计机关实施企业负责人经济责任审计的,按照"公开、公平、公正"的原则,采取招标等合理方式,聘请具有相应资质条件的社会审计组织组织实施。

第二十三条 委托国家有关审计机关开展企业经济责任审计工作的,有关审计工作组织实施依据国家有关规定进行。

第二十四条 承办企业负责人经济责任审计的社会审计组织,应当具备以下资质条件:

(一)资质条件应与企业规模相适应;

(二)具备较完善的审计执业质量控制制度;

(三)拥有经济责任审计工作经验的专业人员;

(四)3年内未承担同一企业年度财务决算审计业务;

(五)与企业或企业负责人不存有利害关系;

(六)近3年未有违法违规不良记录;

(七)能够适时调配较强的专业人员承担经济责任审计任务。

第二十五条 接受聘请的社会审计组织应严格依据国家有关法律法规,以及国资委对企业经济责任审计工作的统一要求,按照规定的方法、程序和内容,依据独立审计原则认真组织经济责任审计工作,并对审计报告的真实性、合法性负责。

第二十六条 国资委根据财务监督工作需要,可委托企业内部审计机构承担相关专项经济责任审计工作任务。

第二十七条 受委托承担国资委专项经济责任审计工作任务的企业内部审计机构和专业人员,应依据国资委统一工作要求,独立、客观、公正地开展审计工作,对审计工作结果承担相应的工作责任。

第五章 审计工作程序

第二十八条 国资委组织实施企业负责人经济责任审计基本工作程序如下:

(一)编制审计工作计划;

(二)确定审计机构;

(三)下达审计工作通知;

(四)拟定审计方案;

(五)成立审计项目组;

(六)组织实施审计;

(七)交换审计意见;

(八)出具审计报告;

(九)下达审计意见或审计决定。

第二十九条 根据干部管理部门提出的任期经济责任审计工作要求,以及出资人财务监管工作需要,编制企业经济责任审计工作计划,明确审计的对象、时间安排、范围、重点内容、方法与组织方式等内容。

第三十条 国资委应当在实施审计7日前通知被审计企业。被审计企业在接到审计通知书后,应做好接受审计的有关准备工作,如实地提供有关资料。

第三十一条 按照企业经济责任审计工作要求,审计机构应拟定审计方案,明确审计目标、审计范围、审计重点、审计要求、审计组织、延伸审计单位和其他审计事项等,并报国资委同意。

第三十二条 审计机构按照企业经济责任审计工作任务要求,成立由具有相关工作经验和一定专业知识的专业人员组成的审计项目组,组长应由具有经济责任审计工作经验和具备较高专业技术资格的业务负责人担任。

第三十三条　审计项目组在对企业负责人任职期间企业经营成果、财务收支、资产质量和有关经营活动、重大经营决策,以及经营绩效等资料审计过程中,也可采取向有关单位、个人调查等方式,充分听取企业董事会、监事会、纪检监察、工会和职工反映的情况和意见。

第三十四条　审计项目组完成现场审计后,审计机构应在 10 个工作日内向国资委提交审计报告。审计报告提交前,应当征求被审计企业负责人及其所在企业的意见,并将审计报告及企业负责人或其所在企业的书面意见一并上报。

第三十五条　审计项目组应当在计划工作时间内完成审计任务,确需延长审计时间的,应当商国资委同意,并及时通知被审计企业及其负责人。

第三十六条　国资委依据审计报告,对发现的重大问题,经研究核实后正式下达相关审计决定。

第三十七条　在经济责任审计工作中发现企业负责人有严重违法违纪问题的,应移交有关管理机构予以处理。

(一)对于需由企业负责人承担一般经济责任的,移交相应管理部门予以处理;

(二)对于企业负责人违反党纪政纪的,移交纪检监察机关予以处理;

(三)对于应依法追究企业负责人刑事责任的,移送司法机关处理。

第三十八条　相关审计机构在企业负责人经济责任审计工作中,采用其他审计资料和审计结果时,应进行必要的复核工作,并对其真实性、合法性承担相应的法律责任。

第六章　审计工作结果

第三十九条　企业经济责任审计应当分清企业负责人本人应当负有的直接责任和主管责任。

(一)直接责任是指企业负责人因对主管的资产经营活动和财务管

理事项未履行或者未正确履行职责,致使企业经营管理不善,或由于决策失误而事后又处理不力以及违规操作等,造成所在企业经济损失或经济效益下降应负的经济责任。

(二)主管责任是指企业负责人在其任期内对其所在企业资产和财务状况,以及有关经济活动应当负有的直接责任以外的领导和管理责任。

第四十条 企业负责人应对下列行为负有直接责任:

(一)直接违反国家财经法规和财经纪律的;

(二)授意、指使、强令、纵容、包庇下属人员违反国家财经法规的;

(三)失职、渎职的;

(四)其他直接违法违规行为。

第四十一条 承办企业负责人经济责任审计的社会审计组织提交的审计报告,应当对企业负责人的经济责任做出客观、公正的评价,并对提交的审计报告真实性、客观性承担相应责任。

第四十二条 承办企业负责人经济责任审计的社会审计组织提交审计报告前,报国资委审核。国资委审定的内容主要包括:审计证据是否充分、审计评价是否适当、主要事实是否清楚和审计处理意见是否正确。

委托国家审计机关进行经济责任审计工作的,审计工作结果应送国资委,并抄送被审计企业。

第四十三条 企业对财务部门负责人开展经济责任审计工作的结果,应当向国资委备案。

第四十四条 企业经济责任审计工作结果,作为对企业负责人任免、奖惩的重要依据。

第四十五条 对于在经济责任审计工作中,发现因经济决策失误给企业造成重大损失,或者企业资产状况不实、经营成果虚假等问题,应当视其影响程度相应追究有关负责人责任,并予以经济处罚。

第四十六条 企业应根据经济责任审计工作所反映出的有关管理问题,及时加强整改工作,堵塞管理漏洞。企业内部审计机构应当对企业有关整改工作做好后续跟踪审计。

第四十七条 在经济责任审计工作中,发现企业领导班子有关成员存在严重问题的,经国资委批准后,可进一步开展延伸审计工作。

第七章 罚 则

第四十八条 被审计企业负责人或所在企业拒绝、阻碍经济责任审计,或拒绝、拖延提供相关资料或证明材料的,国资委或企业上级单位应当责令改正或给予警告,并对负有直接责任的主管人员和直接责任人给予行政或者纪律处分。

第四十九条 被审计企业负责人所在企业转移、隐匿、篡改、伪造、毁弃有关经济责任审计资料的,国资委或企业上级单位对负有直接责任的主管人和直接负责人给予行政或者纪律处分;涉嫌犯罪的,依法移送司法机关处理。

第五十条 对于打击报复或者陷害检举人、证明人、资料提供人和审计人员的,国资委或企业上级单位应当责令其改正,并给予行政或纪律处分;给被害人造成损失的,应当依法予以赔偿;涉嫌犯罪的,依法移送司法机关处理。

第五十一条 审计人员利用职权谋取私利、徇私舞弊、玩忽职守、索贿受贿和泄漏国家机密或者商业秘密的,应当给予行政或纪律处分;涉嫌犯罪的,依法移送司法机关处理。

第五十二条 承担经济责任审计的社会审计组织出具虚假不实的审计报告,或者违反国家有关审计工作要求,避重就轻、回避问题或明知有重要事项不予指明的,移交有关部门予以处罚;涉嫌犯罪的,依法移送司法机关处理。

第八章 附 则

第五十三条 各中央企业可结合本企业实际情况,制定具体实施细则。

第五十四条 各省、自治区、直辖市国有资产监督管理机构可参照本办法,结合本地区实际,制定相应的工作规范。

第五十五条 本办法自 2004 年 8 月 30 日起施行。

中央企业内部审计管理暂行办法

2004 年 3 月 23 日 国务院国有资产监督管理委员会令第 8 号

第一章 总 则

第一条 为加强对国务院国有资产监督管理委员会(以下简称国资委)履行出资人职责企业(以下简称企业)的内部监督和风险控制,规范企业内部审计工作,保障企业财务管理、会计核算和生产经营符合国家各项法律法规要求,根据《企业国有资产监督管理暂行条例》和国家有关法律法规,制定本办法。

第二条 企业开展内部审计工作,适用本办法。

第三条 本办法所称企业内部审计,是指企业内部审计机构依据国家有关法律法规、财务会计制度和企业内部管理规定,对本企业及子企业(单位)财务收支、财务预算、财务决算、资产质量、经营绩效,以及建设项目或者有关经济活动的真实性、合法性和效益性进行监督和评价工作。

第四条 企业应当按照国家有关规定,依照内部审计准则的要求,认真组织做好内部审计工作,及时发现问题,明确经济责任,纠正违规行为,检查内部控制程序的有效性,防范和化解经营风险,维护企业正常生产经营秩序,促进企业提高经营管理水平,实现国有资产的保值增值。

第五条 国资委依法对企业内部审计工作进行指导和监督。

第二章 内部审计机构设置

第六条 企业应当按照国家有关规定,建立相对独立的内部审计机构,配备相应的专职工作人员,建立健全内部审计工作规章制度,有效开展内部审计工作,强化企业内部监督和风险控制。

第七条 国有控股公司和国有独资公司,应当依据完善公司治理结构和完备内部控制机制的要求,在董事会下设立独立的审计委员会。企业审计委员会成员应当由熟悉企业财务、会计和审计等方面专业知识并具备相应业务能力的董事组成,其中主任委员应当由外部董事担任。

第八条 企业审计委员会应当履行以下主要职责:

(一)审议企业年度内部审计工作计划;

(二)监督企业内部审计质量与财务信息披露;

(三)监督企业内部审计机构负责人的任免,提出有关意见;

(四)监督企业社会中介审计等机构的聘用、更换和报酬支付;

(五)审查企业内部控制程序的有效性,并接受有关方面的投诉;

(六)其他重要审计事项。

第九条 未建立董事会的国有独资公司及国有独资企业,应当按照加强财务监督和完善内部控制机制的要求,依据国家的有关规定,加强内部审计工作的组织领导,明确工作责任,强化企业内部审计工作,做好内部审计机构与内部监察(纪检)、财务、人事等有关部门的协调工作。

第十条 企业内部审计机构依据国家有关规定开展内部审计工作,直接对企业董事会(或主要负责人)负责;设立审计委员会的企业,内部审计机构应当接受审计委员会的监督和指导。

第十一条 企业所属子企业应当按照有关规定设立相应的内部审计机构;尚不具备条件的应当设立专职审计人员。

第十二条　企业内部审计人员应当具备审计岗位所必备的会计、审计等专业知识和业务能力;内部审计机构的负责人应当具备相应的专业技术职称资格。

第三章　内部审计机构主要职责

第十三条　根据国家有关规定,结合出资人财务监督和企业管理工作的需要,企业内部审计机构应当履行以下主要职责:

(一)制定企业内部审计工作制度,编制企业年度内部审计工作计划;

(二)按企业内部分工组织或参与组织企业年度财务决算的审计工作,并对企业年度财务决算的审计质量进行监督;

(三)对国家法律法规规定不适宜或者未规定须由社会中介机构进行年度财务决算审计的有关内容组织进行内部审计;

(四)对本企业及其子企业的财务收支、财务预算、财务决算、资产质量、经营绩效以及其他有关的经济活动进行审计监督;

(五)组织对企业主要业务部门负责人和子企业的负责人进行任期或定期经济责任审计;

(六)组织对发生重大财务异常情况的子企业进行专项经济责任审计工作;

(七)对本企业及其子企业的基建工程和重大技术改造、大修等的立项、概(预)算、决算和竣工交付使用进行审计监督;

(八)对本企业及其子企业的物资(劳务)采购、产品销售、工程招标、对外投资及风险控制等经济活动和重要的经济合同等进行审计监督;

(九)对本企业及其子企业内部控制系统的健全性、合理性和有效性进行检查、评价和意见反馈,对企业有关业务的经营风险进行评估和意见反馈;

(十)对本企业及其子企业的经营绩效及有关经济活动进行监督与

评价；

（十一）对本企业年度工资总额来源、使用和结算情况进行检查；

（十二）其他事项。

第十四条 企业内部审计机构对年度财务决算的审计质量监督应当根据企业的内部职责分工，依据独立、客观、公正的原则，保障企业财务管理、会计核算和生产经营符合国家各项法律法规要求。

第十五条 为保证企业年度财务决算报告的真实和完整，企业内部审计机构应按照国资委相关工作要求，对下列特殊情形的子企业组织进行定期内部审计工作：

（一）按照国家有关规定，涉及国家安全不适宜社会中介机构审计的特殊子企业；

（二）依据所在国家及地区法律规定，在境外进行审计的境外子企业；

（三）国家法律、法规未规定须委托社会中介机构审计的企业内部有关单位。

第十六条 企业内部审计机构对本企业及其子企业的经营绩效及有关经济活动的评价工作，依据国家有关经营绩效评价政策进行。

第十七条 企业内部审计机构应当加强对社会中介机构开展本企业及其子企业有关财务审计、资产评估及相关业务活动工作结果的真实性、合法性进行监督，并做好社会中介机构聘用、更换和报酬支付的监督。

第十八条 企业内部审计机构相关审计工作应当与外部审计相互协调，并按有关规定对外部审计提供必要的支持和相关工作资料。

第十九条 企业应当依据国家有关法律法规，完善内部审计管理规章制度，保障内部审计机构拥有履行职责所必需的权限：

（一）参加企业有关经营和财务管理决策会议，参与协助企业有关业务部门研究制定和修改企业有关规章制度并督促落实；

（二）检查被审计单位会计账簿、报表、凭证和现场勘察相关资产，有权查阅有关生产经营活动等方面的文件、会议记录、计算机软件等相关资料；

（三）对与审计事项有关的部门和个人进行调查，并取得相关证明材料；

（四）对正在进行的严重违法违规和严重损失浪费行为，可作出临时制止决定，并及时向董事会（或企业主要负责人）报告；

（五）对可能被转移、隐匿、篡改、毁弃的会计凭证、会计账簿、会计报表以及与经济活动有关的资料，经企业主要负责人或有关权力机构授权可暂予以封存；

（六）企业主要负责人或权力机构在管理权限范围内，应当授予内部审计机构必要的处理权或者处罚权。

第四章　内部审计工作程序

第二十条　企业内部审计机构应当根据国家有关规定，结合企业实际情况，制定企业年度审计工作计划，对内部审计工作作出合理安排，并报经企业主要负责人或审计委员会审核批准后实施。

第二十一条　企业内部审计机构应当充分考虑审计风险和内部管理需要，制定具体项目审计计划，做好审计准备。

第二十二条　企业内部审计机构应当在实施审计前 5 个工作日，向被审计单位送达审计通知书。对于需要突击执行审计的特殊业务，审计通知书可在实施审计时送达。

被审计单位接到审计通知书后，应当做好接受审计的各项准备。

第二十三条　企业内部审计人员在出具审计报告前应当与被审计单位交换审计意见。被审计单位有异议的，应当自接到审计报告之日起 10 个工作日内提出书面意见；逾期不提出的，视为无异议。

第二十四条　被审计单位若对审计报告有异议且无法协调时，设立审计委员会的企业，应当将审计报告与被审计单位意见一并报审计委员会协调处理；尚未设立审计委员会的企业，应当将审计报告与被审计单位意见一并报企业主要负责人协调处理。

第二十五条　审计报告上报企业董事会或主要负责人审定后,企业内部审计机构应当根据审计结论,向被审计单位下达审计意见(决定)。

对于报请审计委员会、主要负责人协调处理的审计报告,应当根据审计委员会、主要负责人的审定意见,向被审计单位下达审计意见(决定)。

第二十六条　企业内部审计机构对已办结的内部审计事项,应当按照国家档案管理规定建立审计档案。

第二十七条　企业内部审计机构应当每年向本企业董事会(或主要负责人)和审计委员会提交内部审计工作总结报告。

第二十八条　企业内部审计机构对主要审计项目应当进行后续审计监督,督促检查被审计单位对审计意见的采纳情况和对审计决定的执行情况。

第五章　内部审计工作要求

第二十九条　企业内部审计机构应当根据国家有关规定和企业内部管理需要有效开展内部审计工作,加强内部监督,纠正违规行为,规避经营风险。

第三十条　企业内部审计机构应当对违反国家法律法规和企业内部管理制度的行为及时报告,并提出处理意见;对发现的企业内部控制管理漏洞,及时提出改进建议。

第三十一条　对于被审计单位及相关工作人员不及时落实内部审计意见,给企业造成损失浪费的,企业应当追究相关人员责任;对于给企业造成重大损失的,还应当按有关规定向上一级机构及时反映情况。

第三十二条　企业内部审计机构下列工作事项应当报国资委备案:

(一)企业年度内部审计工作计划和工作总结报告;

(二)重要子企业负责人及企业财务部门负责人的经济责任审计

报告;企业内部审计工作中发现的重大违法违纪问题、重大资产损失情况、重大经济案件及重大经营风险等,应向国资委报送专项报告。

第三十三条 根据出资人财务监督工作需要,企业内部审计机构按照国资委有关工作要求,对企业及其子企业发生重大财务异常等情况组织进行的专项经济责任审计,应当向国资委提交审计报告。

第三十四条 企业内部审计机构要不断提高内部审计业务质量,并依法接受国资委、国家审计机关对内部审计业务质量的检查和评估。

第三十五条 企业内部审计机构应当根据本办法组织开展内部审计工作,并对其出具的内部审计报告的客观真实性承担责任。

第三十六条 为保证内部审计工作的独立、客观、公正,企业内部审计人员与审计事项有利害关系的,应当回避。

第三十七条 企业内部审计人员应当严格遵守审计职业道德规范,坚持原则、客观公正、恪尽职守、保持廉洁、保守秘密,不得滥用职权,徇私舞弊,泄露秘密,玩忽职守。

第三十八条 企业内部审计人员在实施内部审计时,应当在深入调查的基础上,采用检查、抽样和分析性复核等审计方法,获取充分、相关、可靠的审计证据,以支持审计结论和审计建议。

第三十九条 企业董事会(或主要负责人)应当保障内部审计机构和人员依法行使职权和履行职责;企业内部各职能机构应当积极配合内部审计工作。任何组织和个人不得对认真履行职责的内部审计人员进行打击报复。

第四十条 企业对于认真履行职责、忠于职守、坚持原则、作出显著成绩的内部审计人员,应当给予奖励。

第四十一条 企业应当保证内部审计机构所必需的审计工作经费,并列入企业年度财务预算。企业内部审计人员参加国家统一组织的专业技术职务资格的考评、聘任和后续教育,企业应当按照国家有关规定予以执行。

第六章　罚　　则

第四十二条　对于企业出现重大违反国家财经法纪的行为和企业内部控制程序出现严重缺陷,除按规定依法追究企业主要负责人、总会计师(或者主管财务工作负责人)及财务部门负责人的有关责任外,同时还相应追究企业审计委员会及内部审计机构相关人员的监督责任。

第四十三条　对于滥用职权、徇私舞弊、玩忽职守、泄漏秘密的内部审计人员,由所在单位依照国家有关规定给予纪律处分;涉嫌犯罪的,依法移交司法机关处理。

第四十四条　对于打击报复内部审计人员问题,企业应及时予以纠正;涉嫌犯罪的,依法移交司法机关处理。受打击报复的企业内部审计人员有权直接向国资委报告相关情况。

第四十五条　被审计单位相关人员不配合企业内部审计工作、拒绝审计或者不提供资料、提供虚假资料、拒不执行审计结论的,企业应当给予纪律处分;涉嫌犯罪的,依法移交司法机关处理。

第七章　附　　则

第四十六条　各中央企业可结合本企业实际情况,制定具体实施细则。

第四十七条　各省、自治区、直辖市国有资产监督管理机构可参照本办法,结合本地区实际制定本地区相关工作规范。

第四十八条　本办法自 2004 年 8 月 30 日起施行。

中央企业总会计师工作
职责管理暂行办法

2006 年 4 月 14 日　国务院国有资产监督管理委员会令第 13 号

第一章　总　　则

第一条　为加强对国务院国有资产监督管理委员会（以下简称国资委）所出资企业（以下简称企业）总会计师工作职责管理，规范企业财务会计工作，促进建立健全企业内部控制机制，有效防范企业经营风险，依据《企业国有资产监督管理暂行条例》和国家有关规定，制定本办法。

第二条　企业总会计师工作职责管理，适用本办法。

第三条　本办法所称总会计师是指具有相应专业技术资格和工作经验，在企业领导班子成员中分工负责企业会计基础管理、财务管理与监督、财会内控机制建设、重大财务事项监管等工作，并按照干部管理权限通过一定程序被任命（或者聘任）为总会计师的高级管理人员。

第四条　本办法所称总会计师工作职责是指总会计师在企业会计基础管理、财务管理与监督、财会内控机制建设，以及企业投融资、担保、大额资金使用、兼并重组等重大财务事项监管工作中的职责。

第五条　企业及其各级子企业应当按规定建立和完善总会计师管理制度，明确总会计师的工作权限与责任，加强总会计师工作职责履行情况的监督管理。

第六条　国资委依法对企业总会计师工作职责履行情况进行监督管理。

第二章　职　位　设　置

第七条　企业应当按照规定设置总会计师职位,配备符合条件的总会计师有效履行工作职责。符合条件的各级子企业,也应当按规定设置总会计师职位。

(一)现分管财务工作的副总经理(副院长、副所长、副局长),符合总会计师任职资格和条件的,可以兼任或者转任总会计师,人选也可以通过交流或公开招聘等方式及时配备。

(二)设置属于企业高管层的财务总监、首席财务官等类似职位的企业或其各级子企业,可不再另行设置总会计师职位,但应当明确指定其履行总会计师工作职责。

第八条　企业总会计师的任免按照国资委有关规定办理:

(一)已设立董事会的国有独资公司和国有控股公司的总会计师,应当经董事会审议批准,并按照有关干部管理权限与程序任命。

(二)未设立董事会的国有独资公司、国有独资企业的总会计师,按照有关干部管理权限与程序任命。

第九条　企业可以按照有关规定对其各级子企业实施总会计师或者财务总监委派等方式,积极探索完善总会计师工作职责监督管理的有效途径和方法。

第十条　担任企业总会计师应当具备以下条件:

(一)具有相应政治素养和政策水平,坚持原则、廉洁奉公、诚信至上、遵纪守法;

(二)大学本科以上文化程度,一般应当具有注册会计师、注册内部审计师等职业资格,或者具有高级会计师、高级审计师等专业技术职称或者类似职称;

(三)从事财务、会计、审计、资产管理等管理工作8年以上,具有良好的职业操守和工作业绩;

(四)分管企业财务会计工作或者在企业(单位)财务、会计、审计、

资产管理等相关部门任正职3年以上,或者主管子企业或单位财务、会计、审计、资产管理等相关部门工作3年以上;

(五)熟悉国家财经法规、财务会计制度,以及现代企业管理知识,熟悉企业所属行业基本业务,具备较强组织领导能力,以及较强的财务管理能力、资本运作能力和风险防范能力。

第十一条 具有下列情形之一的,不得担任总会计师:

(一)不具备第十条规定的;

(二)曾严重违反法律法规和国家有关财经纪律,有弄虚作假、贪污受贿、挪用公款等重大违法行为,被判处刑罚或者受过党纪政纪处分的;

(三)曾因渎职或者决策失误造成企业重大经济损失的;

(四)对企业财务管理混乱、经营成果严重不实负主管或直接责任的;

(五)个人所负企业较大数额债务到期未清偿的;

(六)党纪、政纪、法律法规规定的其他情形。

第十二条 具有下列情形之一的,总会计师任职或者工作应当回避:

(一)按照国家关于干部任职回避工作有关规定应当进行任职回避的;

(二)除国资委或公司董事会批准外,在所在企业或其各级子企业、关联企业拥有股权,以及可能影响总会计师正常履行职责的其他重要利益的;

(三)在重大项目投资、招投标、对外经济技术合作等工作中,涉及与本人及本人亲属利益的。

第三章 职责权限

第十三条 企业应当结合董事会建设,积极推动建立健全内部控制机制,逐步规范企业主要负责人、总会计师、财务机构负责人的职责权限,促进建立分工协作、相互监督、有效制衡的经营决策、执行和监督管理机制。

第十四条 总会计师的主要职责包括:企业会计基础管理、财务管理与监督、财会内控机制建设和重大财务事项监管等。

第十五条 企业会计基础管理职责主要包括:

(一)贯彻执行国家方针政策和法律法规,遵守国家财经纪律,运用现代管理方法,组织和规范本企业会计工作;

(二)组织制定企业会计核算方法、会计政策,确定企业财务会计管理体系;

(三)组织实施企业财务收支核算与管理,开展财务收支的分析、预测、计划、控制和监督等工作,组织开展经济活动分析,提出加强和改进经营管理的具体措施;

(四)组织制定财会人员管理制度,提出财会机构人员配备和考核方案;

(五)组织企业会计诚信建设,依法组织编制和及时提供财务会计报告;

(六)推动实施财务信息化建设,及时掌控财务收支状况。

第十六条 企业财务管理与监督职责主要包括:

(一)组织制定企业财务管理规章制度,并监督各项财务管理制度执行情况;

(二)组织制定和实施财务战略,组织拟订和下达财务预算,评估分析预算执行情况,促进企业预算管理与发展战略实施相连接,推行全面预算管理工作;

(三)组织编制和审核企业财务决算,拟订公司的利润分配方案和弥补亏损方案;

(四)组织制定和实施长短期融资方案,优化企业资本结构,开展资产负债比例控制和财务安全性、流动性管理;

(五)制定企业增收节支、节能降耗计划,组织成本费用控制,落实成本费用控制责任;

（六）制定资金管控方案，组织实施大额资金筹集、使用、催收和监控工作，推行资金集中管理；

（七）及时评估监测集团及其各级子企业财务收支状况和财务管理水平，组织开展财务绩效评价，组织实施企业财务收支定期稽核检查工作；

（八）定期向股东会或者出资人、董事会、监事会和相关部门报告企业财务状况和经济效益情况。

第十七条 企业财会内控机制建设职责主要包括：

（一）研究制定本企业财会内部控制制度，促进建立健全企业财会内部控制体系；

（二）组织评估、测试财会内部控制制度的有效性；

（三）组织建立多层次的监督体制，落实财会内部控制责任，对本单位经济活动的全过程进行财务监督和控制；

（四）组织建立和完善企业财务风险预警与控制机制。

第十八条 企业重大财务事项监管职责主要包括：

（一）组织审核企业投融资、重大经济合同、大额资金使用、担保等事项的计划或方案；

（二）对企业业务整合、技术改造、新产品开发及改革改制等事项组织开展财务可行性论证分析，并提供资金保障和实施财务监督；

（三）对企业重大投资、兼并收购、资产划转、债务重组等事项组织实施必要的尽职调查，并独立发表专业意见；

（四）及时报告重大财务事件，组织实施财务危机或者资产损失的处理工作。

第十九条 企业应当赋予总会计师有效履行职责的相应工作权限，具体包括：对企业重大事项的参与权、重大决策和规章制度执行情况的监督权、财会人员配备的人事建议权，以及企业大额资金支出联签权。

第二十条 总会计师对企业重大事项的参与权是指总会计师应参加总经理办公会议或者企业其他重大决策会议，参与表决企业重大经

营决策,具体包括:

(一)拟定企业年度经营目标、中长期发展规划以及企业发展战略;

(二)制定企业资金使用和调度计划、费用开支计划、物资采购计划、筹融资计划以及利润分配(派)、亏损弥补方案;

(三)贷款、担保、对外投资、企业改制、产权转让、资产重组等重大决策和企业资产管理工作;

(四)企业重大经济合同的评审。

第二十一条 总会计师对重大决策和规章制度执行情况的监督权具体包括:

(一)按照职责对董事会或总经理办公会议批准的重大决策执行情况进行监督;

(二)对企业的财务运作和资金收支情况进行监督、检查,有权向董事会或者总经理办公会提出内部审计或委托外部审计建议;

(三)对企业的内部控制制度和程序的执行情况进行监督。

第二十二条 财会人员配备的人事权是指企业财务部门负责人的任用、晋升、调动、奖惩,应当事先征求总会计师的意见。企业总会计师应当参与组织财务部门负责人或下一级企业总会计师的业务培训和考核工作。

第二十三条 总会计师大额资金支出联签权是指企业按规定对大额资金使用,应当建立由总会计师与企业主要负责人联签制度;对于应当实施联签的资金,未经总会计师签字或者授权,财会人员不得支出。

第二十四条 企业行为有下列情形之一的,总会计师有权拒绝签字:

(一)违反法律法规和国家财经纪律;

(二)违反企业财务管理规定;

(三)违反企业经营决策程序;

(四)对企业可能造成经济损失或者导致国有资产流失。

第二十五条 总会计师对企业作出的重大经营决策应当发表独立的专业意见,有不同意见或者有关建议未被采纳可能造成经济损失或者国有资产流失的情况,应当及时向国资委报告。

第四章 履 职 评 估

第二十六条 为督促企业总会计师正确履行工作职责,应当建立规范的企业总会计师工作履职评估制度。

第二十七条 总会计师履职评估工作分为年度述职和任期履职评估。年度述职应当结合企业年度财务决算工作和下一年度财务预算工作,对总会计师年度履职情况予以评估;任期履职评估应当结合经济责任审计工作,对总会计师任职期间的履职情况进行评估。

第二十八条 设立董事会的公司,总会计师应当在会计年度终了向董事会述职,董事会应当对总会计师工作进行履职评议,董事会评议结果及总会计师述职报告应当抄报股东会或者出资人备案;未建立董事会的企业,总会计师应当将述职报告报送出资人,出资人根据企业财会管理状况对总会计师工作进行履职评估。

第二十九条 总会计师年度述职报告应当围绕企业当年重大经营活动、财务状况、资产质量、经营风险、内控机制等全面报告本人的履职情况,对本人在其中发挥的监督制衡作用进行自我评价,并提出改进措施。

第三十条 企业应当按照人事管理权限,做好对其各级子企业总会计师履职评估工作。

第三十一条 对总会计师履职情况评估,应当根据总会计师在企业中的职责权限,全面考核总会计师职责的履行情况,具体应当包括以下内容:

(一)企业会计核算规范性、会计信息质量,以及企业财务预算、决算和财务动态编制工作质量情况;

(二)企业经营成果及财务状况,资金管理和成本费用控制情况;

(三)企业财会内部控制制度的完整性和有效性,企业财务风险控制情况;

（四）在企业重大经营决策中的监督制衡情况，有无重大经营决策失误；

（五）财务信息化建设情况；

（六）其他需考核的事项。

第五章　工作责任

第三十二条　为充分发挥企业总会计师财务监督管理作用,建立健全企业内部控制机制,企业应当保障总会计师相应的工作权限。

第三十三条　企业主要负责人对企业提供和披露的财务会计报告信息的真实性、完整性负领导责任;总会计师对企业提供和披露的财务会计报告信息的真实性、完整性负主管责任;企业财务机构负责人对企业提供和披露的财务会计信息的真实性、完整性负直接责任。对可能存在问题的财务会计报告,总会计师有责任提请总经理办公会讨论纠正,有责任向董事会、股东会（出资人）报告。

第三十四条　企业总会计师对下列事项负有主管责任：

（一）企业提供和披露的财务会计信息的真实性、完整性;

（二）企业会计核算规范性、合理性以及财务管理合规性、有效性;

（三）企业财会内部控制机制的有效性;

（四）企业违反国家财经法规造成严重后果的财务会计事项。

第三十五条　总会计师对下列事项负有相应责任：

（一）企业管理不当造成的重大经济损失;

（二）企业决策失误造成的重大经济损失;

（三）企业财务联签事项形成的重大经济损失。

第三十六条　企业总会计师应当严格遵守国家法律法规规定。对于企业出现严重违反法律法规和国家财经纪律行为的,以及企业内部控制制度存在严重缺陷的,应当依法追究企业总会计师的工作责任;造成重大损失的,应当追究其法律责任。

第三十七条　在企业财务会计工作中,对于违反国家法律法规和财经纪律行为,总会计师不抵制、不制止、不报告的,应当依法追究总会计师工作责任;造成重大损失的,应当追究其法律责任。

第三十八条 企业总会计师未履行或者未正确履行工作职责,致使出现下列情形之一的,应当引咎辞职:

(一)企业财务会计信息严重失真的;

(二)企业财务基础管理混乱且在规定时间内整改不力的;

(三)企业出现重大财务决策失误造成重大资产损失的。

第三十九条 在企业重大经营决策过程中,总会计师未能正确履行责任造成失误的,根据情节轻重,给予通报批评、经济处罚、撤职等处分,或给予职业禁入处理;涉嫌犯罪的,依法移交司法机关处理。

企业总会计师认真履行职责,成绩突出的,由本企业或者由本企业建议国资委给予表彰奖励。

第四十条 对于企业总会计师玩忽职守,造成企业财务会计工作严重混乱的,或以权谋私、滥用职权、徇私舞弊以及其他渎职行为致使国有资产遭受损失的,依照国家有关规定给予相应纪律处分;涉嫌犯罪的,依法移交司法机关处理。

第四十一条 在追究总会计师工作责任时,发现企业负责人、财务审计部门负责人和其他有关人员应当承担相关责任的,一并进行工作责任追究。

第四十二条 企业未按规定设置总会计师职位,或者未按规定明确分管财务负责人及类似职位人员兼任总会计师并履行总会计师工作职责的,或者企业总会计师未被授予必要管理权限有效履行工作职责的,本办法第三十五条、第三十六条、第三十七条、第三十八条规定的工作责任应当由企业主要负责人承担。

第六章 附 则

第四十三条 各企业可结合本企业实际情况,制定总会计师工作职责管理具体实施细则。

第四十四条 各省、自治区、直辖市国有资产监督管理机构可以参照本办法,制定本地区所出资企业总会计师工作职责管理相关工作规范。

第四十五条 本办法自 2006 年 5 月 14 日起施行。

中央企业财务预算管理暂行办法

2007 年 5 月 25 日 国务院国有资产监督管理委员会令第 18 号

第一章 总 则

第一条 为加强对国务院国有资产监督管理委员会(以下简称国资委)履行出资人职责企业(以下简称企业)的财务监督,规范企业财务预算管理,根据《中华人民共和国公司法》、《企业国有资产监督管理暂行条例》和国家有关财务会计制度规定,制定本办法。

第二条 企业年度财务预算编制、报告、执行与监督工作,适用本办法。

第三条 本办法所称财务预算是指企业在预测和决策的基础上,围绕战略规划,对预算年度内企业各类经济资源和经营行为合理预计、测算并进行财务控制和监督的活动。

财务预算报告是指反映企业预算年度内企业资本运营、经营效益、现金流量及重要财务事项等预测情况的文件。

第四条 企业应当建立财务预算管理制度,组织开展内部财务预算编制、执行、监督和考核工作,完善财务预算工作体系,推进实施全面预算管理。

第五条 企业应当在规定的时间内按照国家财务会计制度规定和

国资委财务监督工作有关要求,以统一的编制口径、报表格式和编报规范,向国资委报送年度财务预算报告。

第六条 国资委依据本办法对企业财务预算编制、报告及执行工作进行监督管理,督促和引导企业切实建立以预算目标为中心的各级责任体系。

第二章 工 作 组 织

第七条 企业应当按照国家有关规定,组织做好财务预算工作,配备相应工作人员,明确职责权限,加强内部协调,完善编制程序和方法,强化执行监督,并积极推行全面预算管理。

第八条 企业应当按照加强财务监督和完善内部控制机制的要求,成立预算委员会或设立财务预算领导小组行使预算委员会职责。在设立董事会的企业中,预算委员会(财务预算领导小组)成员应当有熟悉企业财务会计业务并具备相应组织能力的董事参加。

第九条 企业预算委员会(财务预算领导小组)应当履行以下主要职责:

(一)拟订企业财务预算编制与管理的原则和目标;

(二)审议企业财务预算方案和财务预算调整方案;

(三)协调解决企业财务预算编制和执行中的重大问题;

(四)根据财务预算执行结果提出考核和奖惩意见。

第十条 企业财务管理部门为财务预算管理机构,在企业预算委员会(财务预算领导小组)领导下,依据国家有关规定和国资委有关工作要求,负责组织企业财务预算编制、报告、执行和日常监控工作。企业财务预算管理机构应当履行以下主要职责:

(一)组织企业财务预算的编制、审核、汇总及报送工作;

(二)组织下达财务预算,监督企业财务预算执行情况;

(三)制订企业财务预算调整方案;

(四)协调解决企业财务预算编制和执行中的有关问题;

（五）分析和考核企业内部各业务机构及所属子企业财务预算完成情况。

第十一条 企业内部各业务机构和所属子企业为财务预算执行单位。企业财务预算执行单位应当在企业预算管理机构的统一指导下，组织开展本部门或者本企业财务预算编制工作，严格执行经核准的财务预算方案。企业财务预算执行单位应当履行以下主要职责：

（一）负责本单位财务预算编制和上报工作；

（二）负责将本单位财务预算指标层层分解，落实到各部门、各环节和各岗位；

（三）按照授权审批程序严格执行各项预算，及时分析预算执行差异原因，解决财务预算执行中存在的问题；

（四）及时总结分析本单位财务预算编制和执行情况，并组织实施考核和奖惩工作；

（五）配合企业预算管理机构做好企业预算的综合平衡、执行监控等工作。

第三章　财务预算编制

第十二条 企业编制财务预算应当坚持以战略规划为导向，正确分析判断市场形势和政策走向，科学预测年度经营目标，合理配置内部资源，实行总量平衡和控制。

第十三条 企业编制财务预算应当将内部各业务机构和所属子企业、事业单位和基建项目等所属单位的全部经营活动纳入财务预算编制范围，全面预测财务收支和经营成果等情况。

第十四条 企业编制财务预算应当以资产、负债、收入、成本、费用、利润、资金为核心指标，合理设计基础指标体系，注重预算指标相互衔接。

第十五条 企业应当根据不同的预算项目，合理选择固定预算、弹性预算、滚动预算、零基预算、概率预算等方法编制财务预算，并积极开展与行业先进水平、国际先进水平的对标。

第十六条 企业编制财务预算应当按照国家相关规定,加强对外投资、收购兼并、固定资产投资以及股票、委托理财、期货(权)及衍生品等投资业务的风险评估和预算控制;加强非主业投资和无效投资的清理,严格控制非主业投资预算。

资产负债率过高、偿债能力下降以及投资回报差的企业,应当严格控制投资规模;不具备从事高风险业务的条件、发生重大投资损失的企业,不得安排高风险业务的投资预算。

第十七条 企业编制财务预算应当正确预测预算年度现金收支、结余与缺口,合理规划现金收支与配置,加强应收应付款项的预算控制,增强现金保障和偿债能力,提高资金使用效率。

第十八条 企业编制财务预算应当规范制定成本费用开支标准,严格控制成本费用开支范围和规模,加强投入产出水平的预算控制。

对于成本费用增长高于收入增长、成本费用利润率下降、经营效益下滑的企业,财务预算编制应当突出降本增效,适当压低成本费用的预算规模,其中,经营效益下滑的企业,不得扩大工资总额的预算规模。

第十九条 企业编制财务预算应当注重防范财务风险,严格控制担保、抵押和金融负债等规模。

资产负债率高于行业平均水平、存在较大偿债压力的企业,应当适当压缩金融债务预算规模;担保余额相当于净资产比重超过50%或者发生担保履约责任形成重大损失的企业(投资、担保类企业另行规定),原则上不再安排新增担保预算;企业不得安排与业务无关的集团外担保预算。

第二十条 企业编制财务预算应当将逾期担保、逾期债务、不良投资、不良债权等问题的清理和处置作为重要内容,积极消化潜亏挂账,合理预计资产减值准备,不得出现新的潜亏。

第二十一条 企业应当按照"上下结合、分级编制、逐级汇总"的程序,依据财务管理关系,层层组织做好各级子企业财务预算编制工作。

第二十二条 企业应当建立财务预算编制制度。企业内部计划、生产、市场营销、投资、物资、技术、人力资源、企业管理等职能部门应当配合做好财务预算编制工作。企业财务预算编制应当遵循以下基本工作程序：

（一）企业预算委员会及财务预算管理机构应当于每年9月底以前提出下一年度本企业预算总体目标；

（二）企业所属各级预算执行单位根据企业预算总体目标，并结合本单位实际，于每年10月底以前上报本单位下一年度预算目标；

（三）企业财务预算委员会及财务预算管理机构对各级预算执行单位的预算目标进行审核汇总并提出调整意见，经董事会会议或总经理办公会议审议后下达各级预算执行单位；

（四）企业所属各级预算执行单位应当按照下达的财务预算目标，于每年年底以前上报本单位财务预算；

（五）企业在对所属各级预算执行单位预算方案审核、调整的基础上，编制企业总体财务预算。

第四章　财务预算报告

第二十三条　企业应当在组织开展内部各级子企业财务预算编制管理的基础上，按照国资委统一印发的报表格式、编制要求，编制上报年度财务预算报告。企业年度财务预算报告由以下部分构成：

（一）年度财务预算报表；

（二）年度财务预算编制说明；

（三）其他相关材料。

第二十四条　企业年度财务预算报表重点反映以下内容：

（一）企业预算年度内预计资产、负债及所有者权益规模、质量及结构；

（二）企业预算年度内预计实现经营成果及利润分配情况；

（三）企业预算年度内为组织经营、投资、筹资活动预计发生的现金流入和流出情况；

（四）企业预算年度内预计达到的生产、销售或者营业规模及其带来的各项收入、发生的各项成本和费用；

（五）企业预算年度内预计发生的产权并购、长短期投资以及固定资产投资的规模及资金来源；

（六）企业预算年度内预计对外筹资总体规模与分布结构。

第二十五条 企业应当采用合并口径编制财务预算报表，合并范围应当包括：

（一）境内外子企业；

（二）所属各类事业单位；

（三）各类基建项目或者基建财务；

（四）按照规定执行金融会计制度的子企业；

（五）所属独立核算的其他经济组织。

第二十六条 企业应当对年度财务预算报表编制及财务预算管理有关情况进行分析说明。企业年度财务预算编制说明应当反映以下内容：

（一）预算编制工作组织情况；

（二）预算年度内生产经营主要预算指标分析说明；

（三）预算编制基础、基本假设及采用的重要会计政策和估计；

（四）预算执行保障措施以及可能影响预算指标事项说明；

（五）其他需说明的情况。

第二十七条 企业应当按规定组织开展所属子企业开展财务预算报告收集、审核、汇总工作，并按时上报财务预算报告。企业除报送合并财务预算报告外，还应当附送企业总部及二级子企业的分户财务预算报告电子文档。三级及三级以下企业的财务预算数据应当并入二级子企业报送。

级次划分特殊的企业集团财务预算报告报送级次由国资委另行规定。

第二十八条 企业应当按照下列程序，以正式文函向国资委报送财务预算报告：

（一）设董事会的国有独资企业和国有独资公司的财务预算报告，应当经董事会审议后与审议决议一并报送国资委；

（二）尚未设董事会的国有独资企业和国有独资公司的财务预算报告，应当经总经理办公会审议后与审议决议一并报送国资委；

（三）国有控股公司的财务预算报告，应当经董事会审议并提交股东会批准后抄送国资委。

第二十九条 企业财务预算报告应当加盖企业公章，并由企业的主要负责人、总会计师（或分管财务负责人）、财务管理部门负责人签名并盖章。

第三十条 国资委对企业财务预算实行分类管理制度，对于尚未设董事会的国有独资企业和国有独资公司的财务预算实行核准制；对于设董事会的国有独资公司和国有独资企业、国有控股公司的财务预算实行备案制。

第三十一条 国资委依据财务预算编制管理要求，建立企业财务预算报告质量评估制度，评估内容不少于以下方面：

（一）是否符合国家有关法律法规规定；

（二）是否符合国家宏观政策和产业政策规划；

（三）是否符合企业战略规划、主业发展方向；

（四）是否客观反映预算年度内经济形势和企业生产经营发展态势；

（五）是否符合财务预算编制管理要求；

（六）主要财务预算指标的年度间变动情况是否合理；

（七）预算执行保障和监督措施是否有效。

第三十二条 国资委根据质量评估结果，在规定时间内对企业财务预算提出审核意见并反馈企业。对于存在质量问题的，要求企业及时整改，其中对于严重脱离实际、各相关预算指标不衔接的，要求企业重新编制上报财务预算报告。

第五章　财务预算执行与监督

第三十三条　企业应当及时将各业务机构及所属各级企业重点财务预算指标进行层层分解。各预算执行单位应当将分解下达的年度财务预算指标细化为季度、月度预算,层层落实财务预算执行责任。

第三十四条　企业应当严格执行经核定的年度财务预算,切实加强投资、融资、担保、资金调度、物资采购、产品销售等重大事项以及成本费用预算执行情况的跟踪和监督,明确超预算资金追加审批程序和权限。

第三十五条　企业应当对财务预算执行情况进行跟踪监测,及时分析预算执行差异原因,及时采取相应的解决措施。

第三十六条　企业财务预算执行过程中出现以下情形之一,导致预算编制基本假设发生重大变化的,可予以调整:

(一)自然灾害等不可抗力因素;

(二)市场环境发生重大变化;

(三)国家经济政策发生重大调整;

(四)企业发生分立、合并等重大资产重组行为。

第三十七条　企业应当将财务预算调整情况及时报国资委备案。具体备案内容包括:

(一)主要财务指标的调整情况;

(二)调整的原因;

(三)预计执行情况及保障措施。

第三十八条　企业应当建立财务预算执行结果考核制度,将财务预算目标执行情况纳入考核及奖惩范围。

第三十九条　企业应当在预算年度终了及时撰写预算工作总结报告,认真总结年度财务预算工作经验和存在的不足,分析财务预算与实际执行结果的差异程度和影响因素,研究制定改进措施。

第四十条　国资委根据月度财务报告建立企业财务预算分类监测

和反馈制度,对主要财务预算指标执行情况进行分类跟踪监测,对经营风险进行预测评估,并将监测和评估结果及时反馈企业,督促企业加强预算执行情况监督和控制。

第四十一条 国资委在预算年度终了,依据企业年度财务决算结果组织财务预算执行情况核查,对主要财务预算指标完成值与预算目标偏离的程度和影响因素进行分析,并将核查和分析结果作为企业财务预算报告质量评估的重要内容。

第六章　罚　　则

第四十二条 企业负责人、总会计师(或分管财务负责人)应当对企业财务预算编制、报告、执行和监督工作负责;企业总会计师(或分管财务负责人)、财务管理部门负责人对财务预算编制的合规性、合理性及完整性负责。

第四十三条 国资委将企业财务预算管理情况作为总会计师履职评估的内容。

第四十四条 企业不按时上报财务预算报告或者上报财务预算报告不符合统一编制要求、存在严重质量问题,以及财务预算执行监督不力的,国资委将责令整改。

第四十五条 企业在财务预算管理工作中弄虚作假的,或者上报的财务预算报告与内部财务预算不符的,国资委将给予通报批评。

第四十六条 企业编制年度财务预算主要指标与实际完成值差异较大的,国资委将要求企业作出专项说明,无正当理由的,国资委将给予警示。

第四十七条 国资委工作人员在企业财务预算监督管理工作中玩忽职守,导致重大工作过失或者泄露企业商业秘密的,视情节轻重予以行政处分。

第七章 附 则

第四十八条 企业应当根据本办法规定制定本企业财务预算管理工作制度。

第四十九条 各省、自治区、直辖市国有资产监督管理机构可以参照本办法,制定本地区相关工作规范。

第五十条 本办法自 2007 年 6 月 25 日起施行。

国务院国有资产监督管理委员会
关于印发《国有企业资产损失
认定工作规则》的通知

2003 年 9 月 13 日 国资评价〔2003〕72 号

党中央有关部门,国务院各部委、各直属机构,各省、自治区、直辖市及计划单列市国有资产监督管理机构,新疆生产建设兵团,各中央企业:

为了加强对国有及国有控股企业清产核资工作的监督管理,规范企业资产损失的核实和认定工作,根据《国有企业清产核资办法》(国资委令第 1 号)和国家有关财务会计制度,我们制定了《国有企业资产损失认定工作规则》,现印发给你们。请结合企业自身实际,认真遵照执行,并及时反映工作中有关情况和问题。

附件:国有企业资产损失认定工作规则

附件：

国有企业资产损失认定工作规则

第一章　总　　则

第一条　为加强对国有及国有控股企业(以下简称企业)清产核资工作的监督管理,规范企业资产损失的核实和认定工作,根据《国有企业清产核资办法》和国家有关财务会计制度,制定本规则。

第二条　本规则所称的资产损失,是指企业清产核资清查出的在基准日之前,已经发生的各项财产损失和以前年度的经营潜亏及资金挂账等。

第三条　企业清产核资中清查出的各项资产损失,依据《国有企业清产核资办法》及本规则规定进行核实和认定。

第四条　企业清产核资中清查出各项资产损失的核实和认定,依据有关会计科目,按照货币资金损失、坏账损失、存货损失、待摊费用挂账损失、投资损失、固定资产损失、在建工程和工程物资损失、无形资产损失、其他资产损失等分类分项进行。

第五条　国有资产监督管理机构按照国家有关规定负责对企业清产核资中清查出的资产损失进行审核和认定工作。

第二章　资产损失认定的证据

第六条　在清产核资工作中,企业需要申报认定的各项资产损失,均应提供合法证据,包括:具有法律效力的外部证据、社会中介机构的经济鉴证证明和特定事项的企业内部证据。

第七条　具有法律效力的外部证据,是指企业收集到的司法机关、公安机关、行政部门、专业技术鉴定部门等依法出具的与本企业资产损

失相关的具有法律效力的书面文件,主要包括:

(一)司法机关的判决或者裁定;

(二)公安机关的立案结案证明、回复;

(三)工商管理部门出具的注销、吊销及停业证明;

(四)企业的破产清算公告及清偿文件;

(五)政府部门的公文及明令禁止的文件;

(六)国家及授权专业技术鉴定部门的鉴定报告;

(七)保险公司对投保资产出具的出险调查单,理赔计算单等;

(八)符合法律条件的其他证据。

第八条 社会中介机构的经济鉴证证明,是指社会中介机构按照独立、客观、公正的原则,在充分调查研究、论证和分析计算基础上,进行职业推断和客观评判,对企业的某项经济事项发表的专项经济鉴证证明或鉴证意见书,包括:会计师事务所、资产评估机构、律师事务所、专业鉴定机构等出具的经济鉴证证明或鉴证意见书。

第九条 特定事项的企业内部证据,是指本企业在财产清查过程中,对涉及财产盘盈、盘亏或者实物资产报废、毁损及相关资金挂账等情况的内部证明和内部鉴定意见书等,主要包括:

(一)会计核算有关资料和原始凭证;

(二)资产盘点表;

(三)相关经济行为的业务合同;

(四)企业内部技术鉴定小组或内部专业技术部门的鉴定文件或资料(数额较大、影响较大的资产损失项目,应当聘请行业内专家参加技术鉴定和论证);

(五)企业的内部核批文件及有关情况说明;

(六)由于经营管理责任造成的损失,要有对责任人的责任认定及赔偿情况说明。

第十条 对作为资产损失的所有证据,企业都应当根据内部控制制度和财务管理制度,进行逐级审核,认真把关;承担企业清产核资专项财务审计业务的中介机构应根据独立审计准则规定做好相关证据的复核、甄别工作,逐项予以核实和确认。

第三章 资产损失认定的原则

第十一条 为保证企业资产状况的真实性和财务信息的准确性,企业对清产核资中清查出的已丧失了使用价值或者转让价值、不能再为企业带来经济利益的账面无效资产,凡事实确凿、证明充分的,依据国家财务会计制度和清产核资政策规定,认定为损失,经批准后可予以财务核销。

第十二条 企业对清产核资中清查出的各项资产损失,应当积极组织力量逐户逐项进行认真清理和核对,取得足以说明损失事实的合法证据,并对损失的资产项目及金额按规定的工作程序和工作要求进行核实和认定。

对数额较大、影响较大的资产损失项目,企业应当逐项作出专项说明,承担专项财务审计业务的中介机构应当重点予以核实。

第十三条 企业对清产核资中清查出的各项资产损失,虽取得外部法律效力证明,但其损失金额无法根据证据确定的,或者难以取得外部具有法律效力证明的有关资产损失,应当由社会中介机构进行经济鉴证后出具鉴证意见书。

第十四条 企业对经批准核销的不良债权、不良投资等损失,应当认真加强管理,建立"账销案存"管理制度,组织力量或成立专门机构进一步清理和追索,避免国有资产流失。

第十五条 企业对经批准核销的报废毁损固定资产、存货、在建工程等实物资产损失,应当分类排队,进行认真清理,对有利用价值或者能收回残值的,应当积极进行处理,以最大限度降低损失。

第十六条 企业清查出的由于会计技术性差错引起的资产不实,不属于资产损失的认定范围,应当由企业依据会计准则规定的会计差错更正办法,经会计师事务所审计提出相关意见后自行处理。

第十七条 企业集团内部单位之间、母公司与子公司之间的互相往来款项、投资和关联交易,债务人核销债务要与债权人核销债权同等金额、同时进行,并签订书面协议,互相提供处理债权或者债务的财务资料。

第四章 货币资金损失的认定

第十八条 货币资金损失是指企业清查出的现金短缺和各类金融机构存款发生的有关损失。

第十九条 企业清查出的现金短缺,将现金短缺数扣除责任人赔偿后的数额,依据下列证据,确认为损失:

(一)现金保管人确认的现金盘点表(包括倒推至基准日的记录);

(二)现金保管人对于短款的说明及相关核准文件;

(三)由于管理责任造成的,应当有对责任人的责任认定及赔偿情况说明;

(四)涉及刑事犯罪的应当提供有关司法涉案材料。

第二十条 企业清查出的存款中金融机构已付、企业未付的款项,依据财产清查基准日的银行对账单及相应的银行存款余额调节表,要逐笔查明银行已付、企业未付款项的形成原因,确认与收款人的债权债务关系,核实情况分清责任。对不能收回款项,比照本规则坏账损失的认定要求,进行损失认定。

第五章 坏账损失的认定

第二十一条 坏账损失是指企业不能收回的各项应收款项造成的损失,主要包括:应收账款和其他应收款、应收票据、预付账款等发生坏账造成的损失。

第二十二条 对在清产核资中清查出的各项坏账,企业应当逐项分析形成原因,对有合法证据证明确实不能收回的应收款项,分别不同情况,认定为损失。

第二十三条 债务单位已被宣告破产、注销、吊销工商登记或者被政府责令关闭等,造成应收款项无法收回的,依据下列证据,认定为损失:

(一)法院的破产公告和破产清算的清偿文件;

(二)工商部门的注销、吊销证明;

(三)政府部门有关行政决定文件。

对上述情形中已经清算的,应当扣除债务人清算财产实际清偿部分后,对不能收回的款项,认定为损失。

对尚未清算的,由社会中介机构进行职业推断和客观评判后出具经济鉴证证明,对确实不能收回的部分,认定为损失。

第二十四条 债务人已失踪、死亡的应收款项,在取得公安机关出具的债务人已失踪、死亡的证明后,确定其遗产不足清偿部分或无法找到承债人追偿债务的,由社会中介机构进行职业推断和客观评判后出具经济鉴证证明,认定为损失。

第二十五条 债务人因遭受战争、国际政治事件及自然灾害等不可抗力因素影响,对确实无法收回的应收款项,由企业作出专项说明,经社会中介机构进行职业推断和客观评判后出具经济鉴证证明,认定为损失。

第二十六条 逾期不能收回的应收款项,有败诉的法院判决书、裁定书,或者胜诉但无法执行或债务人无偿债能力被法院裁定终(中)止执行的,依据法院的判决、裁定或终(中)止执行的法律文书,认定为损失。

第二十七条 在逾期不能收回的应收款项中,单笔数额较小、不足以弥补清收成本的,由企业作出专项说明,经社会中介机构进行职业推断和客观评判后出具经济鉴证证明,认定为损失。

第二十八条 逾期3年以上的应收款项,企业有依法催收磋商记录,确认债务人已资不抵债、连续3年亏损或连续停止经营3年以上的,并能认定在最近3年内没有任何业务往来,由社会中介机构进行职业推断和客观评判后出具鉴证证明,认定为损失。

第二十九条 逾期3年以上的应收款项,债务人在境外及港、澳、台地区的,经依法催收仍不能收回的,在取得境外中介机构出具的有关证明,或者取得我国驻外使(领)馆或商务机构出具的有关证明后,认定为损失。

第三十条 对逾期3年以上的应收款项,企业为了减少坏账损失而与债务人协商,按一定比例折扣后收回(含收回的实物资产)的,根据企业董事会或者经理(厂长)办公会审议决定(二级及以下企业应有上级母公司的核准文件)和债权债务双方签订的有效协议,以及已收回资金的证明,其折扣部分,认定为损失。

第六章 存货损失的认定

第三十一条 存货损失是指有关商品、产成品、半成品,在产品以及各类材料、燃料、包装物、低值易耗晶等发生的盘盈、盘亏、变质、毁损、报废、淘汰、被盗等造成的净损失,以及存货成本的高留低转资金挂账等。

第三十二条 对盘盈和盘亏的存货,扣除责任人赔偿后的差额部分,依据下列证据,认定为损失:

(一)存货盘点表;

(二)社会中介机构的经济鉴证证明;

(三)其他应当提供的材料:

1. 存货保管人对于盘盈和盘亏的情况说明;

2. 盘盈存货的价值确定依据(包括相关入库手续、相同相近存货采购发票价格或者其他确定依据);

3. 盘亏存货的价值确定依据;

4. 企业内部有关责任认定、责任人赔偿说明和内部核批文件。

第三十三条 对报废、毁损的存货,将其账面价值扣除残值及保险赔偿或责任人赔偿后的差额部分,依据下列证据,认定为损失:

(一)单项或者批量金额较小的存货,由企业内部有关部门出具技术鉴定证明;

(二)单项或者批量金额较大的存货,应取得国家有关技术鉴定部门或具有技术鉴定资格的社会中介机构出具的技术鉴定证明;

(三)涉及保险索赔的,应当有保险公司理赔情况说明;

(四)其他应当提供的材料:

1. 企业内部关于存货报废、毁损情况说明及审批文件;

2. 残值情况说明;

3. 企业内部有关责任认定、责任人赔偿说明和内部核批文件。

第三十四条 对被盗的存货,将其账面价值扣除保险理赔以及责任人赔偿后的差额部分,依据以下证据,认定为损失:

(一)向公安机关的报案记录;公安机关立案、破案和结案的证明材料;

(二)涉及责任人的责任认定及赔偿情况说明;

(三)涉及保险索赔的,应有保险公司理赔情况说明。

第三十五条 对已削价、折价处理的存货,由企业有关部门说明情况,依据有关会计凭证将原账面价值与已收回价值的差额部分,认定为损失。

第三十六条 对清查出的存货成本高留低转部分,由企业作出专项说明,经社会中介机构进行职业推断和客观评判后出具经济鉴证证明,认定为损失。

第七章 待摊费用挂账损失的认定

第三十七条 企业清查出的已经失去摊销意义的费用项目,由企业作出相关事项说明,经社会中介机构进行职业推断和客观评判后出具经济鉴证证明,认定为损失。

第三十八条 企业清查出的长期应摊未摊费用,由企业作出难以自行消化的未摊销专项说明,经社会中介机构进行职业推断和客观评判后出具经济鉴证证明,认定为损失。

第三十九条 企业清查出的有关应提未提费用,由企业作出专项说明,经社会中介机构进行职业推断和客观评判后出具经济鉴证证明,认定为损失。

第四十条 企业清查出的以前年度由于国家外汇汇率政策调整引起的汇兑损失挂账,由企业作出专项说明,经社会中介机构进行职业推断和客观评判后出具经济鉴证证明,认定为损失。

第八章 投资损失的认定

第四十一条 投资损失是指企业发生的不良股权或者债权投资造

成的损失,包括长期投资损失和短期投资损失。对清查出的不良投资,企业要逐项进行原因分析,对有合法证据证明不能收回的,认定为损失。

第四十二条 被投资单位已破产、清算、被撤销、关闭或被注销、吊销工商登记等,造成难以收回的不良投资,依据下列证据,认定为损失:

(一)法院的破产公告或者破产清算的清偿文件;

(二)工商部门的注销、吊销文件;

(三)政府部门的有关行政决定文件;

对已经清算的,扣除清算财产清偿后的差额部分,认定为损失。

尚未清算的,由社会中介机构经过职业推断和客观评判后出具经济鉴证证明,对被投资单位剩余财产确实不足清偿投资的差额部分,认定为损失。

第四十三条 对企业有关参股投资项目金额较小,确认被投资单位已资不抵债、连续经营亏损3年以上或连续停止经营3年以上的,由社会中介机构进行职业推断和客观评判后出具经济鉴证证明,对确实不能收回的部分,认定为损失。

第四十四条 企业经营期货、证券、外汇等短期投资未进行交割或清理的,不能认定为损失。

第九章 固定资产损失的认定

第四十五条 固定资产损失是指企业房屋建筑物、机器设备、运输设备、工具器具等发生的盘盈、盘亏、淘汰、毁损、报废、丢失、被盗等造成的净损失。

第四十六条 对盘盈的固定资产,依据下列证据,确认为固定资产盘盈入账:

(一)固定资产盘点表;

(二)使用保管人对于盘盈情况说明材料;

(三)盘盈固定资产的价值确定依据(同类固定资产的市场价格、类似资产的购买合同、发票或竣工决算资料);

(四)单项或批量数额较大固定资产的盘盈,企业难以取得价值确认依据的,应当委托社会中介机构进行估价,出具估价报告。

第四十七条 对盘亏的固定资产,将其账面净值扣除责任人赔偿后的差额部分,依据下列证据,认定为损失:

(一)固定资产盘点表;

(二)盘亏情况说明(单项或批量金额较大的固定资产盘亏,企业要逐项作出专项说明,由社会中介机构进行职业推断和客观评判后出具经济鉴证证明);

(三)社会中介机构的经济鉴证证明;

(四)企业内部有关责任认定和内部核准文件等。

第四十八条 对报废、毁损的固定资产,将其账面净值扣除残值、保险赔偿和责任人赔偿后的差额部分,依据下列证据,认定为损失:

(一)企业内部有关部门出具的鉴定证明;

(二)单项或批量金额较大的固定资产报废、毁损,由企业作出专项说明,应当委托有技术鉴定资格的机构进行鉴定,出具鉴定证明;

(三)不可抗力原因(自然灾害、意外事故)造成固定资产毁损、报废的,应当有相关职能部门出具的鉴定报告:如消防部门出具的受灾证明;公安部门出具的事故现场处理报告、车辆报损证明;房管部门的房屋拆除证明;锅炉、电梯等安检部门的检验报告等;

(四)企业固定资产报废、毁损情况说明及内部核批文件;

(五)涉及保险索赔的,应当有保险理赔情况说明。

第四十九条 对被盗的固定资产,将其账面净值扣除责任人的赔偿和保险理赔后的差额部分,依据下列证据,认定为损失:

(一)向公安机关的报案记录;公安机关立案、破案和结案的证明材料;

(二)企业内部有关责任认定、责任人赔偿说明和内部核批文件;

(三)涉及保险索赔的,应当有保险理赔情况说明。

第十章 在建工程和工程物资损失的认定

第五十条 在建工程损失和工程物资损失是指企业已经发生的因停建、废弃和报废、拆除的在建工程项目造成的损失,以及因此而引起的相应工程物资报废或者削价处理等发生的损失。

第五十一条 因停建、废弃和报废、拆除的在建工程,将其账面投资扣除残值后的差额部分,依据下列证据,认定为损失:

(一)国家明令停建项目的文件;

(二)规划等有关政府部门出具的工程停建、拆除通知文件;

(三)企业对报废、废弃的在建工程项目出具的鉴定意见和原因说明及核批文件;单项数额较大的在建工程报废,应当有行业专家参与的技术鉴定意见;

(四)工程项目实际投入的价值确定依据。

第五十二条 由于自然灾害和意外事故毁损的在建工程,将其账面投资扣除残值、保险赔偿及责任赔偿后的差额部分,依据下列证据,认定为损失:

(一)有关自然灾害或者意外事故证明;

(二)涉及保险索赔的,应当有保险理赔情况说明;

(三)企业内部有关责任认定、责任人赔偿说明和核准文件。

第五十三条 工程物资发生损失的,比照本规则存货损失的认定要求,进行损失认定。

第十一章 无形资产和其他资产损失的认定

第五十四条 无形资产损失是指某项无形资产已经被其他新技术所代替或已经超过了法律保护的期限,已经丧失了使用价值和转让价值,不能给企业再带来经济利益,而使该无形资产成为无效资产,其账面尚未摊销的余额,形成无形资产损失。

第五十五条 企业清查出的无形资产损失,依据有关技术部门提供的鉴定材料,或者已经超过了法律保护的期限证明文件,将尚未摊销的无形资产账面余额,认定为损失。

第五十六条 企业或有负债(包括担保、抵押、委托贷款等行为造成的损失)成为事实负债后,对无法追回的债权,分别按有关资产损失认定要求,进行损失认定。

（一）对外提供担保损失。被担保人由于不能按期偿还债务,本企业承担了担保连带还款责任,经清查和追索,被担保人无偿还能力,对无法追回的,比照本规则坏账损失的认定要求,进行损失认定。

（二）抵押损失。由于企业没能按期赎回抵押资产,使抵押资产被拍卖或变卖,其账面价值与拍卖或变卖价值的差额部分,依据拍卖或变卖证明,认定为损失。

（三）委托贷款损失。企业委托金融机构向其他单位贷出的款项,对贷款单位不能按期偿还的,比照本规则投资损失的认定要求,进行损失认定。

第五十七条 国家特准储备物资发生损失的,按有关规定的审批程序另行报批。

第十二章 附 则

第五十八条 企业应按照《会计档案管理办法》的规定,妥善保管清产核资工作档案,清产核资各种工作底稿、各项资产损失认定证明和会计基础材料,应分类装订成册,按规定期限保存。

第五十九条 本规则自公布之日起施行。

国务院国有资产监督管理委员会
关于印发《中央企业财务决算
审计工作规则》的通知

2004 年 2 月 5 日　国资发评价〔2004〕173 号

各中央企业：

为加强中央企业财务监督,规范中央企业年度财务决算审计工作,促进提高企业会计信息质量,根据《企业国有资产监督管理暂行条例》

和国家有关财务会计制度,我们制定了《中央企业财务决算审计工作规
则》,现印发给你们。请结合企业自身实际,认真遵照执行,并及时反映
工作中有关情况和问题。

附件:中央企业财务决算审计工作规则

附件:

中央企业财务决算审计工作规则

第一章 总　　则

第一条　为加强中央企业(以下简称企业)财务监督,规范企业年
度财务决算审计工作,促进提高企业会计信息质量,依据《企业国有资
产监督管理暂行条例》和国家有关财务会计制度规定,制定本规则。

第二条　本规则所称年度财务决算审计,是指按照有关规定委托
具有资质条件的会计师事务所及注册会计师,以国家财务会计制度为
依据,对企业编制的年度财务决算报告及经济活动进行审查并发表独
立审计意见的监督活动。

第三条　本规则所称年度财务决算报告,是指企业按照国家财务
会计制度规定,根据统一的编制口径、报表格式和编报要求,依据有关
会计账簿记录和相关财务会计资料,编制上报的反映企业年末结账日
资产及财务状况和年度经营成果、现金流量、国有资本保值增值等基本
经营情况的文件。企业年度财务决算审计报告是企业年度财务决算报
告的必备附件。

第四条　国务院国有资产监督管理委员会(以下简称国资委)依法
对企业年度财务决算的审计工作进行监督。

第二章　审计机构委托

第五条　为保障企业年度财务状况及经营成果的真实性,根据财务监督工作的需要,国资委统一委托会计师事务所对企业年度财务决算进行审计。

第六条　国资委统一委托会计师事务所,按照"公开、公平、公正"的原则,采取国资委公开招标或者企业推荐报国资委核准等方式进行。其中,国有控股企业采取企业推荐报国资委核准的方式进行。

第七条　国资委暂未实行统一委托会计师事务所进行年度财务决算审计工作的企业,应当按照"统一组织、统一标准、统一管理"的工作原则,经国资委同意,由企业总部按照有关规定,采用公开招标等方式,委托会计师事务所对企业及各级子企业年度财务决算进行审计。

第八条　对于企业总部统一委托会计师事务所的企业,应当事先报国资委同意,并在与所委托会计师事务所签订年度财务决算审计业务约定书之日起 15 日内,将约定书及会计师事务所有关资质证明材料报国资委审核备案。

(一)业务约定书应当明确企业与会计师事务所双方在年度财务决算审计工作中的权利、义务和责任。

业务约定书应当明确规定,会计师事务所不得将承揽企业的年度财务决算审计业务再转包或分包给其他会计师事务所。会计师事务所下属分所不得单独出具企业年度财务决算审计报告。

(二)会计师事务所相关资质证明材料包括:

1. 会计师事务所营业执照、执业证书复印件;

2. 注册会计师名单;

3. 会计师事务所最近 3 年执业情况总结;

4. 要求提供的其他有关证明材料。

第九条　企业年度财务决算审计工作,原则上统一委托 1 家会计师事务所承办;对于所属子企业分布地域较广的,可由企业总部委托多家会计师事务所共同承办(一般不超过 5 家)。

第十条 委托多家会计师事务所共同承办年度财务决算审计业务的,应当明确由承办企业总部审计业务的会计师事务所担任主审会计师事务所。主审会计师事务所承担的审计业务量一般不得低于50%(特殊情形企业另行规定),同时负责该企业全部审计工作的组织、质量控制及集团合并报表的审计,并对出具的该企业年度财务决算审计报告负责。

对于多家会计师事务所共同承办年度财务决算审计的,企业应当做好主审会计师事务所与参审会计师事务所的分工协作,并在业务约定书中予以明确。

第十一条 企业委托的会计师事务所应当连续承担不少于2年的企业年度财务决算审计业务,因特殊情形需要变更会计师事务所的,应当将变更原因及重新委托的会计师事务所有关情况及时报国资委同意。

被更换会计师事务所对变更有异议的,可以向国资委提交陈述报告。

第十二条 同一会计师事务所承办企业年度财务决算审计业务不应连续超过5年。

第十三条 企业与承办企业年度财务决算审计业务的会计师事务所及注册会计师之间不应当存在有利害关系。

第十四条 承办企业年度财务决算审计的会计师事务所(含参审会计师事务所)应当具有较完善的内部执业质量控制管理制度,执业质量应当符合国家有关规定要求,并且其资质条件应当与企业规模相适应。

第三章 审计工作要求

第十五条 承办企业年度财务决算审计业务的会计师事务所及注册会计师实施审计的范围应当包括:

(一)资产负债表、利润及利润分配表、现金流量表、所有者权益变动表;

(二)会计报表附注;

(三)国资委要求的专项审计事项;

(四)企业要求的其他专项审计事项。

第十六条　企业应当为会计师事务所及注册会计师开展年度财务决算审计、履行必要审计程序、取得充分审计证据提供必要条件,不得干预会计师事务所及注册会计师的审计活动,以保证审计结论的独立、客观、公正。

第十七条　承办企业年度财务决算审计业务的会计师事务所及注册会计师,应当认真遵照《独立审计准则》以及其他职业规范,并按照国家有关财务会计制度规定和国资委对年度财务决算的统一工作要求,对企业年度财务决算实施审计。

第十八条　会计师事务所及注册会计师对企业年度财务决算出具的审计结论及意见应当准确恰当,审计结论与审计证据对应关系应当适当、严密,审计结论披露信息应当全面完整。

第十九条　会计师事务所应当在企业年度财务决算报告规定上报时间前完成审计业务工作,并出具审计报告。对不能按期完成企业年度财务决算审计工作的会计师事务所,企业报国资委同意后可予以更换。

第二十条　承办企业年度财务决算审计业务的会计师事务所,应当按照国家有关规定,妥善保管好年度财务决算审计工作底稿及相关材料,并做好归档管理工作,以备查用。

第二十一条　企业及各级子企业应当根据会计师事务所及注册会计师提出的审计意见进行财务决算调整;企业对审计意见或审计结论存有异议未进行财务决算调整的,应当在上报年度财务决算报告中向国资委专门说明。

第二十二条　企业总部设在港澳地区的企业年度财务决算审计工作,以所在地区法律规定为依据。

第二十三条　企业对下列特殊情形的子企业,应当建立完善的内部审计制度,并出具内部审计报告,以保证年度财务决算的真实、完整。

(一)按照国家有关规定,涉及国家安全不适宜会计师事务所审计的特殊子企业;

(二)依据所在国家及地区法律规定进行审计的境外子企业;

(三)国家法律、法规未规定须委托会计师事务所审计的有关单位。

第四章　审计事项披露

第二十四条　承办企业年度财务决算审计业务的会计师事务所及注册会计师,在审计工作中要按照国家有关财务会计制度、独立审计准则和年度财务决算工作要求,对企业重要财务会计事项予以关注,并在审计报告中予以披露;对于国资委提出的专项工作要求,可以专项报告的形式予以披露。

第二十五条　会计师事务所及注册会计师在年度财务决算审计中,应当重点关注企业年度财务决算编报范围是否齐全、报表合并口径和方法是否正确、合并内容是否完整及对资产和财务状况的影响,并应当对应纳入而未纳入合并范围的子企业对资产和财务状况的影响作重点说明。主要说明内容包括:

(一)未按照规定纳入合并报表范围的所属子企业户数情况;

(二)未按照规定将企业所属实行金融或者事业会计制度的子企业或者单位资产及效益并入年度财务决算报表情况;

(三)企业所属境外子企业和分支机构资产及效益是否并入年度财务决算报表情况;

(四)未按照规定对具有控制权或者重大影响力的长期投资情况进行权益法核算;

(五)其他需要说明的事项。

第二十六条　主审会计师事务所应当关注与披露企业所属各子企业的分户年度财务决算审计情况,逐户列明审计机构、审计结论及审计保留事项的原因,以及对企业财务状况的影响程度或金额。

第二十七条　会计师事务所及注册会计师应当关注与披露企业实际发生的各项经济业务是否按照国家统一的财务会计制度规定予以确认、计量和登记,会计核算方法和会计政策是否符合国家财务会计制度规定。具体披露内容应当包括:

(一)采用的会计核算方法和会计政策是否正确,年度间是否一致,发生变更是否经过核准或者备案;

(二)资产、负债和所有者权益的确认标准和计量方法是否准确;

(三)固定资产主要类型及计提折旧情况,在建工程项目及结算情况;

(四)各种资产损失情况及处理办法;

(五)各项减值准备的计提方法、变更情况及减值准备转回情况;

(六)企业从事高风险投资经营情况,如证券买卖、期货交易、房地产开发等业务占用资金和效益情况;

(七)财产抵押、对外担保、未决诉讼等或有事项,是否如实在年度财务决算中予以反映;

(八)财务成果的核算是否真实、完整,影响企业财务经营成果的各种因素是否合理及其金额;

(九)所有者权益增减变动因素是否真实可靠。

第二十八条 会计师事务所及注册会计师在审计过程中发现企业内部会计控制制度存在重大缺陷的,应当予以披露,并按照要求出具管理建议书。

第二十九条 会计师事务所及注册会计师在年度财务决算审计报告或者报告附件中,根据国资委要求应当关注和披露下列有关专项审计事项:

(一)国有资本保值增值及主客观因素变动情况;

(二)企业年度财务决算中主要指标年初数与上年年末数不一致的情况及主要原因;

(三)按照国家政策开展清产核资、主辅分离、债务重组、改制改组、破产出售、资产处置、债转股等工作的企业,依据有关部门批复文件调整会计账务情况;

(四)企业本年度财务决算中依据会计师事务所对上年度财务决算出具的审计意见予以会计账务调整情况;

(五)企业本年度财务决算中依据会计师事务所审计意见所进行的主要账务调整事项;

(六)其他需要关注和披露事项。

第五章 审计意见处理

第三十条 企业对会计师事务所及注册会计师对年度财务决算出具的审计报告中提出的意见和问题,应当依据国家有关财务会计制度,认真对照检查,对确实存在问题的,应当采取有效整改措施。

第三十一条 对会计师事务所及注册会计师出具的审计结论有不同意见的,应当在年度财务决算报告中予以说明;存在较大分歧的,应当向国资委提交专项报告予以说明。

第三十二条 对会计师事务所及注册会计师出具的审计报告为保留意见的,企业应当在年度财务决算报告中,对保留事项予以说明。

第三十三条 对会计师事务所及注册会计师出具审计报告属否定意见和无法表示意见的,企业应当在上报年度财务决算报告时提交专项报告予以说明。

第六章 审计工作责任

第三十四条 企业应当对向会计师事务所及注册会计师提供的会计记录和财务数据的真实性、合法性和完整性承担责任。会计师事务所及注册会计师应当对出具的审计报告承担相应责任。

对按照国家有关规定不适宜会计师事务所审计的子企业或所属单位,注册会计师和会计师事务所可以依据内部审计报告发表审计意见。企业应对内部审计报告的真实性、完整性承担责任。

第三十五条 会计师事务所及注册会计师对企业年度财务决算的审计工作或者审计质量不符合统一工作要求,国资委可要求补充相关资料或者重新审计;审计结论及意见不准确或审计质量存在较多问题的,国资委可更换或者要求企业更换会计师事务所重新审计。

第三十六条 企业拒绝或者故意不提供有关财务会计资料和文件,影响和妨碍注册会计师正常审计业务,会计师事务所应当及时向国资委反映情况。

第三十七条 国资委将建立企业年度财务决算审计工作质量档案

管理制度,对于在企业年度财务决算审计工作中存在以下问题或行为的会计师事务所,将予以通报或者限制其审计业务:

(一)对企业年度财务决算审计程序、范围、依据、内容、审计工作底稿等存在问题和缺陷,以及审计结论避重就轻、含糊其词、依据严重不足的,予以内部通报;

(二)对连续2年(含2年)或者同一年度承担的两家企业年度财务决算审计工作均被给予通报的,3年内不得承担企业有关审计业务;

(三)在企业年度财务决算审计中存在重大错漏,应当披露未披露重大财务事项,或者发生重大违法违规行为的,今后不得承担企业有关审计业务。

第三十八条 会计师事务所和注册会计师违反《中华人民共和国注册会计师法》等有关法律法规,与企业及相关人员串通,弄虚作假,出具不实或虚假内容的审计报告的,国资委将通报有关部门依法予以处罚。

第三十九条 国资委通过企业年度财务决算审核和监事会稽核等工作制度,对企业年度财务决算审计质量进行监督。

第七章 附 则

第四十条 各省、自治区、直辖市国有资产监督管理机构可以参照本规则,制定本地区相关工作规范。

第四十一条 本规则自公布之日起施行。

关于中央企业执行《企业会计制度》工作有关事项的通知

2004 年 4 月 23 日 国资发评价〔2004〕218 号

各中央企业:

在全面开展清产核资工作的基础上,推动中央企业执行《企业会计制度》,是国务院国有资产监督管理委员会(以下简称国资委)2004 年的重要工作部署。2003 年 8 月国资委、财政部《关于做好执行〈企业会计制度〉工作的通知》(国资评价〔2003〕45 号),明确中央企业及其境内全资、控股子企业应于 2005 年底前全面执行《企业会计制度》,并拟定了中央企业执行《企业会计制度》工作计划安排。为有效推动中央企业执行《企业会计制度》工作,规范企业会计核算,加强企业财务监督,促进提高会计信息质量,现将有关事项通知如下:

一、加强对执行《企业会计制度》工作的组织领导。通过清产核资工作,摸清企业"家底",核实资产质量,统一执行《企业会计制度》,是加强中央企业基础管理工作的重要措施。执行《企业会计制度》是一项较为复杂的系统工程,各中央企业要高度重视,切实加强领导;企业财务管理部门要认真抓好各项有关工作的组织落实,加强工作协调,做好统筹规划,制定严密工作计划,并妥善安排年度财务决算、清产核资等各项财务工作与执行《企业会计制度》工作的相互衔接,严格按照国资委统一工作安排,有计划、有步骤、有组织地做好执行《企业会计制度》工作。经商财政部同意,中央企业执行《企业会计制度》的审批工作,由国资委统一负责。企业应当在完成清产核资工作的基础上,按照财政部《国有企业申请执行〈企业会计制度〉的程序及报送材料的规定》(财会〔2001〕44 号)及国资委、财政部《关于做好执行〈企业会计制度〉工作的通知》(国资评价〔2003〕45 号)的相关要求,将有关申报材料报送国资委,抄报财政部。

二、切实做好执行《企业会计制度》的组织落实工作。各中央企业应当在认真做好清产核资工作基础上,对所属子企业或单位进行分类排队,加强执行《企业会计制度》工作的组织落实和业务指导,促进公司规范执行统一会计制度。

(一)中央企业及所属境内持续经营子企业都应当按照规定统一执行《企业会计制度》。对各类非持续经营子企业要按规定尽快清理整顿,并对已撤销、破产等子企业及时办理企业国有资产注销产权登记手续和工商注销手续。

（二）中央企业所属事业单位及基建单位要加快改制步伐,实现财务并账,促进公司内部执行统一会计制度;尚不具备条件的单位,应当在原会计制度核算基础上,按规定先实现财务报表格式转换,建立公司内部规范的合并报表制度,并积极创造条件推进执行《企业会计制度》。

（三）中央企业所属境外子企业在向境内报送财务决算报告时,应当按照国内会计制度和会计准则规定,以《企业会计制度》及母公司会计政策为依据,相应调整财务决算口径,实现公司财务数据信息的统一、可比。

三、积极做好企业财会人员的业务培训工作。《企业会计制度》较以往的行业会计核算制度改革力度大、内容多,需要更多的职业经验判断,具有一定复杂性,对财会人员的专业知识和业务能力提出了更高的要求。为做好执行《企业会计制度》的准备工作,国资委、财政部将于2004年上半年分批组织各中央企业总部财会人员开展相关业务培训(有关工作安排另行通知)。各中央企业务必组织好本企业及所属子企业的业务培训工作,将业务培训与制订本企业财务核算办法及相关财务管理制度相结合,既要使财会人员尽快理解《企业会计制度》与《企业会计准则》的规定,又要与本企业的工作要求相适应,确保执行《企业会计制度》整体工作顺利进行。

四、抓紧建立健全企业内部控制机制。健全有效的财务管理制度及严格的内部控制机制,是规范企业管理、堵塞漏洞、消除隐患、确保国有资产安全与完整的有力保障。各中央企业应当从财务管理工作需要出发,根据国家有关制度、法规及《内部会计控制规范——基本规范(试行)》的有关规定要求,结合企业实际情况和业务特点,建立企业成本费用、实物资产、资本与资金、对外融资、对外担保、对外投资及高风险业务的风险控制、内部审计监督等方面的管理规范,完善企业内部控制机制,确保各部门、岗位之间权责分明、相互制约、相互监督,实现企业财务管理工作的制度化、规范化。

五、认真做好执行《企业会计制度》账务衔接工作。做好账务衔接、实现会计核算平稳过渡和规范运行,是执行《企业会计制度》的重要环节。各中央企业及所属子企业应当按照国资委批复的清产核资处理意见,及时做好清产核资损失确认的账务处理工作,并根据清产核资资金核实结果批复,以及财政部关于印发《工业企业执行〈企业会计制度〉有关问题衔接规定》(财会〔2003〕31号)的要求,及时调整有关账务,做好会计制度转换的账务衔接工作,确保会计核算平稳过渡。对清产核资确认的资产损失,按规定冲减有关权益后,如未分配利润为负数,应当按会计制度及税收制度要求,在规定期限内用企业当期利润弥补,在规定期限内不能弥补的按规定用企业盈余公积等弥补。

六、统一制定企业内部会计核算规范。各中央企业应当在符合国家有关会计制度和会计准则的前提下,统一建立公司内部会计核算规范。

(一)企业应当根据有关会计法律、行政法规和《企业会计制度》的规定,结合本企业的经营业务特点,选择适当的会计政策和会计估计,统一制定适合本企业的会计核算办法。

(二)企业会计政策的选择与会计估计的确定要与企业资产质量相匹配,通过清产核资全面核实资产质量及价值状况,确立资产质量分类等级,统一制定企业会计政策和会计估计方法。

(三)企业会计政策的选择与会计估计的确定要与企业的行业特征相符合,公司内同行业企业的会计政策和会计估计方法应当一致。

(四)企业的会计政策、会计估计一经确定,不得随意变更。严禁利用会计政策、会计估计变更调节利润,影响会计信息的可比性和真实性。

七、规范建立企业资产减值准备管理制度。各中央企业应当根据有关会计制度规定,制定统一的公司资产减值准备计提标准和方法,规范公司的资产减值准备管理。

(一)研究制定统一的公司资产减值准备计提办法。企业各项资产减值准备的计提政策和具体估计要与企业的行业特征、资产性质及资产质量相符合。各中央企业可根据自身实际特点,按照国家有关会计制度和规定要求,确定具体会计估计标准。如果企业制定的具体标准与国家有关制度规定存在较大差异,应当说明原因。

(二)合理计提各项资产减值准备,严禁出现新的资产损失挂账。按照《关于中央企业2003年度财务决算工作有关问题的紧急通知》(国资传〔2003〕6号)要求,各中央企业自2003年起不得出现新的潜亏。企业应当按规定定期对各项资产进行全面清查,合理计提各项资产减值准备,做到相关会计估计与企业资产质量相匹配。如企业不恰当地运用会计估计多提或少提减值准备,应当作为重大会计差错予以更正;对于企业滥用会计估计计提秘密准备或少提减值准备调节利润的,国资委将责令企业纠正,以调整后的财务数据作为考核及评价依据,并追究企业及相关人员的责任。

(三)全面加强资产减值准备转回管理,防止利用资产减值准备转回调节利润。如企业已计提减值准备的资产价值回升,或者已经确认并转销的资产损失又收回,需要提供说明事实的有力证据;对于企业滥用会计估计将资产减值准备跨年度转回调整当期利润的,国资委将责令企业纠正,以调整后的财务数据作为考核及评价依据,并追究企业及相关人员的责任。

(四)严格资产损失责任管理,建立资产损失防范机制。对于已计提减值准备的各项资产确已形成实际损失的,在事实确凿、证据充分的基础上,经制度规定的相应程序核准,可以冲销相关资产减值准备。同时,企业应当对资产损失进行分类排队,查明原因,分清责任,吸取教训,并采取有效整改措施,建立资产损失责任追究制度和账销案存管理制度,对已经核销的资产损失应当组织力量积极清理和追索,避免国有资产流失。

八、合理确定企业固定资产折旧方法。各中央企业应当根据国家会计制度及会计准则要求,结合企业的具体情况,制定适合本企业生产经营实际的固定资产折旧政策,加强固定资产折旧管理。

(一)企业应当根据经济利益预期实现方式选择适合企业特点的固定资产折旧方法。固定资产折旧政策一经确定,不得随意变更。

(二)企业应当根据固定资产的性质和实际使用情况,按照国家有关规定,合理确定固定资产的折旧年限和预计净残值,相关会计估计确定后,不得随意调整。

(三)企业固定资产折旧政策变更应当严格执行《企业会计制度》的有关规定。如企业不恰当运用会计估计变更调节当期利润,应当作为重大会计差错予以更正;对于企业随意变更固定资产折旧政策调节当期利润的行为,国资委将责令企业纠正,以调整后财务数据作为考核及评价依据,并追究企业及相关人员的责任。

九、建立企业重要会计政策和会计估计备案管理制度。为加强对中央企业的财务监管,推进企业财务管理规范化,确保会计核算的稳健与信息可靠,国资委对中央企业执行《企业会计制度》的有关重要制度及相关事项实行备案管理。各中央企业应当于申报执行《企业会计制度》时,向国资委报送重要财务事项备案资料,并严格按照备案财务事项执行《企业会计制度》,不得随意变更。企业因生产经营发生变化等原因确需变更财务备案事项的,需将变更事项及变更原因、变更的累积影响金额等材料向国资委报备。重要财务事项备案内容主要包括:

(一)企业财务决算报表合并范围与合并范围增减变动情况;

(二)企业八项资产减值准备计提、核销、转回等具体标准与管理办法;

(三)企业固定资产折旧政策与估计具体内容;

(四)对企业当期利润产生重大影响的其他重要会计政策及会计估计事项。

各中央企业要认真落实执行《企业会计制度》有关工作要求,进一步规范企业日常会计核算,加强财务管理,控制经营风险,为实现企业财务管理的制度化、规范化奠定良好基础。

关于中央企业利润分配
有关事项的通知

2004 年 4 月 28 日　国资发评价〔2004〕219 号

各中央企业:

据了解,个别中央企业在 2003 年年终财务决算工作中,自行决定企业利润分配和分派股利方案。2003 年 5 月《企业国有资产监督管理暂行条例》(国务院令第 378 号)和 2003 年 10 月《国务院办公厅关于公布国务院国有资产监督管理委员会履行出资人职责企业名单的通知》(国办发〔2003〕88 号),明确了国资委履行各中央企业国有资产出资人工作职责。企业利润分配(含弥补亏损方案)监督工作是出资人的基本职责之一。为了规范企业利润分配和分派股利等行为,现将有关事项明确如下:

一、有关国有独资企业,其企业总部的利润分配预案,应当事先报我委备案(10 个工作日内)。

二、国有控股或者参股企业,企业董事会制订的利润分配方案,应当按《中华人民共和国公司法》有关规定提请召开股东大会(履行出资人职责单位参加)审议批准;公司利润分配预案应当事先报告我委及履行出资人职责的其他股东同意,再提交董事会决议。

三、经国务院批准授权经营企业,其控股的重要上市公司利润分配方案在提交股份公司董事会决议前,应当事先向我委报告,并将决议后的利润分配方案及时报我委备案(10 个工作日内)。

关于印发《国资委统一委托
会计师事务所工作试行办法》的通知

2004 年 9 月 29 日　　国资发评价〔2004〕289 号

各中央企业：

　　为加强国有资产监督管理，规范企业年度财务决算审计工作，提高企业会计信息质量，根据《中央企业财务决算报告管理办法》（国资委令第 5 号）和《中央企业财务决算审计工作规则》（国资发评价〔2004〕173号）的有关规定，国资委将有计划、有步骤地对所出资企业试行统一委托会计师事务所进行年度财务决算审计工作。现将我委制定的《国资委统一委托会计师事务所工作试行办法》印发给你们，请将执行中的有关情况和问题及时反映。

　　附件：国资委统一委托会计师事务所工作试行办法

附件：

国资委统一委托会计师事务所
工作试行办法

　　第一条　为加强国有资产监督管理，有效履行出资人职责，规范国务院国有资产监督管理委员会（以下简称国资委）所出资企业（以下简称企业）年度财务决算审计工作，提高会计信息质量，根据《中央企业财务决算报告管理办法》（国资委令第 5 号）和《中央企业财务决算审计工作规则》（国资发评价〔2004〕173 号）的有关规定，特制定本办法。

第二条 国资委根据出资人财务监督工作的需要,将有计划、有步骤地试行统一委托会计师事务所对企业年度财务决算审计工作。

第三条 国资委统一委托会计师事务所对企业年度财务决算审计工作,按照"公开、公平、公正"的原则,采取公开招标或邀请招标的方式进行。

第四条 按照国家有关招投标法律、法规及国资委有关财务决算审计规章制度的规定,国资委通过对外公开招标或者由被审计企业推荐报国资委核准的方式确定邀请招标对象,具体组织统一委托会计师事务所工作。

第五条 投标会计师事务所应具有以下资质要求:

(一)经工商登记为企业法人,并具备国家主管部门颁发的执业资格;

(二)会计师事务所应具备与被审计企业相适应的资质条件,并与被审计企业规模相适应;

(三)在规定工作期间,有能力调配较强工作力量,按照国资委年度财务决算审计工作要求开展审计工作,并按时保质完成审计任务;

(四)近三年内没有违法违规行为被国家有关部门予以处罚的记录,并在承担中央企业有关审计工作中没有出现重大审计质量问题和不良记录。

第六条 投标会计师事务所资质条件与被审计企业规模相适应是指承担企业审计业务的会计师事务所,其注册会计师人数不得少于40名,其中:

(一)企业资产总额(合并口径,下同)在100亿～500亿元的,主审会计师事务所注册会计师人数不得少于60名;

(二)企业资产总额在500亿～1000亿元的,主审会计师事务所注册会计师人数不得少于80名;

(三)企业资产总额在1000亿元以上的,主审会计师事务所注册会计师人数不得少于100名。

第七条 企业资产总额在100亿元以下,原则上委托一家会计师事务所独立承担企业年度财务决算的审计业务;企业资产总额在100

亿元以上且子企业户数较多、分布较广的,可委托一家或多家会计师事务所(最多不得超过5家)承担企业年度财务决算的审计业务。

第八条 投标方应按照国资委年度财务决算统一工作要求,在投标书中对以下方面作出明确的承诺或陈述:

(一)同意承担招标书规定的工作内容;

(二)审计工作方案及保证措施;

(三)项目小组构成、项目负责人及成员简介(含近三年从事类似审计项目的工作业绩,主要成员应具有从事企业财务决算审计工作的经历)及其相关资格证书的复印件;

(四)收取费用预算及支付方式(费用预算中人工费用、差旅费用、其他费用等应分别列示);

(五)按照国家有关规定和独立审计准则的要求,确保审计报告内容的真实性、合法性。

第九条 允许委托多家会计师事务所的被审计企业,可由多家会计师事务所组成共同投标人进行投标,并在投标书中明确主审会计师事务所与参审会计师事务所的职责分工。

第十条 投标。国资委根据确定的招标范围,向相关的会计师事务所发出招标邀请。投标方根据邀请招标的要求以及招标书中的规定审计对象其中之一进行投标。

会计师事务所应按照规定的程序及相关要求,在规定时间内将投标文件报送国资委。未密封的投标文件、迟报的投标文件等均视为投标无效。

第十一条 开标。在会计师事务所按规定投标后,由国资委密封保存,并于评标时在监票人员的监督下统一开标。

第十二条 评标。按照公平、公正、择优的原则进行评标,由国资委组织有关方面的专业人士组成评标委员会,在对投标会计师事务所执业情况初审的基础上,依据国家有关招投标法律、法规对会计师事务所的投标文件和陈述进行审核、比较和评分。

第十三条 以下情况作为废标处理:

（一）投标人以他人的名义投标、串通投标、以行贿手段谋取中标或者以其他弄虚作假方式投标的；

（二）投标文件不符合招标文件提出的全部实质性要求，未能在实质上响应的投标；

（三）投标文件出现重大偏差。

第十四条 评标程序：

（一）投标人情况介绍；

（二）评标委员会成员审核投标文件；

（三）评标委员会成员按照规定的程序和格式评标评分；

（四）现场统计投标人的评分情况，对投标人按得分高低顺序排出名次，并当场公布；

（五）在评标结果基础上，国资委按排名次序与相关会计师事务所协商企业财务决算审计具体工作组织等相关事宜；

（六）根据评标结果和协商情况，报经批准后与中标会计师事务所签订《业务约定书》。

第十五条 中标会计师事务所应于接到国资委中标通知的5个工作日内，与国资委签订《业务约定书》，国资委同时向被审计企业下达《委托审计通知书》。过期不签《业务约定书》的，视为该会计师事务所弃权。

第十六条 中标会计师事务所为多家会计师事务所共同组织投标的，由国资委与主审会计师事务所签订《业务约定书》；参审会计师事务所与主审会计师事务所签订有关业务约定书，并报国资委备案。

第十七条 会计师事务所在承办企业的财务决算审计工作中，应严格遵守《中央企业财务决算审计工作规则》及国资委有关年度财务决算的工作要求。

第十八条 在实施审计过程中发现以下情形的，国资委有权更换会计师事务所：

（一）在投标中有故意隐瞒与投标书不符的重大事实的；

（二）将所中标业务再转包或分包给其他会计师事务所的；

（三）被国家有关部门予以处罚的。

第十九条　国资委在会计师事务所按规定程序执行审计任务并出具符合工作要求的审计报告后,根据国家有关规定及《业务约定书》有关费用条款支付相关审计费用。

第二十条　被审计企业应当按照国资委的相关工作要求认真做好推荐会计师事务所的工作。企业推荐的会计师事务所不得与企业及企业相关工作人员有利害关系。

第二十一条　国资委的相关工作人员在招投标过程中,应当严格执行相关工作纪律、工作要求和工作程序,加强监督,强化责任。国资委工作人员不得向企业推荐会计师事务所,不得影响和干预企业对会计师事务所的推荐工作。

第二十二条　参加评标工作的评委及监票等工作人员应当客观、公正地履行职责,严格执行评标工作纪律,并对所提出的评审意见承担责任。评委不得与任何投标人或者与招标结果有利害关系的人进行私下接触,不得透露投标评审及相关工作情况。

第二十三条　本办法从公布之日起施行。

关于印发中央企业账销案存
资产管理工作规则的通知

2005 年 2 月 4 日　国资发评价〔2005〕13 号

各中央企业:

为进一步加强清产核资后续管理工作,规范企业账销案存资产管理,促进企业建立和完善内部控制制度,根据《国有企业清产核资办法》(国资委令第 1 号)和国家有关财务会计制度规定,我们制定了《中央企业账销案存资产管理工作规则》,现印发给你们。请结合企业实际,认真遵照执行,并及时反馈工作中有关情况和问题。

附件:中央企业账销案存资产管理工作规则

附件：

中央企业账销案存资产管理工作规则

第一章　总　　则

第一条　为加强国务院国有资产监督管理委员会(以下简称国资委)所出资企业(以下简称企业)财务监督,规范企业账销案存资产管理,建立和完善企业内部控制制度,依据《国有企业清产核资办法》(国资委令第 1 号)和国家有关财务会计制度规定,制定本规则。

第二条　企业在清产核资中清理出来的属于账销案存资产的管理工作,适用本规则。

第三条　本规则所称账销案存资产是指企业通过清产核资经确认核准为资产损失,进行账务核销,但尚未形成最终事实损失,按规定应当建立专门档案和进行专项管理的债权性、股权性及实物性资产。

(一)债权性资产包括应收账款、其他应收款、预付账款、短期债权性投资、长期债权投资、委托贷款和未入账的因承担连带责任产生的债权及应由责任人或保险公司赔偿的款项等;

(二)股权性资产包括短期股权性投资及长期股权投资等;

(三)实物性资产包括存货、固定资产、在建工程、工程物资等;

第四条　本规则所称资产的事实损失是指企业有确凿和合法的证据表明有关账销案存资产的使用价值和转让价值发生了实质性且不可恢复的灭失,已不能给企业带来未来经济利益的流入。

第五条　账销案存资产是企业资产的组成部分。企业应当按照规定对清产核资中清理出的各项资产损失进行认真甄别分类,对不符合直接销案条件的债权性、股权性及实物性资产,应当按照规定建立账销案存管理制度,组织进行专项管理。

第六条 国资委依法对企业账销案存资产管理工作进行监督。

第二章 账销案存资产清理与追索

第七条 企业应当对清产核资中清理出的各项资产损失进行认真剖析,查找原因,明确责任,提出整改措施,建立和完善各项管理和内部控制制度,防止前清后乱;同时应当按照《国有企业清产核资办法》规定,组织力量对账销案存资产进行进一步清理和追索,通过法律诉讼等多种途径尽可能收回资金或残值,防止国有资产流失。

第八条 企业应当根据实际情况,对账销案存资产清理和追索采取多种方式处理,可以指定内部相关部门、成立专门工作小组或机构进行处理,也可以委托社会专业机构按照市场化原则处理。清理与追索工作应坚持公开透明原则,制定相关配套制度和措施,接受监督,避免暗箱操作。

(一)企业指定内部相关机构对账销案存资产进行清理追索,应当建立追索责任制,明确清欠任务和工作责任,加强对清理和追索工作的领导和督促。

(二)企业成立专门工作小组或机构对账销案存资产进行清理追索,在明确清理任务和工作责任的基础上,可以建立适当的追索奖励制度。对造成损失直接责任人的追索工作不得奖励,但可以根据追索结果适当减轻其相关责任。

(三)企业委托社会专业机构对账销案存资产进行清理和追索,可以采取按收回金额一定比例支付手续费或折价出售等多种委托方式。委托工作应通过市场公开竞价,不能市场公开竞价的应以多种方案择优比较后确定。

第九条 企业对账销案存的债权性资产、股权性资产进行清理和追索,可以采取债务重组、折价出售等处理方法,但应当建立严格的核准工作程序和监管制度。企业账销案存资产的债务重组、折价出售等,应当经企业董事会或经理(厂长)办公会讨论批准,并报上级企业(单位)核准。

第十条　企业对小额账销案存债权性资产进行清理和追索,其清欠收入不足以弥补清欠成本的,经企业董事会或经理(厂长)办公会讨论批准,并报上级企业(单位)备案后可以停止催收。

第十一条　企业对账销案存股权性资产进行清理和追索,属于有控制权的投资,必须按规定依法组织破产或注销清算,其清算结果应报上级企业(单位)备案;属于无控制权的投资,必须认真参与破产和注销工作,维护企业自身权益,并取得相关销案证据。

第十二条　企业对账销案存实物性资产进行清理,应当认真做好变现处置工作,尽量利用、及时变卖或按其他市场方式进行处置,尽可能收回残值。

第十三条　企业对账销案存资产清理和追索收回的资金,应当按国家有关财务会计制度规定及时入账,不得形成"小金库"或账外资产,并建立账销案存资产定期核对制度,及时做好销案和报备工作。

第三章　账销案存资产销案依据

第十四条　企业账销案存资产销案时应当取得合法的证据作为销案依据,包括具有法律效力的外部证据、社会中介机构的法律鉴证或公证证明和特定事项的企业内部证据等。

第十五条　债权性资产依据下列证据进行销案:

(一)债务单位被宣告破产的,应当取得法院破产清算的清偿文件及执行完毕证明;

(二)债务单位被注销、吊销工商登记或被政府部门责令关闭的,应当取得清算报告及清算完毕证明;

(三)债务人失踪、死亡(或被宣告失踪、死亡)的,应当取得有关方面出具的债务人已失踪、死亡的证明及其遗产(或代管财产)已经清偿完毕或无法清偿或没有承债人可以清偿的证明;

(四)涉及诉讼的,应当取得司法机关的判决或裁定及执行完毕的证据;无法执行或债务人无偿还能力被法院终止执行的,应当取得法院的终止执行裁定书等法律文件;

（五）涉及仲裁的,应当取得相应仲裁机构出具的仲裁裁决书,以及仲裁裁决执行完毕的相关证明;

（六）与债务人进行债务重组的,应当取得债务重组协议及执行完毕证明;

（七）债权超过诉讼时效的,应当取得债权超过诉讼时效的法律文件;

（八）可以公开买卖的期货、证券、外汇等短期投资,应当取得买卖的交割单据或清理凭证;

（九）清欠收入不足以弥补清欠成本的,应当取得清欠部门的情况说明及企业董事会或经理(厂长)办公会讨论批准的会议纪要;

（十）其他足以证明债权确实无法收回的合法、有效证据。

第十六条 股权性资产依据下列证据进行销案:

（一）被投资单位被宣告破产的,应当取得法院破产清算的清偿文件及执行完毕证明;

（二）被投资单位被注销、吊销工商登记或被政府部门责令关闭的,应当取得清算报告及清算完毕证明;

（三）涉及诉讼的,应当取得司法机关的判决或裁定及执行完毕的证据;无法执行或债务人无偿还能力被法院终止执行的,应当取得法院的终止执行裁定书等法律文件;

（四）涉及仲裁的,应当取得具有仲裁资格的社会仲裁机构出具的仲裁裁决书及执行完毕证明;

（五）其他足以证明股权确实无法收回的合法、有效证据。

第十七条 实物性资产依据下列证据进行销案:

（一）需要拆除、报废或变现处理的,应当取得已拆除、报废或变现处理的证据,有残值的应当取得残值入账凭证;

（二）应由责任人或保险公司赔偿的,应当取得责任人缴纳赔偿的收据或保险公司的理赔计算单及银行进账单;

（三）涉及诉讼的,应当取得司法机关的判决或裁定及执行完毕的证据;无法执行或债务人无偿还能力被法院终止执行的,应当取得法院的终止执行裁定书等法律文件;

（四）涉及仲裁的,应当取得具有仲裁资格的社会仲裁机构出具的仲裁裁决书及执行完毕证明;

（五）抵押资产损失应当取得抵押资产被拍卖或变卖证明;

（六）其他足以证明资产确实无法收回的合法、有效证据。

第四章　账销案存资产销案程序

第十八条　企业应当建立健全账销案存资产销案管理的内部控制制度,明确审批工作程序,并依据企业实际情况划定内部核准权限。

第十九条　企业账销案存资产销案应遵循以下基本工作程序:

（一）企业内部相关部门提出销案报告,说明对账销案存资产的损失原因和清理追索工作情况,并提供符合规定的销案证据材料;

（二）企业内部审计、监察、法律或其他相关部门对资产损失发生原因及处理情况进行审核,并提出审核意见;

（三）企业财务部门对销案报告和销案证据材料进行复核,并提出复核意见;

（四）设立董事会的企业由董事会会议核准同意,未设立董事会的企业由经理(厂长)办公会核准同意,并形成会议纪要;

（五）按照企业内部管理权限,需报上级企业(单位)核准确认的,应当报上级企业(单位)核准确认;

（六）根据企业会议纪要、上级企业(单位)核准批复及相关证据,由企业负责人、总会计师(或主管财务负责人)签字确认后,进行账销案存资产的销案。

第二十条　企业应当在每年报送财务决算时向国资委同时报备账销案存资产清理情况表(格式附后)及年度账销案存资产管理情况专项报告。专项报告主要内容包括:

（一）企业账销案存资产本年度的清理、追索情况;

（二）企业对于追索收回的资金或残值的账务处理情况;

（三）企业账销案存资产本年度的销案情况;

（四）其他需要说明的事项。

第二十一条 企业应当对账销案存资产的销案情况建立专门档案管理制度,以备查询和检查,并按照会计档案保存期限规定进行保管。存档资料内容主要包括:

(一)销案资产的基本情况;

(二)销案资产的清理和追索情况;

(三)销案资产的销案依据;

(四)销案资产的销案程序;

(五)销案资产损失原因分析及责任追究情况;

(六)其他相关材料。

第五章　工作责任与监督

第二十二条 企业负责人、总会计师(或主管财务负责人)对企业账销案存资产的管理负领导责任,企业具体清理与追索部门对账销案存资产的追索及销案工作负具体管理责任,企业财务、审计、监察、法律等部门对账销案存资产的追索及销案工作负监督责任。

第二十三条 企业集团总部对所属 ⋯ 账销案存资产的管理工作负组织和监督责任。企业集团总部应当认真组织和监督所属企业按照规定建立账销案存资产管理制度,采取有效措施加大清理和追索力度。

第二十四条 国资委对企业账销案存资产管理建立必要的抽查制度,以加强对企业账销案存资产管理工作的监督。

第二十五条 企业在账销案存资产管理过程中有下列行为之一的,国资委将责令限期改正,并给予通报批评:

(一)未按照规定建立账销案存资产相关管理制度,或建立的管理制度不符合有关规定或企业实际情况,在实际工作中未得到有效执行的;

(二)未遵循本规则规定和企业内部程序,擅自对账销案存资产进行销案的;

(三)未按照规定对账销案存资产的损失原因进行分析、整改,因内部管理原因致使企业又产生新的同类资产损失的;

(四)未按照规定对因工作失职、渎职或者违反规定,造成损失的人员进行责任追究和处理的。

第二十六条　企业在账销案存资产管理过程中有下列行为之一的,国资委将给予通报批评,并追究企业负责人和相关责任人的责任;构成犯罪的,依法追究刑事责任:

(一)在账销案存资产的处理过程中进行私下交易、个人从中获利的;

(二)将账销案存资产恶意低价出售或无偿被其他单位、个人占有的;

(三)对账销案存资产的追索及变现收入不入账、私设"小金库"或私分、侵吞的;

(四)其他严重违反账销案存管理制度规定或国家有关财务会计制度规定的行为。

第六章　附　　则

第二十七条　企业应当依据本规则规定制定企业账销案存资产管理工作制度。

第二十八条　各省、自治区、直辖市国有资产监督管理机构可参照本规则规定制定本地区管理工作规则。

第二十九条　执行《企业会计制度》企业计提的各项资产减值准备财务核销管理规定另行制定。

第三十条　本规则自公布之日起施行。

附件:企业账销案存资产清理情况表

关于印发中央企业资产减值准备
财务核销工作规则的通知

2005 年 3 月 25 日　　国资发评价〔2005〕67 号

各中央企业:

为加强中央企业财务监督,规范企业资产减值准备财务核销行为,促进企业建立和完善内部控制制度,根据《中央企业财务决算报告管理办法》(国资委令第 5 号)和国家有关财务会计制度,我们制定了《中央企业资产减值准备财务核销工作规则》,现印发给你们。请结合企业实际,认真执行,并及时反映工作中有关情况和问题。

附件:1.《中央企业资产减值准备财务核销工作规则》(略)

2. 企业资产减值准备财务核销备案表(略)

关于加强中央企业财务决算审计工作的通知

2005 年 10 月 7 日　国资厅发评价〔2005〕43 号

各中央企业:

为加强中央企业财务监督,规范企业财务决算审计工作,促进企业会计信息质量的提高,根据《中央企业财务决算报告管理办法》(国资委令第 5 号)和《关于印发〈中央企业财务决算审计工作规则〉的通知》(国资发评价〔2004〕173 号)等有关规定,现就进一步做好中央企业财务决算审计工作有关事项通知如下:

一、进一步加强财务决算审计管理工作

财务决算审计是对企业年度财务状况、经营成果和现金流量真实性、合法性的综合检验,也是出资人考核企业经营业绩、评价企业财务状况和资产质量的重要依据。认真做好企业财务决算审计管理工作,有助于检验企业会计核算的规范性、内部控制的有效性,及时发现企业财务管理的薄弱环节,并采取有效措施加强和改进企业财务管理;有助于及时发现企业经营管理中存在的问题,堵塞管理漏洞,提高经营决策与管理水平。各中央企业要高度重视财务决算审计管理工作,切实加强组织领导,层层落实责任,确保财务决算审计工作质量,提高财务管理工作水平。

二、严格财务决算审计范围与内容

各中央企业要严格遵循有关财务决算审计范围与内容的规定:一是除涉及国家安全或难以实施外部审计的特殊子企业,经国资委核准可由企业内部审计机构审计外,企业年度财务决算必须由符合资质条件的会计师事务所及注册会计师进行审计;二是承担中央企业财务决算审计业务的会计师事务所及注册会计师应按规定对企业财务决算报告中的资产负债表、利润及利润分配表、现金流量表、资产减值准备及资产损失情况表、所有者权益变动表等重要报表数据和报表附注进行审计,恰当发表审计意见;对财务决算报告中其他报表及指标数据应按有关要求进行复核并作专项说明,其中对财务决算报告信息质量有重大影响的财务会计事项可发表审计意见。

三、统一规范会计师事务所选聘工作

各中央企业要严格按照财务决算审计工作的统一要求,规范会计师事务所的选聘工作。承担中央企业财务决算审计业务的会计师事务所资质条件必须与企业规模相适应。具体应符合以下要求:

(一)会计师事务所注册会计师人数要求。承担中央企业财务决算审计业务的会计师事务所注册会计师人数最低不得少于 40 名,其中:企业资产总额在 50 亿～500 亿元的,主审会计师事务所注册会计师人数不得少于 60 名;企业资产总额在 500 亿～1000 亿元的,主审会计师事务所注册会计师人数不得少于 80 名;企业资产总额在 1000 亿元以上的,主审会计师事务所注册会计师人数不得少于 100 名。

(二)会计师事务所执业资信条件。会计师事务所存在下列情况之一的不得承担中央企业财务决算审计业务:一是近 3 年内因违法违规行为被国家相关主管部门给予没收违法所得、罚款、暂停执行部分或全部业务、吊销有关执业许可证和撤销会计师事务所等行政处罚;二是近 3 年内因审计质量等问题被国家相关主管部门给予警告或通报批评两次(含)以上;三是近 3 年内在承担中央企业有关审计业务中出现重大审计质量问题被国资委警示两次（含）以上；四是国资委根据会计师事务所执业质量明确不适合承担中央企业财务决算审计工作。

（三）会计师事务所数量要求。为保证企业财务决算审计工作的顺利进行，减少信息沟通障碍，提高审计工作质量，企业合并资产总额在100亿元以下的，其全部境内子企业（包括实体在境内的境外上市公司，下同）原则上只能由1家会计师事务所独立审计；企业合并资产总额在100亿元以上、子企业户数在50户以上且地域分布较广的，其全部境内子企业最多可由不超过5家会计师事务所进行联合审计。对于多家会计师事务所联合审计的，主审会计师事务所承担的审计业务量一般不低于50%，且企业总部报表和合并报表必须由主审会计师事务所审计。

（四）会计师事务所审计年限要求。根据《中央企业财务决算审计工作规则》（国资发评价〔2004〕173号）的规定，中央企业委托会计师事务所连续承担财务决算审计业务应不少于2年，同一会计师事务所连续承担企业财务决算审计业务不应超过5年。连续承担企业财务决算审计业务的起始年限从会计师事务所实际承担企业财务决算审计业务的当年开始计算。各中央企业要严格执行上述要求，对连续承担企业财务决算审计业务已超过5年的会计师事务所必须进行更换。

（五）会计师事务所变更要求。各中央企业应严格按照"统一组织、统一标准、统一管理"原则和财务决算审计工作的统一要求，做好会计师事务所的选聘工作。需要变更会计师事务所的，应由企业总部按照国资委有关委托会计师事务所的规定，采用招标等方式确定。凡上年度纳入国资委统一委托审计范围的企业，如需变更会计师事务所，应向国资委报告变更原因，经国资委核准同意后，按规定采用招标等方式选聘。

四、切实加强财务决算审计组织工作

各中央企业应认真加强财务决算审计的组织管理工作：一是指定专门机构和人员负责协调工作，明确分工，落实责任；二是积极做好企业内部相关业务部门、所属各级子企业的协调配合工作;三是根据审计工作需要,及时提供审计所需相关材料,为会计师事务所及注册会计师履行必要的审计程序,获取充分、适当的审计证据提供必要的条件;四是做好与会计师事务所及注册会计师的沟通协调工作,但不得干预会计师事务所及注册会计师的审计活动,确保审计工作独立、客观、公正。

五、认真做好财务决算内部审计工作

各中央企业应当建立完善的内部审计制度,对企业所属涉及国家安全或难以实施外部审计的特殊子企业财务决算进行内部审计,并出具内部审计报告。企业财务决算的内部审计工作应当符合有关规定:一是在财务决算审计备案中应对所属子企业财务决算采用内部审计方式的原因、涉及的户数及采用内部审计方式的全部子企业名单进行说明;二是企业内部审计机构应当严格按照财务决算审计工作相关要求实施审计,切实履行审计程序,恰当发表审计意见;三是企业内部审计机构应当严格按照规定的格式和内容出具内部审计报告,并承担相应的审计责任。

六、逐步规范上市公司财务决算审计

各中央企业应加强对所属上市公司(包括实体在境内的境外上市公司,下同)财务决算审计工作的管理:一是合理安排上市公司财务决算审计工作计划,不得因为上市公司年度财务决算公告时间滞后而影响企业集团财务决算工作的整体进度;二是对企业与所属上市公司之间的投资、往来和关联交易等事项进行认真清理,并做好合并报表的抵销工作,确保审计结果的真实、完整;三是企业所属上市公司审计报告信息披露的格式和内容必须满足财务决算工作的统一要求。

七、切实提高财务决算审计工作质量

各中央企业要加强财务决算审计质量管理,努力提高审计工作质量:一是按照财务决算审计工作的统一要求,在审计业务约定书中明确相关内容和要求,确保审计报告信息披露的内容和格式符合财务决算工作统一要求;二是建立重大问题报告制度,对于在财务决算审计中发现的重大问题要及时报告国资委;三是企业及各级子企业应当根据会计师事务所及注册会计师提出的审计意见对财务决算进行调整,对审计意见或审计结论存有异议未进行财务决算调整的,应当在年度财务决算报告中说明,存在较大分歧的,应当向国资委提交专项报告予以说明;四是对所属企业财务决算审计质量严格把关,并对审计质量进行评估,对审计质量存在严重问题、审计结果达不到要求的会计师事务所应及时向国资委报告。

八、有效运用财务决算审计工作结果

各中央企业应当提高财务决算审计结果的运用效率:一是对审计报告中的保留意见事项、无法表示意见事项和否定意见事项逐项进行核实,在年度财务决算报告中说明或提交专项报告予以说明,对需要调整账务的应及时调整有关账务;二是对企业财务决算审计报告和管理建议书中所反映的其他财务管理和经营管理问题,应当认真研究,切实整改,努力提高财务管理和经营管理水平;三是对上年度财务决算批复中提及的问题进行认真研究、落实整改,并在年度财务决算报告中将落实整改情况向国资委报告;四是国资委将在企业财务决算审计结束后组织审计质量审核和评估,并将审核和评估结果及时通报企业,各中央企业应认真对照,积极整改。

九、认真做好财务决算审计备案工作

各中央企业应提早安排 2005 年度财务决算审计相关工作,并按照财务决算审计的统一要求完成备案工作。各中央企业应于 2005 年 11

月 30 日之前以正式文件向国资委报送中央企业 2005 年度财务决算审计备案报告(具体要求另行通知),并将会计师事务所相关资质证明材料和审计业务约定书一并报国资委备案。企业本年度变更会计师事务所的,应当在备案报告中说明原因。企业选聘的会计师事务所不符合国资委财务决算审计工作统一要求的,国资委将要求企业纠正并重新选聘;企业未按要求重新选聘的,国资委将在企业年度财务决算报告上报后另行组织专项审计调查,在审计调查结束之前暂不确认企业年度业绩考核有关指标。

各中央企业要加强对财务决算审计工作的统一管理,严格执行国资委关于财务决算审计工作的统一要求,切实提高审计工作质量,确保企业财务会计信息的真实性、完整性,充分发挥财务决算审计的监督和服务作用,努力提高财务管理水平,提高企业经济效益,确保国有资本保值增值。

关于加强中央企业内部审计工作的通知

2005 年 12 月 11 日　　国资发评价〔2005〕304 号

各中央企业:

为进一步做好中央企业内部审计工作,强化企业内部监督与风险控制,提高经营管理水平,保障国有资本保值增值和企业可持续发展,根据《中央企业内部审计管理暂行办法》(国资委令第 8 号)等有关规定,现将有关事项通知如下:

一、进一步提高对内部审计工作重要性的认识

内部审计是审计监督的重要组成部分,加强企业内部审计,是建立

健全现代企业制度不可或缺的重要环节,是推动企业转变经营机制、依法经营、规范管理、增强市场竞争力、实现健康快速发展的重要手段。各中央企业要充分认识内部审计工作的重要性,高度重视内部审计工作,切实加强领导。企业主要负责人要将内部审计工作纳入企业重要议程,保障内部审计工作有效开展,在企业营造"尊重审计、支持审计、自觉接受审计"的工作环境,充分发挥内部审计工作在完善企业内部控制、防范经营风险、提高经营管理水平方面的作用。

二、加强内部审计机构与审计队伍建设

各中央企业应按照内部审计工作的有关规定,积极做好内部审计机构和审计队伍建设工作。一要按照现代企业制度要求建立完善的内部审计机构及监督体系。大型企业集团应当按照现代企业治理结构要求建立独立的内部审计机构,以保障内部审计工作的有效开展。二要加强对内部审计工作的领导。设立董事会的企业,董事会应下设审计委员会,以加强对内部审计工作的指导和监督;尚未设立董事会的企业,审计机构应对企业主要负责人负责,确保内审工作的独立性和权威性。三要加强内部审计队伍建设。要按照建立现代企业制度要求配备既懂财务又懂经营管理的高素质人才,充实审计力量,加强人员业务培训,保障审计工作的有效开展。

三、建立健全企业内部审计制度体系

各中央企业应按照内部审计工作有关要求,结合自身实际情况,建立健全企业内部审计工作制度,推动内部审计工作制度化、程序化和规范化。一要明确内部审计机构工作职责,明确内部审计机构与各职能机构分工,保证内部审计工作规范开展。二要建立健全内部审计工作制度和工作标准,明确审计内容和工作流程,规范操作程序,提高审计工作效率。三要严格审计工作要求,建立审计工作问责制度,坚持依法审计,对企业重要事项做好定期审计,坚持有错必究、过错必追,以促进提高审计工作质量。

四、进一步完善企业内部控制机制

为实现经营管理目标,确保财务信息真实可靠、资产安全完整,提高资产运营效率与效益,各中央企业应按照国家有关规定,建立完善的企业内部控制机制。一要建立和完善内部控制体系,科学设置组织结构,健全内部控制制度。二要加强经营风险评估,增强企业适应环境和防范风险的能力。三要加强对内部控制执行的监督和检查,内部审计部门应当组织开展内部控制有效性的评价工作,充分发挥内部审计在内部控制中的监督作用。四要按照现代企业制度要求,探索与完善企业内部控制有效性审计和评价工作方法,不断完善企业内部控制体系,促进提高企业管理水平。

五、加强对重要子企业的审计监督

中央企业内部审计机构要在立足全面监督的基础上,突出重点,加强对重要子企业的审计监督,揭露存在隐患,堵塞管理漏洞,促进提高企业管理水平。一要认真做好重要子企业的定期财务审计工作,保障企业持续健康发展。二要积极做好对重要子企业内部审计工作的监督和指导,推进重要子企业内部审计工作有序开展。三要加强对重要子企业内控评测和高风险业务等的监控,增强重要子企业的风险防范和可持续发展能力。

六、加强对高风险投资业务的审计监督

要进一步完善高风险投资业务的内部控制体系,规范中央企业高风险投资业务管理,健全风险防范机制。要加大对高风险投资业务审计力度,规范高风险业务会计核算,对从事高风险投资业务的子企业或业务部门,每年必须安排审计,尤其是对重大高风险投资业务,应当强化内部监管工作。要认真做好对高风险投资业务损失的审计调查,要认真查明事实,分析原因,分清责任,做好责任追究工作。

七、认真探索开展境外投资审计

要建立境外企业定期审计制度,充分发挥内部审计监督作用。要加大对境外企业审计力度,认真查找问题,堵塞管理漏洞,防范经营风险,促进提高管理水平。要积极探索境外企业审计的有效方法,认真研究境内外会计制度、税收政策及外汇管理等方面的差异,提高审计效率和质量。

八、全面开展经济责任审计工作

为客观评判中央企业负责人的经营业绩和经济责任,企业要按照《中央企业经济责任审计管理暂行办法》(国资委令第7号)等有关规定,认真组织开展经济责任审计工作。一要认真做好各级子企业和重要业务部门负责人任期或离任经济责任审计工作,做到未经审计,不得解除经济责任。二要通过经济责任审计,明确经营管理人员的经济责任,做到审计不合格,不得兑现效益年薪。三要积极探索经济责任审计工作方法,做到财务审计、绩效评价和责任评估相结合,科学评判企业经营者经营业绩和经济责任。

九、认真做好企业财务决算审计工作

中央企业内部审计机构应当充分发挥审计监督作用,按照财务决算审计工作相关要求,根据企业内部分工做好本企业财务决算审计工作。一要认真组织或参与承担财务决算审计社会中介机构的选聘工作。二要做好对企业财务决算审计质量评估,加强对中介机构审计程序的监督和检查,保障审计质量。三要加强与中介机构审计工作的衔接和沟通,充分利用外部审计工作成果,督促企业对外部审计发现的问题进行整改。四要企业所属涉及国家安全或难以实施外部审计的特殊子企业,要按照独立审计要求认真做好财务决算内部审计工作,严格按照规定的格式和内容出具内部审计报告,并承担相应的审计责任。

十、积极探索内部审计的新领域和新方法

各中央企业内部审计机构应当加强审计理论和审计方法研究与创新,推进内部审计职能从单纯财务收支审计逐步向监督与服务并重转变,审计方式从事后审计逐步向全过程审计转变,审计目标从查错纠弊逐步向内控评价和风险评估转变。一要结合企业经营发展目标,在强化财务收支审计、经济责任审计和基建工程审计的同时,积极拓展审计领域,推动管理审计工作开展,积极开展采购审计、招标审计、改制审计、预算审计等工作。二要定位于监督与服务相结合,积极探索企业绩效审计、风险导向审计,提高审计业务增值能力。三要积极探索创新审计方法和审计手段,探索运用先进的审计理念、方法和技术,推进内控测评和风险评估,提高审计工作的质量和效率。

十一、充分发挥内部审计结果的作用

审计结果的落实程度直接关系到审计工作的效果,各企业要发挥审计结果的效力,做到审必严,责必究,使审计工作真正落到实处。一要及时对审计中发现的问题进行研究处理,总结经验,完善制度,改善管理,提升企业管理水平。二要完善审计整改落实制度,积极开展后续审计工作,对审计意见的落实情况进行跟踪,督促有关业务部门或所属子企业认真整改;对未按规定限期整改的,应当追究相关人员责任。三要研究建立企业资产损失责任追究制度,落实经营管理责任,对企业经营管理人员违法违规,以及未履行或未正确履行职责而造成资产损失的,应追究相关人员的责任。四要对审计中发现的涉嫌违法违纪问题,在事实清楚、证据确凿的基础上,要及时移交有关部门进行处理。五要推进建立审计公告制度,提高审计的透明度和影响力。要加强经济责任审计结果的利用,任期审计结果应当作为企业负责人任期考核、干部任免等事项的重要依据。

十二、切实履行内部审计工作责任

为推进内部审计持续有效发展,建立内部审计质量控制体系,加强审计管理,提高审计工作质量,中央企业各级负责人和内部审计人员要认真履行工作职责。一要建立审计责任追究制度,对于审计人员玩忽职守,出现重大审计事项错漏、重大线索遗失和对重大违纪、违法事项不披露的或者未按规定履行审计工作职责的,要追究审计人员责任;对于审计制度不健全,未按要求开展审计业务的,应追究企业负责人和审计部门负责人的责任。二要建立内部审计质量考评体系,公正评价审计人员工作业绩,切实保护审计人员的合法权益,提高审计人员工作积极性。

十三、建立内部审计工作报告制度

各中央企业应根据有关要求定期向国资委报告内部审计工作情况。一要建立定期报告制度。中央企业应于每年3月31日前,向国资委报送本年度内部审计工作计划和上年度内部审计工作总结。二要建立重大审计事项报告制度。内部审计中发现的重大违法违纪问题、重大资产损失情况、重大经济案件及重大经营风险等,应当及时向国资委报告。三是对提拔到企业总部领导岗位上的子企业或重要业务部门负责人的经济责任审计工作结果,应当向国资委报告。四是审计部门负责人变更,应当向国资委备案。加强对中央企业内部审计工作的指导和监督是出资人履行职责的重要手段。各企业要高度重视内部审计在现代企业制度建设中的重要作用,切实采取有效措施,加强内部审计工作,确保内部审计工作有效开展,逐步形成"事前参与、事中监控、事后评价"的内部审计工作格局,推动企业的可持续健康发展。国资委将根据有关规定对企业内部审计工作改进和完善情况组织进行检查和评估。

关于印发《中央企业经济责任 审计实施细则》的通知

2006 年 1 月 20 日　国资发评价〔2006〕7 号

各中央企业：

为做好中央企业经济责任审计工作,规范经济责任审计行为,提高经济责任审计质量,根据《中央企业经济责任审计管理暂行办法》(国资委令第 7 号),我们制定了《中央企业经济责任审计实施细则》,现印发给你们,请遵照执行。工作中有何问题,请及时反馈。

附件:中央企业经济责任审计实施细则

附件:

中央企业经济责任审计实施细则

第一章　总　　则

第一条　为做好中央企业(以下简称企业)经济责任审计工作,规范经济责任审计行为,提高经济责任审计质量,根据《中央企业经济责任审计管理暂行办法》(国资委令第 7 号),制定本实施细则。

第二条　开展企业经济责任审计的主要目的是为适应出资人监督工作需要,加强对企业负责人的责任监督,建立与完善企业负责人经济责任的审计认定制度,客观评价企业负责人任职期间的经营业绩与经济责任,为企业负责人的任用、考核和奖惩提供参考依据,促进企业加强和改善经营管理,保证国有资产安全和国有资本保值增值。

第三条 企业经济责任审计的主要任务:

(一)财务基础审计。在对企业风险与内部控制进行了解测试的基础上,对企业资产、负债和经营成果的真实性、财务收支的合规性,以及企业资产质量的变动状况和重大经营决策等情况进行审计,以全面、客观、真实地反映企业的财务状况和经营成果。

(二)企业绩效评价。在财务基础审计的基础上,采用企业绩效评价指标体系,通过定量和定性相结合的评价方法,从企业的盈利能力、资产质量、债务风险、发展能力等财务绩效与管理绩效角度,对企业负责人任职期间企业的经营绩效进行全面分析和客观评价。

(三)经济责任评价。根据企业财务基础审计结果和绩效评价结论,综合考虑企业发展基础、经营环境等方面因素,对企业负责人任职期间的主要经营业绩和应当承担的经济责任进行评估,对企业负责人任职期间履行工作职责情况得出较为全面、客观和公正的评价结论。

第四条 在企业经济责任审计工作中,财务基础审计范围应当遵循重要性原则,并充分考虑审计风险,纳入经济责任审计范围的资产量一般不低于被审计企业资产总额的70%,户数不低于被审计企业总户数的50%。下列子企业应当纳入经济责任审计范围:

(一)资产或者效益占有重要位置的子企业;

(二)由企业负责人兼职的子企业;

(三)任期内发生合并、分立、重组、改制等产权变动的子企业;

(四)任期内关停并转或者出现经营亏损、资不抵债、债务危机等财务状况异常的子企业;

(五)任期内未经审计或者财务负责人更换频繁的子企业;

(六)各类金融子企业及内部资金结算中心等。

第五条 在企业经济责任审计过程中,财务基础审计应当充分利用企业近期内部与外部审计成果,提高审计效率。利用企业内部与外部审计成果应当注意以下问题:

(一)在利用内部审计工作成果时,应当对被审计企业内部审计环境及内部审计制度的有效性进行适当评估,以合理确信内部审计结论的可靠性。

(二)在利用外部中介机构审计成果时,必须采用一定的审计程序进行适当的审计评估,以合理确信所引用的审计结论的真实性及有效性。

(三)在审计企业资产状况时,可以借鉴相关年度的清产核资专项审计工作成果。当审计结果与清产核资专项审计结论不一致时,应当遵循谨慎性原则追加适当的审计程序。

(四)利用被审计企业及有关部门的纪检监察工作成果时,对于已经办结的案件,可以在给予必要审计关注的基础上直接利用纪检监察工作成果;对于正在办理的案件,应当注意与被审计企业及有关部门的纪检监察机构相互沟通配合。

第二章 工 作 组 织

第六条 开展企业经济责任审计工作应当按照企业负责人管理权限和企业产权关系,依据"统一要求、分级负责"的原则进行。国资委管理权限范围内的企业负责人经济责任审计工作,由国资委负责组织实施,具体可采用直接组织实施或者委托国家审计机关实施等方式。

第七条 根据企业负责人管理权限,经批准发生合并重组、托管等情况的企业,国资委可视情况直接组织实施经济责任审计或者委托重组企业、托管企业组织实施经济责任审计工作。

重组企业或者托管企业受托组织实施经济责任审计,其工作标准、方法、程序需按照国资委统一规定和要求执行,审计结果应当报国资委确认。

第八条 国资委直接组织实施企业经济责任审计工作的,可以聘请具有相应资质条件的社会中介机构配合审计或者抽调企业内部审计机构人员具体实施审计。国资委聘请社会中介机构配合实施经济责任审计,按照"公开、公平、公正"的原则,采取企业推荐、国资委核准、邀请招标方式选定具有相应资质条件的社会中介机构,并根据已确定的审计目标、范围和具体要求,与选定的社会中介机构签订业务委托书。

第九条 根据经济责任审计工作任务,国资委派出工作人员会同配合审计工作的社会中介机构等组成审计项目组,具体实施经济责任审计工作。审计项目组一般下设财务审计组和绩效评价组。

第十条 审计项目组。审计项目组组长为审计项目的具体组织者,应当具有审计、会计、经济等方面的专业知识,由国资委派出;审计项目副组长分别由财务审计组和绩效评价组组长担任。审计项目组长应当履行以下主要职责:

(一)负责组织协调审计工作的有关事宜;

(二)负责审核财务审计方案和绩效评价工作计划;

(三)负责带领审计项目组(含财务审计组和绩效评价组)正式进驻企业,并落实有关工作要求;

(四)在审计工作中,及时协调并解决有关重要事项和问题;

(五)负责组织访谈、与企业及企业负责人交换审计意见;

(六)负责组织审核和修改经济责任审计报告。

第十一条 财务审计组。财务审计组主要由聘请的社会中介机构人员(或企业内部审计人员)组成,组长由社会中介机构(或企业内部审计机构)的财务审计项目负责人担任。财务审计组组长的主要职责是:

(一)组织对被审计企业有关财务效益状况、资产质量、重大经营活动和经营决策、遵守法律法规等情况进行审计;

(二)组织出具财务审计报告,并对财务审计报告承担责任;

(三)组织协助绩效评价工作(为绩效评价工作提供基础数据、相关资料等方面的支持,协助准备专家评议工作,协助草拟绩效评价报告);

(四)协助草拟经济责任审计报告;

(五)协调处理财务审计组与绩效评价组的工作关系。

第十二条 绩效评价组。绩效评价组主要由委托方工作人员或者抽调企业内部审计人员及部分社会中介机构人员组成,组长一般由委托方专业人员担任。绩效评价组组长的主要职责是:

(一)组织对被审计企业的经营绩效进行评价;

(二)组织专家对企业经营及管理状况进行定性评议;

（三）综合财务审计结果和绩效评价结果,组织对企业负责人任期的经营业绩和经济责任进行评估,得出评价结论;

（四）配合组织与被审计企业沟通或征求意见,接收有关群众来信和接受群众访谈;

（五）组织草拟经济责任审计报告;

（六）协调处理绩效评价组与财务审计组的工作关系。

第十三条 财务审计组和绩效评价组组长应当具备下列基本条件:

（一）具有相关领域的中高级技术职称或相关专业执业（技术）资格,或者具备较丰富的企业财务管理或财务审计工作经验和经历;

（二）熟悉被审计企业所在行业的情况;

（三）具有较强的组织、综合分析和判断能力;

（四）坚持原则、清正廉洁、秉公办事。

第三章 工 作 程 序

第十四条 审计项目组具体实施的经济责任审计工作,可以分为准备、实施、报告三个工作阶段。

第十五条 准备阶段。主要工作包括:确认任务、业务培训、进驻企业、审前调查、收集资料、修改完善审计方案等。

（一）审计项目组在开始实施审计前,应当对需要承担的经济责任审计工作任务、审计对象、范围和要求等进行确认,落实对企业进行财务基础审计、绩效评价和对企业负责人进行经济责任评价的工作任务和责任。

（二）组织审计人员业务培训,了解被审计企业的行业特征、企业特点,学习和掌握财务基础审计、绩效评价和经济责任评价等工作要求和相关专业知识。

（三）组织召开由被审计企业负责人及有关人员参加的经济责任审计见面会,明确工作要求及配合事项。

（四）开展审前调查,了解企业基本情况,完善审计工作方案或计划。

1. 财务审计组在本阶段应当对被审计企业的内部控制制度进行初步测试,进一步了解被审计企业的基本控制环境、内部控制状况和主要业务流程、接受外部审计及其他各种审计检查等基础情况,了解被审计企业负责人任期内发生的重大经营活动和其他重要情况,评估被审计企业的财务审计风险,确定财务审计的重点内容和具体工作范围。

2. 绩效评价组在本阶段应当了解被审计企业的基本组织状况与基本财务状况,了解被审计企业负责人的任职时间、任期目标、任期工作表现、职工中的口碑、任期内工作职责及完成情况等个人基本情况,并与企业监事会沟通,就审计方案征求监事会意见等。

(五)被审计企业在实施现场审计前,应当根据经济责任审计工作需要,向审计项目组提供相关资料。

1. 企业应提供的财务审计资料主要有:

(1)任期内企业的财务会计资料、统计资料及有关审计报告、管理建议书等;

(2)企业的基本情况,如企业组织结构、资本结构、重要资产产权证明、重要投资合同、贷款合同目录、主管部门有关政策批准文件等;

(3)企业的管理情况,主要为以文字形式描述的企业内部决策程序及执行情况、内控制度及执行情况等,如内部财务核算制度、业务操作规程、授权与权限制度、费用开支审批办法等;

(4)重大事项,包括重大诉讼、重大违纪事项、重要会议记录等;

(5)关联方关系及其交易情况、会计政策变更、会计估计变更及原因说明等;

(6)企业有关财产损失审批及税务部门批准处理的文件,税务部门出具的完税证明、银行对账单等外部资料;

(7)在财务审计过程中,需要补充提供的其他资料。

2. 企业及企业负责人应提供的绩效评价资料主要有:

(1)任期内企业的年度工作计划、工作报告和工作总结;

(2)任期内企业经营目标及目标实现情况;

(3)任期内企业管理绩效评议指标完成情况;

(4)企业负责人任期述职报告,述职报告应包括任期内的主要业绩、存在的主要问题、工作中应当承担的经济责任,进一步改进企业经营管理的意见与建议等;

(5)在经济责任审计过程中,需要补充提供的其他资料。

(六)财务审计组根据审前调查情况,修改完善审计工作方案或计划,并将修改后的审计工作方案或计划经审计项目组长同意后,报国资委备案同意后组织落实。

第十六条 实施阶段。主要工作包括:财务基础审计、企业绩效评价、经济责任评价等内容。

第十七条 财务审计组在开始现场财务基础审计后,主要应当完成以下工作:

(一)审计人员对企业内部控制系统的健全性和有效性进行符合性测试,识别内部控制的关键控制点和风险点,评价内部控制的水平,设计实质性测试的程序和范围。

(二)审计人员根据对企业内部控制系统的了解、测试,明确实质性测试的重点与内容,并通过审查会计资料、查阅与审计范围有关的文件、盘点实物资产、向有关单位和个人询问、函证等程序,取得具有充分证明力的审计证据,为形成财务审计报告奠定基础。

(三)审计人员在现场审计中,应当认真填写审计工作记录,整理编制审计工作底稿。审计工作底稿包括以下内容:

1. 审计人员在审计准备阶段所形成的材料、收集的有关证据、被审计企业提供基本情况和审计方案;

2. 与审计事项有关的证明材料及其鉴定意见;

3. 审计中发现的问题及产生的原因;

4. 判断审计事项的法律、法规、政策依据;

5. 审计人员对审计事项的评价、初步结论和处理意见、建议,以及被审计企业及其负责人的意见;

6. 在执行具体审计工作方案过程中所作的其他有关记录等。

主审人员和财务审计组组长应当对审计工作底稿进行复核,并对审计工作底稿的真实性、准确性负责。

（四）实行审计周报制度，财务审计组每周定期向委托方汇报审计进展阶段及审计中发现的重大问题等情况。

（五）财务审计组根据取得的审计证据形成财务审计结论，起草财务审计报告初稿。

第十八条 绩效评价组在开始现场审计后，主要应当完成以下工作：

（一）进一步了解被审计企业及企业负责人的情况，向被审计企业有关人员征求意见、接收群众来信和访谈；

（二）根据财务基础审计核实后的被审计企业财务数据，采用企业绩效评价体系对被审计企业的财务绩效进行评价，形成财务绩效定量评价结论；

（三）对被审计企业的领导班子、主要业务部门及重要子企业负责人开展访谈工作；

（四）组织开展职工问卷调查；

（五）准备专家评议资料，邀请有关评议专家对被审计企业的管理绩效进行定性的专家评议。专家评议一般采用专家评议会方式，按下列程序进行：

1. 阅读相关资料，了解企业实际情况；

2. 财务审计组介绍财务审计情况及结果；

3. 绩效评价组介绍企业财务绩效定量评价情况及评价结果；

4. 评议专家根据企业实际情况和管理绩效评议参考标准，现场评议，独立打分；

5. 计算汇总评议打分结果；

6. 集体评议，现场形成专家评议结论。

（六）根据财务绩效定量评价结果和管理绩效定性评价结果，起草企业绩效评价报告初稿。

第十九条 报告阶段。主要工作包括：形成经济责任审计报告初稿，财务审计报告和经济责任审计报告初稿征求各方面意见，修改报告初稿,形成正式经济责任审计报告。

（一）审计项目组根据财务审计报告初稿和绩效评价报告初稿,综合分析评价企业负责人任期的经营业绩与经济责任,起草企业负责人经济责任审计报告。

（二）审计项目组提交的经济责任审计报告,经国资委同意后,形成经济责任审计报告初稿,并将经济责任审计报告初稿和财务审计报告初稿一并征求企业干部管理部门、相关监事会、企业及被审计人的意见。

（三）由审计项目组组长组织当面征求被审计企业和被审计人意见,审计项目组应将与被审计企业和被审计人交换意见的情况整理形成书面资料。

（四）在对各方面反馈意见进行分析核实的基础上,依据合理意见对审计报告初稿进行修改。

（五）经对审计报告初稿修改后,形成财务审计报告和经济责任审计报告征求意见稿,以书面形式正式征求被审计企业和被审计人的意见。一般应当在 7 个工作日内反馈意见,逾期不反馈意见,视为无不同意见。

（六）经过正式征求意见后,对审计报告进行再次修改,财务审计组出具正式的财务审计报告,并报国资委;国资委出具正式的经济责任审计报告,送达企业并抄送被审计人。

第二十条　在经济责任审计工作结束后,国资委根据审计报告,向被审计企业下达审计处理意见。

第二十一条　为改进工作,积累经验,不断提高经济责任审计工作质量,经济责任审计工作完成后,审计项目组应当对经济责任审计的组织、程序、方式、方法等方面进行总结,并将工作总结及时提交国资委。

第二十二条　经济责任审计工作结束后,审计项目组应当按照有关工作分工和审计档案管理规定,整理有关经济责任审计工作档案移交国资委和明确配合机构保管。

（一）应当明确由配合机构负责保管的资料有:审计计划、审计证据、审计工作底稿、审计报告及征求意见稿、有关意见反馈、有关审计问题的请示和报告等资料。

（二）应当移交国资委保管的资料有：财务审计工作方案、经济责任审计工作报告、企业及监事会等有关方面的反馈意见、审计决定执行情况、有关审计问题的请示和报告、批示等有关工作文件，以及与具体审计项目有关的群众来信、来访记录、举报材料等。

第四章　财务基础审计

第二十三条　财务基础审计主要包括被审计企业负责人任职期间企业财务收支状况真实性审计、资产质量审计、经营成果审计、企业重大经营活动和经营决策审计、经营合法合规性审计等内容。

第二十四条　财务收支状况真实性审计。根据国家统一财务会计制度、会计准则及相关法律法规，通过必要的审计程序，了解企业负责人任职期间企业的财务收支管理是否符合国家有关法律法规的规定，会计信息是否真实、完整，账实、账账、账表是否相符，判断企业会计核算的合规性，检查企业财务管理中存在的有关问题。

财务收支状况真实性审计应特别关注对货币资金、往来款项、存货、固定资产、应付工资等科目，以及资本性支出和收益性支出、合并会计报表的审计。

第二十五条　任职期间资产质量审计。结合内控审计和财务收支审计，查实企业的会计信息是否真实反映了企业资产的实际质量状况。重点审计企业负责人任职期间资产质量变动情况，特别是任职期间不良资产的变动情况，审计确认任职期初到任职期末各年的不良资产总额、任期内新增不良资产及任期内消化不良资产的情况。

本实施细则所称不良资产是指预期不能给企业带来经济利益的资产和企业尚未处理的资产净损失和潜亏（资金）挂账，以及按财务会计制度规定各类有问题资产预计损失金额。

第二十六条　对仍执行行业会计制度企业的不良资产审计时，应当重点关注以下内容：

（一）待处理资产净损失，重点审查任期末待处理的流动资产和固定资产净损失，以及固定资产毁损、报废的真实性、合规性；

（二）长期积压商品物资，重点审查任期末积压一年或一个经营周期以上但尚未丧失使用价值的商品物资；

（三）不良投资，重点审查由于被投资企业（或项目）濒临破产、倒闭、发生长期亏损（一般指连续三年以上）等原因造成难以收回的投资等，包括未确认的投资损失；

（四）三年以上应收款项可能导致的潜在损失；

（五）处于对外经济担保、未决诉讼、应收票据贴现等状态下的资产可能导致的潜在损失；

（六）潜亏，重点审查企业未足额计提或者摊销的成本费用；

（七）挂账，重点审查企业由于经营管理或者政策性等因素形成的，并经财务认定和记录，但又未纳入企业当年损益核算或者进行相应财务处理的损失、费用等；

（八）经营亏损挂账，重点审查因经营活动因素产生的累计未弥补亏损总额；

（九）关停并转企业和未纳入财务决算范围企业的不良资产；

（十）其他因素引起的资产损失。

第二十七条　对执行《企业会计制度》企业的不良资产审计中，应当重点关注以下内容：

（一）应提未提或少提的各项减值准备；

（二）应转销而未转销的待处理流动资产和固定资产损益、应提未提及应摊未摊的折旧和费用；

（三）不符合资本化条件的固定资产装修及修理支出尚未计入当期费用的金额；符合资本化条件的固定资产改良支出，因未遵循谨慎性原则随意延长折旧年限而少计入当期成本费用的金额；其他按照《企业会计制度》的规定应计入当期成本费用而结转下期的金额；

（四）对外经济担保、未决诉讼、应收票据贴现等或有事项状态下的资产，由于未按照《企业会计制度》的规定预计费用和负债而虚增的金额；

（五）关停并转企业和未纳入财务决算范围企业的不良资产；

（六）其他因素引起的资产损失。

第二十八条 在对企业不良资产审计中，还应当关注以下情况：

（一）审计分析企业清产核资结果是否如实披露。对于企业在清产核资中未披露的损失（除政策性原因允许企业暂不处理的损失外），一般视同为清产核资后企业负责人任期的不良资产损失。

（二）审计分析企业任期内资产质量变动的原因。分析产生不良资产的主、客观原因，客观原因主要指国际环境、国家政策、自然灾害等；主观因素主要指决策失误、经营不善等。

（三）审计分析企业任期内不良资产责任划分。按照企业负责人任期职责、任期时间及不良资产产生原因等情况，分清企业不良资产的责任，审计分析企业任职期间不良资产情形。

1. 核实任期以前存在的不良资产；

2. 核实任期内消化的任期以前的不良资产；

3. 核实任期间内新增不良资产；

4. 核实任期间因客观因素而新增的不良资产。

第二十九条 任职期间经营成果审计。在财务收支审计与资产质量审计的基础上，审计企业负责人任期内经营成果的真实性与完整性。同时审计确认企业负责人任期初至任期末各年的利润总额、净利润、主营业务收入、主营业务成本、期间费用等财务定量评价指标。审计中应当重点关注：

（一）任期企业收入确认和核算是否真实、完整、及时，是否符合国家财务会计制度规定，有无虚列、多列或透支未来收入，少列、漏列或者转移当期收入等问题。

（二）任期企业成本费用开支范围和开支标准是否符合国家财务会计制度规定，成本核算是否真实、完整，符合配比原则，有无错列、多列、少列或者漏列成本费用等问题。

（三）任期经营成果的调整。如果企业存在经营成果不实问题，应当根据审计结果对企业相关的会计数据进行调整,对任期产生的不良资产进行扣除,并做出调整后的新的会计报表。

(四)确认任期企业实际业绩利润。企业负责人任期实际业绩利润一般按照以下公式计算:

任期实际业绩利润=经过审计调整核实后的任期利润总额(已扣除任期产生的不良资产)+消化任期以前年度不良资产

第三十条 任职期间企业重大经营活动和经营决策审计。重点关注企业的重大经营活动和经营决策过程是否合法合规,以及所产生的结果等。

(一)对外投资、担保、大额采购、改组改制、融资上市、兼并破产等重大经营活动和重大经济决策是否符合国家有关法律法规、政策及有关规定;

(二)有关决策是否有相关管理控制制度;

(三)有关决策是否履行相关管理控制制度,并按照规定程序进行;

(四)有关决策协议或者合同内容是否符合企业实际,是否存在损害本企业的条款,其中有无个人谋利行为;

(五)有关决策的执行是否明确了具体的实施管理部门,有无进行过程监控;

(六)有关决策结果有无给企业造成损失等。

第三十一条 任职期间企业经营合法合规性审计。主要审计企业负责人任职期间的有关经营、管理等行为是否符合国家有关法律法规的规定等。应当重点关注以下情况:

(一)公款私存,坐收坐支,私设"小金库",资金账外循环;

(二)违规越权炒作股票、期货等高风险金融品种;

(三)违规对外拆借、出借账户;

(四)违规对外出借资金等。

第三十二条 财务基础审计在对被审计企业任职期间的基本财务状况、经营成果和经营决策等进行审计和出具财务审计报告的同时,还应当对被审计企业负责人任职期间的有关绩效评价基础数据进行核实,为绩效评价工作奠定基础。

第五章　企业绩效评价

第三十三条　在对企业负责人任职期间财务状况审计工作的基础上,绩效评价组应当运用国资委制定的企业绩效评价体系,对企业负责人任职期间的企业绩效状况进行评价,为做好企业负责人任期经营业绩和经济责任评价工作奠定基础。企业绩效评价分为财务绩效定量评价和管理绩效定性评价。

第三十四条　财务绩效定量评价是指根据审计核实后的企业财务数据,利用绩效评价指标体系,比照行业评价标准,对企业负责人任期的财务绩效进行的定量分析评价。根据企业绩效评价指标体系,财务绩效定量评价主要从企业的盈利能力、资产质量、债务风险、发展能力四个方面进行评价。

第三十五条　为保证评价结果的客观、科学,企业绩效评价所使用的评价基础数据应当根据评价需要进行评价调整。评价基础数据调整主要包括以下两个方面:

(一)根据财务基础审计结果对企业有关数据进行调整;

(二)根据评价要求,对非经营绩效因素进行调整。

第三十六条　管理绩效定性评价是通过对企业负责人任期内的企业发展战略规划、经营决策机制、内部风险控制、人力资源建设等方面的分析评议,反映企业采取的各项管理措施及其管理成效,对定量分析结果进行补充修正。

第三十七条　为客观公正的评价企业负责人任职期间的企业管理绩效状况,审计项目组采用聘请相关专家组成专家评议组方式,对企业的管理绩效指标进行评议,形成管理绩效定性评价结果。

(一)经济责任审计中,专家评议组一般由7~9人组成。

(二)评议专家一般从企业监管部门、行业协会、高等院校、社会中介机构、企业监事会等方面聘请。

(三)评议专家必须具备以下基本条件:

1. 有较丰富的企业管理、财务会计和资产管理等方面的知识；

2. 了解企业绩效评价业务，具有较强的综合分析判断能力；

3. 了解被评价企业所处行业的状况；

4. 坚持原则，清正廉洁，秉公办事。

(四)评议专家的主要职责。根据财务基础审计结果和财务绩效定量评价结果，对企业非财务的管理绩效指标进行评议，对企业负责人任期的经营业绩和经济责任进行评价，对经济责任审计中的有关问题提供咨询，并出具评议意见。

第三十八条 绩效评价组综合企业财务基础审计结果、财务绩效定量评价结果和管理绩效定性评价结果，形成企业绩效评价报告初稿。

第六章 经济责任评价

第三十九条 经济责任评价是指根据财务基础审计结果和企业绩效评价结果，综合考虑企业负责人任期内影响企业发展的相关因素，对企业负责人任期的经营业绩与经济责任进行客观公正的分析和评价。

第四十条 经济责任评价应遵循以下原则：

(一)客观性原则。业绩与经济责任评价要客观地反映企业负责人的实际业绩与问题，避免由于证据不足、个人主观印象等造成的人为误差。

(二)全面性原则。业绩与经济责任评价不但要充分考虑企业负责人的责任，还要充分考虑企业负责人的贡献，全面评估企业负责人任期的成绩与不足。

(三)公正性原则。根据有关问题的性质，比照公平、明确的评价标准，分清企业负责人应当承担的责任，做到责任定位准确、公正。

(四)发展性原则。对企业负责人的业绩与经济责任评价，不但要充分考虑其任期企业的效益、管理等情况，还要充分考虑企业负责人本任期行为对企业今后发展的贡献。

第四十一条 在经济责任审计工作中，应当客观公正地评价企业负责人任职期间对企业的主要贡献，重点关注企业的经营效益状况、基础管理水平、重大改制改革、发展战略及执行情况、内部控制建设与落实情况、企业可持续发展情况等内容。

第四十二条　在经济责任审计工作中,应当明确企业负责人对其任期内企业存在问题应承担的经济责任。经济责任是指企业负责人在任期内职责可控范围内应当负有的责任,分为直接责任、主管责任和领导责任。

(一)直接责任是指企业负责人因直接违反或通过授意、指使、强令、纵容、包庇下属人员违反国家财经法规以及失职、渎职等其他违反国家财经纪律的行为应负有的责任。

(二)主管责任是指根据企业内部分工,企业负责人对其分管部分工作以及企业经营、投资等重大事项,因未履行或者未正确履行职责应负有的经济责任。

(三)领导责任是指企业负责人对其所在企业应当负有的直接责任、主管责任以外的管理责任。

第四十三条　对于企业负责人任期经济责任的评价,既要考虑企业负责人的经营业绩,又要分析企业负责人的经济责任,并要充分考虑企业自身发展状况、历史负担、行业特点、持续发展等因素。

第四十四条　经济责任审计中,原则上以会计年度作为企业负责人经济责任审计期间,并以此确定审计和评价财务数据的期初数;但对于重大经营决策、重大财务事项等的责任界定,以企业负责人的实际任期为准。

(一)企业负责人的任职时间为某一年度的上半年,则以本年度初作为企业负责人经济责任审计期间的期初。

(二)企业负责人的任职时间为某一年度的下半年,则以下一年度初作为企业负责人经济责任审计期间的期初。

第七章　工　作　报　告

第四十五条　经济责任审计工作报告由财务审计报告、绩效评价报告和经济责任审计报告组成。

第四十六条　财务审计报告是财务审计组根据审计工作结果形成的反映企业会计信息真实性及企业资产质量、经营成果、重大经营管理决策及遵守国家法律法规等情况的阶段性工作报告。

第四十七条　财务审计报告应当由标题、收件人、正文、附件、签章、报告日期等基本要素组成。

（一）标题。标题中应当明确被审计企业名称、主要审计事项等审计主要内容。

（二）收件人应为委托人。

（三）报告正文。审计报告的正文内容一般包括：

1. 审计任务的说明。审计报告应当对本次审计的任务进行说明。主要包括：执行审计的依据、被审计企业名称、被审计企业负责人姓名、审计范围、内容、方式和时间，采用的主要审计方法，延伸或追溯审计的重要事项，以及对被审计企业及负责人配合与协助情况的评价等。

2. 被审计企业负责人及企业基本情况。主要包括：企业的经济性质、管理体制、业务范围及经营规模、财务隶属关系或资产监管关系、核算管理体制、财务收支状况等；被审计企业负责人姓名、职务、任职时间等基本内容。

3. 被审计企业的基本财务状况。主要包括：审计前后企业基本财务数据的变化及原因，任期内各年企业的财务状况、资产质量、收入效益、成本费用等主要财务指标的变化情况及原因等。

4. 截至任期末，经审计发现企业存在的主要问题，包括企业的问题和负责人的问题两方面。对于审计中发现的主要问题要进行分类整理，并载明发现问题的事实，产生问题的原因，所违反有关法律法规的具体内容，存在问题所造成的影响或后果等。

5. 审计建议。对审计发现的有关问题，审计组应当在职权范围内提出审计处理意见和审计建议。

6. 需要在审计报告中反映的其他情况。

（四）附件。附件包括：审定的任职期间各年度审计调整后的资产负债表及损益表、会计账项调整表、其他需要说明的重要事项等。

第四十八条 绩效评价报告是由绩效评价组结合前期了解掌握的企业有关情况,利用财务审计组审定的企业财务数据,对企业实施财务绩效定量评价和管理绩效定性评议后形成的关于企业整体绩效状况的阶段性工作报告。绩效评价报告是企业经济责任审计项目组内部的分析报告。

第四十九条 绩效评价报告应由标题、正文、附件、签章、报告日期等基本要素组成。

(一)标题。标题中应当明确企业名称和报告性质。

(二)报告正文。对照行业评价标准值,重点分析企业负责人任职期间,企业在盈利能力、资产质量、债务风险、发展能力等方面财务指标和评价得分的变化情况,并说明变化的主要原因;分析企业负责人任期在发展战略规划、改革改组改制、生产经营成果、内部控制机制、提高企业市场竞争能力和持续发展能力等方面的主要业绩;结合专家评议结果,形成对企业综合绩效状况的评价结论。

(三)附件。一般应包括:企业绩效评价计分表、采用的评价标准值、评价调整情况表等。

(四)签章。由绩效评价组组长签章。

(五)报告日期。指完成评价报告的日期。

第五十条 经济责任审计报告是经济责任审计工作最终的工作报告,应由标题、收件人、正文、附件、签章、报告日期等基本要素组成。

(一)标题。标题中应明确经济责任审计的企业名称和报告性质。

(二)收件人应为委托人。

(三)前言。简要概述依据、组织、时间、对象等情况。

(四)报告正文。主要包括企业的基本情况及根据财务审计报告和绩效评价报告对企业负责人经营业绩与经济责任的评价。

1. 基本情况。被审计企业、企业负责人及本次审计的基本情况。

2. 财务绩效分析。主要包括审计前后企业的主要财务指标及调整数,审计后企业基本财务数据的变化及原因、任期内的企业基本财务绩效状况等。

3. 任期企业负责人的主要业绩。主要为企业负责人任职期间所做的主要工作及成效。

4. 任期审计发现的主要问题。

5. 审计结论。根据审计中发现的问题与业绩,结合企业的历史沿革、发展战略等,对企业负责人任职期间的经营业绩与经济责任进行综合客观的评价,并明确其应当承担的经济责任。

6. 审计建议。结合审计发现的主要问题提出相关改进建议。

7. 其他需要在审计报告中反映的情况。

(五)附件。主要包括:财务审计报告,绩效评价报告;企业及负责人反馈意见;如审计人员认为有必要,可以提出审计建议或者管理建议等。

第五十一条 经济责任审计报告基本撰写要求:

(一)经济责任审计报告中涉及的相关内容必须在财务审计报告和绩效评价报告中有证据支撑;

(二)经济责任审计报告应当观点明确,内容清晰,业绩要讲透,问题要讲准,责任要讲清;

(三)报告应当语言严谨精练、论述清楚;

(四)篇幅一般应控制在1万字以内。

第八章 质 量 控 制

第五十二条 审计项目组的质量控制主要包括以下内容:

(一)与被审计企业或者被审计人有利害关系的人员,不应当进入审计项目组;

(二)财务审计组应当取得企业关于保证所提供资料真实性、完整的书面承诺,以明确会计责任和审计责任;

(三)审计项目组应当建立严格的审计复核制度;

(四)审计项目组对于难以把握的专业难题,可以请专家出具意见书;对未经审计的项目或内容不予评议;审计中发现违纪和涉嫌违法问题时,要及时向委托方反映,由委托方依法移送纪检监察部门和司法机关处理；

（五）审计项目组在实施审计时，应当通过委托方与组织、人事、纪检部门联系，将了解的被审计企业财务管理情况与干部管理部门掌握的企业负责人考核情况有机结合，以客观评估企业负责人任期的经营业绩和经济责任。

第五十三条 审计程序上的质量控制，主要包括审计计划质量控制、审计项目实施过程质量控制、审计结论和报告质量控制三部分。

（一）审计计划质量控制。

1. 在制定项目审计计划前，应认真考虑风险、管理需要及审计资源等，并事先评估各审计项目的风险程度；

2. 制定项目审计计划时，应同时明确项目审计的工作目标、工作顺序、所分配的审计资源、后续审计的必要安排等；

3. 定期检查审计计划的执行情况，及时对计划进行修改和补充，保证审计计划的严肃性和落到实处。

（二）审计项目实施过程质量控制。

1. 加强过程指导与监督，应对各个层次的审计人员所从事的工作给予充分的指导和监督；

2. 合理分配现场审计任务，并根据审计任务明确工作责任，明确审计人员应完成的程序、目标及重要性；

3. 关注重大财务欺诈、关联方交易及非货币性交易等容易产生审计风险的重要事项。

4. 重视对审计取证和审计工作底稿编制的控制，及时做好有关记录；

5. 注重现场检查与复核工作；

6. 对于现场审计中遇到的有关问题要注意及时沟通。

（三）审计结论和报告质量控制。

1. 审计项目组应以前期有效审计工作为基础，以合格证据为依据，以有关法律法规和规章为评判标准，及时整理、分析和总结，得出恰当的审计和评价结论，形成财务审计报告、绩效评价报告和经济责任审计报告；

2. 重视并切实做好有关报告的层层复核工作；

3. 经与被审计企业及其负责人交换意见后,有关交换意见的报告征求意见稿应予以保留,并将被审计企业及其负责人对审计报告的书面意见、审计项目组的书面说明、审计报告修改之处及其他有关材料进行再次复核。

第九章　审计责任与工作纪律

第五十四条　企业经济责任审计中,委托方和被审计企业应当协调配合审计项目组共同做好经济责任审计工作。

(一)经济责任审计的委托方应做好整个审计工作的组织与协调工作,对审计项目实施过程进行监控,对审计过程中出现的有关问题进行协调解决,提出审计质量要求并对审计质量进行监督复核。

(二)被审计企业应积极做好审计配合工作:

1. 提供必要的工作条件,如实反映经营管理中与审计内容相关的事项;

2. 提交真实、完整、合法的会计凭证、会计账簿、财务会计报告和其他有关资料,特别是有关未决诉讼、抵押借款、投资融资、银行存款、担保等方面的资料;

3. 说明有无账外资产,有无转移、隐匿、篡改、毁弃会计资料以及其他资料的行为等;

4. 说明在财务、会计以及其他相关经济活动中,有无重大违反财经法纪问题。

第五十五条　企业经济责任审计中,审计人员和评价人员对其承担的工作任务负有相应的责任。

(一)财务审计人员应当对其承担的审计任务承担责任,其中:财务审计组组长应当对审计工作程序与进程、审计报告的真实性、合法性等承担责任;

(二)绩效评价人员应当对其承担的评价任务承担责任,其中:绩效评价组长应当绩效评价报告承担责任;

(三)评议专家应当对其评议结果承担责任;

（四）复核人员应当对其复核的相关内容承担责任。

第五十六条 审计过程中应认真遵守以下工作要求和工作纪律：

（一）审计人员应当认真遵守与委托方签订的审计业务约定书中所规定的各类约定，按照国家相关的法律法规和国资委有关工作规定以及《独立审计准则》的要求，按时完成受托项目的财务审计、绩效评价和经济责任评价工作。

（二）财务审计中，如对审计期间或审计范围进行延伸审计时，须征得委托方同意。

（三）财务审计报告应当如实反映审计结果，不得出具虚假不实的报告，不得避重就轻、回避问题或者明知有重要事项不予披露。

（四）有关审计项目进展情况、发现的问题、遇到的难点等，应当及时以书面形式报告委托方。

（五）审计项目组人员应当严格保守被审计企业的商业机密。除法律另有规定外，不得将被审计企业提供的资料泄露给委托方以外的第三方。

（六）审计项目组人员应自备个人所需的计算机等办公设备，不得向被审计企业提出不合理要求。

（七）被审计企业应按本单位一般接待及差旅标准为审计项目组提供必要的食宿条件及因公外出费用。审计项目组人员不得向被审计企业提出与审计工作无关的要求，不得在被审计企业报销任何私人费用。

（八）审计项目组人员不得索要或者接受被审计企业任何礼品、礼金和各种有价证券等。

（九）审计项目人员不得向被审计企业提出与审计工作无关的要求。

第十章　附　　则

第五十七条 本实施细则适用于国资委直接组织开展经济责任审计工作的企业。

第五十八条 国资委委托重组企业或者托管企业组织实施经济责任审计，比照本实施细则执行。

第五十九条　企业内部组织开展经济责任审计工作,参照本实施细则执行。

关于印发《中央企业财务决算审计工作有关问题解答》的通知

2006 年 5 月 22 日　国资厅发评价〔2006〕23 号

各中央企业:

　　为贯彻落实《关于印发〈中央企业财务决算审计工作规则〉的通知》(国资发评价〔2004〕173 号)和《关于加强中央企业财务决算审计工作的通知》(国资厅发评价〔2005〕43 号)等文件精神,帮助各中央企业更好的了解和执行国资委关于财务决算审计工作的统一要求,现将《中央企业财务决算审计工作有关问题解答》印发给你们,请遵照执行。在执行过程中有何问题,请及时反映。

　　附件:中央企业财务决算审计工作有关问题解答

附件:

中央企业财务决算审计工作有关问题解答

　　《关于加强中央企业财务决算审计工作的通知》(国资厅发评价〔2005〕43 号,以下简称《通知》)印发后,不少中央企业和会计师事务所陆续反映了一些情况和问题,现解答如下:

一、关于连续 5 年审计年限是否区分主审会计师事务所和参审会计师事务所的问题

《通知》中关于连续 5 年审计年限是指连续承担中央企业及其所属子企业财务决算审计的年限,既包括主审会计师事务所,也包括参审会计师事务所。

二、关于中央企业发生合并、分立等重组事项时连续审计年限计算的问题

(一)新设合并或分立出来新成立的企业集团,由集团统一招标选聘的会计师事务所连续审计年限从集团委托之日起开始计算。否则,连续审计年限仍然从实际承担审计业务当年开始计算。

(二)吸收合并后继续存续或分立后继续存续的企业集团,会计师事务所连续审计年限一律从实际承担审计业务当年开始计算。

(三)因企业名称等事项变更而发生变更工商登记的企业集团,会计师事务所连续审计年限在其变更前后连续计算。

三、关于会计师事务所发生合并、分立等重组事项时连续审计年限计算的问题

(一)采取新设合并方式重组,合并后新成立的会计师事务所承担的审计业务,连续审计年限从新会计师事务所注册工商登记之日起开始计算。

(二)采取吸收合并方式重组,合并后继续存续的会计师事务所原来承担的审计业务,审计年限连续计算;被合并会计师事务所注销后原审计业务转由合并后会计师事务所继续承担的,连续审计年限从合并之后开始计算。

(三)采取分立方式重组,分立后继续存续的会计师事务所承担的审计业务,审计年限连续计算;分立后新成立的会计师事务所承担的审计业务,连续审计年限从新会计师事务所注册工商登记之日起开始计算。

(四)因会计师事务所名称等事项变更而发生变更工商登记的,审计年限在变更前后连续计算。

四、关于拟上市企业会计师事务所连续审计年限满 5 年的问题

中央企业所属处于上市辅导期的企业,同一会计师事务所连续审计年限已经超过 5 年的,凡是能够提供证据表明该企业已经通过证监会发审委审核的,两年内可以暂不变更会计师事务所,待企业上市后再按照法定程序变更。

五、关于会计师事务所连续审计满 5 年轮换的问题

根据《关于印发〈中央企业财务决算审计工作规则〉的通知》(国资发评价〔2004〕173 号)的有关规定,同一会计师事务所连续承担中央企业财务决算审计业务不应超过 5 年。为平稳地推进会计师事务所轮换工作,提高中央企业审计工作质量,根据目前中央企业审计质量情况,企业聘请中国注册会计师协会 2005 年公布的会计师事务所百强排名中前 15 位的会计师事务所,至承担 2005 年度财务决算审计业务为止,连续审计年限已经达到或超过 5 年,但未达到 10 年的,经国资委核准后,可以延缓 3 年变更,但连续审计年限最长不得超过 10 年。会计师事务所在延缓变更期间应当更换审计报告的签字合伙人、签字注册会计师。

关于印发《关于加强和改进国有企业监事会工作的若干意见》的通知

2006 年 9 月 28 日　国资发监督〔2006〕174 号

各国有重点大型企业监事会,各中央企业:

对国有企业实行外派监事会制度以来,监事会依法履行监督职责,做了大量富有成效的工作,对维护国有资产安全,促进企业改善经营管理,发挥了重要作用。

随着国有资产管理体制改革和国有企业改革的深化,对监事会工作提出了更新、更高的要求。为进一步完善监事会监督职责,改进监督工作方法,不断增强监督的权威性和有效性,促进中央企业深化改革,规范管理,防范风险,确保国有资产保值增值,经国务院领导同志意见,现将《关于加强和改进国有企业监事会工作的若干意见》印发给你们,请认真遵照执行。

附件:关于加强和改进国有企业监事会工作的若干意见

附件:

关于加强和改进国有企业
监事会工作的若干意见

为坚持和完善国有企业外派监事会制度,加强和改进监事会工作,充分发挥监事会作用,依据有关法律法规,提出以下意见。

一、适应改革进程,拓展工作思路

对国有企业实行外派监事会制度,是党中央、国务院作出的重大决策。实行这一制度以来,监事会认真履行《国有企业监事会暂行条例》赋予的职责,做了大量富有成效的工作,对维护国有资产安全,促进企业改善经营管理,发挥了不可替代的作用。实践证明,监事会制度是符合我国国情的行之有效的国有企业监督制度。

国有资产管理体制改革和国有企业改革的深化,对监事会工作提出了新的、更高的要求,同时为进一步发挥监事会作用创造了有利条件。监事会要继续深入贯彻党的十六大精神,把握出资人监督的定位,紧紧围绕增强监督的有效性,完善监督职责,提高监督时效,改进工作方式,加强队伍建设,为提高国有资产监督管理水平,推动国有企业改革发展作出新贡献。

要认真总结监事会工作的经验和不足,适应变化的形势,抓紧做好《国有企业监事会暂行条例》修订工作。

二、切实履行职责,增强监督功能

国务院国有资产监督管理委员会(以下简称国资委)代表国务院向所出资企业派出监事会。监事会工作是国有资产监管的重要组成部分,监事会的监督是出资人监督的重要形式。加强国有资产监管要充分发挥监事会作用,监事会工作要适应加强国有资产监管的需要,更好地促进国有资产保值增值。

发挥监事会作用要作出明确的制度性安排。在考核调整企业领导班子,拟订制定国有资产监管的政策法规和规章制度,研究决定企业改制重组、产权变动和业绩考核等重大事项时,要征求监事会或监事会主席意见并适时通报结果。要健全监事会监督检查成果运用机制,加大处理落实和参考利用的力度。

监事会要按照有关法律法规和出资人要求,切实履行监督职责。对出资人关注的重大事项和企业执行国有资产监管的有关政策规定情况,深入开展检查,为加强国有资产监管服务。对国资委及职能机构征求的有关意见,积极予以配合,认真发表意见和提出建议。

三、加强当期监督,提高监督时效

从 2007 年开始,监事会由当年检查企业上年度情况逐步调整为监督检查当年情况,次年上半年提交年度监督检查报告。体现现场监督和直接监督的特点和优势,把集中检查与日常监督结合起来。通过列席企业有关会议、分析企业月度财务快报、查阅企业生产经营相关资料和访谈座谈等多种方式,随时了解、掌握和跟踪企业重要经营管理活动,对企业内控制度及执行情况作出评估,对企业重大决策及其程序的合法性、合规性作出评判。在日常监督的基础上,每年对企业进行一次集中检查,并与企业年度财务决算审计相衔接。已由监事会安排检查的企业年度财务决算,不再重复审计。如遇重大问题或急需检查的事项,要及时安排力量进行检查。

坚持不参与、不干预企业经营决策和经营管理活动的原则,对企业经营决策和经营管理活动不直接发表肯定或否定的意见。对监督检查中发现的有可能危及国有资产安全的经营行为、重大决策不合规、生产经营中的重大风险,以及监事会认为应当立即报告的其他情况,要及时提交专项报告。按照有关规定,加强与企业交换意见工作,对监督检查发现的需要企业自行纠正的问题,督促企业整改。

中央企业要积极支持和配合监事会工作,自觉接受监事会的监督检查。企业召开的董事会会议、党委(党组)会议、总经理办公会议、党政联席会议、年度工作会议等有关会议,要提前通知监事会。企业的战略规划、重大投融资、产权转(受)让、重大并购、利润分配等重大事项,要及时向监事会报告。企业的财务会计资料和有关经营管理资料,要及时向监事会提供。

四、探索分类监督,突出检查重点

根据中央企业改革发展的进程和国有资产监管的需要,积极探索分类监督的有效形式,突出检查重点,优化配置监督力量,提高监督效率和水平。

按照企业地位作用、资产规模和管理状况等,确定一批重点监督检查企业,在检查力量、检查时间和检查资产比例上予以保证,重点企业名单动态调整。对其他企业也要保持监督的连续性和有效性,年度监督检查报告内容可以适当简化,重点反映企业资产和效益的真实性,揭示事关国有资产安全的重大事项,评价企业负责人。

针对国有独资公司董事会试点企业法人治理结构的特点,研究制定试点企业监事会工作规程。要把董事会和经理层履行职责情况作为监督的主要任务之一,加强对决策过程、决策执行和重要经营管理活动的监督。

五、利用审计结果,形成监督合力

坚持以财务监督为核心,把对企业的财务检查和会计师事务所对企业的年报审计结合起来,充分参考和利用会计师事务所的审计结果,重点分析和复核审计报告中披露的重大事项和重大问题。对会计师事务所受审计手段限制难以查清的问题线索,进行重点检查,必要时可另行聘请会计师事务所开展专项审计。

加强与会计师事务所的沟通协调,对审计方案和审计重点提出建议,对审计过程进行跟踪,对审计结果作出评价。对在年报审计中存在舞弊行为或重大错漏情况的会计师事务所,监事会可以建议财政部予以处罚。

加强与审计、纪检、财务等其他监督部门的协调和合作,相互通报信息,形成监督合力。

六、深入开展检查,提高报告质量

要深入企业,深入一线,深入检查,不断提高监督检查质量。通过加强日常监督,全面了解企业情况,掌握企业真实动态,分析企业存在的问题,确定检查的重点事项和重要子公司。要增强监督的灵敏性,善于发现问题,认真进行核查,检查结果要经得起检验。要研究制定监督检查作业准则,进一步规范监督检查程序,指导监督检查工作。

监督检查报告和专项报告是监事会工作成果的主要体现,监事会主席对报告负责。要在深入开展检查和充分研讨的基础上,认真撰写报告,及时、准确地反映企业情况,客观、公正地评价企业的经营业绩和企业负责人的经营行为。对报告中揭示企业存在的问题要做到事实清楚、数据确凿、依据充分、定性准确、建议可行。要进一步规范报告内容,简化审核程序,提高运转效率。

要切实加强监督检查报告的综合汇总,做好每年一次向国务院常务会议汇报工作。要组织研究企业改革发展中存在的普遍性、倾向性问题,特别是国有资产流失方面的共性问题,深入分析其形式、特点和根源,提出治理对策,提供决策参考。

七、加强队伍建设,提高监督能力

认真学习和实践"三个代表"重要思想,进一步加强监事会队伍的思想、组织、作风和廉政建设,建立保持共产党员先进性的长效机制,树立马克思主义世界观和社会主义荣辱观,树立科学的发展观和正确的政绩观,不断增强事业心和责任感。要始终恪守"六要六不"行为规范,经常对照检查,做到警钟长鸣,维护监事会队伍清正廉洁的形象。

要采取多种形式加强学习和培训,提高业务水平。要建立学习制度,制定培训计划,统筹安排学习内容,保证学习时间和学习效果。要增强学习的系统性和针对性,既要抓好国有资产监管的政策法规和会计审计等理论知识的学习,又要加强监督检查实务和运用财务信息化手段等操作能力的训练,切实提高履行监事会职责所必需的各项专业知识及工作技能。

要根据监事会工作和监事会队伍的特点,建立健全激励约束机制。要研究制定和实施监督检查工作评价标准,促进提高工作质量。要增强服务意识,为监事会履行职责创造良好的工作、学习和生活条件。

关于中央企业执行《企业会计准则》有关事项的通知

2007 年 3 月 6 日　国资发评价〔2007〕38 号

各中央企业:

2006 年财政部陆续颁布了新的会计准则及其应用指南(以下简称新会计准则),于 2007 年 1 月 1 日起在上市公司范围内实施,部分中央企业在 2007 年也率先执行新会计准则。为积极稳妥推动企业认真执

行新会计准则,进一步规范企业会计核算,加强企业财务管理,现将有关事项通知如下:

一、统一思想认识,加强执行新会计准则的组织领导

为适应我国市场经济发展和企业国际化经营的需要,财政部颁布了一系列新会计准则,推动了我国会计准则体系与国际会计准则趋同。执行新会计准则,对于规范企业会计确认、计量和报告行为,提高会计信息质量,提升企业现代化管理和国际化经营水平,推动企业稳健经营,具有十分重要的意义。新会计准则的实施要求企业会计核算体系、财务信息系统作相应调整,对企业会计、审计、内部控制、公司治理结构以及财务状况与经营成果均会产生重大影响,对财务管理水平和会计人员素质等也提出了更高的要求。各中央企业要积极发挥执行新会计准则的表率带动作用,高度重视执行新会计准则工作,统一思想认识,加强组织领导,明确工作机构和职责分工,层层落实工作责任;主要领导要亲自抓组织协调,企业总会计师或分管财务工作的负责人要做好具体实施工作,财务及相关业务部门要加强协调配合。各企业在执行新会计准则工作中要做到早准备、早布置,统一政策,加强督导,督促指导所属子企业全面贯彻新会计准则的各项规定,充分估计新会计准则执行中可能存在的问题,采取切实可行的措施,确保新会计准则的平稳过渡和有效执行。

二、按照总体工作安排,积极稳妥地执行新会计准则

为保证执行新会计准则各项工作有序进行,各中央企业执行新会计准则工作将在 2008 年之前分批组织实施。具体安排如下:

(一)各企业所属上市公司,按照财政部的有关工作要求,自 2007年 1 月 1 日起执行。集团总部应加强对上市公司执行新会计准则的监督和指导,按规定汇集和报送上市公司执行新会计准则对集团财务状况的影响情况,确保集团内部会计核算的统一与对外信息披露的衔接。

(二)2007 年 1 月 1 日起率先全面执行新会计准则的企业应当按

照本通知及《关于执行〈企业会计准则〉有关问题的复函》(国资厅评价
〔2007〕9 号)有关要求,进一步完善各项基础工作,按规定要求完成相
关材料备案及企业财务快报、2006 年度财务决算和 2007 年度财务预
算编制与报送工作。

(三)拟于 2008 年 1 月 1 日执行新会计准则的企业,要认真研究制
订执行新会计准则的实施方案,在 2007 年底前全面完成人员培训、户
数清理、资产清查、制度修订、会计信息系统改造等各项基础工作,并按
照本通知要求做好有关事项的备案审核工作。

三、认真做好执行新会计准则的各项基础工作

各中央企业应当根据国资委总体工作部署和要求,采取积极有效
措施,认真做好执行新会计准则的各项基础工作。

(一)认真组织新会计准则的学习培训工作。国资委将于 2007 年
分批组织开展相关业务培训(有关安排另行通知)。各企业应当将学习
和掌握新会计准则作为提高经营管理水平、完善企业内控机制建设的
重要基础工作来抓,认真、扎实地组织开展新会计准则层层培训工作。
在培训范围上,既要包括各级企业财务、审计人员,也要对企业各级领导
以及相关业务部门开展培训;在培训内容上,既要学习了解新会计准则
的具体内容、主要变化和应用要求,还要紧密结合本企业实际情况,深入
研究探讨新会计准则对企业经营管理等方面的影响及其应对措施。

(二)全面开展企业户数清理工作。按照新会计准则规定,母公司能
够控制的全部子企业均应当纳入合并范围。因此,各中央企业应当按照
产权或财务隶属关系自上而下分级组织做好子企业户数清理核实工作,
对下属企业(单位)的户数、管理级次、股权结构、经营状况等要认真组织
清理,做到全面彻底、不重不漏,为规范界定合并范围和企业级次奠定基
础,不得存在应纳入未纳入合并范围的子企业。中央企业所属各级子企
业,包括各级全资及控股子企业,以及各类独立核算的分支机构、事业单
位、金融企业、境外企业和基建项目等都应当纳入户数清理范围。

(三)认真做好资产负债清查工作。各企业应当按规定对各项资产

和负债进行认真盘点、全面清查和质量核实,特别是对各类借款、长短期投资、投资性房地产、表外核算资产等应作为重点清查对象,并严格划分各类资产的范围,如实反映各类资产负债状况及潜在财务风险,为规范其初始确认和后续计量,准确执行新会计准则奠定基础。

(四)进一步完善企业内部控制制度。各企业应当结合执行新会计准则要求和自身实际情况,及时梳理和改造业务流程,调整完善各项内部控制政策、程序及措施,尤其是要补充完善新会计准则规定的公允价值计量、金融工具核算、职工薪酬管理等内控管理规范。各中央企业应当定期开展内部控制的有效性评估工作,及时发现内部控制的缺陷和薄弱环节,促进完善制度、加强管理、堵塞漏洞。

四、切实做好执行新会计准则有关衔接工作

各中央企业应当在全面开展户数清理和资产清查工作的基础上,进一步规范各项会计基础工作,认真做好内部会计核算办法修订、科目转换与账务调整、会计信息系统改造等工作,确保新旧会计准则的顺利衔接和平稳过渡。

(一)统一修订内部会计核算办法。应当全面贯彻执行新会计准则的各项规定,不得选择执行和降低标准。要统一修订企业内部会计核算办法,细化会计核算内容,合理选择会计政策和会计估计,确保企业会计确认、计量和报告行为制度化、规范化。企业的会计政策、会计估计一经确定,不得随意变更;确需变更的,应当在编制年度财务决算报表前向国资委报备。

(二)认真做好有关账务衔接工作。应当结合会计核算的变化情况,制定新旧会计准则会计科目转换办法,完善企业内部会计科目核算体系,明确核算口径和确认原则,并在首次执行新会计准则时,对原会计准则有关科目按新会计准则要求进行余额转换,确保新旧会计科目顺利衔接,重分类科目可追溯。

(三)及时调整会计信息系统。应当按照执行新会计准则会计科目的变化及其衔接办法,及时对原有会计核算软件和会计信息系统进行

调试,以便实现数据转换,方便会计信息的对外披露,确保新旧账套的平稳过渡。

五、谨慎适度选用公允价值计量模式

各中央企业应当根据新会计准则的有关规定,建立健全公允价值计量相关的内部控制制度,严格相关决策程序和会计核算办法,统一规范企业内部公允价值计量管理。

(一)合理确定公允价值计量模式的选用范围。选用公允价值计量模式的业务范围和资产负债项目要与企业主要业务或资产市场交易特点、行业发展特征、资产质量状况相符合,对于尚不存在活跃市场条件或不能持续可靠地取得可比市场价格的业务和资产负债项目,不得采用公允价值模式计量。要审慎选择公允价值计量的主要业务范围和资产负债项目,一经确定不得随意变更;确需调整的,应当按照有关规定报国资委核准。

(二)科学确定公允价值估值方法。在依据新会计准则有关规定采用公允价值对相关业务和资产负债项目进行计量时,应当综合考虑包括活跃市场交易在内的各项影响因素,科学合理地确定相关估值假设以及主要参数选取原则,对于公允价值显失公允导致经营成果严重不实的,国资委将要求企业重新编报财务决算。

(三)建立完善的公允价值计量备查簿。对有关业务和资产负债项目采用公允价值进行计量时,应当建立完整的公允价值计量备查簿,认真记录公允价值计量的依据和过程,确保公允价值计量的准确性、可靠性。

六、认真核实企业资产质量

各中央企业应当在认真开展资产清查和主要资产质量核实的基础上,综合分析企业资产整体质量状况,客观、公允判断企业资产的真实价值和潜在增值能力,以及企业存在的经营风险状况,为出资人财务监管、经营考核等工作提供决策依据。

(一)定期开展资产质量核实工作。应当在认真开展资产清查的基础上,认真分析各项资产质量,客观判断是否存在可能发生减值的迹象,并按规定进行减值测试,合理估计资产的可收回金额,及时确认资产减值损失,不得出现新的潜亏挂账。难以对单项资产可收回金额进行估计的,应当以其所属资产组为基础进行估计。资产组范围一经确定,各个会计期间应当保持一致,未经备案不得随意变更。

(二)规范资产减值准备管理。应当根据新会计准则有关规定,统一修订内部资产减值准备计提和财务核销管理办法,明确各项减值准备计提及财务核销的范围、标准、依据和程序,按规定合理计提减值准备,不得利用减值准备计提、转回调节利润。凡执行新会计准则前突击转回大额资产减值准备且不能提供充分证据证明其转回合理性的,国资委将在经营成果确认中予以扣除。

七、规范建立金融工具初始确认和后续计量管理制度

各中央企业应当根据新会计准则有关规定,结合企业实际情况,制定适合本企业特点的金融工具初始确认和后续计量管理办法,统一规范金融工具管理。

(一)合理划分金融资产和金融负债类别。应当在认真清查、准确核实的基础上,根据经济业务实质和业务经营的特点,合理划分金融资产或金融负债类别;对于在初始确认时划分为以公允价值计量且其变动计入当期损益的金融资产或金融负债,不得随意变更其类别。

(二)科学确定金融工具后续计量估值方法。在依据新会计准则有关规定采用公允价值对金融资产、金融负债项目进行计量时,应当综合考虑包括活跃市场交易在内的各项影响因素,科学合理地确定相关估值假设以及主要参数选取原则,一经确定后,不得随意调整。对于公允价值显失公允导致经营成果严重不实的,国资委将在经营成果确认中予以扣除。

八、加强职工薪酬核算管理

各中央企业应当对提供给职工的各类形式的货币性报酬或非货币

性福利进行全面清理和分类核实,按规定全面、完整地反映企业支付职工薪酬的情况,特别是量化或提供给职工的非货币性福利及辞退福利都应当按规定纳入职工薪酬核算范围,规范各项报酬的计提与发放,建立健全内部控制管理制度,加强人工成本控制与管理。各企业应当按照国资委有关工作要求,严格控制职工薪酬增长幅度,其中:经济效益下降的企业,不得扩大职工薪酬规模。

九、及时做好企业财务会计信息披露衔接工作

各中央企业应当根据本企业实际执行的企业会计制度或准则规定,认真做好 2006 年度财务决算报表、2007 年度财务快报的编制工作以及 2007 年度财务预算报表的调整工作。执行新会计准则的企业应当按照新会计准则的要求,将控制范围内的全部子企业纳入编报范围。对于母公司尚未执行新会计准则而所属子企业执行新会计准则的,母公司编制合并财务报表时,可以对子企业按新会计准则编制的报表进行直接合并。

(一)关于企业月度财务快报工作。执行新会计准则的企业(含各级上市公司)均应当按照新会计准则及国资委《关于做好新会计准则过渡期间企业财务快报工作的通知》(国资发评价〔2007〕12 号)要求编制月度财务快报;未执行新会计准则的企业及其所属子企业,仍按《关于印发中央企业 2004 年度企业财务快报的通知》(国资评价〔2003〕126 号)的有关规定填报。

(二)关于 2006 年度财务决算工作。各企业应当按照《关于印发 2006 年度中央企业财务决算报表的通知》(国资发评价〔2006〕193 号)有关规定做好 2006 年度财务决算报表编制工作。其中,2007 年 1 月 1 日起执行新会计准则的企业,应根据新会计准则的有关规定及相关指标解释口径编报《中央企业执行新会计准则期初数申报表》及报表重要项目说明(见附件 1、2),经中介机构审计并出具专项审计报告后,于2007 年 5 月 31 日之前报国资委审核认定,以确定执行新会计准则的期初数。有关软件参数,请从国资委网站下载。

(三)关于 2007 年度财务预算调整工作。2007 年 1 月 1 日起执行新会计准则的企业,在编制 2007 年度财务预算时尚未考虑执行新会计准则影响的,可按照新会计准则有关规定及国资委《关于印发 2007 年度中央企业财务预算报表的通知》(国资发评价〔2006〕182 号)的要求编制《2007 年度预算调整主要指标表》,于 2007 年 8 月 12 日前随财务快报一并报送国资委,并对执行新会计准则对企业经营成果的影响进行分析说明,有关分析材料的电子文档随电子数据一并报送。

十、按时上报执行新会计准则重要事项的备案资料

国资委将建立执行新会计准则重要财务事项备案管理制度。经批准于 2007 年 1 月 1 日起执行新会计准则的企业,应于 2007 年 4 月 15 日之前将下述第(三)项内容报国资委备案;其他企业应当于 2007 年 11 月 30 日之前将以下文件资料报国资委备案。

(一)执行新会计准则的报告,主要内容包括执行新会计准则的时间、范围,执行新会计准则对企业财务状况和经营成果的影响及预计影响金额,执行新会计准则的各项准备工作情况等;

(二)企业决策机构批准执行新会计准则的决议;

(三)企业统一修订的《会计核算办法》及修订情况的专项说明,包括会计政策、会计估计发生变更情况,新旧会计科目衔接对照表等。

各中央企业应当认真落实执行新会计准则有关工作要求,进一步规范会计核算,完善内部控制机制建设,强化对各级子企业的财务监管,促进提高企业会计信息质量,努力提高企业经营管理水平。在执行和准备执行新会计准则过程中发生的有关情况和问题,请及时反馈国资委(评价局),电子邮箱:qyyc@sasac.gov.cn。

附件:1. 中央企业执行新会计准则期初数申报表(表式)及编报说明(略)

2. 中央企业执行新会计准则期初数申报表重要项目说明(参考格式)(略)

关于中央企业执行《企业会计准则》
有关事项的补充通知

2007 年 7 月 3 日　　国资厅发评价〔2007〕60 号

各中央企业：

　　为推动中央企业执行《企业会计准则》(以下简称新准则)工作,我们对部分企业试点过程中普遍反映的问题进行了认真研究,现将有关事项通知如下：

　　一、企业应当加强内部退休人员支出管理,按规定从严审核内部退休计划;在首次执行日,对不符合规定条件的内部退休人员支出不得进行追溯调整。

　　(一)在首次执行日,企业按照《企业会计准则第 9 号——职工薪酬准则》对内部退休人员支出确认预计负债并进行追溯调整,应当满足以下条件：

　　1. 内部退休计划在首次执行日之前已经过企业董事会或类似权力机构批准并已实施,不包括在首次执行日之后批准实施的内部退休计划；

　　2. 内部退休人员为距法定退休年龄不足 5 年或者工龄已满 30 年的企业职工；

　　3. 内部退休人员支出仅包括自首次执行日至法定退休日企业拟支付给职工的基本生活费和按规定应缴纳的社会保险费。

　　(二)在首次执行日,企业如申报符合预计负债确认条件的内部退休人员支出,应当同时提供详细的内部退休计划、人员清单、费用项目、补偿标准、折现率等相关材料,并由会计师事务所出具专项经济鉴证说明；国资委将依据企业申报材料和会计师事务所鉴证意见进行审核确认。

　　二、企业承担的离退休职工基本养老保险和补充养老保险应当按照新会计准则有关规定进行处理,承担的离退休职工其他支出(如统筹外费用等),不应当作为辞退福利确认预计负债。

三、企业应当加强职工福利费和工资总额管理,严格控制人工成本增长幅度,按规定使用应付福利费余额和应付工资余额,不得随意扩大职工福利费开支范围和提高开支标准。

四、企业应当根据新准则的有关规定及相关指标解释口径编报《中央企业执行新会计准则期初数申报表》及报表重要项目说明,经会计师事务所审计并出具专项审计报告后报国资委审核认定。会计师事务所出具的专项审计报告应包括报告正文和相关附表及附件。专项审计报告中应当重点披露以下内容:

(一)企业的会计责任和会计师事务所的审计责任;

(二)审计依据、审计方法、审计范围和已实施的审计程序;

(三)对企业资产负债及所有者权益变动核实结果及处理意见;

(四)依据新准则,企业会计政策、会计估计的调整情况;

(五)执行新准则有可能对企业的财务状况产生重大影响的事项。

对境外子企业、上市公司确实难以出具专项审计报告的,应当参照专项审计报告披露格式出具专项鉴证报告。

五、根据国资委《关于中央企业执行〈企业会计准则〉有关事项的通知》(国资发评价〔2007〕38号)规定,首次执行日期初数申报表具体报送要求如下:

(一)企业集团应当报送集团合并《中央企业执行新会计准则期初数申报表》及报表重要项目说明、专项审计报告的纸质文件与电子文档,加盖企业公章。纸质申报表以"万元"为金额单位打印。

(二)二级子企业应当报送《中央企业执行新会计准则期初数申报表》及报表重要项目说明、专项审计报告的电子文档。

(三)三级子企业(含按规定应报送的三级以下重要子企业)仅报送《中央企业执行新会计准则期初数申报表》的电子文档。

六、2007年度率先执行新准则的企业应当以2007年1月1日为首次执行日。

干部管理

关于印发《国务院国资委关于加强和改进中央企业人才工作的意见》的通知

2004 年 6 月 17 日　国资党委干一〔2004〕48 号

各中央企业：

　　现将《国务院国资委关于加强和改进中央企业人才工作的意见》印发给你们，请结合实际认真贯彻落实。

　　附件：国务院国资委关于加强和改进中央企业人才工作的意见

附件：

国务院国资委关于加强和改进中央企业人才工作的意见

　　为认真贯彻落实《中共中央国务院关于进一步加强人才工作的决定》（中发〔2003〕16 号）和全国人才工作会议精神，大力实施"人才强企"战略，现就加强和改进中央企业人才工作提出以下意见：

　　一、加强和改进中央企业人才工作是一项重大而紧迫的任务

　　（一）人才是企业兴盛之基、发展之本。当今世界经济全球化不断深入，科学技术迅猛发展，人才状况在国力较量和企业竞争中越来越具有决定性作用，人才资源已成为最重要的战略资源，人才竞争日趋激烈。中央企业是国民经济的支柱，是国有经济发挥主导作用的基础，是综合国力的代表,正面临着人才竞争市场化、国际化的严峻挑战。中央企业要赢得主动、取得优势、发展壮大,成为具有国际竞争力的大公司大企业集团,必须进一步加强和改进人才工作,大力开发人才资源,走人才强企之路。这是抓住本世纪头20年重要战略机遇期、全面建设小康社会的迫切需要,也是推动中央企业可持续发展的重要保证。

(二)大力加强和改进人才工作,是中央企业深化改革、加快发展的当务之急。近几年来,中央企业在人才培养、吸引和使用方面做了大量工作,在创新选用方式、改进评价办法、拓宽成才渠道、强化激励约束等方面进行了积极探索,取得了显著成绩。但是,人才的总量、结构和素质仍不能适应企业改革与发展的需要,部分领导同志人才观念陈旧,对人才的重要性认识不足;人才队伍结构性矛盾突出,高层次、高技能和复合型人才短缺;选人用人的方式比较单一,市场配置人才资源的基础性作用还没有充分发挥;科学合理的人才评价和激励约束机制尚未形成,高层次人才流失现象尚未得到有效遏制。中央企业必须充分认识加强和改进人才工作的重要性和紧迫性,进一步增强责任感和使命感,抓住机遇,应对挑战,努力开创人才工作新局面。

(三)加强和改进中央企业人才工作的根本任务是实施"人才强企"战略。在深化国有企业改革、发展壮大国有经济的宏伟事业中,要把实施"人才强企"战略作为推进改革与发展的关键环节纳入企业发展战略。逐步形成广纳群贤、竞争择优、能上能下、能进能出、充满生机与活力的用人机制,努力造就一大批适应企业改革与发展需要的各类高素质人才,开创人才辈出、人尽其才的新局面,把中央企业的人力资源转化为人才优势,大力提升和增强企业的核心竞争力和综合实力,为实现全面建设小康社会的历史任务作出中央企业应有的贡献。

二、加强和改进中央企业人才工作的指导思想、目标任务和基本要求

(四)加强和改进中央企业人才工作,实施"人才强企"战略,必须以邓小平理论和"三个代表"重要思想为指导,贯彻落实党的十六大精神,坚持党管干部、党管人才原则,坚持以人为本理念,以加强人才资源能力建设为核心,以创新人才工作机制为动力,以优化人才队伍结构为主线,以培养选拔高层次人才为重点,以强化人才激励为突破口,紧紧抓住培养、吸引、用好人才三个环节,积极开发利用国内国际两种人才资源,集聚各类优秀人才,为做强做大中央企业提供强有力的人才保证和智力支持。

力争通过3年左右的努力,初步形成适应企业发展战略需要、层级结构分明、年龄结构合理、专业结构配套的出资人代表、经营管理人才、科技人才、思想政治工作者和高技能人才队伍;初步建立起符合现代企业制度要求的人才培养、选用、评价和激励约束机制。

(五)更新观念,树立科学的人才观。牢固树立以人为本的观念,使人才工作始终着眼于促进各类人才的健康成长,着眼于调动各类人才的积极性、主动性和创造性;牢固树立人才工作先行的观念,在企业各项工作中始终把人才工作放在优先考虑的战略位置,做到先行一步;牢固树立人才市场化、国际化的观念,充分利用国内国际两种人才资源,使各类优秀人才充分施展才干;牢固树立竞争择优的观念,坚持把品德、知识、能力和业绩作为衡量人才的主要标准,不唯学历,不唯职称,不拘一格选人才;牢固树立人人都能成才的观念,鼓励广大员工爱岗敬业,人人争作贡献,人人力争成才。

(六)重点建设好五类人才队伍。一是建设一支综合素质好,具有战略决策能力,能够忠实代表和维护国有资产权益,正确履行出资人职责,实现国有资产保值增值的出资人代表队伍;二是建设一支职业素养好,市场意识强,熟悉国内国际经济运行规则,在生产经营、资本运作等方面具有较高造诣的经营管理人才队伍;三是建设一支科技水平高,具有较强的创新能力,能够加快企业科技进步、增强核心竞争力的科技人才队伍;四是建设一支综合素质好,熟悉生产经营,具有丰富党务工作和群众工作经验的思想政治工作者队伍;五是建设一支爱岗敬业,技艺精湛,具有专门技能,善于解决技术难题的高技能人才队伍。

(七)创新人才工作机制。要努力形成符合各类人才特点的开发型人才培养机制,建立企业全员培训体系,开展员工终身教育活动,建设学习型企业,不断提高各类人才的综合素质和创新能力。努力形成符合现代企业制度要求的人才选用机制,完善公司法人治理结构,包括通过试点在国有独资公司建立健全董事会,逐步做到出资人决定董事会、监事会成员,董事会选聘经营管理者,经营管理者依法行使用人权。实施市场化选才办法,内部选才实行竞争上岗,外部选才实行公开招聘。努力形成绩效优先的人才评价机制,科学设置各类人才的评价指标体系,完善评价标准和手段,客观公正评价人才的基本要素、业绩和贡献,为科学合理使用人才提供客观依据。努力形成与市场接轨的人才激励约束机制,建立和完善以经营业绩考核为依据,以岗位绩效工资为基础,短期薪酬分配与中长期薪酬激励有机结合,资本、技术、管理等多种要素参与收入分配的新型薪酬激励制度。

三、加强和改进中央企业人才工作的主要措施

(八)根据企业的发展战略制定人才工作规划。规划要服从服务于企业的改革与发展,把人才"第一资源"与发展"第一要务"紧密结合;坚持党管人才原则,体现科学的发展观、业绩观和人才观的有机统一;坚持解放思想、转变观念,注重体制、机制、制度创新。要把人才工作规划纳入企业中长期发展规划之中,从企业实际出发确定目标任务,制定具体措施,分解落实责任,加快人才结构调整,优化人才资源配置,使人才工作有序推进,各类人才协调发展。按照整体规划、分类指导、分层实施的原则,国务院国资委要抓好宏观指导、政策研究、重点支持和协调服务工作。

(九)加大人才教育培训力度。加强对各类人才的思想政治教育,牢固树立正确的世界观、人生观和价值观,做到诚信、勤勉、清廉,为搞好国有企业、发展壮大国有经济多作贡献。要实行分类培训,突出学习能力、实践能力和创新能力的培养。对出资人代表,着力提高其战略决策能力、防范风险能力、识人用人能力;对经营管理人才,着力提高其经营管理能力、市场应变能力和依法治企能力;对科技人才,着力提高其科技创新能力、自主研发能力和成果转化能力;对思想政治工作者,着

力提高其政治理论水平和参与企业重大决策、有效开展党建与思想政治工作能力;对高技能人才,着力强化现代科技技能培训,加速提高其职业素质和技术作业水平。有条件的企业,可以借鉴国内外先进经验,探索开展员工职业生涯设计。

(十)创新人才选用方式。按照现代企业制度的要求,全面引入竞争机制,完善企业各类人才的选拔任用制度。选用出资人代表,要依法实行派出制或选举制;选用经营管理人才,推行聘任制和任期制,实行契约化管理;选用科技人才,采取竞争上岗、公开招聘、专家推荐等方式;选用思想政治工作者,采取依法选举与组织选用等方式;选用高技能人才,采取职业技能鉴定、技术比武、公开招聘等方式。广泛推行企业内部竞争上岗和人才市场选聘,逐步扩大海内外公开招聘,建立企业人才库。对企业急需的部分稀缺人才,探索柔性使用与流动的方式,形成灵活、开放的用人机制。

(十一)建立科学的考核评价指标体系,实行分类考核。要以能力和业绩为导向,以岗位职责为基础,以绩效目标为核心,建立各类人才评价指标体系,完善评价标准、考核指标和测评技术。考核评价各类人才,要论能力、重业绩、看经历、听公论。对企业负责人的考核评价要坚持年度经营业绩考核与任期目标考核相结合。对出资人代表,主要考核其责任意识、全局观念、决策水平、创新能力,评价国有资产保值增值状况;对经营管理人才,主要考核其经营决策能力、市场应变能力、诚信守法表现以及经营效果,重在市场和出资人认可;对科技人才,主要考核其科技攻关能力、技术创新能力、成果转化能力以及实际效果,注重业内认可;对思想政治工作者,主要考核其政治理论水平、组织协调能力、职工信任程度和企业稳定状况,评价精神文明建设和企业文化建设情况;对高技能人才,主要考核其解决技术难题的能力,以及完成任务的数量、质量、成本。要深化专业技术职称制度改革,实行专业技术职业资格认证制度。

(十二)强化对人才的有效激励和约束。建立健全以考核评价为基础,与岗位责任、风险和工作业绩相挂钩,短期激励与中长期激励相结合的薪酬激励机制。引入社会人才市场价位,加强业绩考核,规范职务消费,逐步使各类人才的薪酬水平与市场接轨,加大对关键岗位和有突出贡献人才的薪酬激励力度。为各类人才创业提供良好条件,放手让人才在实践中锻炼成长。对在资本运营、经营管理、科技创新、思想政治工作、生产技术作业等方面作出突出贡献的人才,授予荣誉称号,强化精神激励。按照建立现代企业制度的要求,形成董事会、监事会和经营层依法行权、相互制衡、高效运行的制度格局,充分发挥出资人监督、法律监督、组织监督、社会监督、群众监督和舆论监督的作用,强化监督约束功能,促进各类人才健康成长。

(十三)加强企业文化建设,营造良好人才环境。树立尊重劳动、尊重知识、尊重人才、尊重创造的良好风尚,创造鼓励人才干事业、支持人才干成事业、帮助人才干好事业的良好氛围。积极创建具有时代特色和企业特点的企业文化,把长期实践形成的企业精神、经营理念、价值观念、职业道德,凝练成为企业员工的共同理想和行为准则,增强各类人才的责任感和使命感。为各类人才创造良好的舆论、政策环境和良好的工作、学习、生活环境,用宏伟事业吸引人才、用共同理想凝聚人才、用良好环境留住人才。

(十四)重点抓好西部大开发和东北等老工业地区中央企业的人才工作。按照中央关于实施西部大开发战略、东北地区等老工业基地振兴战略的要求,把人才工作纳入到加快西部和东北地区中央企业调整改造总体战略之中,研究制定西部和东北地区中央企业人才工作规划,加大对西部和东北地区中央企业所需各类人才的培养、吸引和激励力度。建立双向挂职制度,要从西部和东北地区中央企业中选派年轻后备人才,到发达地区的优势企业挂职锻炼;同时从发达地区的中央企业选派经营管理人才,到西部和东北地区中央企业交流任职。帮助西部和东北地区有关中央企业建立技术开发中心和博士后工作站,促进"产学研"结合。

四、加强领导,狠抓落实,努力开创中央企业人才工作新局面

(十五)把人才工作纳入企业的中心工作,切实加强领导。企业党委(党组)要高度重视人才工作,把人才工作提到重要议事日程,放在优先位置,认真研究、抓紧落实。按照党管人才主要是管宏观、管政策、管协调、管服务的要求,搞好统筹规划,坚持分类指导,注重整合力量,积极提供服务,实行依法管理。要形成党政统一领导、组织人事部门牵头、有关方面密切配合、社会力量有效参与的人才工作新格局。中央企业主要负责人对于做好本企业人才工作负有重要责任,要树立强烈的人才意识,认真抓好本企业人才工作。要层层建立和完善人才工作责任制,做到责任到人,任务到人,确保"人才强企"战略顺利推进。

(十六)以改革促进人才工作的有效开展。深化企业内部改革,坚决破除束缚人才健康成长和发挥作用的观念、做法。积极推进中央企业的公司制和股份制改革,加快建立现代企业制度,以制度创新推进人才工作创新。进一步加快推进企业内部劳动用工、人事、分配三项制度改革,真正做到管理人员能上能下、员工能进能出、收入能增能减,使企业的人才队伍充满生机与活力。

(十七)充分发挥中央企业组织人事部门的作用。企业组织人事部门在实施"人才强企"战略中肩负着重要使命,要充分发挥牵头作用,加强调查研究,定期分析人才现状,总结经验,找出差距,及时解决存在的突出问题。要努力转换机制,注意学习和借鉴国内外人才工作先进经验,大力推进人才工作信息化,不断提高本企业人才开发和人力资源管理水平。切实加强组织人事部门自身建设,深入开展"树组工干部形象"学习教育活动,努力建设一支政治坚定、业务精湛、工作出色的组织人事干部队伍。

(十八)加大人才工作的宣传力度。大力宣传党的人才工作方针、政策,使中央关于人才工作的一系列指示精神和重大举措深入人心。加强对人才工作先进典型和努力成才先进人物的宣传表彰,在中央企业形成人人努力学习、努力工作、努力成才的良好氛围。加强对中央企

业人才工作成功经验和做法的总结、宣传,树立国有企业良好社会形象,集聚更多的优秀人才在中央企业建功立业。

(十九)各中央企业要按照本意见的要求,结合本企业实际,大胆创新人才工作的方式方法,抓紧制定和完善本企业人才工作的实施意见和具体措施,把实施"人才强企"战略的各项工作落到实处。要加大资金投入,为人才工作的有效开展提供必要的经费保障。要强化人才安全意识,注意加强对人才流动中国家秘密、商业秘密和技术机密的保护。国务院国资委将对各中央企业加强和改进人才工作、实施"人才强企"战略的工作进展情况定期检查。各中央企业工作中的重要情况,请及时反馈我委。

关于严格执行国家退休制度
及时办理到龄人员退休的通知

2004 年 11 月 26 日 国资委党办干一〔2004〕29 号

各中央企业党委(党组):

为严格执行国家退休制度(包括离休,下同),根据中央组织部《关于办理到龄中管干部退(离)休的通知》(组电字〔2003〕217 号)精神,现就中央企业各级领导班子成员到龄退休的有关事项通知如下:

一、中央企业领导班子成员到达退休年龄,按照管理权限,由国务院国资委企业领导人员管理部门与企业党委(党组)沟通后,直接办理免职手续。各中央企业收到免职通知后,要在 1 个月内为其办理完退休手续。

二、各中央企业要严格执行国家退休制度,对所属单位领导班子成员到达退休年龄的,要及时为其办理免职和退休手续。

三、各中央企业要在 2004 年 12 月 31 日前,按照国家有关规定,对目前本企业已到龄退出领导岗位但尚未办理退休手续的人员,办理完退休手续;并将办理情况分别报国务院国资委企业领导人员管理一局或企业领导人员管理二局。

关于加快推进中央企业公开
招聘经营管理者和内部
竞争上岗工作的通知

2004 年 12 月 16 日　国资党委干一〔2004〕123 号

各中央企业党委(党组):

为认真贯彻落实党的十六大和十六届三中、四中全会精神,探索建立坚持党管干部原则与市场化选聘企业经营管理者相结合的新机制,国务院国资委 2003 年和 2004 年先后两次共组织 28 户中央企业面向全球公开招聘副总经理、总会计师,取得了圆满成功,在海内外产生了积极反响。许多中央企业近年来在领导班子建设和人力资源配置中也大胆引入竞争机制,通过实行内部竞争上岗、社会公开招聘等方式选拔任用公司职能部门负责人和二级单位经营管理者,在市场化配置高层次人才方面进行了积极探索,取得了有益经验。但从总体上看,中央企业坚持党管干部原则与市场化选聘企业经营管理者的新机制尚未完全形成,选拔任用企业经营管理者的方式较为单一,视野主要集中于企业内部,通过市场机制选聘企业经营管理者的比例还很低。这种状况在一定程度上影响和制约了中央企业深化改革、加快发展。为了加快推进中央企业公开招聘经营管理者和内部竞争上岗工作,现就有关问题通知如下:

一、充分认识在中央企业加快推进公开招聘企业经营管理者和内部竞争上岗工作的重要性和紧迫性。目前,中央企业在人才竞争中正面临着严峻挑战,中央企业要在激烈的国内国际市场竞争中发展成为具有核心竞争力的大公司大企业集团,必须赢得人才竞争的主动权。各中央企业党委(党组)要充分认识高素质人才对企业改革发展的决定性作用,进一步解放思想,更新观念,放眼世界,广开才源,借鉴国际国内先进企业的人才选用方式,冲破影响和制约优秀人才脱颖而出的体制性障碍,尽最大可能吸引和集聚企业急需的各类人才,特别是选拔高素质的经营管理者到中央企业发挥才干、建功立业。

二、要进一步加大公开招聘企业经营管理者和内部竞争上岗工作的力度。从 2005 年开始,各中央企业从本企业内部选拔各级领导岗位的经营管理者,原则上都要拿出一定比例的岗位采取内部竞争上岗的方式进行;本企业内部没有合适人选的,原则上都要采取公开招聘的方式面向社会公开选拔;对企业需要的特殊人才,也可委托人才中介机构,通过市场"猎取"的方式进行招聘。

三、积极探索人才管理工作创新。从 2005 年起,凡通过企业内部竞争上岗和公开招聘方式选拔的企业经营管理者,应实行试用期制。试用期满经考核合格,正式办理聘用手续。对于正式聘用的经营管理者,要严格按照职位职责和工作目标要求进行考核,经考核未能按照出资人或董事会要求履行职责,或履行职责能力较差的,要及时解聘。

四、通过公开招聘或内部竞争上岗方式选拔企业经营管理者,要坚持"公开、平等、竞争、择优"的原则,根据选拔范围,公布公开招聘或竞争上岗职位、任职条件、职位职责与要求、选拔程序、薪酬待遇、考核办法等,自觉接受本企业员工和社会各界的监督;企业纪检监察部门要加强对公开招聘和内部竞争上岗工作的监督,坚决防止和克服用人上的不正之风。

五、各中央企业党委(党组)要切实加强对公开招聘经营管理者和内部竞争上岗工作的领导。要把大力推进公开招聘和内部竞争上岗工作,作为贯彻落实全国人才工作会议和中央企业人才工作会议精神的实际行动,作为推动和实施"人才强企"战略的重要措施认真抓紧抓好。要加强对公开招聘和内部竞争上岗工作的宣传教育,积极引导企业员工正确认识公开招聘和内部竞争上岗工作的重要意义,正确处理好企业内部选才与外部引才的关系,充分调动和挖掘企业内部各类人才的积极性。企业组织人事部门要在党委(党组)的统一领导下,按照本《通知》的要求,结合本企业的情况,尽快研究制定本企业公开招聘和内部竞争上岗工作的实施办法,通过开展公开招聘和内部竞争上岗工作,形成广纳群贤、竞争择优、能上能下、能进能出、充满生机与活力的选人用人新机制。

  附件:1. 中央企业公开招聘经营管理者工作指南
     2. 中央企业内部竞争上岗工作指南

附件1:

中央企业公开招聘经营
管理者工作指南

一、准备阶段

(一)确定公开招聘职位。根据企业各级领导班子建设的需要,按照人事管理权限,由组织人事部门提出拟进行公开招聘的职位,报企业党委(党组)审定。

(二)成立公开招聘办公室。办公室负责公开招聘的组织实施工作。办公室可设综合组、人事组、考务组、监督组等。

(三)制定公开招聘实施方案。主要内容包括:指导思想、组织机构、招聘程序和时间安排等。

(四)职位描述。对拟公开招聘职位的职责、任职资格条件、职位要求、薪酬待遇、考核办法等进行规定。

(五)命题。笔试主要测试应聘者的基础知识和专业水平。面试主要测试应聘者的综合素质和应变能力、组织协调能力、解决实际问题能力、开拓创新能力。素质测评主要测试应聘者的性格、心理素质、职业能力倾向等与职位相关的素质状况。试题应注意体现对海内外应聘者的公平性。

命题前要做充分的职位调研和职位分析。命题时可请国内专家进行封闭命题,并请企业主要负责人或组织人事部门负责人进行审题。

二、报名和资格审查阶段

(六)职位发布与报名。通过新闻媒体等多种途径,向社会发布招聘公告,接受公开报名或推荐。

(七)资格审查。办公室根据公开招聘职位的任职条件,对应聘者的基本情况进行审核,提出符合条件的应聘人选,报企业党委(党组)审定。

三、考试阶段

(八)笔试。笔试采取书面闭卷方式进行,题型为选择题、判断题、论述题。

笔试结束后,由命题专家进行评分。为确保公平、公正,应严格按笔试成绩提出进入面试人选建议名单,报企业党委(党组)审定。

(九)面试。主要包括三个部分:应聘者演讲;考官按事先由专家提出的命题进行提问;考官自由提问。外语口试单独进行。

面试考官应当具有较高的思想政治素质,公道正派,并熟悉人才测评工作。主考官由企业主要负责人担任,其他考官由企业有关负责人、组织人事部门负责人及有关专家担任。面试考官要实行回避制度。面试前应当对面试考官进行培训。

主考官评分乘2为主考官的最终评分,其他考官的评分去掉一个最高分和一个最低分之后,与企业主考官的最终评分相加平均后,即为每个应聘者面试得分。

(十)素质测评。企业也可根据招聘职位情况,采用心理测试等方式,由专家对应聘者进行测试。

四、组织考察和确定聘用阶段

(十一)确定考察人选。办公室对笔试和面试综合成绩及素质测评结果等情况进行综合评议,确定考察对象。

(十二)组织考察。按照人事管理权限,由企业组织人事部门对考察对象进行考察。考察前需与考察对象沟通,根据情况商定考察方式及谈话范围。如经考察第一人选基本合格,一般不再考察其他人选。对于境外人选的考察,视情况通过外交部请我国驻外使领馆协助进行。

(十三)党委(党组)审查。根据企业董事会或总经理(总裁)的提名,按照人事管理权限,由企业党委(党组)对聘用人选进行审查。

(十四)任前公示。就拟聘人选的基本情况、拟聘职位等进行公示。

(十五)依法聘用。公示期满后,按照有关规定办理聘用手续。

(十六)试用期满后的有关工作。试用期满后,由组织人事部门对聘任人员进行全面考察。经考察胜任本职的,按规定程序进行审批;经考察不能胜任本职的,按聘用协议要求予以解聘。

五、纪律和监督

(十七)公开招聘企业经营管理者必须遵守以下纪律:

1. 确保公开、公平、公正,不准事先内定人选;

2. 严格按照公开招聘工作方案规定的内容和程序操作,不准在实施过程中随意更改;

3. 报考人员要自觉遵守公开招聘工作的有关规定,不准弄虚作假,搞非组织活动;

4. 有关单位要客观、全面地反映和提供考察对象的真实情况,不得夸大、隐瞒或者歪曲事实;

5. 工作人员要严格遵守组织人事工作纪律,特别要严格执行保密制度和回避制度,不准泄露考试试题、评分情况、考察情况、党委(党组)讨论情况等。

(十八)对公开招聘工作要加强监督。成立由纪检机关(监察部门)等有关方面组成的监督小组,对公开招聘工作进行监督。对公开招聘工作中的违纪行为,职工群众可以向上级组织人事部门或者纪检机关(监察部门)检举、申诉。受理机关和部门应当按照有关规定认真核实处理。

附件2:

中央企业内部竞争上岗工作指南

一、准备阶段

(一)确定竞争上岗职位。根据企业各级领导班子建设的需要,按照人事管理权限,由组织人事部门提出拟进行竞争上岗的职位,报企业党委(党组)审定。

(二)成立竞争上岗工作办公室。办公室负责竞争上岗的组织实施工作。办公室可设综合组、人事组、考务组、监督组等。

(三)制定竞争上岗实施方案。主要内容包括:指导思想、组织机构、竞争上岗程序和时间安排等。

(四)职位描述。对拟竞聘职位的职责、任职资格条件、职位要求、薪酬待遇、考核办法等进行规定。

(五)命题。笔试主要测试应聘者的基础知识和专业水平。面试主要测试应聘者的综合素质和应变能力、组织协调能力、解决实际问题能力、开拓创新能力。素质测评主要测试应聘者的性格、心理素质、职业能力倾向等与职位相关的素质状况。

命题前要做充分的职位调研和职位分析。命题时可请国内专家进行封闭命题,并请企业主要负责人或组织人事部门负责人进行审题。

二、报名和资格审查阶段

（六）职位发布与报名。通过适当方式在企业内部公开发布竞聘通知。报名主要采取个人报名方式，也可采取组织推荐、民主推荐等方式。

（七）资格审查。办公室根据竞聘职位的任职条件，对竞聘者的基本情况进行审核，提出符合条件的竞聘人选，报企业党委（党组）审定。

三、考试阶段

（八）笔试。笔试采取书面闭卷方式进行，题型为选择题、判断题、论述题。企业也可根据实际情况不安排笔试，直接进行演讲答辩。

笔试结束后，由命题专家进行评分，并按笔试成绩提出进入演讲答辩人选建议名单，报企业党委（党组）审定。

（九）演讲答辩。主要包括三个部分：竞聘者演讲；考官按事先由专家提出的命题进行提问；考官自由提问。

考官应当具有较高的思想政治素质，公道正派，并熟悉人才测评工作。主考官由企业主要负责人担任，其他考官由企业有关负责人、组织人事部门负责人及有关专家担任。考官要实行回避制度。答辩前应当对考官进行培训。

主考官评分乘2为主考官的最终评分，其他考官的评分去掉一个最高分和一个最低分之后，与企业主考官的最终评分相加平均后，即为每个应聘者面试得分。

（十）素质测评。企业也可根据招聘职位情况，采用心理测试等方式，由专家对应聘者进行测试。

四、组织考察和聘用阶段

（十一）确定考察人选。对笔试、演讲答辩综合成绩和素质测评结果等情况进行综合评议，确定考察对象。

（十二）考察对象公示。对考察对象的基本情况、竞聘职位等进行公示。

（十三）组织考察。按照人事管理权限，由企业组织人事部门对考察对象进行考察。

（十四）党委（党组）审查。根据企业董事会或总经理（总裁）的提名，按照人事管理权限，由企业党委（党组）对聘用人选进行审查。

（十五）依法聘用。聘用人选经党委（党组）审查通过后，按照有关规定办理聘用手续。

（十六）试用期满后的有关工作。试用期满后，由组织人事部门对聘任人员进行全面考察。经考察胜任本职的，按规定程序进行审批；经考察不能胜任本职的，按聘用协议要求予以解聘。

五、纪律和监督

（十七）内部竞争上岗必须遵守以下纪律：

1. 确保公开、公平、公正，不准事先内定人选；

2. 严格按照竞争上岗工作方案规定的内容和程序操作，不准在实施过程中随意更改；

3. 报考人员要自觉遵守竞争上岗工作的有关规定，不准弄虚作假，搞非组织活动；

4. 有关单位要客观、全面地反映和提供考察对象的真实情况，不得夸大、隐瞒或者歪曲事实；

5. 工作人员要严格遵守组织人事工作纪律，特别要严格执行保密制度和回避制度，不准泄露考试试题、评分情况、考察情况、党委（党组）讨论情况等。

（十八）对竞争上岗工作要加强监督。成立由纪检机关（监察部门）等有关方面组成的监督小组，对竞争上岗工作进行监督。对竞争上岗工作中的违纪行为，职工群众可以向上级组织人事部门或者纪检机关（监察部门）检举、申诉。受理机关和部门应当按照有关规定认真核实处理。

关于印发《"十一五"中央企业人才队伍建设规划纲要》的通知

2006 年 7 月 19 日　国资党委干一〔2006〕79 号

各中央企业：

　　现将《"十一五"中央企业人才队伍建设规划纲要》印发给你们，请紧密结合本企业实际，认真抓好贯彻落实。

　　附件："十一五"中央企业人才队伍建设规划纲要

附件：

"十一五"中央企业人才队伍建设规划纲要

　　为进一步推动中央企业全面实施人才强企战略，建设适应改革发展要求的高素质人才队伍，促进中央企业持续、快速、健康发展，根据《中共中央国务院关于进一步加强人才工作的决定》、《印发〈关于贯彻落实"十一五"规划纲要，加强人才队伍建设的实施意见〉的通知》（中组发〔2006〕11 号）和《关于印发国务院国资委关于加强和改进中央企业人才工作的意见的通知》（国资党委干一〔2004〕48 号），制定本纲要。

一、中央企业人才队伍建设面临的形势

　　1. 人才队伍建设成效显著。"十五"期间，中央企业根据党中央、国务院关于推进国有企业改革发展的一系列重大决策和部署，积极应对国内国际人才竞争的严峻挑战，大力开发人才资源，走人才强企之

路。五年来,中央企业人才市场化、国际化步伐明显加快,通过公开招聘、竞争上岗方式选拔各类人才取得了突破性进展;人才考核评价体系逐步建立健全,人才评价结果更加趋于合理;人才薪酬激励力度逐步加大,各类高层次人才流失现象得到初步遏制;人才培养培训工作不断深化,各类人才培养培训的计划性、针对性明显增强;人才成长环境稳步改善,人才队伍建设取得了明显成效。到2005年底,中央企业出资人代表、经营管理人才、科技人才、党群工作者和技能人才总量713万人,其中各类高层次人才130万人。

2. 人才队伍建设面临的新形势。"十一五"是中央企业改革发展的重要阶段,中央企业公司制改造、国际化经营、市场化运作、集团化发展的步伐将明显加快,对各类高层次人才的需求更加迫切。同时,我国将全面履行加入世界贸易组织的承诺,国际国内企业竞争更趋激烈,人才资源将成为跨国公司争夺的焦点。面对新的形势和任务,中央企业人才队伍的整体素质还不能完全适应市场化、国际化竞争的需要,特别是战略型的企业家、国际化的经营管理人才、创新型的科技领军人才、有绝技的高技能人才严重短缺;人才结构性矛盾比较突出,主营业务领域还没有形成高度密集的人才优势;人才管理机制还不完善,尤其是市场化的选人用人机制以及与之匹配的薪酬激励机制、客观公正的评价机制尚未全面建立。这已成为制约中央企业推进改革、加快发展、提升核心竞争力的重要因素,中央企业必须充分认识加强人才队伍建设的重要性和紧迫性,着力解决好这些问题,全面推进人才强企战略的实施。

二、中央企业人才队伍建设的指导思想和总体目标

3. 人才队伍建设的指导思想。"十一五"期间,中央企业人才队伍建设要以邓小平理论和"三个代表"重要思想为指导,贯彻落实科学发展观,坚持党管人才原则,全面引入竞争机制,努力营造优秀人才脱颖而出的环境,以加强人才资源能力建设为核心,以创新人才工作机制为动力,以优化人才队伍结构为主线,以培养吸引高层次、复合型人才为

重点,积极开发利用国内国际两种人才资源,为做强做大中央企业提供强有力的人才保证。

4. 人才队伍建设的总体目标。"十一五"期间,中央企业要建设好适应战略发展需要、层级结构分明、年龄结构合理、专业结构配套的出资人代表、经营管理人才、科技人才、党群工作者和技能人才队伍。人才队伍规模保持相对稳定,整体素质明显提高,各类高层次人才占人才总量的比例由现在的18%提高到20%以上。人才队伍结构明显优化,国有及国有控股公司中由国有资产出资人机构派出的外部董事、内部董事比例接近1:1;通过公开招聘、竞争上岗、人才市场选聘等市场化方式选用的经营管理人才占经营管理人才总量的比例,由现在的26%提高到40%以上;科技带头人、科研技术专家等科技高层次人才占科技人才总量的比例,由现在的3%提高到5%以上;具有经营管理或者科研技术岗位经历的党群工作者达到80%以上;高级工、技师、高级技师占技能人才总量的比例,由现在的27%提高到30%以上,其中技师、高级技师占技能人才总量的比例达到5%以上;主营业务领域对高层次人才的需求基本得到保证,全面建立起与企业改革发展要求相适应的人才培养、选用、评价和激励机制。

三、加强出资人代表队伍建设

5. 培养和造就一批优秀出资人代表。按照建立现代企业制度和规范公司法人治理结构的要求,着重从高级经营管理者中培养、选拔出资人代表。积极推进出资人代表培养培训工程,在加强思想政治建设和职业道德建设的同时,着力加大公司治理、战略决策、风险预测等方面的培养培训力度,强化出资人代表忠实维护国有资产权益的意识,突出职业化、专业化和国际化。培养培训出资人代表坚持高起点,主要采取专题培训、企业高层论坛以及国外考察培训相结合的方式进行,重点提高出资人代表的职业素养和战略决策能力、风险防范能力、识人用人能力和驾驭复杂局面的能力。"十一五"期间,中央企业董事会试点单位的董事参加国际培训率应达到100%;中央企业各级出资人代表上岗前,原则上都要轮训一遍。

6. 加快外部董事队伍建设。突出抓好中央企业外部董事的遴选和储备。坚持以品德、知识、能力、阅历、业绩等为主要选才标准,面向海内外选聘外部董事。按照1:1.5的比例,建设中央企业外部董事人才库。建立外部董事评价机制,开展以外部董事职业操守、履职能力、勤勉程度、工作实绩、廉洁从业为主要内容的评价工作,重在出资人认可。建立外部董事激励约束机制,根据外部董事承担的职责,由出资人合理确定外部董事报酬。对未能履行好职责,导致国有资产流失、公司各利益相关者遭受损失的,依法追究相应责任。

四、加强经营管理人才队伍建设

7. 继续加大经营管理人才培训力度。培训经营管理人才坚持岗位适应性培训与知识拓展培训相结合,业务理论培训与实地考察培训相结合,加大知识更新和国际化培训力度。对高级经营管理者,以培养优秀企业家为目标,突出抓好战略决策能力、市场判断能力、开拓创新能力、风险防范能力和应对复杂局面能力的培训;对一般经营管理人才,以培养高级经营管理者为目标,突出抓好经营管理能力、市场开拓能力的培训。要围绕中央企业风险防范机制的建立,进一步加大对企业法律、财会、金融等专业人才的培训力度。推行高级经营管理者半年或者一年期脱产培训制度,鼓励高级经营管理者参加国际公认、知名度高的职业经理人执业资格证书认证。

8. 加快推进经营管理人才市场化选聘步伐。选拔经营管理人才要坚持公开、平等、竞争、择优原则,扩大选人用人视野,全面引入竞争机制。选拔高级经营管理者坚持市场配置与组织配置相结合,企业内部没有合适人选,要面向社会公开招聘或者通过人才市场选聘;选拔企业中层领导人员要积极推行竞争上岗;引进一般经营管理人才原则上都要面向社会公开招聘。围绕建设具有国际竞争力大公司大企业集团的目标,重点引进企业紧缺的法律、金融等经营管理人才。对经营管理人才全面推行契约化管理,规范和完善劳动合同、岗位聘用合同,建立正常的人才流动与退出机制。

9. 强化经营管理人才绩效考核与薪酬激励。建立健全以能力、业绩为导向,以岗位职责为基础,以绩效目标为核心的综合考核评价体系,坚持年度考核评价与任期考核评价相结合,考核评价结果力求客观公正。在严格考核的基础上,进一步完善与绩效考核评价结果紧密挂钩的薪酬体系,突出强化对优秀经营管理人才的中长期激励,使优秀经营管理人才的薪酬水平更加具有市场竞争力。对引进的特殊经营管理人才,可根据市场价位实行协议薪酬。

10. 完善高级经营管理者监督约束机制。按照现代企业制度要求,进一步整合和规范出资人监督、党组织监督、纪检监察部门监督、法律监督和利益相关者监督等各种监督方法的实现途径,明确各自对高级经营管理者实施有效监督的范围、层面、方式和程序,形成“职责明确、界面清晰、监督全面、约束有力”的监督体系,规范高级经营管理者的经营行为。建立高级经营管理者责任追究制度,对造成重大损失的高级经营管理者,一定范围和时间内禁止从事国有企业经营管理工作,并依法追究经济或者法律责任。

五、加强科技人才队伍建设

11. 培养和造就一批领军型科技人才。围绕企业科技发展战略与规划的实施,着力开展科技高层次人才培养工程,重点培养和造就一批掌握核心技术、具有世界前沿水平的领军型科技人才。通过知识更新、技术研发、项目合作、考察交流等方式,特别是要通过重大项目联合攻关、重大工程技术改造等实践,以及通过鼓励和推动科技人才广泛参与国际技术合作与交流等方式,提高科技人才的自主创新能力。积极引进留学和海外科技高层次人才。军工企业要适应世界新军事变革和我国国防现代化建设的需要,加快培养一批国防科技高层次人才。

12. 畅通科技人才发展渠道。建立科技人才与经营管理人才分类管理的体制,促使科技人才与经营管理人才沿各自序列通道协调发展。建立健全企业科技带头人或者科技专家制度,对国家或者企业重点科研、技术、工艺开发项目技术负责人的安排,原则上由科技带头人或者科技专家担任,不断推进科技人才的专业化和职业化。

13. 建立技术要素参与分配的薪酬制度。以岗位绩效为基础,建立符合科技人才特点的多元化的考核评价体系,并将技术专利、专有技术、科研成果作为要素参与分配,突出强化科技人才的中长期激励。

14. 加强青年科技人才队伍建设。培养青年科技人才要坚持多元化、国际化和前瞻性的方向,把国际化培训和国内培养结合起来,实行"产、学、研"一体化培训,抓好从事理论前沿和尖端科技研究的专业人才培养。大胆启用青年科技人才担任重大技术改造项目和重点科研项目的负责人,进一步破除选聘科研项目或者课题负责人过程中的论资排辈现象。注意发挥好老专家、资深科技人才在青年科技人才培养中的"传帮带"作用,促使青年科技人才快速、健康成长。

六、加强党群工作者队伍建设

15. 加强复合型党群工作者的培养。通过开展现代企业经营管理知识培训,参与企业生产经营管理活动,推动岗位交流,提高党群工作者参与企业重大问题决策、有效开展党建和思想政治工作的能力,加快培养政治坚定、熟悉企业生产经营、擅长做思想政治工作的党群工作者。实行企业各级党组织负责人与经营管理者之间"交叉任职"。建立党群工作者轮岗交流制度,推动党群工作者与经营管理人才之间合理流动。注重在经营管理人才的优秀党员中培养、选拔党群工作者,不断提高党群工作者队伍的整体素质。

16. 创新党群工作者选拔任用和考核评价机制。在遵循《中国共产党章程》、《中国共产主义青年团章程》和《中华人民共和国工会法》规定的基础上,按照公开、平等、竞争、择优原则,在企业党代会、团代会或者工会会员代表大会闭会期间,选拔党委、团委或者工会负责人,积极探索在党员、团员和工会会员中开展竞争上岗,促使优秀党群工作者脱颖而出。建立健全与党群工作者岗位职责要求相适应的考核评价体系,把政治理论水平、组织协调能力、职工信任程度以及企业精神文明

建设、企业文化建设和企业稳定状况,作为考核评价党群工作者的重要
内容。

七、加强技能人才队伍建设

17. 着力抓好高技能人才的培养。以培养和选拔高技能人才为重
点,大力开展岗位练兵、技能竞赛、技术比武、技术交流等活动,造就一
批企业重点工种、重点工艺、重点专业技术能手。完善技能培训制度,
强化技能人才继续教育,着力加强岗位技能培训、专业拓展培训和综合
素质培训。鼓励开展高技能人才国际化培训,选送高技能人才到国外
培训机构或者跨国公司接受培训和锻炼。广泛开展"名师带徒"活动,
全面提升技能人才队伍的整体素质。定期开展技能大师、技能专家、技
术能手评比表彰活动,进一步增强技能人才的职业成就感。

18. 全面推进技能人才队伍市场化建设。实行职业资格准入制
度,技能人才上岗前,须具备岗位要求的职业资格。选用各类技能人才
坚持市场化的用工制度,全面引入竞争机制。按照《中华人民共和国劳
动法》的规定,进一步规范劳动合同。加快建立以诚信敬业为基础、以
职业能力为导向、以岗位业绩为重点的技能人才评价体系,突出对实际
操作技能、解决关键生产工艺难题、掌握和运用新技术新工艺能力的考
评。全面建立市场化的薪酬体系,使技能人才的薪酬水平全面与市场
价位接轨。探索技能要素参与分配的办法,对具有专门技能、善于解决
技术难题的特殊技能人才,要逐步突出技能参与分配的力度。

八、加强人才工作基础建设,为人才强企战略有效推进提供保障

19. 构建前瞻性的人力资源开发与管理新机制。围绕企业发展战
略的实施,建立健全人才队伍建设的制度、规章,深入推进企业"三项制
度"改革,全面建立起能够充分把握人才发展趋势、有效遵循人才工作
规律、满足企业改革发展需要、前瞻性体系化的人才开发与管理新机
制。加强人才工作政策研究,定期分析人才队伍状况,及时解决存在的
突出问题,使人才工作始终服从和服务于企业的改革与发展。注意学

习借鉴国内外企业人才资源开发与管理的经验,大力推进人才工作信息化建设,不断提高人才资源开发与管理的水平。

20. 加大人才资源开发的投入力度。牢固树立人才资源是第一资源,人才资源投入是效益最大投入的观念,实施人才资源开发适度优先战略,不断加大人才开发资金的投入力度。设立专门经费,用于人才培养、引进、奖励和支持重大人才开发工程的实施。加强对人才开发资金使用情况的监督管理和跟踪评估,实现人才开发资金使用效能的最大化。

21. 创造良好的人才成长环境。加强制度建设,形成尊重知识、鼓励创新、有利于各类优秀人才脱颖而出和充分发挥作用的政策环境;加强企业文化建设,形成鼓励人才干事业、支持人才干成事业、帮助人才干好事业的工作环境;加强人才宣传工作,形成创业光荣、创新可贵、创造无价的舆论环境。

九、加强组织领导,确保人才队伍建设规划的顺利实施

22. 各中央企业党委(党组)要把人才队伍建设纳入企业的中心工作,列入重要议事日程,抓好本纲要的贯彻落实。要形成党政统一领导、组织人事部门牵头、有关方面密切配合、社会力量有效参与的人才工作格局。国务院国资委重点抓好中央企业人才工作、人才队伍建设的战略规划、政策研究、宏观指导和协调服务,坚持分类指导,定期对本纲要的落实情况进行检查。

23. 各中央企业在具体贯彻落实本纲要的过程中,要紧密结合实际情况,进一步制定、完善本企业人才队伍建设的规划与具体措施,不断创新人才工作方法,加强对所出资企业人才工作的指导,努力开创"十一五"中央企业人才工作的新局面。

附:名词解释

1. 出资人代表:指出资人任命或推荐任职的董事(包括内部董事、外部董事)、监事(不含职工董事、职工监事)。其中,内部董事是指由本

企业员工担任的董事;外部董事是指由非本企业员工担任的董事。

2. 经营管理人才:指企业中具体从事经营管理活动的人员。包括各级经理人以及具体从事规划计划、人力资源、市场营销、资本运营、财务审计、生产管理、法律事务、质量安全环保、行政管理等业务工作的人员。

3. 党群工作者:指企业中主要从事党务、纪检监察、工会、共青团、老干部等工作的人员。

4. 科技人才:指企业中直接从事科研、技术或在技术管理、技术服务岗位上工作的人员。

5. 科技高层次人才:指在科研、技术、生产活动中发挥重要骨干作用,具有较高科研技术水平,并在科研技术创新方面做出过突出贡献的人才。包括国家最高科学技术奖获得者;"两弹一星"功勋奖章获得者;中国科学院院士、中国工程院院士;国家有突出贡献的中青年科学技术专家;国家"863"、"973"计划首席科学家或项目主要负责人;国家技术发明奖、国家科技进步奖主要完成人;国家"十五"重点工程建设项目总设计师、总工程师;国防军工系统的型号总指挥、副总指挥,总设计师、副总设计师;列入"新世纪百千万人才工程"的科技人才;获得国务院特殊津贴的科技人才,以及承担国家或集团公司重点科研项目的主要负责人。

6. 科技带头人:指在某一科研、技术领域,具有较高的造诣和水平,能够推动企业科技创新的领军型人才。

7. 技能人才:指具有一定的知识和技能,在生产、服务等操作性岗位上工作的人员。其中,高技能人才包括高级技师、技师和高级工。

企业党建与群众工作

国资委党委关于印发《关于加强和改进国资委监管企业女职工工作的意见》的通知

2004 年 3 月 1 日   国资党委群工〔2004〕21 号

各中央企业党委(党组):

现将《关于加强和改进国资委监管企业女职工工作的意见》印发给你们,请结合实际认真贯彻落实。

附件:关于加强和改进国资委监管企业女职工工作的意见

附件:

关于加强和改进国资委监管企业女职工工作的意见

为全面贯彻"三个代表"重要思想,深入实施国务院《中国妇女发展纲要》(2001－2010 年),在国有企业改革发展中更好地发挥女职工的作用,维护女职工的合法权益和特殊利益,现就进一步加强和改进国资委监管企业(以下简称中央企业)女职工工作提出以下意见。

一、提高认识,加强对女职工工作的领导

国有企业的女职工工作,是党的群众工作的重要组成部分,也是工会工作的重要内容之一。在中央企业职工中,女职工占三分之一,她们是企业物质文明、政治文明、精神文明建设的重要力量。保护好、调动好、发挥好女职工的积极性和创造性,对于中央企业的改革发展稳定具有重要意义。随着社会主义市场经济的发展,国有资产管理体制改革

的深化,特别是中央企业战略性重组的推进,企业的组织形式、运行机制和劳动关系发生着重大变化。女职工劳动就业、劳动保护、参与企业管理等方面出现了许多新情况、新问题,部分女职工的合法权益和特殊利益在一些企业尚未得到很好的维护。各中央企业党委(党组)、工会要高度重视女职工在企业改革发展稳定中的作用,充分认识女职工工作的特殊性和重要性,切实加强对女职工工作的领导。要把女职工工作纳入党委、工会工作的重要议事日程,认真研究新时期女职工工作的特点和规律,支持女职工组织依照《工会法》和《中华全国妇女联合会章程》,围绕企业的中心任务,独立自主、创造性地开展工作。要定期听取女职工工作汇报,研究解决女职工工作中存在的问题和困难,从财力、物力、人力等方面为女职工组织开展工作创造条件。要加强女职工组织建设。各企业工会都要建立女职工委员会,把优秀的女干部选拔到女职工委员会。各级工会组织要努力争取党委、行政对女职工工作的重视和支持,协调工会各部门共同做好女职工工作。

二、深入学习贯彻"三个代表"重要思想,用"三个代表"重要思想统领中央企业女职工工作

深入学习贯彻"三个代表"重要思想,是在全面建设小康社会历史进程中充分发挥包括广大女职工在内的工人阶级主力军作用的必然要求,是不断开创新世纪新阶段女职工工作新局面的客观需要,也是不断提高女工组织自身建设水平的迫切要求。各中央企业女工组织要把学习实践"三个代表"重要思想作为首要政治任务,使"三个代表"重要思想真正成为统领女职工工作全局的根本指针,落实到广大女工干部和女职工的实际行动中去。要精心组织好广大女职工的学习,充分利用企业的宣传教育阵地,富有成效地开展特色鲜明的学习教育活动。各级领导干部要坚持学习在前、实践在前,不断增强实践"三个代表"的自觉性和坚定性,真正起到模范带头作用。要牢牢把握立党为公、执政为民这个本质,怀着深厚感情努力做好女职工工作,把女职工满意不满意、高兴不高兴作为检验标准。

三、完善机制,依法维护女职工的合法权益和特殊利益

代表和维护女职工的合法权益和特殊利益是工会女职工组织的基本职责。各级工会要紧密联系女工工作的实际,在发展、改革、参与、帮扶的过程中,履行好维护职工合法权益的基本职责。要从机制上保障女职工组织有效履行维护职能,建立和完善源头参与机制,保证维权渠道畅通。在企业建章立制过程中,涉及女职工就业、参政、分配、教育、健康等方面问题时,要保证女职工委员会的民主参与权。

(一)维护好女职工的政治权利。

要保障女职工参与企业的决策和管理。要保证各级职工代表大会中女代表的比例,使其与本单位女职工所占比例相适应。要重视女干部的培养和推荐工作,积极向党组推荐优秀女干部进入各级领导班子。

(二)维护好女职工的劳动权益。

劳动权益是女职工的基本权益,是实现其他各项权益的基础。工会组织要充分发挥女职工组织的作用,保证女职工委员会参与企业改革和劳动用工、下岗再就业等政策的制订。要认真贯彻国家关于加快推进再就业工作的精神,做好下岗待业女职工的培训和再就业工作。要引导女职工增强市场竞争意识,转变就业择业观念,提高自身全面素质,寻求自我发展新路。

(三)维护好女职工的特殊利益。

要认真贯彻国家有关女职工劳动保护的法律、法规和政策规定,做好女职工劳动保护工作。要关心女职工的生活,照顾女职工的特殊需求,定期进行妇科病普查和防治。依法解决好女职工生育期间的待遇,建立企业女职工生育健康保险,努力为女职工构筑抵御风险的屏障。

(四)做好困难女职工帮扶救助工作。

要结合各单位实施的"送温暖"工程,建立健全困难、单亲女职工档案。积极反映困难女职工的情况,为她们争取更多的援助,特别要千方百计保证困难、单亲女职工的子女正常就学。要配合有关部门,将符合条件的特困女职工纳入城镇居民最低生活保障范围。各级女职工组织

要普遍建立和坚持与困难女职工结对救助制度,帮助她们早日走出困境。要特别关心女职工中劳模、先进人物、科技人员的工作和生活,积极为她们解决实际问题。

四、开展"巾帼建功"活动,发挥女职工在企业全面发展中的作用

"巾帼建功"活动是女职工工作围绕中心、服务大局的一种有效途径,是动员和组织女职工积极投身企业物质文明、政治文明、精神文明建设的重要载体。中央企业各级女工组织要围绕中国妇女九大提出的"创造新岗位、创造新业绩、创造新生活"的目标,引导和激励广大女职工为中央企业改革发展贡献聪明才智,为全面建设小康社会作出贡献。开展"巾帼建功"活动,要结合企业的实际和女职工的特点。当前,要重点开展好提升素质教育活动、岗位立功活动、经济技术创新活动和文明家庭创建等活动。

(一)开展提升素质教育活动。

女职工素质高低,是决定女职工参与企业经营管理和改革发展程度与水平的重要因素。各级女职工委员会要把提高女职工素质作为一项长期的战略任务,积极为女职工提高素质创造条件,提供服务。要动员女职工把学习作为一种生存方式,坚持学以立德、学以增智、学以致用;积极参加自学、函授及脱产学习,提升自身学历水平;积极参加企业开展的不同形式的职业教育、职业培训和实用技术培训,学习新知识,储备新技能。要把提升女职工素质活动纳入"职工素质工程",动员和组织女职工积极参加"争创学习型红旗班组,争做学习型先进职工"活动,为女职工搭建多种形式的学习交流平台,为她们了解把握政策、树立先进经营理念、了解科技市场信息、学习先进创业经验等提供服务。要根据不同行业的特点开展素质达标、学习竞赛等活动,推动女职工学习知识,掌握技能,促进女职工综合素质不断提升。

(二)开展岗位立功活动。

各中央企业要深入开展"巾帼文明示范岗"创建活动,使之成为女职工提高自身素质、创造新业绩、展现新风貌的品牌活动。要坚持以推

动企业生产经营、提高经济效益为目标,组织女职工开展岗位立功和形式多样的岗位争创活动。要教育女职工树立有为才有位的观念,爱岗敬业,艰苦奋斗,无私奉献,争创一流,为企业发展贡献聪明才智。在女职工比较集中的行业,要重点围绕提高效益、扭亏增盈、优质服务的主题开展各种形式的竞赛,最大限度地调动女职工积极性和创造性,发挥"半边天"的作用。

(三)开展经济技术创新的活动。

各级女职工组织要广泛动员女职工积极投入到群众性经济技术创新活动中,开展提合理化建议和"五小"科技攻关活动。要发挥女科技人员、女管理人员在经济技术创新中的作用,鼓励她们多出研究和技术成果。组织女技术干部、女管理干部,针对企业技术与管理上的难点开展论坛,为企业发展献技献策。

(四)开展文明家庭创建活动。

女职工在家庭中具有特殊的地位和作用。各级女职工组织要结合贯彻《公民道德建设实施纲要》,深入开展文明家庭创建活动,大力弘扬"尊老爱幼、男女平等、夫妻和睦、勤俭持家、邻里团结"的家庭美德,倡导健康、科学、文明、进步的生活方式。要把创建文明家庭活动与弘扬企业精神相结合,与职业道德、社会公德建设相结合,与开展互帮互助活动相结合,推动文明家庭创建活动上新水平。

在开展"巾帼建功"活动中,各企业要充分发挥先进典型的示范带动作用。要大力培养选拔不同方面不同类型的先进个人和先进集体典型,加强宣传、引导、激励,以先进典型的示范作用,带动女职工进步与发展。

五、加强女职工组织自身建设,全面提升女职工工作水平

加强女职工委员会自身建设,是做好女职工工作的前提和保证。各企业要按照《工会法》和全总《工会女职工委员会条例》要求,落实女职工组织建设,做好女职工干部的配备工作。在企业改革改制过程中,要抓紧新建经济组织中女职工组织的组建工作,确保新建企业女职工工作的正常开展。

要在提高女职工干部的思想政治理论素质上下工夫。女职工干部要联系企业和女职工工作实际,努力学习邓小平理论和"三个代表"重要思想,学习马列主义妇女观,善于用理论作指导,思考和研究工作,学会从全局出发考虑问题,不断提高认识问题、分析问题和解决问题的能力和水平,提高工作能力。采取培训与自学相结合的方法,学习与业务工作相关的法律法规和其它各种新知识,坚持在干中学,学中干,努力提高业务水平和实际工作能力。

广大女职工干部要加强作风建设,自觉深入基层,倾听女职工的呼声,反映女职工的意愿,多为她们办实事办好事。要善于联合各方面的力量,充分发挥女职工自身的力量,努力成为女职工的知心人、贴心人、带头人,用优秀的人品、广博的知识,影响和带领女职工不断进步。

关于印发《国资委关于加强中央企业领导人员培训工作的意见》的通知

2004 年 3 月 30 日　国资发党建〔2004〕204 号

各中央企业:

现将《国资委关于加强中央企业领导人员培训工作的意见》印发你们,请结合实际贯彻落实。

附件:国资委关于加强中央企业领导人员培训工作的意见

附件:

国资委关于加强中央企业领导
人员培训工作的意见

为全面贯彻党的十六大精神,根据全国人才工作会议精神和中组部《关于深入学习贯彻"三个代表"重要思想、做好大规模培训干部工作的意见》(中组发〔2003〕26号)的要求,现就加强中央企业领导人员培训工作提出如下意见。

一、指导思想和基本原则

根据中央关于做好大规模培训干部工作的部署,结合中央领导同志对国资委要"管出资人的人、管保值增值的事"的要求,国资委加强中央企业领导人员培训工作的指导思想是:以邓小平理论和"三个代表"重要思想为指导,紧紧围绕国有资产管理体制改革和中央企业改革发展稳定的中心任务,以学习贯彻"三个代表"重要思想为重点,以提高企业领导人员经营管理能力和综合素质为目标,集中力量、分类指导、分级负责、分层实施,努力形成多层次、多渠道的培训工作格局,为深化国有资产管理体制改革、促进中央企业改革发展稳定,提供坚强的人才保证和智力支持。

中央企业领导人员培训工作必须把握以下原则:一是坚持政治理论培训与专业知识培训相结合,把学习贯彻"三个代表"重要思想作为首要任务,学习这一理论的科学体系,深刻领会精神实质,进一步增强贯彻"三个代表"重要思想的自觉性和坚定性,全面提高综合素质和领导水平;二是坚持脱产培训与在职学习相结合,启发学习内动力,形成终身学习的氛围,努力建设学习型组织、学习型企业;三是坚持中长期培训与短期培训相结合,既突出紧缺专业知识的培训,又着眼长远发展的需要,加强基础理论和基本知识的培训;四是坚持国内培训与国外培训相结合,努力培养一批熟悉国际惯例和国际市场运作的企业领导人才,更好地适应中央企业参与国际竞争的需要;五是坚持国资委培训与企业自主培训相结合,广泛利用各种社会培训资源,拓宽培训渠道,分层次组织好各类人员的培训;六是坚持突出重点与按需施教相结合,针对不同需求实施分类培训,合理设置培训班次、培训内容和学制,确保培训工作质量。

二、培训对象和基本任务

中央企业领导人员培训工作的培训对象为:中央企业领导人员、后备领导人员、总部各部门负责人、二级企业领导人员。按照干部管理权限并结合中央企业的实际,国资委主要负责组织实施对中央企业领导人员、后备领导人员以及部分二级企业领导人员的培训。各中央企业主要负责组织实施对总部各部门负责人及二级企业领导人员和其他人员的培训。

总体培训任务是,到 2007 年底前,将列入培训对象的中央企业领导人员及后备领导人员基本培训一遍。所有中央企业总部中层以上领导人员,都要参加累计不少于 2 个月以上的脱产培训。

(一)中央党校的培训、轮训。根据中组部的部署,中央管理主要领导人员的企业(以下简称 53 户中央企业)的党委(党组)书记、董事长、总经理,参加中央党校省部级进修班的学习。具体组织工作按中组部规划落实,国资委协助做好相关工作。除上述人员之外的 53 户中央企业副职、党委(党组)成员(常委)以及 53 户之外中央企业的董事长、总经理、党委书记的培训工作,纳入国资委管理范围,参加中央党校进修二班(地厅级干部进修班)的学习。

(二)国家行政学院的培训、轮训。中央企业(不含 53 户中央企业)领导人员副职、后备领导人员、重要二级企业主要负责人,参加国家行政学院"国有重要骨干企业领导人员培训班"学习培训。主要学习邓小平理论、"三个代表"重要思想和社会主义市场经济相关知识特别是工商管理知识,学习研究跨国公司发展经验,研讨企业发展战略和经营管理中的重要问题。每年组织 2 期,每期 100 人,学制 1 个月,到 2007 年基本轮训一遍。

(三)中央党校国资委分校的培训、轮训。53 户中央企业后备领导人员、部门负责人以及重要二级企业领导人员,53 户之外中央企业领导人员副职、后备领导人员、部门负责人、二级企业领导人员,按分配名额参加中央党校国资委分校学习。主要学习马列主义、毛泽东思想、邓小平理论、"三个代表"重要思想和当代世界经济、科技、法制以及有关社会主义市场经济、建立现代企业制度、经营管理等课程,提高理论修养、领导水平和分析解决现实问题的能力。每年组织 2 期,学制 3 个月。

中央企业(含二级企业)后备领导人员还可参加中央党校国资委分校中青年领导人员培训班学习。主要根据拟担任领导职务的需要,系统学习政治理论和工商管理方面的必备知识,研讨企业改革发展中的重要问题。每年组织 2 期,学制 1 个月。

经中央党校同意,开设中央党校在职研究生国资委班,面向国资委机关、事业单位和中央企业、省市(地)两级国资委及其企业招生。主要系统学习掌握马克思主义基本原理和有关专业的基础理论知识,并运用所学理论和马克思主义立场、观点、方法分析解决工作中的现实问题,全面提高理论素养和专业水平。每年组织 1 期,学制 3 年。

(四)国家会计学院的培训、轮训。中央企业(含二级企业)和省区市国资委监管企业总会计师、财务部门负责人,参加北京国家会计学院、上海国家会计学院总会计师岗位培训班学习。主要进行宏观经济形势与经济政策、会计、财务管理及企业管理等专题的培训。每年组织 5 期,学制 1 个月。

(五)国际合作培训与交流。国资委每年组织 20 个左右的团组,共约 500 人出国培训(考察)。主要学习借鉴国外先进的经营管理经验和政府对国有企业的监督管理、国有资产保值增值,以及对企业领导人员的管理、考核、激励机制等。

(六)国资委机关各厅局组织的专业培训。围绕国资委中心工作,各中央企业有关领导人员或相关部门负责人,参加国资委机关有关厅局组织的国有资产监督管理、国有企业改革发展以及加强改进中央企业党的建设工作等各方面的专业知识和业务培训,参加复合型思想政治工作人才的培训。

(七)企业自主开展的培训。在上述各类班次中无法纳入的中央企业总部中层以上领导人员以及二级企业领导人员的培训工作,由各中央企业负责制定规划并组织实施。已经设立企业党校和培训机构的中央企业,要充分发挥党校和培训机构的主阵地作用,加大培训工作力度。未设立党校和培训机构的中央企业,要依托中央党校国资委分校和国资委培训中心,同时借助各种管理干部学院、高校和其他社会培训机构,开展好各类领导人员的培训工作。

(八)高技能人才的培训。高素质的技术工人队伍是推进中央企业实现企业技术创新的重要依靠力量。实施国家高技能人才培训工程和技能振兴行动,是中央企业培训工作的重要方面,这项工作由各中央企业自主安排。各中央企业要充分发挥主体作用,结合企业实际,通过组织学习培训、企业岗位培训、个人自学等方式,加快高技能人才的培养。积极利用高等职业院校、高级技工学校、技师学院等培训基地的作用,扩大培训规模,提高培训质量。结合实施"职工素质工程",强化岗位培训,组织技术革新和攻关,改进技能传授方式,促进岗位成才。

各中央企业要结合实际认真组织专业技术人才培训。要适应企业需求,有计划地举办各类高级专业技术人员研修班、党员专家班、中青年技术骨干培训班等,推动知识技术更新,全面提高专业技术人员队伍素质。

三、加强领导,狠抓落实

各中央企业要切实贯彻"人才强企"战略,把培训工作作为人才建设的重要内容摆上议事日程,加强组织领导,建立领导责任制和目标责任制,一级抓一级,确保培训任务的完成。要研究制定可行的培训计划和培训方案,明确目标任务、时间进度和质量要求,分期分批地组织好各级企业领导人员的培训。

要加强沟通协作，形成工作合力，认真落实责任。中央企业领导人员培训工作由国资委党建局负责制定培训计划，企业领导人员管理一局、企业领导人员管理二局负责落实参训人员，培训中心等部门负责组织实施。国资委各厅局（单位）以及各中央企业相关责任部门要各司其职、各负其责，真正形成统一协调、分工协作、齐抓共管、有序运行的工作机制，层层抓好落实。

要创新培训工作体制和机制。创新培训理念，树立人才资源是第一资源的观念和人人可以成才的理念。创新培训管理体制，加强宏观指导，引入市场机制。创新培训工作制度，积极探索项目管理、培训评估、重大项目招标、在职自学等培训制度。创新资源配置，加强师资队伍建设和教材建设。创新培训方法，通过体验式教学、研究式教学以及短期强化培训、个性化培训、差别化培训等手段，提高培训工作质量。

要统筹规划，正确处理学习与工作的矛盾，确保培训实效。各类培训要精益求精，突出针对性，注重实效，提高质量。要坚持理论联系实际，防止形式主义，避免加重企业负担。同时，要加大对培训工作的经费投入，根据需要落实培训费用，并加强对教育培训经费的管理，做到专款专用，用出成效。

要加强对中央企业领导人员培训工作的督促检查。建立健全领导人员培训档案，把领导人员参加培训情况列入领导班子考察和领导人员年度考核的内容，作为奖惩和使用的重要依据。认真总结推广先进经验和做法，推进面上工作的开展。各中央企业贯彻落实情况及制定的培训规划要及时报送国资委。

国资委党委关于印发《关于中央企业深入实施职工素质工程的指导意见》的通知

2004 年 4 月 23 日　国资党委群工〔2004〕36 号

各中央企业党委(党组):

现将《关于中央企业深入实施职工素质工程的指导意见》印发给你们,请结合实际贯彻落实。

附件:关于中央企业深入实施职工素质工程的指导意见

附件:

关于中央企业深入实施职工素质工程的指导意见

为认真贯彻落实《中共中央国务院关于进一步加强人才工作的决定》(中发〔2003〕16 号),国资委党委决定在中央企业深入实施职工素质工程。实施职工素质工程,就是面向广大一线职工,以提高职工技能素质为主题,以"争创学习型红旗班组、争做知识型先进职工"活动为主要载体,通过开展多种形式的职业技能培训、读书自学、技能竞赛、岗位练兵等活动,为职工求知学技、提升素质搭建平台,为中央企业全面、协调和可持续发展提供高技能人才资源。具体意见如下:

一、认识深远意义

(一)实施职工素质工程,是落实党的十六大、十六届三中全会和中央人才工作会议精神,贯彻"三个代表"重要思想的必然要求。进入新世纪新阶段,科技进步日新月异,知识和信息已经成为现代经济和社会发展的强大动力。面对新形势,党中央、国务院大力实施人才强国战略,将培养高层次、高技能人才纳入了国家人才工作总体规划。实施职工素质工程,全面提高职工综合素质,增强职工的就业能力、创新能力和创业能力,保持中央企业职工队伍的先进性,实现人才强企,是落实"三个代表"重要思想和人才强国战略的具体体现,有助于中央企业提高效益,加快发展,为实现全面建设小康社会的奋斗目标作出更大贡献。

(二)实施职工素质工程,是巩固党的执政地位,发挥国有经济主导作用的战略选择。中央企业是国民经济发展的重要支柱,在建设中国特色社会主义事业中有着很强的控制力、影响力和带动力,在巩固党的执政地位中发挥着不可替代的作用。国家间综合国力的竞争及企业间综合实力的竞争,归根到底是劳动者素质的竞争。中央企业要在激烈的国际市场竞争中赢得主动并发展壮大,就必须培育一批拥有自主知识产权、主业突出、核心竞争力强的大型企业集团。实施职工素质工程,牢固树立人才资源是第一资源的观念,提高中央企业职工队伍整体素质,是增强企业竞争力、实现企业跨越式发展和国有资本保值增值的客观需要,有助于发展壮大国有经济,巩固党的执政地位。

(三)实施职工素质工程是维护职工合法权益,促进职工全面发展的迫切需要。近年来,中央企业在提高职工队伍素质方面取得了明显成绩,创造了不少好经验,一大批学习型企业、学习型班组、学习型职工脱颖而出,为企业创造了效益,赢得了荣誉。但是,也存在一些亟待解决的问题。高技能人才短缺,与企业发展的需求不适应;职工文化程度偏低,与企业的科技进步不适应;专业技术人员职级较低,与技术密集型企业的发展要求不适应;下岗分流职工劳动技能单一,实现再就业面临困难。实施职工素质工程,通过培训,帮助职工树立人人可以成才的理念,提高文化科技素质,丰富劳动技能,有助于维护职工的合法权益,促进职工的全面发展。

二、明确工作目标

实施职工素质工程,要立足班组,面向职工,学习知识,掌握技能,提高素质,促进发展,力争用 3 年的时间,使职工的文化道德素质有新面貌,技术工人队伍的结构趋于合理,技能水平有新提高,职工队伍的整体素质得到明显改善,班组建设得到巩固和加强,促进职工再就业有新进展。2004～2006 年,国资委将着力实施中央企业职工素质工程三年规划:

——技术工人队伍结构趋于合理。落实劳动保障部提出的"三年五十万"新技师培养计划,紧密结合企业实际需求,在制造、建筑、服务等行业技能含量较高的职业中,加快培养一批技术技能型、复合技能型人才,以及高新技术产业发展需要的知识技能型人才,推动企业各类高、中、初级技能人员梯次发展,按专业工种达到合理的比例结构,工人技师、高级技师的比例逐年递增。

——职工的技能水平有新提高。要通过 3 年的努力,使职工技能普遍提高一个等级。引导、帮助职工不断增加新知识和新技能储备,做到立足岗位精一技、面对竞争会两手、长远考虑学三门,基本能够适应技术进步和企业发展的新要求,增强生存和发展能力。

——班组建设得到巩固和加强。要通过开展创建学习型班组活动,充分发挥班组学习优势,强化团队学习,努力为职工创建学习有氛围、岗位能成才、工作有创新的学习环境,全面提高班组的学习能力、创新能力和管理能力,为把企业建设成为学习型组织打好基础,为企业做强做大积聚动力。

——促进职工再就业有新进展。要重视转岗和下岗职工的职业技能培训,适应再就业的需要,学习一技之长,掌握实用技术,为他们实现再就业提供切实有效的知识和技能服务。

各中央企业要从实际出发,制定实施职工素质工程、加快高技能人才培养的年度计划和三年规划,做到目标明确,措施到位,责任到人,保障有力,确保中央企业职工素质工程总体目标的实现。

三、把握基本原则

（一）突出重点，与职工队伍建设相结合。要针对职工技术技能方面存在的薄弱环节，重点培育一线职工过硬的技术本领、较强的创新能力和良好的职业道德素质，激发他们学习、创造的潜能，充分调动广大职工的积极性、主动性和创造性。

（二）立足基层，与班组建设相结合。班组是做好企业各项工作的基础，是激活企业活力的细胞。实施职工素质工程要以班组为单位，建章立制，夯实基础，强化质量管理、成本控制和自主管理，提高班组凝聚力和战斗力。

（三）注重实效，与推动企业发展相结合。要紧密围绕企业技术进步和产业结构调整，切实提高职工的职业技能和技术攻关能力，大力培养适应企业发展需要的高技能人才，注重针对性和实效性，力戒形式主义。

（四）完善机制，与现代企业制度相结合。提高职工素质，是现代企业制度的内在要求。要把职工素质工程融入现代企业制度，逐步建立分层次、分类别、多渠道、多形式、有实效、有活力的工作机制，促进企业科学管理。

四、找准工作载体

（一）开展"争创学习型红旗班组、争做知识型先进职工"活动。贯彻落实全总、国资委等部门《关于印发〈关于开展全国"创建学习型组织，争做知识型职工"活动的实施意见〉的通知》（总工发〔2004〕2号）。大力推广提高学习力就是提高竞争力的观念，以加强班组建设、增强班组和职工的技术攻关能力为重点，广泛开展班组学习、劳动竞赛、集体攻关、献"金点子"等活动，支持职工参加多学科、多技能、多资质的准备教育和终身教育，培育一批学习能力强、创新能力强、竞争能力强的先进班组和职工，发挥示范带动作用。形成人人要学习，个个爱学技，争先创优，拼搏向上的良好氛围，促进企业核心竞争力的提高。

（二）举办职业技能竞赛。要大力组织开展多层次、多工种、各类职工参加的职业技能竞赛，不断提高竞赛的技术含量和技能水平，注重在企业内部发现和培育技艺高超、业绩突出的技能人才。鼓励企业和职工积极参加国家级、省部级和企业所在地举办的各类职业技能竞赛活动。

（三）强化岗位练兵。要组织生产经营一线职工，广泛开展岗位培训、读书自学、拜师学艺、导师带徒、技能比武、技术攻关、创新创效、观摩研讨等活动，使"提高技能就是提高就业生存能力"的观念深入人心，引导职工岗位成才。

（四）进行技能业务培训。要按照有关规定，对新招或转岗的职工必须先培训，后上岗。充分挖掘各类职业教育、职业培训资源，开展多层次、多形式的培训。完善培训方式，强化专业技能业务训练，突出新知识、新技术、新工艺、新方法的内容，注重职业培训与岗位需求的有效衔接，不断提高培训质量和水平。

（五）促进职业资格认证。认真执行国家职业（技能）标准，建立健全初、中、高级技术等级考核和技师、高级技师考评制度，搞好职业技能鉴定，推行职业资格证书制度，逐步实现职业资格证书与学历文凭并重，职业资格证书制度与就业上岗制度相衔接。要积极争取劳动保障部门的支持，有条件的企业要充分发挥本单位职业技能考核站（所）的作用，扩大中、高级技工职业技能鉴定的数量和覆盖面。大力推广企业岗位练兵、教育培训效果和国家职业标准相结合的考核方法，不断扩大职业资格证书的覆盖范围，调动职工学习技术的积极性，提高职工素质和企业的产品、服务质量。

五、完善保障机制

（一）健全教育培训制度。要依照《中华人民共和国职业教育法》等有关规定，完善企业职工技术培训制度。企业要制定切实可行的培训计划，保障职工接受教育和培训的时间，要保证职工教育和培训经费不低于职工工资总额的 1.5%，从业人员技术要求高、培训任务重、经济效益好的企业，不低于职工工资总额的 2.5%。要努力挖掘、运用企业内部教育培训资源，充分利用社会资源，促进职工学历层次、文化水平和技能素质的提高。

（二）落实考核评审制度。企业工会组织、人力资源等部门要建立联席评审制度，对班组和职工个人提高素质建立严格的动态考核评比办法。要认真做好职工发明创造、先进操作法、科研成果、技术改进成果的申报、鉴定、命名和推广工作，协助政府有关部门对发明专利和科研成果的认定。要建立企业职工"人才库"，对优秀的技能人才要重点培养、开发和使用，保证人才资源为推动企业发展作出贡献。

（三）完善表彰激励制度。要建立有利于职工学习知识、掌握技能的激励机制，大力表彰、宣传实施职工素质工程的先进典型，把学习型先进职工和红旗班组的表彰，同评选表彰劳动模范和先进集体结合起来。要切实提高高技能人员的待遇，把职工学习技能、晋职晋级同企业分配制度改革配套挂钩，并按照国家、地方及企业的有关规定，落实相应的待遇，为技术人才成长创造良好条件。要积极探索创新激励载体，引导职工在职业生涯设计中，把个人的发展方向和企业的发展战略紧密结合起来。

（四）严格民主监督制度。企业工会组织要切实维护职工受教育的合法权利，对企业行政领导组织支持职工技术培训情况进行必要的民主监督。要把职工教育培训计划纳入企业平等协商、签订集体合同的重要内容。职工教育培训计划、奖励方案和经费使用情况要经职代会审议。

六、抓好关键环节

（一）抓组织领导。企业党委（党组）要加强对职工素质工程的领导，把这项工作纳入企业人才发展战略规划，提上重要议事日程，成立专门的领导小组，明确分工，落实工作责任。形成党委领导、行政规划、教育培训和人力资源部门组织实施、工会协调监督、其他相关部门配合的齐抓共管的工作格局。

（二）抓规划实施。企业行政要制定职工素质工程规划和实施细则，提出工作总目标和分阶段实施目标，采取行之有效的措施，扎实推进。要为素质工程的实施提供必要的物质保证，落实培训经费。企业的人力资源、教育培训等相关部门要在实施职工素质工程中各尽其责,密切配合。

(三)抓督导落实。要坚持结合工作搞调研,通过调研促工作,从企业实际情况和行业特点出发,深入调查研究,提出具体要求,加强分类指导。要按照一级抓一级、责任到人、工作到位的要求,加强对实施职工素质工程情况的督导检查,及时发现工作中的新情况、新问题,研究制定改进措施。

(四)抓典型示范。要结合企业发展与职工需求,抓好试点,总结经验,以点带面,全面推广。深化对职工素质工程的规律性认识,培育不同类型企业实施职工素质工程的典型经验。国资委将定期组织开展中央企业职工技能大赛,表彰学习型红旗班组和学习型先进个人。各中央企业要重视发挥先进典型的示范作用,扩大覆盖面,增强影响力,推动职工素质工程向纵深发展。

中央统战部　国资委党委关于印发《关于进一步加强和改进国有企业统战工作的意见》的通知

2004 年 6 月 30 日　统发〔2004〕37 号

各省、自治区、直辖市和计划单列市党委统战部;各中央企业党委(党组):

现将同中组部商定的《关于进一步加强和改进国有企业统一战线工作的意见》印发给你们。请结合本地区本部门工作实际,认真贯彻执行。

附件:关于进一步加强和改进国有企业统战工作的意见

附件：

关于进一步加强和改进国有
企业统战工作的意见

《关于进一步加强和改进国有企业统一战线工作的意见》（统发
〔1995〕30 号）下发以来，各级党委和统战部门结合实际开展工作，统一
战线在国有企业改革、发展和稳定中发挥了重要作用。随着改革进一
步深化，国有企业的所有制结构和经营机制发生了重大变化，国有企业
统战工作出现了一些新情况。根据党中央对新世纪新阶段统战工作的
要求，为进一步加强和改进国有企业统战工作，特提出以下意见。

一、充分认识新世纪新阶段加强国有企业统战工作的必要性

在全面建设小康社会新阶段，进一步加强国有企业统战工作，对巩
固和发展党的统一战线，巩固党的领导地位和执政地位，推动国有经济
发展，建设社会主义物质文明、政治文明和精神文明，实现全面建设小
康社会的宏伟目标，都具有重要作用。

加强国有企业统战工作是企业党的建设的客观要求。国有企业统
战工作是企业党的工作的重要组成部分，是特殊的思想政治工作。国
有企业中汇集着统一战线各方面人士，他们作为统战成员，也是党的群
众基础；作为工人阶级的一部分，又是党的依靠力量。做好国有企业统
战工作，对于宣传党的政治主张，密切党与党外人士的联系，增强党组
织的凝聚力，巩固和扩大党的群众基础和阶级基础都具有重要作用。

加强国有企业统战工作是企业改革、发展和稳定的客观要求。广
大统战成员是企业改革、发展、稳定的积极力量。做好统战工作，对于
统一思想，理顺情绪，引导各方面力量支持改革、参与改革、促进改革；
对于争取人心，凝聚力量，充分调动方方面面的积极性和创造性，推动

企业发展;对于协调关系,化解矛盾,维护企业和社会政治稳定具有重要作用。

加强国有企业统战工作是企业经营管理的客观要求。国有企业统战工作既是一项政治性、政策性很强的政治工作,也是与现代企业制度相融合的一种有效的特殊群众工作。做好统战工作,有利于营造和谐氛围,优化人才资源配置,增强企业的核心竞争力;有利于发挥统战成员联系广泛的优势,推动企业外引内联,拓展企业发展空间;有利于促进企业的民主决策、民主管理和民主监督,实现决策的民主化、科学化。这些对于深化企业改革,提高企业发展质量,实现国有资本保值增值具有重要的促进作用。

国有企业统战工作是党的统战工作的重要组成部分。做好国有企业统战工作,对于促进党的统战工作全面发展具有重要作用。在建立现代企业制度、完善社会主义市场经济体制、全面建设小康社会进程中,党的统一战线的法宝作用没有改变,国有企业统战工作的重要地位没有改变。国有企业统战工作只能加强,不能削弱。各级党委和企业负责人要充分认识国有企业统战工作的重要意义,消除企业统战工作无关论、过时论、无用论等模糊认识,增强做好企业统战工作的积极性、主动性和创造性,推动国有企业统战工作迈上新台阶。

二、进一步明确国有企业统战工作的指导思想、范围和职责

国有企业统战工作的指导思想是,以邓小平理论和"三个代表"重要思想为指导,全面贯彻执行党的统一战线方针政策,充分发挥统一战线的优势,协调关系,化解矛盾,争取人心,凝聚力量,为企业改革、发展和稳定服务,为国有资本保值增值服务,为完善社会主义市场经济体制服务,为全面建设小康社会和祖国统一大业服务。

国有企业统战工作的范围是,国有企业中的党外知识分子,各民主党派成员,无党派人士,非公有制经济人士,出国和归国留学人员,少数民族员工,信教员工,香港、澳门同胞及其亲属,台湾同胞、去台湾人员留在大陆的亲属和回大陆定居的台胞,海外侨胞和归侨侨眷,原工商业

者,起义和投诚的原国民党军政人员等。重点是做好具有高级职称的党外专家、技术骨干,各级党外人大代表、政协委员,民主党派基层组织和统战团体的负责人,企业董事会、监事会及经营管理层中的党外人士或非公有制经济人士等方面代表人士的工作。

国有企业统战工作的主要职责是,贯彻落实党的统战方针政策,充分调动党外人士的积极性,为企业中心工作服务;及时了解、反映企业中统一战线各方面人士的思想动态和意见建议;协调企业中统一战线各方面的关系,及时化解矛盾;发现、选拔、培养、举荐党外代表人物,协助企业党委和上级有关部门做好党外人士的政治安排、实职安排。

三、进一步明确国有企业统战工作的主要内容

做好党外知识分子工作。党外知识分子工作是国有企业统战工作的重点。履行反映情况、掌握政策、协调关系、举荐人才的职能。坚持"尊重劳动、尊重知识、尊重人才、尊重创造"的方针,贯彻落实党的知识分子政策。加强党外知识分子的思想政治工作,引导他们将实现个人价值与促进企业发展结合起来。建立健全信息网络,收集、反映党外知识分子的意见和建议,鼓励他们参与企业民主管理、民主监督和民主决策。努力为党外知识分子发挥才干创造条件,鼓励和支持他们在科技兴企、改革强企、以法治企、文化塑企中发挥积极作用。

做好出国和归国留学人员工作。围绕实施人才强国战略,贯彻党管人才原则,积极协助有关部门落实留学人员的各项政策规定,营造拴心留人的良好环境,充分发挥留学人员人才荟萃、智力密集的优势,推动更多的出国和归国留学人员以各种方式为企业服务。

做好民主党派成员工作。加强对民主党派成员的政治引导,支持他们依法、依各自的章程和依企业规章制度开展活动,鼓励他们为企业发展建言献策。帮助民主党派成员提高思想政治素质,为民主党派基层组织在企业中发展成员把好政治关,帮助他们解决工作中的实际问题。

做好无党派人士工作。加强无党派人士队伍建设,适当保留一些

党外优秀人才作为无党派人士的骨干。加大培养力度,为他们的成长进步搭建舞台、创造条件。鼓励他们在企业民主管理、民主监督和民主决策中发挥积极作用,支持他们在社会主义政治文明建设中做出贡献。

做好民族和宗教工作。贯彻落实党的民族政策,尊重各少数民族职工的风俗习惯,维护他们的合法权益。贯彻党的宗教信仰自由政策,尊重职工宗教信仰自由的权利。支持地方政府依法加强对宗教事务的管理。在企业内不得成立宗教组织,不得设立宗教场所,不得进行宗教活动。坚决制止和打击利用宗教进行违法犯罪活动,坚决抵御境外敌对势力利用宗教进行渗透破坏活动。

做好港澳台侨工作。推动企业中的港澳同胞和眷属加强与港澳企业界等方面人士的交流、交往与合作,为维护和促进香港特别行政区、澳门特别行政区的繁荣、稳定和发展做出贡献。做好台胞台属工作,发挥他们在吸引台资、扩大对台交流、推进祖国统一进程中的作用。加强与企业中归侨、侨眷的联系,保护他们的合法权益,支持他们与海外开展经济、科技、文化等方面的交流合作和各种联谊活动。

做好党外代表人士的培养选拔和安排使用工作。加强党外代表人士的培养和教育工作,选拔和推荐德才兼备的代表人士担任企业各级领导职务,协助做好有关党外代表人士的政治安排和实职安排工作。党外代表人士后备队伍建设要纳入企业经营管理人才队伍建设的总体规划。

四、建立健全与现代企业制度相适应的统战工作机制

建立健全国有企业统战工作机制。紧紧围绕企业生产经营中心任务和改革发展稳定大局,积极探索与现代企业制度相适应的统战工作新体制、新机制。建立国有企业统战工作的领导机制,发挥企业党委政治核心作用,形成党委领导、行政支持、统战部门协调、相关部门落实的大统战格局。健全国有企业统战工作的运作机制,完善统战工作的支持、保障和责任体系,规范运作程序。建立国有企业统战工作的协调机制,协调工会、共青团、科协、侨台联等群团组织共同做好统战工作。建

立国有企业统战工作的督查机制,确保各部门统战工作职责的落实。

以多种形式做好国有企业统战工作。支持党外代表人士参加企业工作会议并列席职代会,党政领导干部与党外代表人士联系交友,向党外人士通报情况及重大决策出台前征求他们的意见,坚持信访接待和走访座谈,定期组织党外代表人士和统战团体负责人参加有关学习培训,对统战工作进行总结考评表彰。

不断创新国有企业统战工作的方法。继续坚持在实践中形成的行之有效的工作方法,适应形势发展变化,结合企业自身特点,努力探索创新。借鉴现代企业管理的有效方式,充分利用现代科技手段,优化管理模式,改进工作方法,全面提升国有企业统战工作的质量;探索统战工作融入企业中心工作的方式和途径,增强针对性;探索新形势下照顾同盟者利益的实现形式,体现统战政策的连续性;探索国有企业统战工作新的载体,改进国有企业统战活动的内容和形式,增强吸引力和凝聚力。

五、加强和改善党对国有企业统战工作的领导

加强党对国有企业统战工作的领导,是做好国有企业统战工作的根本保证,也是实践"三个代表"重要思想的必然要求。企业党委(党组)在国有企业统战工作方面的职责是:坚持党对统一战线的领导;保证监督党的统战方针政策在企业的贯彻落实;统筹部署统战工作;研究解决统战工作中存在的主要问题。

要把统战工作纳入企业党委(党组)的重要议事日程,定期研究、检查和总结。要把统战工作纳入企业党委(党组)主要领导人的检查考核内容,作为选拔任用干部的重要依据。要把统战理论、政策纳入企业党委(党组)中心组学习内容、企业宣传计划和各级企业党校培训内容,提高企业领导人的统战理论政策水平。要把统战工作经费纳入企业年度经费预算,为国有企业统战工作提供必要的物力、财力保障。

建立健全国有企业统战工作组织体系。各级国有资产监督管理部门党委要建立统战工作机构。统战工作任务重的国有企业党委要设置统战部;其他国有企业党委要加强对统战工作的领导,明确专人负责抓

统战工作,配备统战工作干部。企业基层党组织要明确一名委员负责统战工作。做到统战工作层层有人负责。企业党委实行常委制的,同级党委常委中应有同志分管统战工作;实行委员制的,应有同级党委委员分管统战工作。

切实加强国有企业统战干部队伍建设。要把热爱统战工作、年富力强、有一定理论政策水平和实际工作经验的优秀干部,选拔充实到统战干部队伍中来。要加强对企业统战干部的培养、教育,有计划地安排他们参加各级统战部门、社会主义学院和各级党校举办的培训班,或采取以会代训、考察学习等多种方式,交流经验,全面提高素质。要关心企业统战干部的成长,做好安排、使用、交流工作,帮助他们解决思想、工作和生活上遇到的困难和问题。

地方党委统战部作为党委主管统战工作的职能部门,要把国有企业统战工作摆上重要位置,要有部门切实负责企业统战工作,按照党的隶属关系加强对国有资产监督管理部门党委统战工作的指导。

本意见适用于国有及国有控股企业,其他类型的企业可参照执行。各地可以根据实际情况,制定实施细则。

本文件自颁布之日起,原《关于进一步加强和改进国有企业统战工作的意见》(统发〔1995〕30 号)废止。

关于加强中央企业企业文化
建设的指导意见

2005 年 3 月 16 日　国资发宣传〔2005〕62 号

各中央企业:

为深入贯彻"三个代表"重要思想和党的十六大精神,认真落实以人为本,全面、协调、可持续的科学发展观,充分发挥企业文化在提高企业管理水平、增强核心竞争能力、促进中央企业改革发展中的积极作用,现就加强和推进中央企业企业文化建设提出如下意见。

一、企业文化建设的重要意义、指导思想、总体目标与基本内容

1. 加强企业文化建设的重要性和紧迫性。当前,世界多极化和经济全球化趋势在曲折中发展,科技进步日新月异,综合国力竞争日趋激烈。文化与经济和政治相互交融,文化的交流与传播日益频繁,各种思想文化相互激荡,员工思想空前活跃。深化改革、扩大开放和完善社会主义市场经济体制的新形势,使中央企业既面临良好的发展机遇,又面对跨国公司和国内各类企业的双重竞争压力,迫切需要提高企业管理水平和提升企业竞争能力。先进的企业文化是企业持续发展的精神支柱和动力源泉,是企业核心竞争力的重要组成部分。建设先进的企业文化,是加强党的执政能力建设,大力发展社会主义先进文化、构建社会主义和谐社会的重要组成部分;是企业深化改革、加快发展、做强做大的迫切需要;是发挥党的政治优势、建设高素质员工队伍、促进人的全面发展的必然选择;是企业提高管理水平、增强凝聚力和打造核心竞争力的战略举措。中央企业大多是关系国民经济命脉和国家安全,在重要行业和关键领域占支配地位的国有重要骨干企业,肩负着弘扬民族精神、促进经济发展、推动社会进步的重任。中央企业必须坚持以"三个代表"重要思想、党的十六大和十六届三中、四中全会精神为指导,在提高效益、促进发展的同时,在建设先进企业文化中发挥示范和主导作用,为发展社会主义先进文化,全面建设小康社会做出应有的贡献。

中央企业在长期发展实践过程中,积累了丰厚的文化底蕴,形成了反映时代要求、各具特色的企业文化,在培育企业精神、提炼经营理念、推动制度创新、塑造企业形象、提高员工素质等方面进行了广泛的探索,取得了丰硕的成果。但是,中央企业的企业文化建设工作发展还不够平衡,有的企业对企业文化建设的重要性认识不足,企业文化建设的目标和指导思想不够明确,片面追求表层与形式而忽视企业精神内涵的提炼和相关制度的完善,企业文化建设与企业发展战略和经营管理存在脱节现象,缺乏常抓不懈的机制等。因此,中央企业的企业文化建设亟须进一步加强和规范。

2. 企业文化建设的指导思想:以邓小平理论和"三个代表"重要思想为指导,贯彻落实党的路线、方针、政策,牢固树立以人为本,全面、协调、可持续的科学发展观,在弘扬中华民族优秀传统文化和继承中央企业优良传统的基础上,积极吸收借鉴国内外现代管理和企业文化的优秀成果,制度创新与观念更新相结合,以爱国奉献为追求,以促进发展为宗旨,以诚信经营为基石,以人本管理为核心,学习创新为动力,努力建设符合社会主义先进文化前进方向,具有鲜明时代特征、丰富管理内涵和各具特色的企业文化,促进中央企业的持续快速协调健康发展,为发展壮大国有经济,全面建设小康社会做出新贡献。

3. 企业文化建设的总体目标:力争用三年左右的时间,基本建立起适应世界经济发展趋势和我国社会主义市场经济发展要求,遵循文化发展规律,符合企业发展战略,反映企业特色的企业文化体系。通过企业文化的创新和建设,内强企业素质,外塑企业形象,增强企业凝聚力,提高企业竞争力,实现企业文化与企业发展战略的和谐统一,企业发展与员工发展的和谐统一,企业文化优势与竞争优势的和谐统一,为中央企业的改革、发展、稳定提供强有力的文化支撑。

4. 企业文化建设的基本内容:企业文化是一个企业在发展过程中形成的以企业精神和经营管理理念为核心,凝聚、激励企业各级经营管理者和员工归属感、积极性、创造性的人本管理理论,是企业的灵魂和精神支柱。企业文化建设主要包括总结、提炼和培育鲜明的企业核心价值观和企业精神,体现爱国主义、集体主义和社会主义市场经济的基本要求,构筑中央企业之魂;结合企业经营发展战略,提炼各具特色、充满生机而又符合企业实际的企业经营管理理念,形成以诚信为核心的企业道德,依法经营,规避风险,推动企业沿着正确的方向不断提高经营水平;进一步完善相关管理制度,寓文化理念于制度之中,规范员工行为,提高管理效能;加强思想道德建设,提高员工综合素质,培育"四有"员工队伍,促进人的全面发展;建立企业标识体系,加强企业文化设施建设,美化工作生活环境,提高产品、服务质量,打造企业品牌,提升企业的知名度、信誉度和美誉度,树立企业良好的公众形象;按照现代企业制度的要求,构建协调有力的领导体制和运行机制,不断提高企业文化建设水平。

二、企业文化建设的组织实施

5. 企业文化建设的工作思路。要站在时代发展前沿,认真分析企业面临的客观形势与发展趋势,以宽广的眼界和与时俱进的精神,面向世界、面向未来、面向现代化,以提升企业竞争力和提高经济效益为中心,确保国有资产保值增值和促进员工全面发展,将企业文化建设纳入企业发展战略,作为企业经营管理的重要组成部分,与党的建设、思想政治工作和精神文明建设等相关工作有机结合,加强领导,全员参与,统筹规划,重点推进,既体现先进性,又体现可操作性,注重在继承、借鉴中创新,在创新、完善中提高。

6. 企业文化建设的规划。根据本企业的行业特征和自身特点,确定企业的使命、愿景和发展战略;总结本企业多年形成的优良传统,挖掘企业文化底蕴,了解企业文化现状,在广泛调研、充分论证的基础上,制定符合企业实际、科学合理、便于操作、长远目标与阶段性目标相结合的企业文化建设规划。在制定规划时要着眼于企业文化的长远发展,避免走过场。在实施过程中必须与时俱进,常抓常新,随着企业内外部环境的变化,及时对企业文化建设的具体内容和项目进行充实和完善,促进企业文化的巩固与发展。

7. 企业文化建设的实施步骤。要根据企业文化建设的总体规划,制定工作计划和目标;深入进行调查研究,根据企业实际,找准切入点和工作重点,确定企业文化建设项目;提炼企业精神、核心价值观和经营管理理念,进一步完善企业规章制度,优化企业内部环境,导入视觉识别系统,进行企业文化建设项目的具体设计;采取学习培训、媒体传播等多种宣传方式,持续不断地对员工进行教育熏陶,使全体员工认知、认同和接受企业精神、经营理念、价值观念,并养成良好的自律意识和行为习惯;在一定时间内对企业文化建设进行总结评估,及时修正,巩固提高,促进企业文化的创新。各中央企业可结合本企业实际,确定企业文化建设的具体步骤。

8. 企业文化载体与队伍建设。要进一步整合企业文化资源,完善职工培训中心、企业新闻媒体、传统教育基地、职工文化体育场所、图书馆等企业文化设施。创新企业文化建设手段,丰富和优化企业文化载体设计,注重利用互联网络等新型传媒和企业报刊、广播、闭路电视等媒体,提供健康有益的文化产品,提高员工文化素养,扩大企业文化建设的有效覆盖面。重视和加强对摄影、书法、美术、文学、体育等各种业余文化社团的管理引导,组织开展健康向上、特色鲜明、形式多样的群众性业余文化活动,传播科学知识,弘扬科学精神,提高广大员工识别和抵制腐朽思想、封建迷信、伪科学的能力,营造健康、祥和、温馨的文化氛围,满足员工求知、求美、求乐的精神文化需求。注意培养企业文化建设的各类人才,加强引导和培训,建立激励机制,充分发挥他们在企业文化建设中的骨干带头作用。注重发挥有关职能部门和工会、共青团、妇女组织的作用,形成企业文化建设的合力,依靠全体员工的广泛参与,保持企业文化旺盛的生机与活力。

三、企业文化建设的基本要求

9. 以人为本,全员参与。要牢固树立以人为本的思想,坚持全心全意依靠职工群众办企业的方针,尊重劳动、尊重知识、尊重人才、尊重创造,用美好的愿景鼓舞人,用宏伟的事业凝聚人,用科学的机制激励人,用优美的环境熏陶人。搭建员工发展平台,提供员工发展机会,开发人力资源,挖掘员工潜能,增强员工的主人翁意识和社会责任感,激发员工的积极性、创造性和团队精神,达到员工价值体现与企业蓬勃发展的有机统一。坚持为增强综合国力做贡献,为社会提供优质商品和优良服务,妥善处理各方面的利益关系,实现报效祖国、服务社会、回报股东、关爱员工的和谐一致。

在企业文化建设过程中,要坚持把领导者的主导作用与全体员工的主体作用紧密结合。尊重群众的首创精神,在统一领导下,有步骤地发动员工广泛参与,从基层文化抓起,集思广益,群策群力,全员共建。努力使广大员工在主动参与中了解企业文化建设的内容,认同企业的核心理念,形成上下同心、共谋发展的良好氛围。

10. 务求实效,促进发展。在企业文化建设中,要求真务实,重实际、办实事、求实效,反对形式主义,避免急功近利,使企业文化建设经得起历史和实践的检验。要立足企业实际,符合企业定位,将企业文化建设与生产经营管理紧密结合,企业文化的创新与企业改革的深化紧密结合,按照系统、科学、实用的要求,创建特色鲜明的企业文化体系。要坚持把发展作为第一要务,牢固树立抓住机遇、加快发展的战略思想,围绕中心、服务大局,开拓发展思路,丰富发展内涵。要落实科学发展观,把物质文明、政治文明和精神文明统一起来,既追求经济效益的增长,又注重社会效益的提高,实现政治上和谐稳定,经济上持续增长,文化上不断进步,切实保障员工合法权益,促进经济效益、社会效益、员工利益的协调发展。

11. 重在建设,突出特色。要制定切实可行的企业文化建设方案,借助必要的载体和抓手,系统思考,重点突破,着力抓好企业文化观念、制度和物质三个层面的建设。要把学习、改革、创新作为企业的核心理念,大力营造全员学习、终身学习的浓厚氛围,积极创建学习型企业、学习型团队。围绕企业深化改革的重点和难点,鼓励大胆探索、勇于实践,坚决破除一切妨碍发展的观念和体制机制弊端,增强企业活力,提高基层实力。注重把文化理念融入到具体的规章制度中,渗透到相关管理环节,建立科学、规范的内部管理体系。并采取相应的奖惩措施,在激励约束中实现价值导向,引导和规范员工行为。要从企业特定的外部环境和内部条件出发,把共性和个性、一般和个别有机地结合起来,总结出本企业的优良传统和经营风格,在企业精神提炼、理念概括、实践方式上体现出鲜明的特色,形成既具有时代特征又独具魅力的企业文化。

大型企业集团要处理好集团文化与下属企业文化的关系,注重在坚持共性的前提下体现个性化。要以统一的企业精神、核心理念、价值观念和企业标识规范集团文化,保持集团内部文化的统一性,增强集团的凝聚力、向心力,树立集团的整体形象。同时允许下属企业在统一性指导下培育和创造特色文化,为下属企业留有展示个性的空间。在企业兼并重组和改制的过程中,要采取多种有效措施,促进文化融合,减少文化冲突,求同存异,优势互补,实现企业文化的平稳对接,促进企业文化的整合与再造,推动兼并、重组、改制企业的创新发展。

12. 继承创新,博采众长。要注意继承发扬中华民族的优秀传统文化,挖掘整理本企业长期形成的宝贵的文化资源,并适应社会主义市场经济的需要,用发展的观点和创新的思维对原有的企业精神、经营理念进行整合和提炼,赋予新的时代内涵,在继承中创新、在弘扬中升华。要将弘扬中华优秀传统文化与借鉴国外先进文化相结合,一方面从当代中国国情和中央企业实际出发,正确制定和调整企业文化战略,充分体现民族精神、优秀传统文化的精髓和中央企业的特点,有效抵御外来文化的消极影响,避免照抄照搬;另一方面要紧紧把握先进文化的前进方向,以开放、学习、兼容、整合的态度,坚持以我为主、博采众长、融合创新、自成一家的方针,广泛借鉴国外先进企业的优秀文化成果,大胆吸取世界新文化、新思想、新观念中的先进内容,取其精华,去其糟粕,扬长避短,为我所用。在开展国际合作业务的过程中,要注意学习和借鉴合作方的先进文化,尊重文化差异,增进文化沟通,注重取长补短,促进共同发展。

13. 深度融合,优势互补。企业文化来源于企业实践又服务于企业实践,使企业的经营管理活动更富思想性和人性化,更具时代特色和人文精神。要强化企业文化建设在企业经营管理中的地位,发挥企业文化的作用,促进企业文化与企业战略、市场营销和人力资源管理等经营管理工作的深度融合,把全体员工认同的文化理念用制度规定下来,渗透到企业经营管理的全过程。在管理方法上要注意强调民主管理、自主管理和人本管理,在管理方式上要使员工既有价值观的导向,又有制度化的约束,制度标准与价值准则协调同步,激励约束与文化导向优势互补,通过加强企业文化建设,不断提高经营管理水平。

14. 有机结合,相融共进。要通过企业文化建设,不断改进和创新思想政治工作的方式方法,提高思想政治工作的针对性、实效性和时代感,增强思想政治工作的说服力和感召力,促进思想政治工作与企业生产经营管理的有机结合。避免把企业文化建设与思想政治工作割裂开来。加强理想信念教育,弘扬以爱国主义为核心的民族精神和以改革创新为核心的时代精神,弘扬集体主义、社会主义思想,使中央企业广大员工始终保持昂扬向上的精神风貌。发掘思想政治工作的资源优势,既鼓励先进又照顾多数,既统一思想又尊重差异,既解决思想问题又解决实际问题,营造良好的思想文化环境。

要把企业文化建设与精神文明建设有机结合起来,用社会主义的意识形态和价值取向牢固占领中央企业文化主阵地,通过良好的文化养成,不断提升员工整体素质。坚持依法治企和以德治企相结合,加强员工思想道德建设,倡导公民道德规范,深入开展诚信教育,引导员工恪守社会公德、职业道德和家庭美德,自觉抵制各种错误思潮和腐朽思想文化的侵蚀。按照贴近实际、贴近生活、贴近群众的原则,创新内容、形式和手段,广泛开展各类群众性精神文明创建活动,大力选树与宣传企业先进典型和英模人物,营造团结进取的企业氛围和健康向上的社会风气,展示中央企业的良好形象。

四、加强对企业文化建设的领导

15. 企业领导要高度重视和积极抓好企业文化建设。企业领导要站在促进企业长远发展的战略高度重视企业文化建设,对企业文化建设进行系统思考,出思想、出思路、出对策,确定本企业企业文化建设的目标和内容,提出正确的经营管理理念,并身体力行、率先垂范,带领全体员工通过企业文化建设不断提高企业核心竞争能力,促进企业持续快速协调健康发展。

16. 建立和健全企业文化建设的领导体制。建设先进的企业文化是企业党政领导的共同职责,要把企业文化建设作为一项重要的工作纳入议事日程,与其他工作同部署、同检查、同考核、同奖惩。企业文化建设的领导体制要与现代企业制度和法人治理结构相适应,发挥好党委(党组)、董事会和主要经营者在企业文化建设中的决策作用。各企业要明确企业文化建设的主管部门,安排专(兼)职人员负责此项工作,形成企业文化主管部门负责组织、各职能部门分工落实、员工广泛参与的工作体系。在企业文化建设过程中,要注意发挥基层党组织和群众组织的作用,广大党员要做好表率,带领全体员工积极投身企业文化建设。

17. 完善企业文化建设的运行机制。要建立企业文化建设的长效管理机制,包括建立科学的管理制度、完善的教育体系以及制定严格的绩效评估办法。要明确工作职责,建立分工负责、关系协调的企业文化建设责任体系,保证企业文化建设工作的顺畅运行。要建立考核评价和激励机制,定期对企业文化建设的成效进行考评和奖惩。要建立保障机制,设立企业文化建设专项经费并纳入企业预算。加大企业文化建设软硬件投入,为企业文化建设提供必要的资金支持和物质保障。

18. 加强对企业文化建设的指导。国资委要加强对中央企业企业文化建设的指导,针对中央企业的不同情况进行专题调研,不断总结和推广中央企业开展企业文化建设的先进经验,用丰富鲜活的案例启发、引导企业开展企业文化建设。要定期组织企业经营管理者和企业文化建设专职人员的培训,帮助他们掌握企业文化专业知识。要加强企业文化的理论研究与实践研究,认真探索企业文化建设的理论体系、操作方法和客观规律,搞好分类指导。各中央企业要加强对基层单位企业文化建设的领导,定期开展检查,促进基层单位企业文化建设的规范有序进行。企业文化建设是一项长期的任务,是一个逐步形成和发展的过程,各中央企业要加强实践探索,逐步完善提高,推动企业文化建设的深入开展。

关于印发《国有独资公司董事会试点企业职工董事管理办法(试行)》的通知

2006 年 3 月 3 日　国资发群工〔2006〕21 号

各试点中央企业:

　　为推进中央企业完善公司法人治理结构,充分发挥职工董事在董事会中的作用,根据《国资委关于中央企业建立和完善国有独资公司董事会试点工作的通知》(国资发改革〔2004〕229 号)精神,我们制定了《国有独资公司董事会试点企业职工董事管理办法(试行)》,现印发给你们,请结合实际,遵照执行。

　　附件:国有独资公司董事会试点企业职工董事管理办法(试行)

附件:

关于印发《国有独资公司董事会试点企业职工董事管理办法(试行)》的通知

第一章　总　　则

　　第一条　为推进中央企业完善公司法人治理结构,充分发挥职工董事在董事会中的作用,根据《中华人民共和国公司法》(以下简称《公司法》)和《国务院国有资产监督管理委员会关于国有独资公司董事会建设的指导意见(试行)》,制定本办法。

第二条　本办法适用于中央企业建立董事会试点的国有独资公司(以下简称公司)。

第三条　本办法所称职工董事,是指公司职工民主选举产生,并经国务院国有资产监督管理委员会(以下简称国资委)同意,作为职工代表出任的公司董事。

第四条　公司董事会成员中,至少有1名职工董事。

第二章　任 职 条 件

第五条　担任职工董事应当具备下列条件:

(一)经公司职工民主选举产生;

(二)具有良好的品行和较好的群众基础;

(三)具备相关的法律知识,遵守法律、行政法规和公司章程,保守公司秘密;

(四)熟悉本公司经营管理情况,具有相关知识和工作经验,有较强的参与经营决策和协调沟通能力;

(五)《公司法》等法律法规规定的其他条件。

第六条　下列人员不得担任公司职工董事:

(一)公司党委(党组)书记和未兼任工会主席的党委副书记、纪委书记(纪检组组长);

(二)公司总经理、副总经理、总会计师。

第三章　职工董事的提名、选举、聘任

第七条　职工董事候选人由公司工会提名和职工自荐方式产生。

职工董事候选人可以是公司工会主要负责人,也可以是公司其他职工代表。

第八条　候选人确定后由公司职工代表大会、职工大会或其他形式以无记名投票的方式差额选举产生职工董事。

公司未建立职工代表大会的,职工董事可以由公司全体职工直接选举产生,也可以由公司总部全体职工和部分子(分)公司的职工代表

选举产生。

第九条　职工董事选举前,公司党委(党组)应征得国资委同意;选举后,选举结果由公司党委(党组)报国资委备案后,由公司聘任。

第四章　职工董事的权利、义务、责任

第十条　职工董事代表职工参加董事会行使职权,享有与公司其他董事同等权利,承担相应义务。

第十一条　职工董事应当定期参加国资委及其委托机构组织的有关业务培训,不断提高工作能力和知识水平。

第十二条　董事会研究决定公司重大问题,职工董事发表意见时要充分考虑出资人、公司和职工的利益关系。

第十三条　董事会研究决定涉及职工切身利益的问题时,职工董事应当事先听取公司工会和职工的意见,全面准确反映职工意见,维护职工的合法权益。

第十四条　董事会研究决定生产经营的重大问题、制定重要的规章制度时,职工董事应当听取公司工会和职工的意见和建议,并在董事会上予以反映。

第十五条　职工董事应当参加职工代表团(组)长和专门小组(或者专门委员会)负责人联席会议,定期到职工中开展调研,听取职工的意见和建议。职工董事应当定期向职工代表大会或者职工大会报告履行职工董事职责的情况,接受监督、质询和考核。

第十六条　公司应当为职工董事履行董事职责提供必要的条件。职工董事履行职务时的出差、办公等有关待遇参照其他董事执行。

职工董事不额外领取董事薪酬或津贴,但因履行董事职责而减少正常收入的,公司应当给予相应补偿。具体补偿办法由公司职工代表大会或职工大会提出,经公司董事会批准后执行。

第十七条　职工董事应当对董事会的决议承担相应的责任。董事会的决议违反法律、行政法规或者公司章程,致使公司遭受严重损失的,参与决议的职工董事应当按照有关法律法规和公司章程的规定,承

担赔偿责任。但经证明在表决时曾表明异议并载于会议记录的,可以免除责任。

第五章　职工董事的任期、补选、罢免

第十八条　职工董事的任期每届不超过三年,任期届满,可连选连任。

第十九条　职工董事的劳动合同在董事任期内到期的,自动延长至董事任期结束。

职工董事任职期间,公司不得因其履行董事职务的原因降职减薪、解除劳动合同。

第二十条　职工董事因故出缺,按本办法第七条、第八条规定补选。

职工董事在任期内调离本公司的,其职工董事资格自行终止,缺额另行补选。

第二十一条　职工代表大会有权罢免职工董事,公司未建立职工代表大会的,罢免职工董事的权力由职工大会行使。职工董事有下列行为之一的,应当罢免:

(一)职工代表大会或职工大会年度考核评价结果较差的;

(二)对公司的重大违法违纪问题隐匿不报或者参与公司编造虚假报告的;

(三)泄露公司商业秘密,给公司造成重大损失的;

(四)以权谋私,收受贿赂,或者为自己及他人从事与公司利益有冲突的行为损害公司利益的;

(五)不向职工代表大会或职工大会报告工作或者连续两次未能亲自出席也不委托他人出席董事会的;

(六)其他违反法律、行政法规应予罢免的行为。

第二十二条　罢免职工董事,须由十分之一以上全体职工或者三分之一以上职工代表大会代表联名提出罢免案,罢免案应当写明罢免理由。

第二十三条　公司召开职工代表大会或职工大会,讨论罢免职工

董事事项时,职工董事有权在主席团会议和大会全体会议上提出申辩理由或者书面提出申辩意见,由主席团印发职工代表或全体职工。

第二十四条　罢免案经职工代表大会或职工大会审议后,由主席团提请职工代表大会或职工大会表决。罢免职工董事采用无记名投票的表决方式。

第二十五条　罢免职工董事,须经职工代表大会过半数的职工代表通过。

公司未建立职工代表大会的,须经全体职工过半数同意。

第二十六条　职工代表大会罢免决议经公司党委(党组)审核,报国资委备案后,由公司履行解聘手续。

第六章　附　　则

第二十七条　各试点企业可以依据本办法制订实施细则。

第二十八条　本办法自发布之日起施行。

中央组织部　共青团中央　国资委党委关于印发《关于进一步加强和改进中央企业共青团工作的意见》的通知

2006 年 10 月 12 日　中青联发〔2006〕59 号

各省、自治区、直辖市党委组织部、团委,中央和国家机关各部委、各人民团体组织人事部门,军委总政治部组织部,新疆生产建设兵团党委组织部,各中央企业党委(党组),全国铁道团委,全国民航团委,中直机关团工委,中央国家机关团工委,中央金融团工委:

现将《关于进一步加强和改进中央企业共青团工作的意见》印发给你们,请结合实际认真贯彻执行。

附件:关于进一步加强和改进中央企业共青团工作的意见

附件:

关于进一步加强和改进中央
企业共青团工作的意见

为贯彻落实《中共中央办公厅转发〈中央组织部、国务院国资委党委关于加强和改进中央企业党建工作的意见〉的通知》(中办发〔2004〕31号)提出的加强和改进党组织对共青团等群众工作的领导的有关要求,进一步加强和改进中央企业共青团工作,现提出如下意见。

一、深刻认识加强和改进中央企业共青团工作的重要意义

1. 加强和改进中央企业共青团工作是服务党和国家工作大局的必然要求。国有企业是我国国民经济的支柱。中央企业是国有经济发挥主导作用的主力军,是促进国民经济持续健康发展和社会全面进步的重要力量,是巩固我国社会主义制度和我们党执政地位的重要经济基础。中央企业青年占企业职工总数的60%以上,是推动企业改革发展的宝贵人力资源。进一步加强和改进中央企业共青团工作,使之紧紧围绕党和国家中心工作,围绕企业改革发展稳定大局展开,科学教育青年、正确引导青年、热诚服务青年,把青年的积极性、主动性和创造性充分调动起来,对于深化企业改革、促进企业发展、维护企业稳定具有重要的意义。

2. 加强和改进中央企业共青团工作是巩固和扩大党执政的青年群众基础的必然要求。随着世界范围内思想文化相互激荡、经济全球化不断加剧、科学技术日新月异以及国内"四个多样化"的深入发展,青年群体的思想观念、价值取向、行为方式、人生需求呈现出新的特点。特别是企业在改革发展中产生的利益调整、内外部矛盾的影响不断凸现,使中央企业青年职工思想的独立性、选择性、多变性、差异性显著增强。共青团组织紧密结合时代的发展和青年的变化,不断加强企业青年思想政治工作,提高服务青年职工的能力,更好地满足青年职工在学习、工作、生活、民主参与、权益维护等方面的多样化需求,对于更好地把青年职工紧紧团结凝聚在党的周围,促进青年职工的成长成才具有重要的意义。

3. 加强和改进中央企业共青团工作是实现团的工作新发展的必然要求。随着国有企业改革的深化和国有资产管理体制改革的推进,中央企业的管理体制、经营机制、产权结构正在发生深刻变化,加快自主创新,优化资源配置,转变增长方式,强化资源节约,做大做强企业,成为企业改革发展的重点工作。共青团工作主动适应中央企业改革发展的新要求,坚持融入中心,服务大局,着力探索适应现代企业制度要求的企业青年工作新机制、新体制,丰富和发展团组织发挥作用的途径和方式,对于不断提高企业共青团组织的吸引力、凝聚力和战斗力,努力开创中央企业共青团工作的新局面具有重要的意义。

二、加强和改进中央企业共青团工作的总体要求和基本原则

4. 加强和改进中央企业共青团工作的总体要求:坚持以邓小平理论和"三个代表"重要思想为指导,全面贯彻落实科学发展观,紧紧围绕促进企业生产经营,探索、创新中央企业团的组织形式和工作机制,推动中央企业团组织逐步实现"五个有"目标(有一个好的领导班子、有一支能够发挥模范带头作用的团员队伍、有服务企业生产经营管理工作并具有青年特点的活动、有一套行之有效的工作制度、有保证工作正常开展的经费和阵地),不断增强团组织的内在活力,团结带领广大青年职工为中央企业改革发展稳定作出更大贡献。

5. 加强和改进中央企业共青团工作的基本原则:一是坚持正确的政治方向,把加强青年职工思想政治工作放在突出位置。二是坚持党建带团建,把企业团的建设纳入党的建设工作整体格局,在党建的带动下加强团建,以团建的成效服务于党建。三是坚持以加强能力建设为重点,紧扣企业改革发展稳定大局和青年成长成才的多样化需求开展工作。四是坚持与时俱进,把握经济社会发展的深刻变化,不断增强团组织主动适应、自我完善、自觉提高的能力。

三、深化中央企业党建带团建工作

6. 建立健全组织领导制度。中央企业党委(党组)要明确一名副书记或党委(党组)成员具体分管共青团工作,定期召集团的负责人和有关部门研究讨论团的工作,协调落实党委(党组)对共青团和青年工作提出的要求,帮助解决有关问题。企业党委(党组)每年要召开1至2次专门会议,听取团的工作汇报,研究和讨论团的工作。基层党组织负责人每年至少为团员青年上一次党课,作一次形势辅导报告。根据有关规定,团委(总支、支部)书记是党员的,可以列席同级党委(总支、支部)的会议。青年人数较多的企业,可以通过设立青年工作委员会、青年工作部,配备党委青年委员等途径,加强党委对共青团工作的领导。

7. 建立健全考核管理制度。要把团的基层组织建设纳入企业党建工作格局,实行工作目标管理,把团的工作开展情况作为评价考核同级党组织工作实绩的重要指标。要逐步建立团干部工作责任制和考核制,并纳入企业管理人员责任考核体系,其待遇和奖惩原则上与同一层次经营管理人员一致。党组织要对团的建设提出指导性意见,制定具体工作措施,给团组织交任务、压担子、提要求,及时帮助解决团组织在工作中遇到的实际困难。

8. 建立健全推荐优秀团员作党的发展对象制度。中央企业各级党组织要坚持"28周岁以下青年入党一般应从团员中发展"和"发展团员入党一般要经过团组织推荐"的规定,指导团组织开展好"推优"工作。要把那些在深化企业改革、促进技术进步、提高经济效益中涌现出来的优秀团员,特别是生产技术骨干和优秀青年知识分子作为培养和推荐的重点对象。团组织向党组织推荐优秀团员作党员发展对象后,党组织应及时回复推荐意见。要使"推优"工作逐步成为党组织发展青年党员的主要渠道,使团员成为党组织发展青年党员的主要来源,不断为党输送新鲜血液。要鼓励28周岁以下保留团籍的青年党员积极参加团的组织生活和活动。

9. 改进企业共青团作用发挥方式。支持团组织参与企业民主管理和厂务公开工作。团委书记可以参加企业职代会主席团,列席行政会议,参与涉及青年职工切身利益的调资、职称评审等工作。企业在制定重大决策和推行涉及青年利益的重大改革措施时,应有共青团和青年职工代表参加,广泛听取青年职工的意见。企业职代会中青年职工代表应占有一定的比例。

10. 建立健全物质保障制度。企业党组织和行政部门要根据共青团工作的需要,强化经费、阵地等保障,为团组织开展工作提供必要的物质条件。召开团代会或开展团的有关重点活动所需经费,应列入企业经费预算,专项拨发。

四、加强和改进中央企业团的基层组织建设

11. 建立健全团的组织,合理设置团组织工作机构。中央企业一般要设立团委,其所属企业包括国有参股企业,都要设立团的组织,并按时换届改选。在新建经济组织时,要做到建立党组织的同时建立团组织;在调整经营管理组织时,要做到调整党组织设置的同时调整团组织的设置。股份公司、中外合资企业在企业章程或相关协议中应明确团组织的机构设置、人员编制、活动方式和经费保障等条款。要本着精干、高效、协调和有利于加强团的工作的原则设置企业团组织内部机构。大型企业团委根据工作需要可设立团委办公室和组织、宣传等工作部门。中小型企业团的工作部门可以单独设立,也可以与职能相近的企业行政工作部门合署办公。企业团委工作机构和人员必须纳入企业管理机构和人员编制。要加强企业团组织和属地、社区团组织的联系和互动,根据团员青年的工作、学习、生活等组合方式和流向变化,采取联合建团、生产线建团、公寓建团、工程项目建团等,创新团组织设置方式,不断扩大团组织的覆盖面。

12. 配强团组织的领导班子。企业党组织要按照德才兼备的要

求,适应企业人事制度改革的要求,把团的工作岗位作为培养锻炼企业后备管理人才的重要渠道,拓宽团干部的选拔范围,尤其要有计划地把管理、技术岗位上的优秀青年职工选拔到团的岗位上经受锻炼。企业团委书记原则上要求是共产党员,并具备大学本科以上学历。中央企业新任团委书记的年龄一般不超过40周岁,副书记一般不超过38周岁。企业团委正、副书记分别享受企业同级党组织职能部门或下一级党组织正、副职政治经济待遇。兼职团干部应参照专职团干部选拔和管理,并保证有一定时间从事团的工作。要按照稳定队伍、优化结构、提高素质的要求,努力建设一支梯次合理、善于围绕企业生产经营开展团建工作的复合型团干部队伍。

13. 保证团的工作力量。中央企业应结合企业实际配备一定数量的专职团干部。青年职工在1000人以上的中央企业,其团委应设置2至3名专职或以共青团工作为主的团干部。青年职工在3000人以上的中央企业,至少要配备2名专职团干部和2至3名以共青团工作为主的团干部。青年职工在5000人以上的中央企业,由企业党组织按照比例适当增加团干部职数。团委书记原则上任期一届,最多不超过两届。团委主要负责人应有后备干部人选。中央企业所属企业也要配齐配强专（兼）职团干部。

14. 理顺中央企业团组织的隶属关系。共青团中央负责对中央企业和全国其他国有企业团的建设工作的宏观指导,国资委党委负责对中央企业团的建设工作的领导,中央企业团工委负责中央企业团的建设工作。根据中办发〔2004〕31号文件理顺中央企业党组织隶属关系的规定,相应理顺中央企业团组织的隶属关系。

15. 做好团干部培训和转岗工作。要把团干部纳入企业党政干部培训序列,有计划地选送优秀团干部到党校或高等院校进行培训;选送部分团干部到党务、行政、技术等部门和生产一线挂职锻炼,全面提高企业团干部的素质,为企业培养和储备经营管理人才。专职团干部与经营管理人员要进行必要的岗位交流。要高度重视并有计划地做好专职团干部的转岗工作,对德才兼备、实绩突出、群众公认的团干部要予以重用。

16. 做好协管工作。企业团组织有协助同级党组织对下一级团组织领导班子成员进行考察、培训、教育的责任，对他们的任免调动提出建议，积极协助党组织管理好下一级团组织。

17. 加强团员管理。要针对不同岗位团员的情况，探索分类管理的有效办法。在企业改制重组和实施关闭破产过程中，团组织要注意做好下岗职工和有偿解除劳动关系职工中团员的管理工作，在新接收单位落实前，要继续管理好这部分团员。要按照证档分离、交叉覆盖、动态管理的原则，加强对流动团员的管理。要创新团籍管理方式，团员组织关系和参加团的活动可适当分离，团员可以同时编入多个基层团组织。要坚持标准，严格程序，加大团员发展工作力度。

五、探索完善中央企业团组织发挥作用的途径和方式

18. 深化增强共青团员意识主题教育活动。坚持用邓小平理论、"三个代表"重要思想和科学发展观武装团员青年，大力开展以"八荣八耻"为主要内容的社会主义荣辱观教育，引导团员青年树立正确的世界观、人生观、价值观，坚定永远跟党走的信念，进一步增强团员的政治意识。对团员进行团史团情和团员权利义务教育，提高团员对团组织的认同感和归属感，不断增强组织意识。组织广大团员学习团章，重温入团誓词，引导团员在学习和工作中发挥示范带头作用，切实增强模范意识。

19. 服务企业中心工作。坚持融入中心、服务大局，以增强企业自主创新能力、转变经济增长方式为目标，深化青年创新创效活动，为建设创新型国家、创新型企业贡献聪明才智。有条件的企业，可建设青少年活动场所，建立青年科技协会、青年攻关小组等组织，强化组织阵地依托，为青年开展技术、管理、营销、服务创新搭建平台，促进企业提高竞争力。把实施"青工技能振兴计划"作为推进青年创新创效活动的突破口，抓好技能培训、技能竞赛、技能鉴定等关键环节，努力培养造就一支高素质的青年技能人才队伍。开展青年节能降耗活动，为建设资源节约型和环境友好型社会发挥积极作用。开展创建青年安全生产示范岗、青年文明号、青年突击队活动，团结带领青年职工为企业改革发展作贡献。发挥共青团和

青联组织联系广泛的优势,吸引海外学人回国创业,壮大企业人才队伍。

20. 服务青年职工成长发展。积极开展"推优荐才"活动,发现和培养一批优秀青年科技、生产、管理、营销骨干和有一技之长的青年人才。认真做好下岗失业青年再就业工作,抓好观念引导、加强职业培训、开展就业服务、实施就业援助等环节,帮助下岗失业青年顺利实现再就业,维护企业和社会的稳定。开展健康有益的文化、娱乐和体育活动,促进青年身心健康。引导广大团员青年积极参加青年志愿者等活动,服务人民,奉献社会,在构建社会主义和谐社会中发挥生力军作用。广泛开展青年技术标兵、青年岗位能手等富有企业特色的评比表彰活动,树立和宣传青年典型,营造崇尚先进、学习先进的良好氛围。

21. 促进工作创新。要创新工作思路,使共青团工作更好地体现党的要求,符合企业发展的需要,在党政所需、青年所盼、共青团所能上精心谋划工作。要创新工作机制,面向基层,面向青年,建立开放型、效益型的企业共青团工作新机制和社会化、群众化的企业青年工作新格局。要创新工作载体,以提高青年职工素质、维护青年职工权益、服务青年职工需求为工作重点,积极探索现代企业制度下服务青年职工群众的新路子,整合社会资源,拓展活动领域,创建服务品牌,不断提高工作水平。要探索建立共青团工作评价考核体系,着重从对企业贯彻执行党和国家路线方针政策的配合效果、对企业改革发展稳定的促进效果、对企业完成生产经营任务的支持效果、对企业实现国有资本保值增值的推动效果、对青年职工队伍的建设效果等方面入手,研究工作要求、实际效果、衡量标准和考核办法,逐步纳入企业的考评体系。

中央企业各级党组织要充分认识加强共青团工作的重要意义,将其列入重要议事日程,主要领导亲自抓,相关部门联手抓。建立工作责任制,一级抓一级,一级带一级,逐级抓好落实。及时总结、宣传、推广国有企业团建工作中的好做法和好经验,发挥典型的示范带动作用。

各地区、各行业要深入调查了解不同类型企业共青团工作的实际状况和存在的突出问题,参照本意见,结合自身实际,制定加强企业共青团工作的实施意见并抓好落实。

国资委党委　国资委关于建立和完善中央企业职工代表大会制度的指导意见

2007 年 7 月 22 日　　国资党委群工〔2007〕120 号

各中央企业党委(党组)：

　　职工代表大会(以下简称职代会)是企业实行民主管理的基本形式,是职工行使民主管理权力的机构,是中国特色基层民主政治建设的成功经验。为了全面贯彻"三个代表"重要思想和党的十六届六中全会关于构建社会主义和谐社会的精神,贯彻落实科学发展观,在建立健全现代企业制度过程中建立和完善中央企业职代会制度,推进企业职工民主管理工作的制度化、规范化建设,促进中央企业持续健康发展,依据《中华人民共和国宪法》《中华人民共和国公司法》《中华人民共和国工会法》《中华人民共和国劳动法》《全民所有制工业企业职工代表大会条例》等法律法规的规定,结合中央企业实际,提出以下意见。

一、实行职代会制度必须坚持的基本原则

(一)坚持党的领导的原则。

　　实行职代会制度,核心在于坚持党的领导。国有企业党组织在企业发挥政治核心作用,是职工依法参与企业民主管理的政治保证和组织保证。企业职代会必须坚持企业党委(党组)的领导,把贯彻全心全意依靠工人阶级的指导方针落到实处。

(二)坚持推进基层民主政治建设的原则。

　　企业职代会必须以充分发扬民主、依法行使职权、促进公平正义、维护团结稳定为宗旨,保障职工的知情权、参与权、表达权、监督权,推进企业决策的科学化、民主化,推进和丰富基层民主政治建设的实践和

成果。

（三）坚持促进企业发展的原则。

企业职代会在国有资产管理体制改革和企业改革发展中，要坚持全面落实、自觉实践科学发展观，充分调动和发挥广大职工的积极性、主动性、创造性，有效实现企业发展与职工发展的和谐统一，增强企业的核心竞争力和国际竞争力，努力实现企业又好又快地发展。

（四）坚持推进现代企业制度建设的原则。

企业职代会必须在体制和机制上积极探索创新，在遵循和维护法律法规赋予职代会、董事会、监事会和经理层的职权的基础上，实现现代企业制度下职代会制度与公司董事会、监事会、经理层等治理结构的有效衔接，实现国家利益、出资人利益、企业利益和职工利益的协调发展，推进现代企业制度建设。

（五）坚持促进劳动关系和谐的原则。

企业职代会必须以职工为本，进一步加大协调劳动关系和化解矛盾的力度，主动依法科学地维护职工权益，努力建立规范有序、公正合理、互利共赢、和谐稳定的社会主义新型劳动关系，推动和谐企业建设。

二、职代会的职权

中央企业应根据国家有关法律法规及《中共中央办公厅　国务院办公厅关于在国有企业、集体企业及其控股企业深入实行厂务公开制度的通知》（中办发〔2002〕13号）、《中共中央办公厅转发〈中共中央组织部、国务院国资委党委关于加强和改进中央企业党建工作的意见〉的通知》（中办发〔2004〕31号）、《企业工会工作条例》（总工发〔2006〕61号）和国资委有关加强民主管理、维护职工权益的规定，结合企业的实际情况，坚持行使和落实职代会的以下职权：

1. 审议建议权。职代会应听取企业工作报告，审议企业经营方针、中长期发展规划、年度计划、财务预决算等重要事项的报告；审议企业改制方案和重大改革措施；审议职工劳动安全卫生措施，职工教育培训计划、奖励方案和经费使用情况；听取企业经营方面的重大问题、制订重要规章制度的情况以及实行厂务公开及集体合同履行等情况的报告,并提出意见和建议。企业拟订的职务消费管理制度在履行内部决策程序前,应当通过职代会等形式听取职工意见。

2. 审议通过权。职代会应审议企业提出的企业改制中的职工安置方案、职工奖惩办法及企业其他涉及职工切身利益的重要规章制度;应审议经企业和工会协商提出的集体合同草案、企业年金方案、住房制度改革方案等涉及职工切身利益的重大事项。在审议方案的基础上,进行投票表决,形成通过或不通过的决议。

3. 监督评议权。职代会应在企业党组织领导下,在国资委企业领导人员管理部门的指导和参与下,每年或定期组织职工代表听取企业领导班子成员或已建立规范法人治理结构的企业的经营班子成员报告履行职责和廉洁自律的情况,并由职工代表进行民主评议。民主评议的结果可根据干部管理权限,报国资委企业领导人员管理部门或董事会。

4. 民主选举权。职代会应依法选举、监督和罢免企业职工董事、职工监事;选举职代会专门委员会(小组)成员;选举企业劳动争议调解委员会中的职工代表。

5. 法律法规赋予职代会的其他权利。

未建立集团一级职代会的中央企业,应抓紧建立职代会,认真落实职代会职权;已经建立集团一级职代会的中央企业,应结合企业实际,继续完善和落实职代会的职权内容。其中,国有独资公司董事会试点的中央企业,应在现代企业制度框架内,结合企业实际,积极探索与公司董事会、监事会、经理层等治理结构有效衔接的职代会职权内容;子企业数量多、分布广的中央企业,应结合企业实际,决定适应本企业组织构架的职代会职权内容;多元投资主体的中央企业、整体上市的中央企业和其他类型的中央企业,也应结合企业实际,决定适应本企业产权结构的职代会职权内容。

由于中央企业的产权结构、组织构架差异比较大,职代会的职权内容可以有所不同,但都应坚持企业重要事项必须提请职代会审议;涉及职工切身利益的重大事项必须提请职代会审议通过;企业领导班子成员或已建立规范法人治理结构的企业的经营班子成员必须向职代会报告履行职责和廉洁自律的情况,并接受职工代表的民主评议。

中央企业所属企业应根据本意见及所在省市关于职代会制度的有关规定,结合本企业的实际情况,确定并落实职代会的各项职权。

三、职工代表的结构、权利和义务

职工代表是企业职工民主管理的主体,职工代表结构合理、权利保障和义务履行,是实行职工民主管理的基本保证。

(一)职工代表的产生和结构。

依法享有政治权利并与本企业建立劳动关系的职工,均可当选为本企业的职工代表。为保证中央企业职代会的运作质量,职工代表应有良好的品行和较好的群众基础,有一定的生产、管理知识和工作经验,具有较好的参与民主管理的能力。

职工代表的总人数根据企业规模等实际情况而定,既要保证职工代表的覆盖面和代表性,又要保证职代会制度的可操作性。

规模较小的中央企业的职工代表选举,应以班组(科室)、工段(作业区)或者分厂(车间)为选区进行,须有本选区全体职工三分之二以上参加,候选人获得应到人数过半数赞成票方可当选。其中有条件的企业,也可以按照职工自荐、竞职演说、群众信任投票和组织审定的基本程序,实行职工代表竞选制。规模较大的中央企业,其职工代表一般由所属子(分)企业职代会选举产生。

职工代表的结构应以一线职工(包括一线工人、技术人员和管理人员)为主体。子企业分布比较集中的中央企业的正副职责任人及所辖子企业正职负责人担任的职工代表,一般不超过代表总数的25%;子企业数量多、分布广的中央企业的正副职负责人及所辖子企业正职负责人担任的职工代表,一般不超过代表总数的35%。贸易型、高新技术型企业的职工代表,应以一线的贸易、科技人员等为主体。在职工代表中,劳模先进人物、青年职工和女职工应占适当比例。

职代会新建或换届,应建立职工代表资格审查小组,负责审查代表是否依法享有政治权利并与本单位建立了劳动关系,代表的产生是否符合民主程序,代表的结构比例是否符合相关规定,并向职代会报告审查结果。

企业的职工代表实行常任制,可连选连任。根据需要职代会可设置列席代表与特邀代表。

(二)职工代表的权利。

职工代表在职代会上有选举权、被选举权和表决权;有权参加职代会及其工作机构组织的各项活动;因参加职代会组织的有关活动而占用生产或工作时间,有权按照正常出勤享受应得的待遇;依法行使职权时,任何组织和个人不得压制、阻挠和打击报复。职工代表在劳动合同期间,除严重违反企业规章制度、因严重失职给企业利益造成重大损失外,企业不得与其解除劳动合同。确需解除劳动合同的,应当事先征求企业工会组织的意见。

(三)职工代表的义务。

职工代表应认真学习党和国家的方针政策、法律法规和现代企业管理知识,不断提高政治觉悟、技术业务素质和参与管理的能力;密切联系群众,代表职工合法权益,如实反映职工群众的意见和要求;模范遵守国家的法律法规和企业的规章制度,保守企业商业秘密,做好本职工作;认真执行职代会的决议,完成职代会交付的任务。

(四)职工代表的变动、罢免及补选。

职工代表对本选区的职工负责,职工有权监督职工代表履行职权的情况。

职工代表调离企业、与企业解除劳动合同、退休或死亡,其代表资格自行终止。

职工代表在受到纪检监察、公安、司法机关审查期间,其代表资格暂时中止。各选区有权对触犯法律、受到行政或党纪处分及有其他不称职行为的职工代表提出罢免申请,罢免的民主程序由各企业职代会或工会确定并履行。

职工代表出现缺额时,应由原选区依照规定的民主程序和结构要求及时补选产生,并在下一次职代会上确认。

四、职代会运作的基本程序

职代会运作的基本程序是体现职工代表和广大职工意愿的根本保证。

(一)职代会对民主选举和涉及职工切身利益的重大事项的表决方式。

职代会进行民主选举和审议通过涉及职工切身利益的重大事项时,必须采用无记名投票表决方式;一般事项也可采用其他表决方式,但须获得应到职工代表过半数赞成票通过。

(二)职代会主席团成员的选举产生程序。

在征求职工代表意见的基础上,召开职工代表团(组)长会议,协商提出主席团成员候选人名单。主席团成员必须在职代会的预备会议上由职工代表选举产生。

主席团成员应有一线职工、技术管理人员和企业负责人,人数可以根据企业的具体情况确定。劳模先进人物、青年职工和女职工的代表在主席团成员中应有适当名额。

(三)职代会专门委员会(小组)成员的选举产生程序。

职代会可设立若干个专门委员会(小组),受职代会领导,为职代会依法行使职权服务。

专门委员会(小组)应根据职代会职权内容与企业规模设立,如提案、民主评议干部等。专门委员会(小组)的成员人选,一般由职工代表担任,也可以推荐部分熟悉业务的非职工代表。专门委员会(小组)成员在职代会全体会议上由职工代表选举产生。

(四)召开职代会临时会议的程序。

职代会闭会期间,遇有重大事项,经经理层、工会或三分之一以上职工代表的提议,并由企业党委(党组)审定同意后,可以召开职代会临时会议。

五、职代会的主要工作制度

职代会的主要工作制度,是职代会正常运作的基本保证,也是职代会制度建设的重要内容。

(一)职代会的组织制度。

中央企业的职代会一般每届 3~5 年,每年至少召开一次会议。每次会议必须有全体职工代表的三分之二以上出席,方可召开。

凡提交职代会审议、讨论的各类报告、方案、规定等有关事项,在不泄露商业秘密的前提下,一般应在正式会议召开前印发给职工代表,时间不少于 7 天。在职代会正式会议召开前一周内,由工会负责召开职代会预备会议。在预备会议期间,要报告大会的筹备情况,提请审议通过会前与董事会、经理层沟通、协商并经党委(党组)讨论的大会议题、议程,同时决定大会的其他有关事项;组织职工代表在选区内听取职工群众对企业工作报告和其他议案的意见;职工代表分组审议企业工作报告及有关专项议案;根据代表审议提出的意见、建议,对有关议案作修改,提交职代会正式会议审议。如中央企业由于所属子(分)企业分布广等原因,提前印发材料和召开预备会议有困难,可根据实际情况而定。

(二)职代会的日常民主管理工作制度。

1. 联席会议制度。企业职代会的联席会议在职代会闭会期间,由企业工会主持召开,就需要临时解决涉及职工切身利益的重要问题,以及对职代会审议通过的方案在实施中发生的个别需要作部分修改或补充的问题进行协商处理,履行民主程序。联席会议形成的意见、决议或决定,必须向下次职代会报告,提请确认,职代会对职权范围内的事项具有最终审定权。联席会议由职代会主席团成员、职工代表团(组)长、职代会专门委员会(小组)负责人、工会委员会成员、职工董事、职工监事组成。联席会议可以根据会议内容邀请本企业其他有关人员参加。

2. 质量评估制度。在企业党委(党组)领导下,每年组织开展对本企业上一年度职代会运行质量的评估工作。评估内容可以分为"职权履行"、"程序规范"、"决议执行"、"制度落实"、"组织领导"等方面。评估采取召开职工代表座谈会、开展职工代表个别访谈、组织职工代表民主测评等方式。工会可会同企业有关部门,对评估的情况进行综合分析,研究提出改进意见,并在下一次职工代表大会上报告测评结果以及实施整改的情况。

3. 专门委员会(小组)工作制度。职代会专门委员会(小组)在职代会召开前,开展对提请职代会审议的与本委员会(小组)专业对口的有关事项、议题、提案或方案的审议工作,并在职代会有关会议上阐述审议意见。

在职代会闭会期间,各专门委员会(小组)对属于本委员会(小组)职责范围内需要临时决定的事项进行审定,并将审定事项报告下一次职代会,由大会予以确认;开展对企业有关部门执行职代会决议、决定情况的检查监督工作;协助并监督企业有关部门处理、落实经职代会确认的职工代表提案,并将有关情况报告下一次职代会。

4. 职工代表巡视检查制度。在职代会闭会期间,职代会要组织部分职工代表对职代会各项决议、决定执行和提案落实的情况进行检查和监督;也可以组织部分职工代表通过向有关部门询问、查阅报表资料、提合理化建议等形式,对企业重大决策的执行情况、职工群众关心的热点问题等内容进行巡视检查,督促相关部门对有关问题进行及时改进。

5. 职工代表培训及述职、评议制度。企业要制订关于职工代表培训的规划和专题培训目标,组织全体职工代表在任职期内分期分批参加法律法规、现代企业管理、民主管理等业务知识的培训,提高职工代表的综合素质。

有条件的企业工会在职工代表任职期间,组织职工代表向本选区的职工作一次工作述职,接受职工群众的评议,也可以探索建立职工群众对职工代表履行职责情况的质询制度。

(三)职代会的文书档案管理制度。

企业工会对职代会的各种文字材料,要组织专人,分门别类,建档归案,并加强日常管理,做到有章可循、有案可查。

六、职代会与公司治理结构的关系

建立规范法人治理结构的企业,依照公司法,董事会行使经营决策权,经理层行使经营管理权,监事会行使监督权,职代会行使职工民主管理权。

(一)正确定位职代会职权。

董事会依照公司法,对企业经营计划、投资方案等重要事项行使决策权,职代会对企业重要事项行使审议建议权。董事会、经理层在制订涉及职工切身利益的有关方案时,要充分听取职代会的意见,职代会对涉及职工切身利益的重大事项有审议通过权。董事会、经理层行使企业人员聘用权,职代会对企业经营班子成员行使评议监督权。

(二)合理确定职代会会期、内容。

职代会的会期、内容要与每年决定企业年度计划等重要事项的董事会会议有机衔接,具体会期由各中央企业视实际情况决定。如职代会在董事会会议之后召开,则应按照职代会职权和厂务公开具体内容的规定,在职代会上报告董事会会议的有关重大决策;如职代会在董事会会议之前召开,则职代会在职权范围内关于企业重要事项的审议意见、决议和涉及职工切身利益重大事项的决定应由参加职代会的职工董事在董事会会议上准确反映,或由工会代表职代会向董事会报告。

(三)充分发挥职工董事、职工监事的作用。

职工董事是职代会与董事会联系的纽带,代表职工参与企业决策。职工董事要严格按照公司法和国资委制定的《国有独资公司董事会试点企业职工董事管理办法(试行)》的要求选举产生,与其他董事享有同等权利,承担相应义务。职工董事要严格履行董事的职责,正确反映职代会和职工代表的意见,维护国家、出资人、企业和职工四方的利益。董事会讨论研究涉及职工切身利益的重大事项时,职工董事应事先听取企业工会和职工代表的意见,全面准确反映职工意见,维护职工的合法权益。

职工监事是职代会与监事会联系的纽带，代表职工参与企业监督。职工监事的选举和职责履行要严格按照公司法和《国有企业监事会暂行条例》（国务院令第283号）的要求实施。职工监事与其他监事享有同等权利，承担相应义务，要正确反映职代会和职工代表的意见。

职工董事、职工监事在董事会会议与监事会会议召开前，在不泄露商业秘密和企业一段时间需要保密的问题的前提下，应就会议有关内容开展调研，充分听取职工代表的意见。

职工董事、职工监事应定期向职代会就反映职工意见、参与决策与监督、维护职工权益等内容报告履行职责的情况，接受职工代表的监督、质询和考核。对工作不称职的、群众不满意的职工董事、职工监事，职代会要通过相应程序予以撤换或罢免。

七、加强组织领导，明确责任分工，搞好协调配合

中央企业党委（党组）要加强组织领导，明确责任分工，搞好协调配合，促使建立和完善职代会制度的工作取得切实成效。

（一）企业党委（党组）要加强对职代会工作的领导。

企业党委（党组）要坚持贯彻落实全心全意依靠工人阶级的指导方针，充分发挥政治核心作用，支持和保证职代会依法行使各项职权。党委（党组）要定期听取职代会工作情况的汇报，切实加强对职代会工作的领导，指导协调企业各有关方面，及时研究解决职代会制度建设中遇到的问题，落实企业工会的人员编制，充分发挥职代会应有的作用；要定期组织企业负责人进行法律法规、现代企业管理等知识的培训，提高他们的民主管理意识；要加强督导力度，促进企业健全完善民主管理的各项机制，扎实提高企业民主管理工作的水平。

（二）董事会、经理层要积极推进职代会制度的落实。

董事会、经理层要牢固树立依靠职工办企业的观念，尊重职工代表民主参与、民主管理、民主决策和民主监督的权利，重视职代会提出的建议和意见，支持职代会依法行使职权；要把建立和完善职代会制度与健全现代企业制度有机结合起来，切实加以推进，并把职代会制度作为企业管理的重要基础制度；要督促企业有关部门落实职代会提案和决议，在企业管理费中列支职代会工作费用；要进一步规范企业行为，提高企业科学决策、民主决策的水平，推动企业的健康、可持续发展。

（三）工会应当承担并履行好职代会工作机构的职责。

企业工会作为职代会的工作机构，在建立和完善职代会制度的工作中应发挥重要作用。要运用各种形式向职工群众宣传民主管理的有关知识，组织传达职代会精神，宣传和发动职工落实职代会决议；要搞好职工代表选举，做好职代会筹备和组织工作；要组织职代会专门委员会（小组）和部分职工代表开展对职代会决议和提案落实情况的检查；要为职工群众反映意见、要求和建议创造条件，维护职工代表的合法权益；要加强对职工代表的培训和教育，不断提高职工代表的综合素质和参与民主管理水平。

（四）建立职代会工作问责制度，促进企业各方切实担负建立和完善职代会制度的责任。

建立职代会工作问责制度，督促企业党委（党组）、董事会、经理层、工会承担好各自职责。对妨碍职代会制度实施、甚至阻挠职工行使民主管理权利的企业有关人员进行严肃批评或给予必要的组织处理。国资委党委将组织有关部门，定期对各企业职代会的运行质量进行评估，评估结果将作为对各企业民主管理工作的重要考核依据。

各中央企业要按照本意见的要求，结合企业实际情况，制订贯彻落实的实施意见或细则，要明确目标责任，加强组织协调，努力探索创新，注重工作实效，并将意见贯彻落实到所属企业，推动建立符合现代企业制度要求的企业民主管理体系，开创中央企业的职工民主管理工作的新局面，更好地为中央企业的经济建设和改革发展服务。

纪检监察

国资委党委印发关于实行中央企业领导人员廉洁谈话制度暂行规定的通知

2004 年 7 月 27 日　国资党委纪委〔2004〕65 号

各中央企业,委内各厅局:

　　现将《关于实行中央企业领导人员廉洁谈话制度的暂行规定》印发你们,请认真贯彻执行。

　　附件:关于实行中央企业领导人员廉洁谈话制度的暂行规定

附件:

关于实行中央企业领导人员廉洁谈话制度的暂行规定

　　第一条　为加强对中央企业的监管,推进中央企业党风建设和反腐倡廉工作,促进中央企业领导人员廉洁从业,根据《中国共产党党内监督条例(试行)》,制定本规定。

　　第二条　本规定所称中央企业是指国务院确定的由国务院国有资产监督管理委员会(以下简称国资委)履行出资人职责的国有及国有控股企业。

　　本规定所称企业领导人员,是指《国务院国有资产监督管理委员会党委管理的企业领导人员职务名称表》所明确的,由国资委党委管理的企业领导人员。本规定所称企业主要领导人员,是指企业的董事长、党委(党组)书记、总经理(总裁)。

第三条 廉洁谈话是国资委党委按照《中国共产党党内监督条例(试行)》的要求,履行监督职责的一项重要措施。

(一)国资委党委、纪委与企业主要领导人员谈话(以下简称主要领导人员谈话),就企业加强党风建设和反腐倡廉工作、执行党风廉政建设责任制以及领导班子及其成员廉洁从业等党内监督的有关问题沟通思想、交流情况,提出意见和要求。谈话一般以个别谈话的方式进行,必要时也可采取集体谈话的方式进行。

(二)国资委党委或企业领导人员管理部门与企业领导人员进行任职廉洁谈话,就贯彻民主集中制,执行党风廉政建设责任制和遵守廉洁自律规定等问题提出明确要求。谈话可以个别谈话的方式进行,也可采取集体谈话的方式进行。

(三)发现企业领导人员在执行党风廉政建设责任制、廉洁从业等方面有苗头性问题,国资委党委、纪委或企业领导人员管理部门及时对其进行诫勉谈话。诫勉谈话以个别谈话的方式进行。

第四条 主谈人及谈话对象。

主要领导人员谈话,主谈人为国资委党委委员、纪委班子成员,谈话对象为企业主要领导人员。

任职廉洁谈话,主谈人为国资委党委委员或国资委企业领导人员管理一局、企业领导人员管理二局的负责人,谈话对象为企业领导人员。

诫勉谈话,主谈人为国资委党委委员、纪委班子成员或国资委企业领导人员管理一局、企业领导人员管理二局的负责人,谈话对象为企业领导人员。

第五条 主谈人应认真听取谈话对象的汇报和陈述,对企业党风建设和反腐倡廉工作给予指导;对领导班子成员廉洁从业的情况交换意见,提出要求;对谈话对象在廉洁从业方面存在的问题进行警示提醒,并提出改进意见。

第六条 谈话对象要认真报告本企业党风建设和反腐倡廉工作及本人廉洁从业的情况;就主谈人提出的问题进行陈述、交换意见;对主谈人提出的警示提醒和改进工作的要求应有明确表态。

第七条 谈话工作的组织协调。

谈话工作由国资委纪委负责总体组织协调。国资委纪委为主要领导人员谈话和诫勉谈话的协调部门;国资委企业领导人员管理一局、企业领导人员管理二局按照管理权限为任职廉洁谈话的协调部门。

第八条 谈话工作按下列程序和方式实施:

(一)主要领导人员谈话、任职廉洁谈话由协调部门提出计划安排报国资委党委批准后实施。诫勉谈话由协调部门根据需要提出方案,经国资委党委领导批准后实施。

(二)协调部门应在谈话前提出谈话意见送主谈人审定;谈话内容、时间、地点、主谈人及有关要求,应提前通知谈话对象。

(三)主谈人可视谈话内容的需要指定有关人员参加谈话。

(四)谈话工作人员由协调部门派出,负责做好谈话情况的记录,诫勉谈话应填写《诫勉谈话备案表》,经谈话对象阅核后由协调部门留存。

第九条 谈话结束后,谈话对象对主谈人提出要求整改的问题,要制定措施及时整改,必要时应写出书面报告。协调部门要加强整改措施落实情况的督办,对谈话中发现的问题、形成的意见,要及时商有关部门落实。

第十条 主谈人及其他参加谈话的人员和谈话工作人员应当对谈话内容保密,不得对外公开、泄露谈话内容。

第十一条 本规定由国资委纪委负责解释。

第十二条 本规定自公布之日起施行。

中共中央纪委　中共中央组织部监察部　国务院国资委关于印发《国有企业领导人员廉洁从业若干规定(试行)》的通知

2004 年 12 月 12 日　中纪发〔2004〕25 号

各省、自治区、直辖市纪委、党委组织部、人民政府监察厅(局)和国有资产监督管理委员会,中央和国家机关各部委纪检组(纪委)、监察局,中央纪委各派驻纪检组,监察部各派驻监察局、监察专员办公室,中央直属机关纪工委,中央国家机关纪工委,军委纪委,部分国有重要骨干企业党组(党委):

现将《国有企业领导人员廉洁从业若干规定(试行)》印发给你们,请认真组织学习,切实贯彻执行。

附件:国有企业领导人员廉洁从业若干规定(试行)

附件:

国有企业领导人员廉洁从业若干规定(试行)

第一章　总　　则

第一条　为促进国有企业领导人员廉洁从业,防止腐败行为的发生,维护出资人利益,保障国有资产保值增值,依据国家有关法律法规和党内法规,制定本规定。

第二条　本规定适用于国有及国有控股企业领导人员。

第三条　国有企业领导人员应当遵守国家法律法规和企业规章制度,依法经营、廉洁从业、诚实守信、勤勉敬业,全心全意依靠职工群众,切实维护国家、社会、企业利益和职工群众的合法权益。

第二章　廉洁从业行为规范

第四条　国有企业领导人员应当忠实维护国家利益和出资人利益。不得有滥用职权、损害国有资产权益的下列行为:

(一)违反决策原则和程序决定企业生产经营的重大决策、重大项目安排、大额度资金运作事项及重要人事任免;

(二)违反规定决定企业重组改制、兼并、破产、产权交易、清产核资、资产评估、借贷等事项;

(三)违反规定对外投资、担保、融资、为他人代开信用证、采办、销售、进行工程招标投标等;

(四)未经批准,或者批准后未办理保全国有资产的相关法律手续,用企业资产以个人或者他人名义在国(境)外注册公司、投资参股、购买上市公司股票、购置不动产或者进行其他经营活动;

(五)授意、指使、强令财会人员从事违反财经制度的活动;

(六)弄虚作假、谎报业绩或者搞不切实际的"政绩工程";

(七)偷逃国家税费或者故意拖延应缴国家税费,隐瞒、截留国有资本收益或者故意拖延应缴国有资本收益;

(八)未经履行国有资产出资人职责的机构批准,决定企业领导人员的薪酬和福利待遇;

(九)其他滥用职权损害国家利益和出资人利益的行为。

第五条　国有企业领导人员应当忠实履行职责。不得有以权谋私、损害企业利益的下列行为:

(一)私自从事营利性经营活动,或者在本企业的同类经营企业、关联企业和与本企业有业务关系的企业从事证券投资以外的投资入股;

(二)接受或者索取本企业的关联企业、与本企业有业务关系的企

业,以及管理和服务对象提供的不正当利益;

(三)违反规定兼任下属企业或者其他企业、事业单位、行业组织、中介机构的领导职务,或者经批准兼职的,擅自领取兼职工资或者其他报酬;

(四)将企业经济往来中的折扣费、中介费、回扣、佣金、礼金等据为己有或者私分;

(五)利用职务上的便利从事有偿中介活动;

(六)利用企业的商业秘密、知识产权、业务渠道为本人或者他人从事牟利活动;

(七)未经企业领导班子集体研究,决定重大捐赠、赞助事项;

(八)其他谋取私利损害企业利益的行为。

第六条 国有企业领导人员应当以国家和企业利益为重,正确行使经营管理权,对本人及亲属有可能损害企业利益的行为,应当主动回避,防止可能出现的利益冲突。不得有下列行为:

(一)本人的配偶、子女及其配偶违反规定,在与本企业有关联、依托关系的私营和外资企业投资入股;

(二)将国有资产委托、租赁、承包给自己的配偶、子女及其他有利益关系的人经营;

(三)利用职权为配偶、子女及其他有利益关系的人从事营利性经营活动提供各种便利条件;

(四)本人的配偶、子女及其他有利益关系的人投资经营的企业与国有企业领导人员所在企业发生非正常经济业务往来;

(五)按规定应当实行任职和公务回避而没有回避;

(六)离职或者退休后三年内,在与原任职企业有业务关系的私营、外资企业和中介机构担任职务、投资入股,或者在上述企业或单位从事、代理与原任职企业经营业务相关的经营活动;

(七)其他可能损害企业利益的行为。

第七条 国有企业领导人员应当增强民主管理意识,严格执行企业民主管理制度,自觉接受民主监督。不得有侵犯职工群众合法权益的下列行为:

（一）在涉及职工切身利益的重大事项中违反民主管理制度,谋取私利;

（二）按照规定应当公开、公示的事项而未公开、公示;

（三）在职工利益分配中,不依据企业章程和有关规定,暗箱操作、有失公平;

（四）为谋求业绩,违反劳动、安全、社会保障等法律法规,忽视职工安全卫生保护,危害职工生命、健康;

（五）其他侵犯职工群众合法权益的行为。

第八条 国有企业领导人员应当规范职务消费行为。不得有下列行为:

（一）在企业发生非政策性亏损期间,购买或者更换小汽车、装修办公室、添置高档办公用品等;

（二）违反规定用公款进行高消费娱乐活动;

（三）用公款支付或者报销应当由个人承担的购置住宅、住宅装修、物业管理等生活费用;

（四）超过规定标准报销差旅费、业务招待费;

（五）使用信用卡、签单等形式消费,不提供原始凭证和相应的情况说明;

（六）其他违反规定的职务消费行为。

第三章　实施与监督

第九条 国有企业应当依据本规定制定规章制度,建立健全监督制约机制,保证本规定的贯彻执行。

国有企业党委（党组）书记、董事长、总经理为企业实施本规定的主要责任人。

第十条 国有企业领导人员应当将贯彻落实本规定的情况作为述职述廉的一项重要内容,接受监督和民主评议。

第十一条 国有企业应当按照有关规定建立健全职务消费制度,报履行国有资产出资人职责的机构批准,并以适当方式向职工群众公开。

第十二条　国有企业领导人员应当向履行国有资产出资人职责的机构定期报告兼任职务和配偶、子女及其配偶的从业情况,以及有可能产生利益冲突的其他情况。

第十三条　履行国有资产出资人职责的机构和国有企业应当加强对领导人员任职期间及离职和退休后从业行为的管理,并结合本规定建立领导人员的从业承诺抵押制度。

第十四条　履行国有资产出资人职责的机构负责本规定的贯彻落实,应当对国有企业领导人员进行经常性的教育和监督,并结合企业的实际情况,制定国有企业领导人员的收入分配、薪酬管理制度,建立有效的激励和约束机制。

第十五条　各级组织人事部门和履行国有资产出资人职责的机构应当加强对国有企业领导人员的管理,并将其廉洁从业情况作为领导人员考察、考核的重要内容和任免的重要依据。

第十六条　各级纪检监察机关、履行国有资产出资人职责的机构的纪检监察机构以及企业的纪检监察机构依据职责权限,对本规定的执行情况进行监督检查,并对违规行为进行处理或者提出处理建议。

第四章　对违反规定行为的处理

第十七条　国有企业领导人员违反本规定的,应当根据违规行为的情节轻重,依照《企业职工奖惩条例》及企业纪律追究责任。国有企业领导人员中的共产党员违反本规定的,除依照前款处理外,依照《中国共产党纪律处分条例》给予相应的党纪处理。

第十八条　国有企业领导人员违反本规定的,还可以由有任免权的机构给予组织处理。组织处理措施可以单独使用,也可以与纪律处分合并使用。

第十九条　国有企业领导人员违反本规定,在依据第十七条、第十八条规定追究责任的同时,获取的不正当经济利益,应当责令退还;给国有企业造成经济损失的,应当承担经济赔偿责任。拒不履行从业承诺抵押、拒不退还或者拒不承担经济赔偿责任的,国有企业应当通过法律途径追究其责任。

第二十条 国有企业领导人员违反本规定受到撤职以上纪律处分的,五年内不得担任国有企业的领导职务。违反本规定给国有资产造成重大损失或者被判处刑罚的,终身不得担任国有企业领导职务。

第二十一条 国有企业领导人员违反本规定涉嫌犯罪的,依法移送司法机关。

第五章 附 则

第二十二条 本规定所称履行国有资产出资人职责的机构,包括作为国有资产出资人代表的各级国有资产监督管理部门和尚未实行政资分开代行出资人职责的政府主管部门以及授权经营的母公司。

第二十三条 国有及国有控股企业中对国有资产负有经营管理责任的其他人员参照本规定执行。国有参股企业中对国有资产负有经营管理责任的人员参照本规定执行。

第二十四条 国务院国有资产监督管理部门,各省、自治区、直辖市,国有及国有控股金融企业可以根据本规定制定实施办法,并报中共中央纪委、监察部备案。

第二十五条 本规定由中共中央纪委、监察部负责解释。

第二十六条 本规定自发布之日起施行。已经发布的国有企业领导人员廉洁从业的规定与规定不一致的,依据本规定执行。

关于贯彻落实《建立健全教育、制度、监督并重的惩治和预防腐败体系实施纲要》的具体意见

2005 年 7 月 9 日 国资党委纪检〔2005〕93 号

各中央企业,委内各厅局:

为贯彻落实中共中央《建立健全教育、制度、监督并重的惩治和预

防腐败体系实施纲要》(以下简称《实施纲要》)，推进中央企业构建与社会主义市场经济体制相适应的教育、制度、监督并重的惩治和预防腐败体系(以下简称惩防体系)，提出如下具体意见。

一、推进中央企业构建惩防体系的总体要求

(一)指导思想。

以马克思列宁主义、毛泽东思想、邓小平理论和"三个代表"重要思想为指导，围绕加强党的执政能力建设，围绕国有资产监管和企业改革发展，落实科学发展观，坚持从严治党和依法经营、规范管理，坚持标本兼治、综合治理、惩防并举、注重预防，以改革统揽预防腐败工作，构建惩防体系，深化源头治本，不断提高反腐倡廉水平，促进中央企业廉洁和谐、健康发展。

(二)工作原则。

1. 按照《实施纲要》的总体要求，结合实际，将构建惩防体系纳入中央企业发展规划，与改革发展同步推进，与建立健全国有资产监管体系和企业内控机制有机结合，与企业管理体系相融合。

2. 按照胡锦涛总书记关于抓好教育、制度、监督、改革、惩处五个方面工作的要求，安排部署任务。在坚决惩治腐败的同时，进一步加大治本力度，不断铲除腐败现象滋生蔓延的土壤和条件。

3. 按照近期具体、中期原则、远期宏观的思路，对2005～2007年构建惩防体系提出切实可行的工作计划，对今后若干年工作进行总体规划，分阶段实施，在逐步深化中改进和完善。

4. 按照继承与创新相结合的精神，准确把握企业改革发展进程和客观情况的变化，探索在现代企业制度条件下构建惩防体系的新思路，转变思维和工作方式，在继承中发展和创新。

(三)主要目标。

1. 与国资委关于用三年左右时间建立新的国有资产监管体制基本框架，提高国有资产监管有效性的目标相适应。2005～2006年，做好构建惩防体系的基础性工作，中央企业制订实施细则，分解落实各项工作目标和任务。到 2007 年,教育、制度、监督逐步深化,责任机制、保障机制、考核机制初步形成。

2. 与国资委关于 2010 年基本完成战略性调整和改组,形成比较合理的国有经济布局和结构,建立比较完善的现代企业制度的目标相适应,建成惩防体系基本框架,达到思想教育扎实深入、规章制度系统健全、监督约束更加有效、各种机制协调运行、预警防控发挥作用。

3. 再经过一段时间的努力,建立起廉洁从业的思想道德教育长效机制、科学系统的反腐倡廉制度体系和制约有效的权力运行监控机制,形成具有中央企业特点的惩防体系。

各中央企业要按照上述总体要求,制订本企业总体规划、阶段性目标和年度工作计划。

二、建立教育预防长效机制,筑牢拒腐防变思想道德防线

(四)加强对企业领导人员的反腐倡廉教育。

以企业领导人员特别是主要领导人员为重点对象,深入、持久开展党的基本理论、基本路线、基本纲领、基本经验教育和理想信念、法律纪律、优良传统教育。2005 年,结合贯彻《国有企业领导人员廉洁从业若干规定(试行)》(以下简称《从业规定》),深入学习江泽民、胡锦涛同志关于反腐倡廉的重要论述,进行诚信守法、廉洁从业教育。2006～2007年,重点开展树立和落实科学发展观、正确权力观与政绩观教育。中央企业要把反腐倡廉理论作为理论学习中心组的重要内容,每年至少组织两次学习,并把教育贯穿于各级领导人员培养、选拔、管理、使用等方面。企业领导人员要带头自学和参加集体学习,党政主要领导人员每年至少讲一次党课或作一次反腐倡廉形势报告。

(五)加强对党员职工和重要岗位人员的反腐倡廉教育。

1. 2005 年,中央企业结合开展保持共产党员先进性教育,加强党员反腐倡廉教育,增强廉洁自律意识。2006～2007 年,巩固先进性教育成果,在党员职工中进一步开展理想信念、作风纪律教育,充分发挥党员的先锋模范作用。

2. 2005～2006 年,中央企业对有业务处置权的重要岗位人员加强爱岗敬业、遵章守纪教育,增强责任感和法纪观念。2007 年,在重要岗位人员中深入开展职业道德教育,进一步规范从业行为。

(六)加强企业廉洁文化建设。

根据国资委《关于加强中央企业企业文化建设的指导意见》,2005年,中央企业要把廉洁文化纳入企业文化建设总体规划,找准切入点,确定企业廉洁文化建设项目。2006～2007 年,结合提炼企业精神、核心价值观和经营管理理念,具体设计企业廉洁文化建设项目,加强学习培训和宣传教育,培养职工良好的自律意识和行为习惯。持续推进职业道德建设和企业诚信管理,逐步形成爱岗敬业、诚信守法、行为规范、道德高尚的企业文化,营造廉洁和谐氛围。

(七)建立和完善宣传教育工作格局。

中央企业要把反腐倡廉教育纳入宣传教育总体部署,实行党委统一领导、宣教部门牵头、纪检监察协调、有关部门各负其责、形成合力的宣传教育格局。丰富教育形式,实行一般教育与特色教育相结合、日常教育与主题教育相结合、培训教育与自我教育相结合,有针对性地开展各种形式的廉洁谈话教育、先进模范事迹教育和典型案例警示教育,增强感染力。2005 年,中央企业积极参与国资委与新闻媒体合办"企业广角"、"风采"等反腐倡廉专栏的宣传教育,参加构建惩防体系征文活动。2006～2007 年,中央企业健全反腐倡廉教育制度,建立宣传教育网络,运用信息网络平台等宣传教育载体,扩大宣传教育覆盖面。

到 2010 年,中央企业形成协调有效的反腐倡廉教育格局。再经过一段时间的思想教育、行为规范和营造氛围,建立自律与他律相辅相成的廉洁从业长效机制。

三、健全反腐倡廉制度体系,规范权力运作和从业行为

(八)完善对权力制约和监督的制度。

1. 完善党内监督制度。2005～2006 年,依照党内监督条例和《中央组织部、国务院国资委党委关于加强和改进中央企业党建工作的意

见》(以下简称《党建意见》),国资委制定中央企业领导班子民主生活会制度。各企业完善党内监督制度,健全党委参与企业重大问题决策的规程,完善企业领导班子议事规则和决策程序,规范"三重一大"(重大决策、重要人事任免、重要项目安排和大额度资金使用)操作程序。2006~2007年,探索现代企业制度下党委参与重大决策的制度建设。到2010年,初步形成党组织工作制度与公司法人治理结构运行规则相结合的领导体制和工作机制。

2. 健全民主管理制度。2005~2006年,国资委推进中央企业完善厂务公开制度,健全厂务公开领导体制和工作机制。中央企业建立健全领导人员廉洁承诺制度。2006~2007年,国资委制定中央企业负责人述廉评廉制度。中央企业建立健全述廉评廉、民主评议企业领导人员,以及重大事项通报等制度。

3. 完善规范从业行为的制度。2005~2006年,中央企业制定贯彻落实《从业规定》的实施细则。2007年,中央企业根据国资委落实《从业规定》的配套制度,进一步完善实施细则。

4. 健全责任追究和惩处制度。2005年,国资委研究制定中央企业重大损失责任追究制度、中央企业负责人重大决策失误追究制度。2006~2007年,国资委拟起草中央企业总会计师工作责任制度和责任追究制度,会同有关部门研究制定中央企业领导人员党纪政纪处分和重大案件问责等规定。到2010年,国资委逐步建立和完善对中央企业负责人有关经济处罚、组织处理、职位禁入等规定。中央企业根据国资委的规定制定相应的实施细则。

5. 完善反腐败领导体制和工作机制。2005年,国资委研究制定中央企业关于实行党风廉政建设责任制的暂行规定。中央企业完善落实《关于实行党风廉政建设责任制的规定》实施办法。2006年,中央企业制定纪委协助党委组织协调反腐败工作的实施细则。2006~2007年,探索制定企业内部纪检监察机构派驻统一管理的办法。

(九)把反腐倡廉要求寓于完善企业决策和经营管理制度中。

1. 完善决策规则,规范决策程序。2005~2006年,中央企业建立和完善投资决策、产权交易、资本运营、财务管理、营销采购、工程招投标、重要项目管理、劳务管理、用人管理等决策规则和程序。

2. 健全财务管理制度,加强财务监管。2005年,国资委制定中央企业财务预算管理暂行办法。加强企业总会计师配备,建立和完善企业总会计师财务监督管理工作制度。2006~2007年,中央企业健全企业全面预算管理、决算报告管理、资金集中统一管理和内部审计管理等制度,逐步推行总会计师年度述职工作制度。

3. 建立中央企业防范风险管理制度,加强经营活动监管。2005年,国资委研究制定企业全面风险管理指导纲要。2006~2007年,国资委研究制定高风险业务资金管理、会计核算及授权管理等内控制度。中央企业建立高风险业务预警和防范机制,加强风险监控。

4. 完善企业境外国有资产监管制度。2005~2006年,国资委会同有关部门研究制定境外企业国有资产监督管理办法;配合管理办法的出台,国资委研究制定境外企业国有资产产权监督管理暂行办法,理顺境外企业产权投资关系,规范境外国有资产产权登记、产权转让变更、产权处置及收益、产权注销等管理工作;国资委研究制定中央企业境外财务监督管理办法,加强境外企业的财务、审计监管,促进建立风险防范机制。2006~2007年,进一步规范中央企业在境外的投资行为,探索境外投资的有效监管方式,国资委研究制定中央企业境外投资管理暂行规定。到2010年,逐步建立境外企业国有资产监督管理制度体系。

5. 加快企业法律顾问制度建设。2005~2007年,中央企业建立健全法律事务机构,部分企业实行总法律顾问制度,建立健全企业法律风险防范制度。

(十)提高制度建设的质量和水平,加大制度执行力。

1. 注重制度的科学性系统性。2005~2006年,中央企业对现行反腐倡廉制度进行清理;2006~2007年,中央企业根据国家有关法律法规,建立健全相应的规章制度。

2. 加强对制度执行情况的监督检查。2006~2007年,国资委组织开展对反腐倡廉制度落实情况的监督检查,通报检查结果,督促中央企业加大制度的执行力度。

到 2010 年,建立健全各项规章制度。再经过一段时间的努力,形成中央企业科学系统的反腐倡廉制度体系。

四、完善监督制约机制,提高防范腐败的能力

(十一)加强对企业领导班子及成员特别是主要领导人员的监督。

通过考核、考察、检查、询查、审计、外派监事会、纪委监督等方式,检查企业执行党的路线方针政策、国家法律法规和依法经营情况。2005～2006 年,重点监督检查企业贯彻《从业规定》,落实"三重一大"科学民主决策制度、民主集中制和领导班子议事规则等情况。2007年,重点监督检查反腐倡廉规章制度的建立、完善和落实情况。

(十二)加强对经营管理关键环节、主要程序和重要岗位的监督。

2005～2006 年,中央企业针对经营管理重点部位、关键环节和重要岗位,找准监控点,健全和规范程序,加强对管人、管钱、管物、管事的主要程序监督,实行重要岗位人员交流制度。2007 年,中央企业推进内部权力配置进一步合理化,完善流程管理和程序监控,强化程序间的相互制约,初步形成内在的监督机制。

(十三)发挥各监督主体作用,形成监督合力。

1. 加强出资人监督。贯彻落实《企业国有资产监督管理暂行条例》,实行管资产和管人、管事相结合。2005 年,依照规范国有企业改制、国有产权转让和清产核资等法规规章,国资委组织开展中央企业改制、产权转让及清产核资的专项检查,加强对企业改制和关闭破产方案的严格审核。2005～2006 年,国资委依据《国有企业监事会暂行条例》,制定和实施外派监事会监督检查作业标准,健全监事会检查成果运用、落实及反馈机制。制定和实施中央企业负责人管理暂行办法、中央企业经济责任审计实施细则。探索规范出资人审计监督的内容和方法,扩大经济责任审计范围。按照企业审计管理办法,督促中央企业建立审计机构,完善审计制度,细化财务审计监督工作要求,督促中央企

业加强境外企业审计工作。2006～2007年,按照独立审计准则和国资委审计披露要求,督促社会中介机构严格规范审计报告意见类型和文本格式,提高企业财务审计报告质量。

2. 加强党组织监督。贯彻落实党章、党内监督条例、党员权利保障条例和《党建意见》,充分发挥党组织的监督保证作用。2005～2006年,重点提高企业领导班子民主生活会质量,促进领导人员认真开展批评与自我批评,研究和落实整改措施并接受监督。加强企业党委对下级党组织及其领导成员特别是主要领导人员的监督,加强党组织对党员的监督。完善"双向进入、交叉任职"的企业领导体制,落实党委议事规则和参与企业重大决策程序,加强对经营班子及成员履行职责和行使权力的监督。发挥党员对企业领导人员遵纪守法情况的监督作用。2006～2007年,重点开展对《党建意见》贯彻落实情况的监督检查,巩固先进性教育的成果,建立保持共产党员先进性的长效机制。探索党代会闭会期间发挥党代表监督作用的有效途径。

3. 加强和改进纪检监察监督。全面履行纪检监察的监督职责。2005年,重点监督检查党风廉政建设责任制落实情况,特别是企业领导人员履行"一岗双责"情况。开展企业领导人员述廉评廉并组织抽查。监督检查改制过程中维护职工合法权益情况,以及对各种顶风违纪行为的处理情况。2006～2007年,各企业要结合实际,突出重点,对在深化企业改革中贯彻落实国家有关法律法规和党纪条规,健全和执行企业规章制度等情况,进行监督检查。

充分发挥效能监察在国有资产监管中的重要作用。按照国资委《关于加强中央企业效能监察工作的意见》,各企业健全效能监察的组织领导和工作机制,纪检监察机构负责组织协调、实施和督促检查。2005年,以开展清产核资后续工作效能监察为重点,推进中央企业效能监察向纵深发展。2006～2007年,着重对企业重组改制、兼并破产以及生产经营管理的突出问题和薄弱环节开展效能监察,督促建章立制,规范运作,提高企业经济效益和管理水平。

4. 加强和改进职工民主监督。2005年,国资委重点推动中央企业深化厂务公开和民主管理,进一步规范厂务公开的内容、形式和程序。2006～2007年,重点指导、协调中央企业工会组织深入贯彻实施《中华人民共和国工会法》和《中共中央办公厅国务院办公厅关于在国有企业、集体企业及其控股企业深入实行厂务公开制度的通知》,探索现代企业制度下工会参与民主管理、民主监督的途径和方式。完善重组改制和破产中职工安置等配套规章制度。落实职工董事、职工监事制度,保证职工代表依法进入董事会、监事会并履行职责,保证职工代表大会依法行使监督职权。探索职工代表巡查、职工监督小组、特邀监督员、"值班厂长"等民主管理与民主监督形式。

5. 发挥企业经营管理部门的职能监督作用。2005～2006年,中央企业进一步明确人力资源、财务、物资、设备、工程、信息、法律顾问等部门和机构的监督职责。2006～2007年,各企业在人才管理、财务管理、物资管理、项目管理、信息化管理、合同管理等方面,通过效能建设,完善规章,严格管理,加强检查,促进公开,强化经营管理中的监督职能,加强业务系统的纵向监督。

加强各监督力量的整合。2005～2007年,中央企业结合完善国有资产管理体制和公司治理结构,在依法接受出资人监督、行政监督、法律监督、市场监督和社会监督等外部监督的同时,建立健全党组织监督、纪检监察监督、监事会监督、审计监督、法律顾问监督和职工民主监督等企业内部监督。发挥纪检监察的组织协调作用,整合监督资源,形成工作机制,加强信息沟通与共享,探索纪检监察、审计和监事会等不同监督主体的协作或一体化运作方式,增强监督实效。

运用网络技术,提高监督效能。2005～2006年,中央企业探索运用网络技术等现代科技手段,依托企业经营管理的网络技术平台,把监控纳入管理流程和嵌入操作程序,建立程序监督责任机制,通过网络流程对资本运营、资金运作和物流进行程序约束和全过程实时监控。2007年,进一步强化对重要业务信息的监控,增强企业内部经营管理信息的透明度,提高信息的真实性。逐步建立健全企业国有资产监管信息发布渠道。

五、推进改革和创新,深化从源头上防治腐败

(十四)完善国有资产监督管理体系,形成法规约束机制。

1. 建立国有资产监管法规体系,推进依法经营。2005 年,国资委研究制定《企业国有产权向管理层转让暂行规定》(已出台)、《中央企业账销案存资产管理工作规则》(已出台)、国有资产监管工作指导监督暂行办法、企业国有资产评估暂行办法、中央企业财务预算管理暂行办法、中央企业投资管理暂行办法和中央企业固定资产投资项目后评价工作指南;提出《国有企业监事会暂行条例》修订意见;研究修订《企业国有产权的界定与纠纷调处暂行办法》、《企业国有产权无偿划转管理办法》。2006～2007 年,研究制定中央企业授权经营暂行办法、中央企业重要子企业重大事项管理办法及企业招投标管理监督暂行规定。

2. 完善企业负责人经营业绩考核体系,落实经营责任。2005 年,中央企业全面实施年度经营业绩考核责任和任期经营业绩考核责任制度。探索建立企业经营绩效评价体系,制定企业绩效评价规则。2006～2007 年,国资委健全企业国有资产保值增值责任、经营责任审计、企业生产经营安全管理等制度,完善企业经营责任体系。

3. 探索国有产权交易的有效监管方式,促进有序流动,防止国有资产流失。2005 年,国资委推进完成企业国有产权交易信息监测系统开发,初步实现上海、天津、北京三家中央企业国有产权交易试点机构的连通。2006 年,完成信息监测系统调试和功能扩展,推进各大区主要产权交易所连通。2007 年,实现与省级国资监管机构选择的企业国有产权交易机构连通,对全国企业国有产权转让动态进行监测和分析。

4. 建立国有资本经营预算制度,规范国有资产经营。2005 年,国资委研究建立国有资本经营预算制度的工作思路和方案,着力控制经营成本,层层落实国有资产保值增值和防止国有资产流失的责任。2006～2007 年,研究起草企业国有资本经营预算管理条例。加强中央企业利润分配管理,研究制定中央企业利润分配管理暂行办法,规范企业利润分配行为。

(十五)完善公司法人治理结构,形成权力制衡机制。

加快中央企业股份制改革的步伐,建立现代企业制度。2005～2006年,国资委研究制定国有大型企业股份制改革指导意见、科研院所改制指导意见和规范国有企业职工持股的意见。研究制定国有独资公司董事会试点企业外部董事、职工董事管理办法,继续扩大国有独资公司建立董事会试点范围,建立合格的外部董事队伍。研究制定关于规范国有独资公司董事会与国资委关系的意见、国有独资公司试点企业董事会和董事评价暂行办法,以及公司章程指引、董事指南等规章制度。2007年,中央企业中的国有独资企业,除少数特殊企业外,都要建立和完善法人治理结构。

(十六)完善企业领导人员选聘制度,建立规范的用人机制。

1. 逐步建立选人用人新机制。坚持党管干部原则与董事会依法选择经营管理者相结合,与经营管理者依法行使选人用人权相结合。2005年,国资委实行公开招聘中央企业正职试点工作,推进中央企业完善竞聘、考评、选任,以及辞职、辞退和任职回避、轮岗交流、失察追究等选人用人制度。2006～2007年,继续推进中央企业领导人员选聘制度的改革。贯彻落实国资委党委《关于加快推进中央企业公开招聘经营管理者和内部竞争上岗工作的通知》,完善纪检监察机构对选人用人实行监督的程序和办法,继续抓好公开招聘工作,逐步增加招聘企业正职的数量。中央企业完善内部竞争上岗工作程序,安排一定比例的二三级领导岗位进行公开招聘和竞争上岗。以选聘外部董事为试点,探索通过人才市场选聘领导人员。按照公司法人治理结构的要求,逐步实行经理层由董事会管理、推行企业领导人员职务任期制。

2. 完善分配奖惩制度。2005～2006年,结合落实经营业绩考核办法,国资委推进中央企业完善领导人员薪酬制度和奖惩制度,推进科研院所改制企业股权激励试点工作的制度建设。研究制定职位消费管理制度。2007年,进一步深化中央企业分配制度改革。

通过不断深化改革,将预防腐败寓于各项改革措施之中,实现对权力的制衡和约束,逐步从体制、机制和制度创新上解决腐败问题。

六、发挥惩治的重要作用，增强查办案件的治本功能

（十七）坚决惩治腐败，维护国有资产安全。

1. 严肃查办违纪违法案件。围绕国有资产保值增值和企业改革发展，重点查办在资产重组、企业改制、产权交易、资本运营、关联交易和经营管理中隐匿、侵占、转移国有资产，违反"三重一大"规定和严重失职造成国有资产流失，以及经营管理人员违规交易、以权谋私非法获利、贪污、挪用公款、私分国有资产等侵害国家、出资人、企业利益和职工合法权益的违纪违法案件。对顶风作案的要依纪依法从严惩处，对有失职行为的领导人员追究责任。

2. 解决违纪违规的突出问题。严肃处理违反规定收送现金、有价证券和支付凭证，"跑官要官"，放任、纵容配偶、子女及其配偶和身边工作人员利用领导干部职权和职务影响经商办企业或从事中介活动谋取非法利益，利用婚丧嫁娶等事宜收敛钱财，参加赌博等违纪行为。

（十八）依纪依法办案，提高执纪执法水平。

1. 坚持办案原则。坚持从严治党与依法治企相结合；坚持依纪依法办案；坚持实事求是、客观公正，做到事实清楚、证据确凿、定性准确、处理恰当、手续完备、程序合法；坚持惩前毖后、治病救人，正确运用政策和策略，体现宽严相济、区别对待；坚持维护企业改革发展稳定的大局，惩治腐败与保护党员权利和企业领导人员权利并重，支持企业负责人改革创新和严格管理，保护举报人和办案人员的合法权益。

2. 加强与执纪执法机关的协调配合。2005～2007年，国资委建立中央企业办案人员人才库，探索建立协作办案工作机制，健全协作制度，完善相关程序，形成办案合力。到2010年，与检察机关及执法部门合作，加强预防职务犯罪工作，探索境内外反腐败协作机制，加大追缴违纪违法款物的力度，最大限度地避免和挽回经济损失。

3. 完善案件管理工作。2005年，建立中央企业案件备案制度，改进案件管理及统计工作的考核办法。2006～2007年，加强审理组织机构和制度的落实，做到查审、审复分开，提高办案工作质量和水平。建

立案件处理结果落实情况跟踪检查制度和案件流失责任追究制度。

(十九)重视和发挥查办案件的治本功能。

1. 做好信访举报分析工作。2005年,发挥信访举报获取信息的主渠道作用,建立完善信访分析制度,及时掌握在纪律作风方面出现的苗头性和倾向性问题。2006~2007年,加强对举报问题的特征及原因研究,有针对性地做好预警防范,探索建立经常性的工作机制和应急预案处理机制。

2. 注重转化办案成果。坚持查办案件与防范腐败相结合,2005年,中央企业完善"一案两报告"制度,在提交案件检查报告的同时,提出案例剖析及整改建议的报告。2006~2007年,加强对案件发生的特点及规律研究,分析和查找经营管理中存在的漏洞及体制、机制、制度方面的原因,完善国资监管制度、措施和企业风险防范机制。

七、加强领导和组织协调,形成有效工作机制

(二十)加强对构建惩防体系的领导。

1. 切实加强领导。坚持党委统一领导、党政齐抓共管、纪委组织协调、部门各负其责、群众积极参与的领导体制和工作机制,由企业党政主要领导人员负总责,把构建惩防体系纳入企业改革发展的总体目标和战略规划,列入领导班子的议事日程。2005年,国资委、中央企业建立落实纲要领导小组及办公室,确定专人负责。

2. 落实责任分工。各中央企业要依照《实施纲要》和国资委的具体意见,结合实际情况,研究制订贯彻落实《实施纲要》的具体措施,分解任务,明确进度,落实责任。

3. 加强分类指导。国资委建立中央企业落实纲要工作联系点,推动企业总结和交流构建惩防体系工作。中央企业加强对所属企业惩防体系建设的指导和检查,整体推进惩防体系建设。

(二十一)切实加强纪检监察队伍建设。

1. 在改革中加强纪检监察工作。2005~2007年,各企业健全纪检监察机构,配备与工作任务相适应的专职人员,赋予相应的权责,其负

责人依法定程序进入董事会或监事会。中央企业党政领导要支持和保证纪检监察机构认真履行各项职责,从人员配备、工作程序、保障措施等方面作出规定,建立激励和保护机制,落实纪检监察机构对企业重大问题的知情权、参与权、监督权和处分权。

2. 加强纪检监察队伍思想政治建设、作风建设和能力建设。2005~2007年,国资委纪委每年举办中央企业纪委书记培训班和纪检监察骨干人员专业培训班。中央企业每年对本系统现有纪检监察人员进行培训。加强纪检监察人员与业务人员的双向交流,逐步实现专业知识和职级年龄的优化配置。加强纪检监察制度建设,严明各项工作纪律。

(二十二)充分发挥纪委组织协调作用。

1. 加强组织协调。国资委纪委运用反腐败联席会议方式,加强对构建惩防体系的组织协调。企业纪委协助同级党委抓好构建惩防体系的任务分解和落实,督促有关单位按职责分工制订、实施具体方案。

2. 建立协调机制。企业纪委要建立惩防体系建设的协调工作机制,加强与宣传、组织、人事、审计及经营管理部门的协作和配合,及时分析总结,定期通报和交流工作进展情况。

(二十三)形成构建惩防体系的有效工作机制。

1. 建立责任机制。坚持和完善党风廉政建设责任制,2005~2006年,制定工作规范,明确进度要求,落实责任分工。

2. 建立保障机制。2005~2006年,制定并落实构建惩防体系的保障措施,包括组织机构、人员、资金、工作条件和制度保障等。

3. 建立考核机制。2006~2007年,研究制定测评指标体系,完善与经营目标考核相统一的督查办法,综合运用检查手段,进行自查、抽查或联查,加强考核测评并与奖惩挂钩,对工作取得实效的给予奖励,对严重失职失误的追究责任。

4. 建立预控机制。到2010年,通过运用网络技术等手段,形成动态监控和反馈系统,加强科学分析和综合评价,把握惩防体系运行情况,整体提高预警防控水平。

关于印发《中央企业效能监察暂行办法》的通知

2006 年 8 月 5 日　国资发纪检〔2006〕139 号

各中央企业：

　　为规范中央企业效能监察工作,进一步强化企业内部监督,完善企业内部管理制度,我们制定了《中央企业效能监察暂行办法》。现印发给你们,请结合企业实际认真贯彻执行。

　　附件:中央企业效能监察暂行办法

附件:

中央企业效能监察暂行办法

第一章　总　　则

　　第一条　为进一步规范中央企业效能监察工作,完善企业管理,促进经营管理者正确履行职责,提高企业效能,实现国有资产保值增值,根据《企业国有资产监督管理暂行条例》(国务院令第 378 号)的相关规定,制定本办法。

　　第二条　国务院国有资产监督管理委员会(以下简称国资委)履行出资人职责的国有及国有控股企业(以下简称中央企业)适用本办法。

　　第三条　国资委纪委、监察部驻国资委监察局(以下统称国资委纪委监察局)负责指导中央企业效能监察工作。

　　第四条　企业效能监察是企业监察机构针对影响企业效能的有关

业务事项或活动过程,监督检查相关经营管理者履行职责行为(以下简称履职行为)的正确性,发现管理缺陷,纠正行为偏差,促进企业规范管理和自我完善,提高企业效能的综合性管理监控工作。

本办法所称的相关经营管理者是指除中央和国资委管理的企业领导人员以外的经营管理人员以及其他具有经营管理职权的人员。对中央和国资委管理的企业领导人员履职行为的检查按有关规定进行。

第五条　检查经营管理者履职行为正确性遵循以下标准:

(一)合法性:经营管理者履职行为必须是合法的授权行为,必须符合国家相关法律法规和企业领导人员廉洁从业的相关规定,必须按规定接受监督;

(二)合规性:经营管理者履职行为必须符合相关管理程序、业务流程和技术规范;

(三)合理性:经营管理者履职行为在职责权限内的合理裁量,必须符合降低成本增加效益、持续经营等管理原则;

(四)时限性:经营管理者履职行为对有特殊时限要求的管理事项不得擅自延长或者缩短时限。

第六条　效能监察工作坚持以下原则:

(一)科学发展原则。围绕企业经营中心,服务企业改革发展大局,促进建立节约型企业,持续发展,不断提高效益。

(二)依法监察原则。有章必循、违章必纠、执纪必严,激励守法合规行为。

(三)实事求是原则。重调查研究、重证据,客观公正。

(四)协调统一原则。监察与纪检、监事会和审计等其他监督部门相协调;监督检查经营管理者履职行为与服务经营管理目标相统一;促进制度建设与提高企业效能相统一;完善企业内部管理控制机制与构建惩治和预防腐败体系相统一;教育与奖惩相统一。

第二章　效能监察工作领导体制和责任体系

第七条　中央企业应当按照企业人事管理权限或者企业产权关

系,依据"统一要求、分级负责"的原则,建立健全效能监察工作责任体系,形成在企业党政领导下,由主要经营管理者负责、监察机构组织协调和实施、相关部门密切配合、职工群众积极参与的效能监察工作领导体制和工作机制。

第八条　中央企业主要经营管理者负责本企业效能监察工作,主要责任是:

(一)明确效能监察的分管领导,建立中央企业效能监察工作领导小组,充分发挥效能监察在经营管理中的综合监督作用,加强内部监督和风险控制;

(二)按本企业人事管理权限确定本企业效能监察的范围和应当接受检查的经营管理者,批准效能监察立项、工作报告、监察建议和决定等重大事项,定期听取本企业的效能监察工作情况汇报;

(三)建立健全企业监察机构,根据企业实际需要配置与监察工作任务相适应的专职监察人员,为本企业开展效能监察工作提供组织保证。

第九条　中央企业效能监察工作领导小组的主要职责是:研究部署并指导和组织检查所属企业的效能监察工作,协调效能监察工作关系,处理与效能监察工作有关的重大事宜。

第十条　中央企业监察机构负责组织协调和实施本企业效能监察工作,主要职责是:

(一)按照本企业主要经营管理者、效能监察工作领导小组和上级部门有关效能监察工作的要求,结合本企业经营管理实际,提出效能监察年度工作计划和效能监察立项意见,负责本企业的效能监察日常工作;

(二)组织协调相关部门参与效能监察工作,与监事会、审计等部门协调配合,形成综合监督力量;

(三)根据选定项目,建立相应的效能监察项目检查组,实行效能监察项目负责制;

(四)受理对效能监察决定有异议的申请,并组织复审;

(五)开展调查研究,组织理论研讨、业务培训和工作交流,总结推

广典型经验;

(六)完成本企业主要经营管理者、效能监察工作领导小组和上级部门交办的其他事项。

第十一条 企业相关部门在效能监察工作中负有参与配合、通报相关情况、提供相关资料的义务;并负责落实针对本部门的效能监察建议或决定,以及向同级效能监察工作领导小组提出意见、建议。

第十二条 效能监察项目检查组依据同级监察机构的授权,具体负责效能监察项目的实施。

第十三条 效能监察项目检查组成员负责效能监察项目的检查。效能监察项目检查组成员应当熟悉效能监察业务,了解企业管理制度和企业经营管理情况,有较丰富的工作经验,爱岗敬业,忠于职守,公正廉明。

第三章 效能监察的任务、权限和方式

第十四条 效能监察的主要任务是:

(一)检查经营管理者履行职责,执行国家法律法规和企业管理制度,完成经营管理目标任务的情况,促进企业加强执行力,维护指令畅通;

(二)监督检查经营管理者履职行为的正确性,发现行为偏差和管理缺陷,分析存在问题的原因,会同相关部门提出监察建议或决定的意见,加强内部管理监控;

(三)按规定参与调查违反国家法律法规和企业管理制度造成国有资产损失的问题,依法追究有关责任者的责任,避免和挽回国有资产损失;

(四)按规定参与调查处理企业发生的重大、特大责任事故,促进企业落实安全生产责任;

(五)按规定及时将发现的违法违规违纪线索,移交有关部门处理,督促企业依法经营和经营管理者廉洁从业;

(六)督促监察建议或决定的落实,纠正经营管理者行为偏差,总结

推广管理经验,健全管理制度,促进企业规范管理,完善企业激励约束机制。

第十五条 企业监察机构开展效能监察工作有下列权限:

(一)要求被检查的经营管理者及其所在部门(单位)报送与效能监察项目有关的文件、资料,对效能监察项目的相关情况作出解释和说明;

(二)查阅、复制、摘抄与效能监察项目相关的文件、资料,核实效能监察项目的有关情况;

(三)经企业主要经营管理者批准,责令被检查的经营管理者停止损害国有资产、企业利益和职工合法权益的行为;

(四)建议相关部门暂停涉嫌严重违法违规违纪人员的职务;

(五)效能监察人员可以列席与效能监察项目有关的会议;

(六)效能监察项目涉及本企业以外的其他中央企业的人员的,可请求相关中央企业协助查询和调查,有关中央企业应当予以协助,必要时可以提请国资委纪委监察局予以协助。

第十六条 效能监察可以采用下列监察方式:

(一)针对企业经营管理活动的重点、难点,针对资产管理的风险因素和职工群众反映的热点问题等,开展单项或者综合事项的效能监察;

(二)针对企业业务事项和管理活动的全过程或重点环节,开展事前、事中、事后或全过程的效能监察;

(三)充分利用企业信息化管理系统开展效能监察工作。

第四章 效能监察基本程序

第十七条 效能监察的基本程序包括确定效能监察项目、实施准备、组织实施、拟定监察报告、作出监察处理、跟踪落实、总结评审和归档立卷等。

第十八条 效能监察项目通过以下方式确定:

(一)上级主管部门统一组织效能监察项目;

(二)企业主要经营管理者直接指定效能监察项目;

(三)监察机构调查分析,研究拟定并报批效能监察项目。

第十九条 效能监察实施准备的主要过程是:

(一)成立效能监察项目检查组,检查组成员以效能监察人员为主,相关部门派人参与,或者聘请具有专门知识、技术的人员参加,本人或者其近亲属与效能监察项目有利害关系,或者有其他关系可能影响公正监察的,不得作为检查组成员;

(二)对效能监察项目检查组成员进行相关专业知识及法律法规和企业相关制度的培训;

(三)收集整理监察依据,理清监察项目的主要业务流程和关键岗位权限,找准主要监察点,明确监察目的、要求和方法步骤,制订实施方案;

(四)向被检查的经营管理者所在部门(单位)发送效能监察通知,相关部门(单位)应当提供效能监察必需的工作条件。

第二十条 效能监察组织实施的主要内容是:

(一)向被检查的经营管理者所在部门(单位)通报实施效能监察的目的、要求和相关事宜;

(二)依据效能监察项目实施方案规定的方法和步骤对有关经营管理者进行检查;

(三)检查效能监察项目有关经营管理者履行职责、执行国家法律法规和企业管理制度、完成管理目标任务的情况;收集与监察项目有关的文件资料和事实陈述;检查经营管理者履职行为的正确性,发现行为偏差和管理缺陷;

(四)向被检查的经营管理者及其所在部门(单位)通报检查情况,听取其意见,并予以确认;

(五)会同相关部门对发现的行为偏差和管理缺陷进行分析,并查找其在体制、机制和制度等方面的存在原因,研究提出监察建议或决定的意见。

第二十一条 效能监察项目实施后,效能监察项目检查组应当实事求是、客观公正地拟定效能监察报告,并报本企业主要经营管理者批准。效能监察报告内容包括监察依据、检查过程、发现的行为偏差和管理缺陷、管理控制制度分析和监察建议或决定意见等。

第二十二条　监察机构对监察中发现的需要追究党纪处分或者法律责任的问题，按权限报批后，移送有关部门处理；对涉及本企业以外的单位和个人的问题，移送有处理权的单位；对需要进行监察处理的，经企业主要经营管理者批准后，下达监察建议或者监察决定。

第二十三条　监察机构应当对监察建议或决定的执行情况进行跟踪检查，督促整改意见的落实，及时将效能监察结果及整改情况抄送给企业各监督管理部门和人力资源管理等部门使用。

第二十四条　中央企业每年底要对全年效能监察工作进行总结，并对完成的效能监察项目进行效果统计和成效评定。年终（度）书面工作总结报告按权限报批后，报企业党政主要负责人和上级监察机构。

第二十五条　已经完成的效能监察项目资料要及时立卷归档。卷宗应包括立项报告（表）、实施方案、总结报告、《监察建议书》或《监察决定书》等全部原件资料。

第五章　监察建议和决定

第二十六条　监察机构在效能监察工作中，对查明的下列尚不够作出纪律处分的行为偏差事实，报批后，下达整改监察建议：

（一）不执行、不正确执行或者拖延执行国家法律法规和企业章程，以及重要决策、决议、决定等，应予纠正的；

（二）不执行、不严格执行企业内部管理制度的，或存在管理缺陷的；

（三）经营管理决策、计划、指令以及经营管理活动不适当，应予纠正或应予撤销的；

（四）违反本企业选人、录用、任免、奖惩工作原则和程序，决定明显不适当的；

（五）按照国家法律法规和企业管理制度相关规定，需要予以经济赔偿的；

（六）其他需要提出监察建议的。

第二十七条　监察机构在效能监察工作中,对查明的下列尚未涉嫌犯罪的违规违纪事实,报批后,作出监察处分决定:

(一)违反国家法律法规和企业管理制度,按照人事管理权限应当给予相关责任人纪律处分的;

(二)不按规定追缴,或者不按规定退赔非法所得的;

(三)已经给国有资产或企业利益造成损害,未采取补救措施的;

(四)其他需要作出监察处分决定的。

第二十八条　监察建议或决定应当以书面形式送达被检查的经营管理者及其所在部门(单位),被检查的经营管理者及其所在部门(单位)应当采纳或必须执行。

第二十九条　被检查的经营管理者及其所在部门(单位)应当在收到监察建议或决定之日起的 15 日内提出采纳或执行意见,采纳或执行情况要书面报告相应的监察机构。

对监察决定有异议的,被检查的经营管理者可以在收到监察决定之日起 15 日内向作出决定的监察机构申请复审;复审应在收到复审申请之日起的 30 个工作日内完成。复审期间,不停止原决定的执行。

第六章　奖励与惩处

第三十条　中央企业效能监察工作领导小组对效能监察工作中发现的下列机构和人员,可以按规定建议给予精神或物质奖励:

(一)企业经营管理者正确履行职责,模范遵守国家法律法规和企业管理制度,经营管理成效显著,贡献突出的;

(二)监察机构认真开展效能监察取得重大经济和社会效益的;

(三)监察人员忠于职守,坚持原则,有效制止违法违规违纪行为,避免或挽回重大国有资产损失,贡献突出的;

(四)控告、检举重大违法违规违纪行为的有功人员;

(五)其他应当奖励的部门、单位和个人。

第三十一条　被检查的经营管理者及其所在部门(单位)违反本办法,有下列情形之一的,由所在企业按人事管理权限对直接责任人和

其主管负责人给予相应的纪律处分;涉嫌犯罪的,依法移送司法机关处理:

(一)拒不执行监察决定,或者无正当理由拒不采纳监察建议的;

(二)阻挠、拒绝监察人员依法行使职权的;

(三)拒绝提供相关文件、资料和证明材料的;

(四)隐瞒事实真相、出具伪证,或者隐匿、毁灭证据的;

(五)利用职权包庇违法违规违纪行为的;

(六)其他需要给予纪律处分的。

第三十二条 监察人员有下列情形之一的,由所在企业根据情节给予相应的纪律处分;涉嫌犯罪的,依法移送司法机关处理:

(一)玩忽职守,造成恶劣影响和严重后果的;

(二)利用职权为自己或他人谋取私利的;

(三)利用职权包庇或者陷害他人的;

(四)滥用职权侵犯他人民主权利、人身权利和财产权利的;

(五)泄露企业商业秘密的;

(六)其他需要给予纪律处分的。

第七章 附 则

第三十三条 中央企业可根据本办法,结合实际制订实施细则。

第三十四条 本办法自发布之日起施行。

关于在中央企业开展
述廉议廉工作的意见

2006 年 12 月 15 日 国资党委纪检〔2006〕174 号

各中央企业党委(党组):

为探索加强和改进中央企业领导人员监督的有效形式,充分发挥民主监督的作用,促进中央企业领导人员廉洁从业,推动中央企业建立健全教育、制度、监督并重的惩治和预防腐败体系,根据《中国共产党党内监督条例(试行)》和《国有企业领导人员廉洁从业若干规定(试行)》的有关要求,现就中央企业开展述廉议廉工作提出如下意见:

一、述廉议廉的对象和方式

(一)述廉的对象为中央企业领导班子成员。

(二)议廉的对象为中央企业领导班子。

(三)述廉议廉工作每年进行 1 次,可与企业领导班子民主生活会结合进行,根据需要也可单独进行。

二、述廉议廉的组织领导

(一)各中央企业党委(党组)负责本企业述廉议廉工作的组织实施。

(二)国资委纪委及国资委企业领导人员管理部门负责对企业述廉议廉工作的监督检查。

三、述廉议廉的主要内容

(一)述廉的主要内容:遵守廉洁从业有关规定情况,执行党风廉政建设责任制情况,存在的突出问题以及其他需要说明的情况。

(二)议廉的主要内容:本企业领导班子抓党风建设和反腐倡廉工作,建立健全工作体制机制,重视从源头上防治腐败的工作情况。认真抓好领导班子成员廉洁从业的工作情况。企业党政主要负责人执行廉洁从业有关规定情况,落实党风廉政建设责任制情况,存在的突出问题以及其他情况。

国资委纪委及国资委企业领导人员管理部门可根据需要,对述廉议廉内容提出指导性意见。

四、述廉议廉的工作程序

(一)广泛征求意见。述廉议廉前,企业党委(党组)要广泛征求职工群众对述廉议廉对象在廉洁从业和执行党风廉政建设责任制等方面的意见,并及时进行反馈。

(二)撰写述廉报告。述廉对象要对照《国有企业领导人员廉洁从业若干规定(试行)》检查廉洁从业的情况,对照党风廉政建设责任制的有关要求检查履行职责的情况,查找存在问题,提出改正措施。撰写述廉报告,要坚持实事求是的原则,对存在的问题不隐瞒、不回避。

(三)召开述廉议廉会议。述廉议廉会议由企业党委(党组)主要负责人主持。参加会议的人员应包括:企业领导班子成员、党委委员(党组成员)、纪委委员(纪检组组长、副组长)、工会委员、民主党派人士、本级企业职能部门主要负责人和部分职工代表。企业党委(党组)认为需要时,也可适当扩大范围。

(四)进行民主评议。采取请参加述廉议廉会议人员填写评议表的方式,对议廉对象进行评议,对企业党风建设和反腐倡廉工作提出意见和建议。

(五)报告工作情况。各中央企业党委(党组)应于述廉议廉工作完成后1个月内,将述廉议廉工作情况、评议结果及述廉报告、整改措施,一并报送国资委纪委及国资委企业领导人员管理部门。

五、述廉议廉的工作要求

(一)各企业党委(党组)要把这项工作作为加强和改进党内监督的重要内容认真抓好。纪委(纪检组)要在党委(党组)领导下,积极主动地做好组织协调工作。

(二)对述廉议廉中反映出的问题,企业党委(党组)要进行认真分析,研究落实整改措施。对民主评议中群众意见较大的企业领导班子和成员,国资委纪委及国资委企业领导人员管理部门要进行谈话提醒。

(三)国资委纪委及国资委企业领导人员管理部门要对述廉议廉的情况进行综合分析,并将述廉议廉的成果运用到企业领导班子建设和领导班子成员的监督、管理中。

(四)各中央企业召开述廉议廉会议,应提前书面通知国资委纪委及国资委企业领导人员管理部门。

各中央企业可根据本意见,结合实际制订具体实施办法,并指导所属企业开展领导人员述廉议廉工作。

附件:中央企业领导班子党风建设和反腐倡廉情况民主评议表(略)

企业法制

国有企业法律顾问管理办法

2004 年 5 月 11 日　　国务院国有资产监督管理委员会令第 6 号

第一章　总　　则

第一条　为进一步建立健全国有企业法律风险防范机制,规范企业法律顾问工作,保障企业法律顾问依法执业,促进企业依法经营,进一步加强企业国有资产的监督管理,依法维护企业国有资产所有者和企业的合法权益,根据《企业国有资产监督管理暂行条例》和国家有关规定,制定本办法。

第二条　国有及国有控股企业(以下简称企业)法律顾问管理工作适用本办法。

第三条　本办法所称所出资企业,是指国务院,省、自治区、直辖市人民政府,设区的市、自治州人民政府授权国有资产监督管理机构依法履行出资人职责的企业。

第四条　国有资产监督管理机构负责指导企业法律顾问管理工作。上级政府国有资产监督管理机构依照本办法对下级政府国有资产监督管理机构负责的企业法律顾问管理工作进行指导和监督。

第五条　国有资产监督管理机构和企业应当建立防范风险的法律机制,建立健全企业法律顾问制度。

第六条　国有资产监督管理机构和企业应当建立健全企业法律顾问工作激励、约束机制。

第二章　企业法律顾问

第七条　本办法所称企业法律顾问,是指取得企业法律顾问执业资格,由企业聘任,专门从事企业法律事务工作的企业内部专业人员。

第八条 企业法律顾问执业,应当遵守国家有关规定,取得企业法律顾问执业资格证书。

企业法律顾问执业资格证书须通过全国企业法律顾问执业资格统一考试,成绩合格后取得。

企业法律顾问执业资格管理由国务院国有资产监督管理机构和省级国有资产监督管理机构按照国家有关规定统一负责。条件成熟的,应当委托企业法律顾问的协会组织具体办理。

第九条 企业应当支持职工学习和掌握与本职工作有关的法律知识,鼓励具备条件的人员参加全国企业法律顾问执业资格考试。

企业应当建立企业法律顾问业务培训制度,提高企业法律顾问的业务素质和执业水平。

第十条 企业法律顾问应当遵循以下工作原则:

(一)依据国家法律法规和有关规定执业;

(二)依法维护企业的合法权益;

(三)依法维护企业国有资产所有者和其他出资人的合法权益;

(四)以事前防范法律风险和事中法律控制为主、事后法律补救为辅。

第十一条 企业法律顾问享有下列权利:

(一)负责处理企业经营、管理和决策中的法律事务;

(二)对损害企业合法权益、损害出资人合法权益和违反法律法规的行为,提出意见和建议;

(三)根据工作需要查阅企业有关文件、资料,询问企业有关人员;

(四)法律、法规、规章和企业授予的其他权利。

企业对企业法律顾问就前款第(二)项提出的意见和建议不予采纳,造成重大经济损失,严重损害出资人合法权益的,所出资企业的子企业的法律顾问可以向所出资企业反映,所出资企业的法律顾问可以向国有资产监督管理机构反映。

第十二条 企业法律顾问应当履行下列义务:

（一）遵守国家法律法规和有关规定以及企业规章制度,恪守职业道德和执业纪律;

（二）依法履行企业法律顾问职责;

（三）对所提出的法律意见、起草的法律文书以及办理的其他法律事务的合法性负责;

（四）保守国家秘密和企业商业秘密;

（五）法律、法规、规章和企业规定的应当履行的其他义务。

第十三条　企业应当建立科学、规范的企业法律顾问工作制度和工作流程,规定企业法律顾问处理企业法律事务的权限、程序和工作时限等内容,确保企业法律顾问顺利开展工作。

第十四条　企业应当建立企业法律顾问专业技术等级制度。企业法律顾问分为企业一级法律顾问、企业二级法律顾问和企业三级法律顾问。评定办法另行制定。

第十五条　企业法律事务机构可以配备企业法律顾问助理,协助企业法律顾问开展工作。

第三章　企业总法律顾问

第十六条　本办法所称企业总法律顾问,是指具有企业法律顾问执业资格,由企业聘任,全面负责企业法律事务工作的高级管理人员。企业总法律顾问对企业法定代表人或者总经理负责。

第十七条　大型企业设置企业总法律顾问。

第十八条　企业总法律顾问应当同时具备下列条件:

（一）拥护、执行党和国家的基本路线、方针和政策,秉公尽责,严守法纪;

（二）熟悉企业经营管理,具有较高的政策水平和较强的组织协调能力;

（三）精通法律业务,具有处理复杂或者疑难法律事务的工作经验和能力;

(四)具有企业法律顾问执业资格,在企业中层以上管理部门担任主要负责人满3年的;或者被聘任为企业一级法律顾问,并担任过企业法律事务机构负责人的。

第十九条 企业总法律顾问可以从社会上招聘产生。招聘办法另行制定。

第二十条 企业总法律顾问的任职实行备案制度。所出资企业按照企业负责人任免程序将所选聘的企业总法律顾问报送国有资产监督管理机构备案;所出资企业的子企业将所选聘的企业总法律顾问报送所出资企业备案。

第二十一条 企业总法律顾问履行下列职责:

(一)全面负责企业法律事务工作,统一协调处理企业决策、经营和管理中的法律事务;

(二)参与企业重大经营决策,保证决策的合法性,并对相关法律风险提出防范意见;

(三)参与企业重要规章制度的制定和实施,建立健全企业法律事务机构;

(四)负责企业的法制宣传教育和培训工作,组织建立企业法律顾问业务培训制度;

(五)对企业及下属单位违反法律、法规的行为提出纠正意见,监督或者协助有关部门予以整改;

(六)指导下属单位法律事务工作,对下属单位法律事务负责人的任免提出建议;

(七)其他应当由企业总法律顾问履行的职责。

第四章 企业法律事务机构

第二十二条 本办法所称的企业法律事务机构,是指企业设置的专门承担企业法律事务工作的职能部门,是企业法律顾问的执业机构。

第二十三条 大型企业设置专门的法律事务机构,其他企业可以根据需要设置法律事务机构。

企业应当根据工作需要为法律事务机构配备企业法律顾问。

第二十四条 企业法律事务机构履行下列职责：

（一）正确执行国家法律、法规，对企业重大经营决策提出法律意见；

（二）起草或者参与起草、审核企业重要规章制度；

（三）管理、审核企业合同，参加重大合同的谈判和起草工作；

（四）参与企业的分立、合并、破产、解散、投融资、担保、租赁、产权转让、招投标及改制、重组、公司上市等重大经济活动，处理有关法律事务；

（五）办理企业工商登记以及商标、专利、商业秘密保护、公证、鉴证等有关法律事务，做好企业商标、专利、商业秘密等知识产权保护工作；

（六）负责或者配合企业有关部门对职工进行法制宣传教育；

（七）提供与企业生产经营有关的法律咨询；

（八）受企业法定代表人的委托，参加企业的诉讼、仲裁、行政复议和听证等活动；

（九）负责选聘律师，并对其工作进行监督和评价；

（十）办理企业负责人交办的其他法律事务。

第二十五条 法律事务机构应当加强与企业财务、审计和监察等部门的协调和配合，建立健全企业内部各项监督机制。

第二十六条 企业应当支持企业法律事务机构及企业法律顾问依法履行职责，为开展法律事务工作提供必要的组织、制度和物质等保障。

第五章　监　督　检　查

第二十七条 国有资产监督管理机构应当加强对所出资企业法制建设情况的监督和检查。

第二十八条 国有资产监督管理机构应当督促所出资企业依法决策、依法经营管理、依法维护自身合法权益。

第二十九条 所出资企业依据有关规定报送国有资产监督管理机

构批准的分立、合并、破产、解散、增减资本、重大投融资等重大事项,应当由企业法律顾问出具法律意见书,分析相关的法律风险,明确法律责任。

第三十条 所出资企业发生涉及出资人重大权益的法律纠纷,应当在法律纠纷发生之日起一个月内向国有资产监督管理机构备案,并接受有关法律指导和监督。

第三十一条 所出资企业对其子企业法制建设情况的监督和检查参照本章规定执行。

第六章　奖励和处罚

第三十二条 国有资产监督管理机构和企业应当对在促进企业依法经营,避免或者挽回企业重大经济损失,实现国有资产保值增值等方面作出重大贡献的企业法律事务机构和企业法律顾问给予表彰和奖励。

第三十三条 企业法律顾问和总法律顾问玩忽职守、滥用职权、谋取私利,给企业造成较大损失的,应当依法追究其法律责任,并可同时依照有关规定,由其所在企业报请管理机关暂停执业或者吊销其企业法律顾问执业资格证书;有犯罪嫌疑的,依法移送司法机关处理。

第三十四条 企业未按照国家有关规定建立健全法律监督机制,发生重大经营决策失误的,由国有资产监督管理机构或者所出资企业予以通报批评或者警告;情节严重或者造成企业国有资产重大损失的,对直接负责的主管人员和其他直接责任人员依法给予纪律处分;有犯罪嫌疑的,依法移送司法机关处理。

第三十五条 企业有关负责人对企业法律顾问依法履行职责打击报复的,由国有资产监督管理机构或者所出资企业予以通报批评或者警告;情节严重的,依法给予纪律处分;有犯罪嫌疑的,依法移送司法机关处理。

第三十六条 国有资产监督管理机构的工作人员违法干预企业法

律顾问工作,侵犯所出资企业和企业法律顾问合法权益的,对直接负责的主管人员和其他直接责任人员依法给予行政处分;有犯罪嫌疑的,依法移送司法机关处理。

第七章　附　　则

第三十七条　企业和企业法律顾问可以依法加入企业法律顾问的协会组织,参加协会组织活动。

第三十八条　地方国有资产监督管理机构可以依据本办法制定实施细则。

第三十九条　本办法自 2004 年 6 月 1 日起施行。

中央企业重大法律纠纷案件
管理暂行办法

2005 年 1 月 20 日　国务院国有资产监督管理委员会令第 11 号

第一章　总　　则

第一条　为加强企业国有资产的监督管理,维护出资人和中央企业的合法权益,保障国有资产安全,防止国有资产流失,促进中央企业建立健全企业法律顾问制度和法律风险防范机制,规范中央企业重大法律纠纷案件的管理,根据《企业国有资产监督管理暂行条例》制定本办法。

第二条　本办法所称中央企业,是指根据国务院授权由国务院国有资产监督管理委员会(以下简称国务院国资委)依法履行出资人职责的企业。

　　第三条　本办法所称重大法律纠纷案件,是指具有下列情形之一的诉讼、仲裁或者可能引起诉讼、仲裁的案件:

　　(一)涉案金额超过 5000 万元人民币的;

　　(二)中央企业作为诉讼当事人且一审由高级人民法院受理的;

　　(三)可能引发群体性诉讼或者系列诉讼的;

　　(四)其他涉及出资人和中央企业重大权益或者具有国内外重大影响的。

　　第四条　国务院国资委负责指导中央企业做好重大法律纠纷案件的处理、备案和协调工作。

　　第五条　中央企业应当依法独立处理法律纠纷案件,加强对重大法律纠纷案件的管理,建立健全有关规章制度和有效防范法律风险的机制。

　　第六条　中央企业之间发生法律纠纷案件,鼓励双方充分协商,妥善解决。

　　第七条　企业法律顾问应当依法履行职责,对企业经营管理相关的法律风险提出防范意见,避免或者减少重大法律纠纷案件的发生。中央企业负责人应当重视企业法律顾问提出的有关防范法律风险的意见,及时采取措施防范和消除法律风险。

第二章　处　　理

　　第八条　中央企业重大法律纠纷案件的处理,应当由企业法定代表人统一负责,企业总法律顾问或者分管有关业务的企业负责人分工组织,企业法律事务机构具体实施,有关业务机构予以配合。

　　第九条　中央企业发生重大法律纠纷案件聘请律师事务所、专利商标事务所等中介机构(以下简称法律中介机构)进行代理的,应当建立健全选聘法律中介机构的管理制度,加强对法律中介机构选聘工作的管理,履行必要的内部审核程序。

第十条　中央企业法律事务机构具体负责选聘法律中介机构,并对其工作进行监督和评价。

第十一条　根据企业选聘的法律中介机构的工作业绩,统一建立中央企业选聘法律中介机构的数据库,并对其信用、业绩进行评价,实行动态管理。

第三章　备　　案

第十二条　国务院国资委和中央企业对重大法律纠纷案件实行备案管理制度。

第十三条　中央企业发生重大法律纠纷案件,应当及时报国务院国资委备案。涉及诉讼或者仲裁的,应当自立案之日起1个月内报国务院国资委备案。

中央企业子企业发生的重大法律纠纷案件应当报中央企业备案。中央企业应当每年将子企业发生的重大法律纠纷案件备案的汇总情况,于次年2月底前报国务院国资委备案。

第十四条　中央企业报国务院国资委备案的文件应当由企业法定代表人或者主要负责人签发。

第十五条　中央企业报国务院国资委备案的文件应当包括以下内容:

(一)基本案情,包括案由、当事人各方、涉案金额、主要事实陈述、争议焦点等;

(二)处理措施和效果;

(三)案件结果分析预测;

(四)企业法律事务机构出具的法律意见书。

报国务院国资委备案的重大法律纠纷案件处理结案后,中央企业应当及时向国务院国资委报告有关情况。

第十六条　中央企业应当定期对本系统内发生的重大法律纠纷案件的情况进行统计,并对其发案原因、发案趋势、处理结果进行综合分析和评估,完善防范措施。

第四章 协 调

第十七条 中央企业发生重大法律纠纷案件应当由中央企业依法自主处理。

国务院国资委对下列情形之一的重大法律纠纷案件可予以协调:

(一)法律未规定或者规定不明确的;

(二)有关政策未规定或者规定不明确的;

(三)受到不正当干预,严重影响中央企业和出资人合法权益的;

(四)国务院国资委认为需要协调的其他情形。

第十八条 国务院国资委协调中央企业重大法律纠纷案件应当坚持以下原则:

(一)依法履行出资人代表职责;

(二)依法维护出资人和中央企业合法权益,保障国有资产安全;

(三)保守中央企业商业秘密;

(四)依法办事,公平、公正。

第十九条 中央企业报送国资委协调的重大法律纠纷案件,事前应当经过企业主要负责人亲自组织协调。

第二十条 中央企业报请国务院国资委协调重大法律纠纷案件的文件,除包括本办法第十五条规定的内容外,还应当包括以下内容:

(一)案件发生后企业的处理、备案情况;

(二)案件对企业的影响分析;

(三)案件代理人的工作情况;

(四)案件涉及的主要证据和法律文书;

(五)需要国务院国资委协调处理的重点问题。

第二十一条 中央企业子企业发生的重大法律纠纷案件需要协调的,应当由中央企业负责协调;协调确有困难且符合本办法第十七条规定的,由中央企业报请国务院国资委协调。

第五章　奖　　惩

第二十二条　国务院国资委和中央企业应当加强对重大法律纠纷案件处理、备案情况的监督和检查。

第二十三条　中央企业应当对作出重大贡献的企业法律事务机构及企业法律顾问、有关业务机构及工作人员给予表彰和奖励。

第二十四条　中央企业未按照规定建立健全法律风险防范机制和企业法律顾问制度，对重大法律纠纷案件处理不当或者未按照本办法备案的，由国务院国资委予以通报批评；情节严重或者造成企业国有资产重大损失的，由国务院国资委、中央企业按照人事管理的分工和权限，对直接负责的主管人员和其他直接责任人员依法给予纪律处分，同时追究其相关法律责任。有犯罪嫌疑的，依法移送司法机关处理。

第二十五条　企业法律顾问和有关工作人员在处理重大法律纠纷案件中玩忽职守、滥用职权、谋取私利，给企业造成较大损失的，应当依法追究其相关法律责任。有犯罪嫌疑的，依法移送司法机关处理。

第二十六条　国务院国资委有关工作人员违反本办法第十八条规定的，依照有关规定给予行政处分；情节严重或者造成企业国有资产重大损失的，依法追究其相关法律责任。有犯罪嫌疑的，依法移送司法机关处理。

第六章　附　　则

第二十七条　地方国有资产监督管理机构可以参照本办法，并根据本地实际情况制定具体规定。

第二十八条　本办法自 2005 年 3 月 1 日起施行。

关于进一步加快中央企业以总法律顾问制度为核心的企业法律顾问制度建设有关事项的通知

2007 年 2 月 16 日　国资发法规〔2007〕32 号

各中央企业:

2006 年 4 月国资委召开中央企业法律风险防范机制建设工作会议以来,中央企业积极贯彻落实会议精神,以建立健全法律风险防范机制建设为重点,进一步加强了以总法律顾问制度为核心的企业法律顾问制度建设。据统计,截止到 2007 年 1 月 31 日,中央管理主要负责人的 53 家企业(以下称 53 家中央大型企业)实行总法律顾问制度的有 37 家,占 69.81%;159 家中央企业设立法律事务机构的有 121 家,占 76.10%。尽管中央企业以总法律顾问制度为核心的企业法律顾问制度建设取得了明显进展,但从总体上看,与国资委提出的中央企业法制建设三年目标还有一定的差距,仍有少数中央企业法律风险防范意识不强,对加强企业法律顾问制度建设不够重视。为进一步督促有关中央企业加快以总法律顾问制度为核心的企业法律顾问制度建设,建立健全企业法律风险防范机制,现将有关事项通知如下:

一、进一步提高对建立健全法律风险防范机制重要性的认识

近年来,中央企业改革发展取得了明显成效,经济效益继续保持较快增长,运行质量进一步提高,投资结构进一步优化,企业内部管理不断加强。但随着经济全球化步伐的加快和国内外市场竞争的加剧,中央企业面临的法律风险将日益增大,特别是实施"走出去"战略,参与国际竞争与合作,对中央企业依法决策和依法经营提出了更高要求。当前加强法律风险防范机制建设是中央企业适应经济全球化的竞争环境

变化的迫切需要,是保障国有资产安全、实现国有资产保值增值的迫切需要,也是中央企业改革发展的迫切需要。因此,中央企业要高度重视,切实加强对企业法律风险防范机制建设的领导,努力将法律风险防范工作纳入企业管理的全过程,实现对企业法律风险的全方位防范和动态化监控。要把企业决策中的法律风险防范作为重中之重,进一步规范决策程序,严格法律审核把关,努力从源头上防范法律风险。

二、切实加强以总法律顾问制度为核心的企业法律顾问制度建设

以总法律顾问制度为核心的企业法律顾问制度建设工作,是中央企业依法决策、依法经营管理的重要制度保障,也是建立企业法律风险防范机制的重要组织基础。中央企业要将建立和完善企业法律顾问制度作为加强企业内部管理的一项重要制度来抓。53 家中央大型企业中尚未建立总法律顾问制度的,要进一步加大工作力度,确保在 2007 年底前建立。有关企业内部暂时没有总法律顾问合适人选的,可由企业分管领导兼任总法律顾问职务,同时明确过渡时间,尽快培养合适人选;也可以直接向社会公开招聘,吸引外部优秀人才。159 家中央企业中尚未设立法律事务机构的,要尽快采取措施,结合企业加强法律风险防范的实际需要,在 2007 年底前建立法律事务机构,同时注意加强企业法律顾问的队伍建设,努力提高企业依法决策、依法经营管理的能力和水平。

至今尚未建立总法律顾问制度或法律事务机构的中央企业,在今年 5 月底前要以书面形式向国资委作出情况说明。

在 2007 年底前未按照中央企业法制建设三年目标要求建立总法律顾问制度或法律事务机构的中央企业,今后如发生重大法律纠纷案件,致使国有资产造成重大损失的,要按照有关规定追究企业经营者的领导责任。

三、认真落实企业总法律顾问的职能

企业总法律顾问是直接向法定代表人或企业主要负责人负责,根

据授权全面领导本企业法律事务的高级管理人员。已经建立总法律顾问制度的企业要对照"三个到位、两个健全、两个提高"的总体要求，进一步完善这项制度。在总法律顾问履行职责的条件上，要保证其作为决策成员出席企业办公会议以及其他涉及重要经济活动的决策会议。近年来新建立总法律顾问制度的企业，要进一步规范备案制度，及时将总法律顾问制度实施方案、总法律顾问任命函报国资委备案。

四、努力为企业法律顾问创造良好的工作环境

中央企业要认真贯彻《国有企业法律顾问管理办法》的有关规定，建立科学、规范的企业法律顾问工作制度和工作流程，保证企业法律顾问享有企业经营业务的知情权和法律审核权，确保企业法律顾问顺利开展工作。要充分发挥企业法律顾问在公司制改造以及企业合并、分立、重组、股权转让和完善法人治理结构等重大事项中的法律审核把关作用。企业法律顾问要不断提高自身素质，切实履行职责，依法维护企业的合法权益。

责任编辑:吕　萍　周秀霞　于海汛
责任校对:徐领弟　杨晓莹　徐领柱
版式设计:代小卫
技术编辑:潘泽新

国务院国有资产监督管理委员会

规章规范性文件汇编

(2003～2007)

国务院国有资产监督管理委员会政策法规局　编

经济科学出版社出版、发行　新华书店经销

社址:北京市海淀区阜成路甲 28 号　邮编:100036

总编室电话:88191217　发行部电话:88191540

网址:www. esp. com. cn

电子邮件:esp@esp. com. cn

北京中科印刷有限公司印装

880×1230　32 开　22 印张　600000 字

2008 年 1 月第一版　2008 年 1 月第一次印刷

印数:0001— 4000 册

ISBN 978 - 7 - 5058 - 6790 - 1/F・6050　定价:98.00 元